21世纪国际关系学系列教材
Textbooks of International Relations in the 21st Century

Contemporary Diplomacy

当代外交学

陈志敏　肖佳灵　赵可金　⊙著

图书在版编目(CIP)数据

当代外交学/陈志敏,肖佳灵,赵可金著.—北京:北京大学出版社,2008.8
(21世纪国际关系学系列教材)
ISBN 978-7-301-13725-3

Ⅰ.当… Ⅱ.①陈… ②肖… ③赵… Ⅲ.外交学-高等学校-教材 Ⅳ.D80

中国版本图书馆CIP数据核字(2008)第059092号

书　　　名：	当代外交学
著作责任者：	陈志敏　肖佳灵　赵可金　著
责 任 编 辑：	刘金海　张盈盈
标 准 书 号：	ISBN 978-7-301-13725-3/D·2046
出 版 发 行：	北京大学出版社
地　　　址：	北京市海淀区成府路205号　100871
网　　　址：	http://www.pup.cn
电　　　话：	邮购部 62752015　发行部 62750672　编辑部 62753121
	出版部 62754962
电 子 邮 箱：	ss@pup.pku.edu.cn
印 　刷　 者：	北京虎彩文化传播有限公司
经 　销　 者：	新华书店
	730毫米×980毫米　16开本　21.25印张　370千字
	2008年8月第1版　2023年7月第8次印刷
定　　　价：	45.00元

未经许可,不得以任何方式复制或抄袭本书之部分或全部内容。
版权所有,侵权必究
举报电话:010-62752024　电子邮箱:fd@pup.pku.edu.cn

目 录

导 论 界定外交　　　　　　　　　　　　　1
　一、外交定义　　　　　　　　　　　　　1
　二、外交属性　　　　　　　　　　　　　6
　三、外交与相关概念　　　　　　　　　　10
　四、外交学研究　　　　　　　　　　　　15

第一编　外交制度

第一章　外交演变　　　　　　　　　　　　25
　一、古代外交　　　　　　　　　　　　　25
　二、近代外交　　　　　　　　　　　　　30
　三、全球化时代的外交　　　　　　　　　35
　四、外交在当代的意义　　　　　　　　　41

第二章　外交规范　　　　　　　　　　　　45
　一、外交原则　　　　　　　　　　　　　45
　二、外交礼仪　　　　　　　　　　　　　51
　三、外交特权与豁免　　　　　　　　　　60

第三章　外交机构　　　　　　　　　　　　70
　一、外交决策机构　　　　　　　　　　　70
　二、外交决策模式　　　　　　　　　　　77

三、外交主管机构　　　　　　　　　　　　　　82
　　四、外交代表机构　　　　　　　　　　　　　　90

第四章　外交人员　　　　　　　　　　　　　　100
　　一、外交人员的类别　　　　　　　　　　　　100
　　二、外交人员的素质要求　　　　　　　　　　106
　　三、外交人员的录用　　　　　　　　　　　　115

第二编　外交基本方法

第五章　双边外交　　　　　　　　　　　　　　125
　　一、外交承认和建交　　　　　　　　　　　　125
　　二、外交代表　　　　　　　　　　　　　　　131
　　三、外交调研　　　　　　　　　　　　　　　136
　　四、外交保护　　　　　　　　　　　　　　　142

第六章　外交谈判　　　　　　　　　　　　　　148
　　一、外交谈判概述　　　　　　　　　　　　　148
　　二、外交谈判阶段　　　　　　　　　　　　　153
　　三、外交谈判中的权力因素　　　　　　　　　158
　　四、影响外交谈判的其他因素　　　　　　　　165

第七章　外交协议　　　　　　　　　　　　　　172
　　一、国际条约的定义和种类　　　　　　　　　172
　　二、条约的缔结和生效　　　　　　　　　　　177
　　三、条约的保留和适用　　　　　　　　　　　181
　　四、条约的修订和终止施行　　　　　　　　　186

第三编　外交发展

第八章　首脑外交　　　　　　　　　　　　　　193
　　一、首脑外交概述　　　　　　　　　　　　　194
　　二、首脑外交的形式与机制　　　　　　　　　201

三、首脑外交的特殊规律　　207

第九章　调停外交　　214
　　一、对调停的需求　　214
　　二、调停的方法　　219
　　三、调停者　　223
　　四、成功的调停　　228
　　五、预防性外交　　232

第十章　多边外交　　237
　　一、多边外交的缘起与发展　　237
　　二、多边外交的运作　　244
　　三、多边外交的决策　　248
　　四、多边外交的驾驭　　254

第十一章　公众外交　　261
　　一、公众外交的兴起和意义　　261
　　二、公众外交的运作形式　　269
　　三、公众外交的特殊规律　　280

第十二章　总体外交　　287
　　一、议会外交　　288
　　二、政党外交　　293
　　三、地方外事　　298
　　四、二轨外交　　304
　　五、民间外交　　309

结　语　中国外交与中国外交学　　314
　　一、新中国外交实践的变迁　　315
　　二、新中国外交特色　　321
　　三、构建中国特色的外交学　　328

后　记　　332

导论
界定外交

当今的时代是一个外交时代：关于外交的报道充斥世界各地的媒体；来自外交的影响关系到国家的存亡兴盛以至每个人的日常生活；对于外交的期待让我们保留建设更美好世界的信心。无处不在的外交也催生了林林总总的外交概念，如职业外交、首脑外交、多边外交、穿梭外交、热线外交、环境外交、能源外交、人权外交、科技外交、军事外交、文化外交、公众外交、政党外交、议会外交、民间外交、预防性外交、均势外交等等，不一而足。那么，外交是什么？外交学要研究的对象有哪些？我们怎么才能更好地理解纷繁的外交现象呢？

一、外交定义

任何一种社会科学学科都面临如何界定其研究对象和范围的问题。鉴于社会生活中的复杂联系和千变万化，关于社会生活某一学科领域的界定总是在经历不断的变化，并包含不同个人的主观判断。在谈到国际关系的概念和研究范围时，弗雷德里克·邓恩曾发表了一个长长的意见：

> 一种知识的领域是没有固定的空间范围的，它是资料和研究方法不断变化的焦点，这些资料与方法可用于回答一组同类的具体问题。在任何特定时间，由于各人的观点和目的不同，它对不同的人显示出不同的

方面。把一个知识领域同另一个知识领域隔开的假设边界并非是把真理隔离开的固定界墙,而是一种方便的办法,是为了把已知的事实和方法分成合适的部分,以方便教学和应用。但是,关注的焦点永远在不断地移动,这些分界线也往往随之改变……国际关系学不管包括什么知识、源于何处,它都应该有助于解决新的国际问题或理解老的问题。①

对国际关系的这一看法同样适用于外交学。对外交的定义可以仁者见仁,智者见智,关键是这种定义能否更加有助于解决新的外交问题或理解老的外交问题。

外交的传统定义

英国学者巴斯顿曾指出,直到爱德蒙·伯克(Edmund Burke)在1796年提出"外交"(diplomacy)的概念,人们通常以为它就是"谈判"(negotiation)②。比如,法国外交官卡利埃(Francois de Callieres,1645—1717)于1716年出版的《论与君主谈判的方法》(*De la manière de négocier avec les souverains*)一直被后人视为西方外交学最经典著作之一。但在该书中,卡利埃从未使用过"外交"和"外交官"这两个词,而是关注"谈判"和"优良的谈判者"。

即使在此之后,外交即是谈判的看法仍然广为流传。比如,《萨道义外交实践指南》一书中就列举了19世纪欧洲作者的这样一些定义:外交"属于与外国举行公开的或书面的谈判的外交指导原则、准则、技能和惯例的知识"(施梅尔辛,1818—1820);"外交是对外关系或外交事务的科学,更确切地说,是谈判的科学或艺术"(夏·德马唐斯,1866年);"外交是代表国家的和谈判的科学与艺术"(里维埃,1896年)③。

《牛津英语词典》也将谈判视为外交的第一要素。该《词典》将外交定义为:"一、通过谈判处理国际关系;二、由大使和使节们调整和处理这些关系的方法;三、外交家的业务或艺术;四、处理国际交往和谈判的技能或谈吐。"20世纪最著名的英国外交家兼学者哈罗德·尼科尔森(Harold Nicholson)在

---

① 参见 Frederick S. Dunn, "The Scope of International Relations," *World Politics*, I (October 1948), pp. 1—42. 转引自〔美〕詹姆斯·多尔蒂、小罗伯特·普法尔茨格拉夫:《争论中的国际关系理论》(第五版),阎学通等译,世界知识出版社2003年版,第22页。
② 〔英〕R.P.巴斯顿:《现代外交》(第二版),赵怀普、周启朋等译,世界知识出版社2002年版,第1页。
③ 〔英〕戈尔-布思主编:《萨道义外交实践指南》,杨立义等译,上海译文出版社1984年版,第9—10页。

其1939年出版的《外交》一书基本接受了该定义,认为它是"虽嫌广泛可是精确的定义",可以与对外政策和国际法区分开来①。

国家间的谈判显然是外交的核心内容。对于近代欧洲各国的外交家而言,他们的谈判及其结果决定着欧洲各国之间的战争与和平问题,也关系到各国利益的损益。正如有学者指出的那样,"在那些年代里,外交主要侧重的就是由外交家们在国际舞台上合纵连横,游说君主,以避免损害本国的国家利益。在当时的形势下,各个国家所进行的主要外交活动就是谈判,外交家的主要本领往往也要以其驾驭谈判艺术水准的高低而论"②。因此,研究外交必然首先要研究谈判,研究如何提高外交家的谈判水平。这并没有错。问题是,随着现代外交的发展,这种定义显然过于传统,而不能彰显外交的当代全貌。

外交的常规定义

欧内斯特·萨道义扩展了外交的内涵,认为"外交是运用智力和机智处理各独立国家的政府之间的官方关系……或者更简单地说,是指以和平手段处理国与国之间的关系"③。在这一定义中,外交的主体仍然是国家,但对"和平手段"的强调则试图涵盖包括谈判在内的其他手段。另外,这一定义中也特别强调外交的政府性和官方色彩。

萨道义的见解与当今大多数中国学者的观点颇为相似。比如,由外交学院老师编著的新中国第一本《外交学概论》将外交定义为:"外交是以主权国家为主体,通过正式代表国家的机构与人员的官方行为,使用涉及交涉、谈判和其他方式对外行使主权,以处理国家关系和参与国际事务,是一国维护本国利益及实施其对外政策的重要手段;不同的对外政策形成不同形态和类别的外交。如简而言之,广而言之,外交指任何主权国家为主体,通过和平方式,对国家间关系和国际事务的处理。"④

科兰在其《大使馆和外交官》一书中将外交定义为:"一个国家为了维护和发展本国的国家利益,而以非战争的方式,与世界各国开展的政府与政府

---

① 参见 Harold Nicolson, *Diplomacy*, Third Edition (London, Oxford: Oxford University Press, 1963), p.5.
② 高飞:《当代外交学研究现状分析》,《外交学院学报》2004年第4期,第27页。
③ 〔英〕戈尔-布思主编:《萨道义外交实践指南》,第2页。
④ 鲁毅等:《外交学概论》,世界知识出版社1997年版,第5页。

之间的交往"①。

中国人民大学的金正昆教授则认为,"外交,通常是指主权国家通过其官方代表,在遵守国际惯例的基础上,为维护自身的利益,采用约定俗成的和平方式,与其他主权国家或由主权国家组成的国际组织所进行的正式的、官方的交往与沟通,以便有效地处理国家关系、参与国际事务"②。

张历历在《外交决策》一书中强调了外交活动的政治性质。他指出:"外交是指由主权国家中央政府的元首、政府首脑及正式代表机构(外交部)的代表等进行的为保障国家安全与发展、提高国际地位,以和平方式处理和其他国家的关系及参与国际事务的高层次政治活动,它是维护本国利益和贯彻对外政策的重要手段。"他并特别强调:"外交专指一国中央政府与外国的中央政府及由各个国家中央政府组成的国际组织之间所进行的高层次的政治活动。"③他认为,与关于外交的广义定义相比,他的定义比较严格,并反对使用"经济外交"、"军事外交"、"文化外交"、"民间外交"等概念,而只能界定为"经济对外交往"、"军事对外交往"、"文化对外交往"等。

在这些定义中,外交主体都是主权国家,实际的外交执行者是正式代表国家的机构与人员,尤其是专职外交部门;外交目的是为了实现本国的对外政策目标或国家利益;外交方式是各种和平手段;外交活动是政府间的官方交往,特别是在政治性事务领域的官方交往。这类定义无疑揭示了外交的各个基本方面,给我们一个严格的关于外交的常规定义,并得到比较普遍的认同。尽管如此,在全球化时代的今天,这样的外交定义仍然无法全面地把握外交的发展变化,无法解释诸如公众外交、第二轨道外交、政党外交、军事外交、文化外交等等的外交新现象,而有必要进一步对这种常规外交定义进行扩展。

外交的广义定义

英国当代著名的外交学专家巴斯顿在其《现代外交》一书中对外交作了如下定义:"外交本身是国家通过正式的和非正式的代表以及其他行为者,运用通信、个别的会谈、交换观点、说服、访问、威胁和其他相关的行动来阐明、

---

① 科兰:《大使馆与外交官》,世界知识出版社1998年版,第21页。
② 金正昆:《现代外交学概论》,中国人民大学出版社1999年版,第6页。
③ 张历历:《外交决策》,世界知识出版社2007年版,第43页。

协调和维护特殊的和更广泛的利益的手段。"①在中国学者中，黄金祺认为，外交包括"小外交"和"大外交"。"小外交"主要是指各国外交部所属的专职外交人员和机构负责处理的严格意义的外交，而"大外交"则是由其他领域和部门的负责人和负责对外事务的人员所从事的广义外交。"像议会、政党、军事、经济、文化、教育、科技、旅游和体育部门以及地方政府所进行的对外官方往来，还有属于人民外交范畴的民间往来就都属于'大外交'"②。

在研究功能性外交的著述中，学者们也常常从广义上来定义外交。赵刚在讨论科技外交时认为，"所谓科技外交，是指以主权国家的国家元首（政府首脑）、外交机构、科技部门、专门机构（如中国科学院、国家自然科学基金委员会）和企业为主体，以促进科技进步、经济和社会发展为宗旨，以互利互惠、共同发展为原则而展开的与世界其他国家或地区以及国际组织等之间的谈判、访问、参加国际会议、建立研究机构等多边或双边的科技合作与交流"③。张学斌在讨论经济外交时也指出，"经济外交是主权国家元首、政府首脑、政府各个部门的官员以及专门的外交机构，围绕国际经济问题展开的访问、谈判、签订条约、参加国际会议和国际经济组织等多边和双边活动"④。另外，外交学院院长吴建民的《外交案例》一书也选取了多个不属于传统高级政治事务的对外交涉案例，如驻法使馆如何参与我国申办2010年上海世博会、上海贝尔与阿尔卡特股权重组、巴黎中国文化中心的建立、中国参与"国际热核聚变实验堆计划"、中国参加"伽利略计划"等⑤。

在考察了中外学者关于外交的种种定义后，本书认为，在全球化时代国际外交主体和外交议程双重多元化的背景下，固守常规的外交定义既不能反映各国外交实践的现实，也妨碍外交决策和执行者去充分调动国家的各种资源和渠道去实现国家的总体对外政策目标。因此，外交定义的适度广义化是不可避免的。

基于此种认识，本书对于外交的定义是：外交是主权国家（以及国家联合体）为了实现其对外政策目标，以国际法和有关惯例为基础，通过正式代表本国的最高领导人和以专职外交部门为核心的中央政府部门，以及在他们的领导下通过其他半官方和非官方的机构、社会团体以至个人，以通讯、访问、会

---

① 〔英〕R.P.巴斯顿：《现代外交》，第1页。
② 黄金祺：《外交外事知识和技能》，世界知识出版社1999年版，第20页。
③ 赵刚：《科技外交的理论与实践》，时事出版社2007年版，第30页。
④ 张学斌：《经济外交》，北京大学出版社2003年版，第6页。
⑤ 参见吴建民：《外交案例》，中国人民大学出版社2008年版。

谈、谈判、签订协议等和平方式处理国际关系和国际事务的行动和过程。

对外交的这一广义界定反映了全球化时代总体外交实践的要求。这一外交,或称总体外交,由官方外交和非官方(包括半官方)外交两大部分组成,并以前者为核心。在官方外交中,又有全局外交和功能性外交之分,前者由专职外交部门负责,后者由功能性政府部门承担,全局外交指导并推动各项功能性外交,两者相辅相成,共同推进国家的外交事业。

二、外交属性

这一相对广义的概念保留了常规定义中国家作为基本外交主体的核心要素。同时,通过扩展外交执行者的范围,扩展了外交活动的领域,可以更加全面呈现外交在当今时代的全新面貌,从而有助于国家外交有意识地建立总体外交体制,发挥合力,推进国家及其国家联合体的外交政策目标。

外交主体

当代外交的主体首先是各个主权国家。在一般意义上说,《威斯特伐利亚和约》所奠定的主权国家体制有两个主要特征:国际政治体系中的分散和无政府主义(anarchy),国内政治中的集中和等级制。如同沃尔兹所言:"国内政治体系的组成部分之间是上下级关系。某些部分有权指挥,其他部分要服从。国内体系是集中的和等级制的。"[1]任何一个主权国家的出现,必定意味着这个国家的中央政府具有任命大使、接受国书、宣战、媾和、订立国际条约的外交权,这些权力通常不能被次国家(subnational)或地方政府所分享。

同时,我们需要将在过去六十年中大量出现且日益重要的国家联合体归入外交主体的范畴。这些国家联合体建立在主权国家相互联合的基础之上,是主权国家的派生物。它们绝大多数以政府间国际组织的面目出现,如联合国、世界贸易组织等,少数几个则为国家联盟,具有较高的内部一体化水平,实行共同的政策,如欧洲联盟。这些国家联合体已经在地区和全球事务中发挥着日益关键的作用,是国家外交的重要舞台,对国际关系的发展影响深远。因此,我们似乎没有理由否定其外交主体的地位,而是应该将它们划入外交主体的行列。

在一些联邦制国家,如瑞士、比利时、德国,我们会看到一些例外的情况,

---

[1] 〔美〕肯尼思·沃尔兹:《国际政治理论》,中国人民公安大学出版社1992年版,第104页。

如它们的州或地区被赋予少量的、次要事务领域的和受限制的缔约权。比利时经过1970年、1980年、1988—1989年间和1993年四次修宪,已成为相当分权的联邦制国家。该国由三个语言区(法语语区、荷语语区、德语语区)和三个大区(弗拉芒大区、瓦隆大区和布鲁塞尔首都大区)组成。语区和大区都各有自己的政府和议会。根据目前的比利时王国宪法第127条和167条规定:语区政府可以在文化和教育领域对外签订条约,且国王和联邦政府无权干预,只需得到语区议会的批准即可生效。在此种情形下,比利时的语区政府也可被认定是有限的外交主体。

比利时的情形非常特殊,仅有极少数国家有类似安排,因此,绝大多数各国的次国家或地方政府都不是外交主体。跨国公司和国际非政府组织也是如此。

外交客体

外交客体是外交主体的交往对象,是外交行为的指向者。一般而言,对一个外交主体而言,所有其他的外交主体都是其外交客体。一国的外交主要是与其他国家和国际组织之间的交往。

但是,在全球化时代里,随着各种非国家行为者纷纷在国际事务中发挥日益重要的作用,各个外交主体都在重视发展与各种非国家行为者的交往,如非政府组织、跨国公司、他国的国民等等,并争取影响他们的态度、立场和行动,以便促进本国对外政策的目标。比如,当今首脑外访的一个重要行程是在对方国家的著名学府对师生发表演讲,以便对他国的思想界精英和未来领导人有所影响。相对于外交主体而言,本书对外交客体的界定相对广泛。

外交执行者

主权国家和国家联合体是外交主体,但它们本身并不能开展外交,而需要能够代表这些国家和国家联合体的机构和个人来进行。黄金祺将这些机构和个人通称为"外交执行者"①。在严格定义的外交概念中,正式代表国家的人员通常包括国家元首、政府首脑、外交部长以及其他经正式授权的代表,如驻外使节等。正式代表国家的机构包括中央政府、外交部和常设驻外使团。

本书采用一个略为广义的外交定义。在这个定义下,我们可以区分两类外交执行者:官方外交执行者和非官方外交执行者。官方外交执行者仍然主

---

① 黄金祺:《外交外事知识和技能》,第12页。

要是正式代表国家的机关和个人，他们所从事的是官方外交。其中，国家领导人、专职外交部门和官员是官方外交的主渠道，但其他中央政府部门也是官方外交执行者的组成部分。赵刚在谈到科技外交时将科技部门、专门机构（如中国科学院、国家自然科学基金委员会）列为外交执行者，而张学斌将与经济相关的各个政府部门也视为经济外交的执行者。非官方外交执行者包括所有那些不能正式代表国家的半官方、非官方机构和个人，如议会、政党、地方政府、社会团体以及民众。

扩展官方外交执行者的范围，并将非官方外交执行者纳入外交执行者范畴，是为了更全面地把握当代总体外交的全貌，重视各种新角色在总体外交中的作用。当今的世界是一个日益多元和分工更为细化的社会。各种非外交专职部门、半官方机构、社会团体和个人都在努力影响外交决策，并发生日益频繁的跨国交往。这是不可逆转的潮流，需要外交专职机关和人员加以因势利导。如果领导得当，这些新的外交执行者就能够帮助外交专职机关更加有效地推进对外政策目标的实现。纵观当今各国的外交，我们发现，各国正在利用这些新的外交执行者开展全方位的立体外交，从而出现经济外交、文化外交、军事外交、政党外交、议会外交、地方外交、民间外交、第二轨道外交蓬勃发展的新气象。

外交基础和目的

外交是一种合法地处理国际关系的行为。和古代和近代外交所不同的是，主权国家已经通过订立国际条约和协定为当代外交制定了一系列法律规范和原则，如《联合国宪章》对国际关系一般原则的界定，如《维也纳外交关系公约》对外交关系和外交官的特权与豁免的操作性规定。另外，在过去的几百年中通过外交实践确立起来的一系列外交惯例也是规范各国外交的法律基础。苏联国际法专家科热夫尼科夫曾指出："外交是在公认的国际法原则和规范范围和基础上实行的。各国的外交活动及其形式是为国际法原则和规范所规定和调整的。"[①]

当然，在实践中，不受国际法和相关惯例约束的外交实践经常发生。在历史上，国家之间鲜有调节外交行为的公认国际法。即便存在一些国际惯例，违背这些国际惯例的外交实践也是比比皆是。即使是在第二次世界大战后，外交官们不顾国际法的相关规定，粗暴干涉一国内政，非法收集情报和颠

---

① 科热夫尼科夫：《国际法》，商务印书馆1985年版，第256页。

覆驻在国政权的事例屡见不鲜。尽管如此,就外交的演变而言,外交的规范化是不可否认的大趋势,这不仅表现为诸多国际外交法的出现,也体现为各国外交行为的总体合法化。从更好发挥外交促进国际社会文明化的作用而言,我们也需要从应然的角度强调外交的国际法基础。

外交主体所从事的外交是为了实现一定的目的。关于外交目的,学者们有一些不同的看法。金正昆在《现代外交学概论》中将外交目的界定为维护本国的国家利益,即一个国家生存、发展、繁荣、富强的根本需要[①]。更多的学者则认为,外交目的是要实现本国的外交政策或对外政策。本书认同后一种观点,认为外交的目的是为了实现国家或国家联合体的对外或国际政策。从这个角度说,外交是对外政策的一种手段和途径。

外交主体对外政策的决定自然依据该主体的利益,但是,对外政策是这一利益的具体化和操作化。如果我们审视历史上各国对外政策与国家利益的关系,我们可以发现,一国不同的政府在认识国家利益并将之化为对外政策方面存在着一定的差异。因此,一种更具操作性的外交定义应将外交视为实现对外政策的手段,通过实现对外政策的目标而服务于所认知到的外交主体的利益。

外交方式

外交采用和平方式来处理国际关系和国际事务。和平方式是外交的一个根本属性。在人类历史上,外交主体,过去主要是国家,常常采用非和平的方式来处理国际关系,解决国际冲突。和武力不同,外交是国家用和平方式处理相互之间的纠纷和利益冲突,促进共同利益实现的更为文明的手段。我们将在后面更具体将外交和其他非和平的处理国际关系的手段进行区分。

尽管如此,当我们在讨论外交采取和平方式之际,也许关注某些微妙的灰色领域,诸如经济制裁、武力威胁和威慑等。经济制裁基本上不涉及武力的使用,但是,通过造成被制裁国内部经济崩溃、食品药品缺乏,经济制裁也会导致被制裁国人民生命财产的损失,其结果类似于武力的实际使用。武力威胁则涉及武力的非暴力运用。那么,我们是否将这些灰色措施排斥在外交的和平手段之外呢?关于这一点,不同的学者会有不同的看法。本书秉持对外交取广义理解的精神,将和平方式定义为不涉及实际使用武力的任何非暴力方式。这样,经济制裁和武力威胁也可被视为特定的外交方式,即胁迫外

---

① 金正昆:《现代外交学概论》,中国人民大学出版社1999年版,第9页。

交(coercive diplomacy)。

外交的行动和过程特性

本书关于外交的定义突出强调外交的行动和过程特性。外交是外交主体的一种行动和行动的过程。这种行动肯定受到某种政策和战略的指导。不少国内外交学的著作也试图探讨外交思想、外交战略的内容。但是,本书认为,有关政策和战略的内容主要是对外政策或战略研究的范畴。基于这一认识,本书倾向于集中关注外交的行动和过程层面,而不是外交或对外政策或战略的内容。

三、外交与相关概念

在关于外交属性界定的前两节,我们事实上已经讨论到外交与其他相关概念的区分问题。为了更进一步明确外交的内涵与外延,本节仍将花一定的篇幅来说明外交和几个相关概念之间的关系。

外交与国际关系

学者们对国际关系的定义莫衷一是。倪世雄教授就曾列出过西方学者的 14 种关于国际关系的定义①。比如,汉斯·摩根索认为国际关系是"处于权力之争的国家之间的关系,其实质是权力政治";马丁·怀特则认为,国际关系不单是指国家之间的关系而且还指组成国家的个人和集团之间的跨国关系。本书认为,如果我们把国际关系看做是一个现象范畴,我们可以借用倪世雄教授总结得出的定义:"国际关系是指处于世界体系内各主权国家和其他独立实体之间的多层次——集团、国家、跨国公司、区域共同体、国际组织等之间的关系和多维性关系——政治、经济、军事、外交、文化等方面的关系。"②而如果我们将国际关系视为一个学科范畴,我们可以借用李少军的定义,即"国际关系就是研究以国家为主体的国际行为体的跨国互动关系,并从国际政治视角研究影响这种互动的一切因素的学科"③。

从这两个定义出发,我们可以认为,外交是总体上在国际关系之内但也

---

① 参见倪世雄等:《当代西方国际关系理论》,复旦大学出版社 2001 年版,第 8—10 页。
② 同上书,第 11 页。
③ 李少军:《国际政治学概论》(第二版),上海人民出版社 2005 年版,第 14 页。

与国际关系有所区别的一个特殊领域。外交在国际关系的背景下发生,其结果构成国际关系的重要组成部分。外交的特殊性在于,外交是外交主体(国家和国家联合体)的和平对外活动,其出发点是单个外交主体,而国际关系关注国际体系的全局;外交是行动,而国际关系主要关注国际行为体之间形成的关系;外交只涉及和平行动,而国际关系还包括战争等非和平行动和关系;外交学既要研究外交规律,也要探讨外交艺术,而国际关系学更主要的是揭示国际关系的运行规律。因此,中国在政治学一级学科下,将外交学列为与国际关系和国际政治相并立的二级学科是有其道理的。我们需要做的事是如何把外交学自己的学科体系建立起来,既保留与国际关系的密切联系,又有自己特殊的研究对象。

外交与对外政策

和国际关系一样,学者们对对外政策的概念也很少取得共识。比如维尔纳·费尔德将一国的对外政策定义为,"对他国政府、政府间组织、非政府和国际环境中的各种关系,有意无意地给予影响的公共政策"①;美国学者罗赛蒂将对外政策定义为,"由政府政策制定者所选择的国外介入范围以及目标、战略和手段的综合"②。本书作者也曾给过一个定义,即"对外政策是一国的外交决策者依据对国家利益的认知所决定的一系列处理对外关系的政策和方针"③。

不过,不管我们如何定义对外政策,对外政策与外交是两个关系非常密切但又相互独立的范畴。对外政策是一种政策,它规定外交主体处理对外关系的目标、战略和手段,而外交是行动和过程,是对外政策的具体实施过程。好的对外政策是外交主体对外政策成功的前提,但外交是对外政策成功的保证。如果没有优质外交的配合,对外政策就无法达到其初衷。另外,外交是对外政策的手段,但对外政策的手段并不仅仅是外交,还有武力等其他手段。

外交与外事

中国古代常常用外事来指代外交。自从外交在中文成为特指主权国家

---

① Werner J. Feld, *American Foreign Policy: Aspirations and Reality* (New York: John Wiley, 1984), pp. 2—3.
② 〔美〕杰里尔·罗赛蒂:《美国对外政策的政治学》,世界知识出版社 1997 年版,第 2 页。
③ 俞正樑、陈志敏等:《全球化时代的国际关系》,复旦大学出版社 2000 年版,第 69 页。

处理国际关系的活动后,外事一词仍然得到普遍使用。一些学者将外事视为更为广泛的概念。王福春认为:"外事是相对于内事而言的,就其本意,指的是外交,现在泛指一切涉外事务。"①黄金祺也认为:"在中国,一切涉外工作和涉外部门,都可以泛称为外事。"②在 2006 年 8 月 21—23 日于北京召开的新中国成立以来第一次中央外事工作会议也从这个广义的角度来定义外事这个概念。会议指出:"要建立健全外事工作管理体制机制,充分发挥政府外交的主渠道作用,加强和改进政党、人大、政协、军队、地方、民间团体对外交往工作,形成做好外事工作的整体合力。"③

在中国早先的实践中,也存在外事的狭义界定,认为外事就是"除中央政府外交部门以外的中央政府非外交部门及地方政府、国家的其他社团机构所进行的对外事务、对外活动及对外工作"④,以便与专职外交机构所从事的外交活动相区别。这些部门、机构和团体都设有专门的外事部门,处理与本单位相关的专门对外事务。过去,中央政府中非专职外交部门内处理对外关系的机构一般都称外事司,其中的一些部门,如国家发展改革委员会,至今仍然沿用外事司的名称。另外,如全国人大办公厅设有负责对外交往的外事局,各级地方政府设有外事办公室负责本地的对外交往,像大学这样的公共事业单位也设有外事办公室。这种机构命名的做法是要界定这些政府部门和公共机构所从事的对外交往活动不是外交而是外事。不过,一些中央政府部门已经将外事司改名为国际合作司(局),如科技部、教育部等。这反映了外交概念的内涵与外延不断扩展的现实。

本书的观点的是,外事有广义和狭义之分,广义外事指一国中央政府以及政党、议会、军队、地方和民间团体的对外交往活动,狭义外事在目前仅指中央政府之外的各种机构和团体所从事的对外交往活动。就与本书定义的外交之关系而言,广义外事包括政府外交和狭义外事两个部分。而狭义外事也有两个方面,一是一国政党、议会、地方和民间团体在中央外交部门的领导和鼓励下为实现国家对外政策目标而从事的对外交往活动,这些活动可纳入本书定义的外交的一部分;另一方面是一国政党、议会、地方和民间团体基于本身使命而从事的与国家外交相平行的对外交往活动,这部分不能纳入外交

---

① 王福春主编:《外事管理学概论》,北京大学出版社 2003 年版,第 4 页。黄金祺也认为:"在中国,一切涉外工作和涉外部门,都可以泛称为外事"。
② 黄金祺:《外交外事知识和技能》,第 80—81 页。
③ 《中央外事工作会议在京举行,胡锦涛温家宝作重要讲话》,2006 年 8 月 24 日《人民日报》。
④ 张历历:《外交决策》,第 44 页。

的概念。斯塔奇等人曾指出,前些年荷兰 KLM 航空公司与法国航空公司之间的合并没有涉及双方的政府,是公司的一项国际商业行为,与外交无关。但是,20 世纪 80 年代后期,美国克莱斯勒汽车公司首席执政官李·艾柯卡随美国总统乔治·布什出访日本,执行贸易使命。在这个案例中,克莱斯勒公司为两个民族国家间的外交谈判作出了贡献[①]。可以认为,在这种情况下,美国的一家私人公司扮演了非官方外交执行者的角色,其对外活动成为美国外交的一部分。

另外,无论在外事和外交中,中央政府的外交活动是主渠道和领导者。在各种国内角色纷纷参与外事活动的情况下,政府外交需要强化领导和协调各种行为角色的外事活动的能力,同时,也需要充分运用其他行为角色的外事资源为国家外交服务。

外交与武力

武力和外交是一国实现其对外政策目标的两个相辅相成和相互配合的手段,两者之间存在密切而复杂的相互关系。

武力是外交的后盾。武力的实际存在也和一国的国际威望直接相联系,是一国外交的后盾。19 世纪的普鲁士国王曾说过,"没有军队的外交就如同没有乐器的音乐"。一国确立了对外政策的目标,它大多会首先运用外交来和平和低成本地达到目标。但是,如果一国拥有较强的武力,即使该国在外交谈判中并没有进行赤裸裸的武力威胁,武力的存在本身常常会对另一国的谈判立场产生心理上的影响,以免采取强硬政策而招致日后另一国的武力进攻,而在外交中采取妥协的政策。当然,由于武力在当今世界的运用受到国际法的严格限制,如近来的伊朗和朝鲜危机所显示的,小国也常常无视大国的武力优势。尽管如此,有武力为后盾的外交与没有武力为后盾的外交显然是不一样的。

外交涉及武力的非暴力使用。根据我们广义的理解,外交也涉及武力的非实战使用,即武力威慑和武力威胁。两者都不涉及武力的实际使用,而是通过表达使用武力的决心来增强本国在外交中的讨价还价地位。武力威慑是要以此来遏止其他国家实行损害本国利益的政策和行为,而武力威胁是要迫使其他国家屈服于本国的意志。武力威慑通常是被动的和防御性的,而武

[①] 参见〔美〕布里吉特·斯塔奇等:《外交谈判导论》,陈志敏等译,北京大学出版社 2005 年版,第 4 页。

力威胁则通常是主动的和进攻性的。一国能否成功地通过武力威慑或武力威胁来达到自己的对外政策目的,取决于三个要素的组合:一是是否拥有足够强大的军事力量;二是是否有实际使用武力的决心;三是,被威慑或被威胁的一方是否相信这些武力和使用武力的决心并调整自己的政策或行为[①]。

武力使用的全过程中都需要外交。在武力实际使用之前、之中和之后都需要外交的配合。在武力实际使用之前,准备使用武力的国家需要外交来寻找盟友,孤立对手,确立用武的国际合法性。在实际用武的过程中,外交的上述作用仍然不可或缺,而且有关各方也需要外交来寻找外交解决的可能性。在实际用武之后,也需要外交落实战后安排等问题。

外交与谍报

自古以来,除了外交和武力之外,对外政策的另外一个手段就是利用间谍的谍报工作。《孙子兵法》一共十三篇,其最后一篇《用间篇》可以说是世界上最早地系统论述间谍的重要作用、间谍的分类、反间谍的方法和怎样正确使用间谍的理论著述[②]。人们通常将一国派往国外的经过特殊训练,从事窃取和刺探他国机密、情报,以及颠覆、破坏活动的人称为间谍。在当代,随着现代信息技术的发展,一国也可以依靠技术而不是间谍从事情报收集工作。美国就发展了一百余颗间谍卫星、四千余个监听站和大量的间谍船、侦察机等来从事情报收集。尽管如此,间谍的作用仍然是不可替代的。"9·11"后,美国对情报工作的反省之一就是过去忽略了说阿拉伯语间谍的发展问题。

外交和谍报总是结伴而行。外交和谍报都负有收集别国的情报和影响别国事态发展的任务,这是它们的相同点。它们的不同点在于,外交依靠的是合法公开手段,而谍报则使用非法秘密手段。

在古代,出访的使者都负责情报收集的工作,可谓"间谍与外交一身而二任"[③]。在当代,外交官仍负有调查接受国之状况及发展情形的任务,但需以"合法手段"进行。从表面上看,外交官不应再是非法从事情报收集和颠覆活动的间谍。但是,由于外交官具有公开活动的各种机会以及享受外交特权与豁免,各国也常常将其间谍人员伪装成外交官派往其他国家,从事与外交官

---

① 参见俞正樑、陈志敏等:《全球化时代的国际关系》,复旦大学出版社 2000 年版,第 119—123 页。
② 参见蔡拓等:《国际关系学》,南开大学出版社 2005 年版,第 229 页。
③ 杨公素:《外交理论与实践》,四川大学出版社 1992 年版,第 79 页。

身份不符的谍报工作。比如,在冷战时期,美国中央情报局(CIA)和苏联国家安全委员会(克格勃,KGB)都曾将大批情报人员派往驻外使馆。仅1971年底一次,英国就将105名从事间谍活动的苏联驻英外交官和其他官员驱逐出境。

四、外交学研究

国外外交学研究

现代外交发源于西方,也率先在西方成为研究的对象。1620年,西班牙外交家兼学者德维拉(Don Juan Antonio De Vera)出版了《大使》一书。1681年,荷兰外交家威克福(Abraham de Wicquefort)的《大使及其职能》一书面世。和前两本书一起,法国人卡利埃(Francois de Callieres)于1716年出版的《论与君主谈判的方法》成为影响日后外交发展的经典著作和外交官们的必读书目。进入20世纪,萨道义的《外交实践指南》(1917)、尼科尔森的《外交》(1939)和《外交方法的演变》(1954)是当代的经典作品。可以说,上述外交学著述都出自外交官之手。他们对于外交实践的总结构成了外交学在西方发展的基础。

在过去的几十年中,外交学的基础研究和专题研究在西方得到了进一步的发展,更多的学者介入了这一领域,使得外交学的研究更加具有学理性和系统性。在基础研究方面,出现了沃特森的《外交:国家之间的对话》、埃班的《新外交》、德里安的《论外交》、哈密尔顿和兰汉的《外交实践:其演变、理论和管理》、贝里奇的《外交理论与实践》、库巴黎亚主编的《现代外交》、梅里森主编的《外交实践创新》,以及贝里奇和奥特主编的《外交理论:从马基雅弗利到基辛格》等一系列著作[①]。在专题研究方面,有关的著作也是层出不穷,如马克拉南汉研究外交豁免的《外交豁免:原则、实践和问题》、考夫曼研究国际会

---

① A. Watson, *Diplomacy: The Dialogue Between States* (London: Eyre Methuen, 1982); A. Eban, *The New Diplomacy* (London: Weidenfeld & Nicolson, 1983); J. Der Derian, *On Diplomacy: A Genealogy of Western Estrangement* (Oxford: Basil Blackwell, 1987); K. Hamilton and R. Langhorne, *The Practice of Diplomacy: Its Evolution, Theory and Administration* (London and New York: Routledge, 1995); G. R. Berridge, *Diplomacy: Theory and Practice* (London: Prentice-Hall; Harvester Wheatsheaf, 1995, 2002, 2005); J. Kurbalija (ed.), *Modern Diplomacy* (Malta: Mediterranean Academy of Diplomatic Studies, 1998); J. Melissen (ed.), *Innovation in Diplomatic Practice* (London: Macmillan, 1999); G. R. Berridge, M. Keens-Soper and T. G. Otte, *Diplomatic Theory from Machiavelli to Kissinger* (Houndmills and New York: Palgrave, 2001)。

议外交的《大会外交》、普特南等人研究国内政治和国际谈判复杂互动的《双刃外交》、豪京等人主编的研究各国外交部的《外交部：变化与适应》、邓恩研究峰会外交的《最高层面的外交：国际峰会的演变》、博伊萨等人主编的研究多边外交的《多边外交》、赛博研究媒体与外交关系的《头条外交》等等①。其他关于外交史的著作更是汗牛充栋，无法一一列举。

总体而言，国外关于外交本身的研究历史悠久，著述丰富，方法多样，涉及面宽。尽管如此，这些研究仍然存在明显的不足之处。首先，外交学著作主要还是外交官涉足的领域，存在着描述性多于分析性，特殊性多于一般性的弱点。其次，对于外交的定义至今也没有取得共识，妨碍了对外交的全面认识；第三，外交研究与国际关系未能很好地结合起来，导致外交研究的理论性较为薄弱。埃班就曾经指出："没有一个世界政治的领域像外交治国术那样表现出实践和理论之间的巨大脱节。原因在于，那些专门研究这类治国术的人没有得到理论的引导；而注重理论的人还没有去关注外交。"②约恩森从国际关系理论的各个流派的角度解释了外交研究在国际关系理论中被"边缘化"的各种原因③。

中国外交学研究

早在1949年11月8日，周恩来总理在新中国外交部成立大会上就提出要将"外交学中国化"，"使之科学化、系统化而成为一门学问"④。为此，1950年，中国人民大学成立了新中国第一个外交系。1955年，在人大外交系的基础上，成立了新中国第一所专门培养外交人才的高等学府——外交学院，并由陈毅副总理兼任外交学院院长达八年之久。但是，在一段较长时期里，外交学在中国一直停滞不前。除了翻译几部苏联和西方的外交学著作和工具书外，中国学者几乎未进行自己的外交学独创性研究。在"文化大革命"之前

---

① G. V. McClanahan, *Diplomatic Immunity: Principles, Practices, Problems* (London: Hurst & Co, 1989); J. Kaufmann, *Conference Diplomacy*, 3rd revised edn (Houndmills: Macmillan, 1996); P. R. Evans, H. K. Jacobson and R. D. Putnam (eds.), *Double-Edged Diplomacy* (Berkeley and Los Angeles, CA: University of California Press, 1993); B. Hocking (ed.), *Foreign Ministries: Change and Adaptation* (London: Macmillan, 1998); D. H. Dunn (ed.), *Diplomacy at the Highest Level: The Evolution of International Summitry* (Basingstroke: Macmillan, 1996); M. A. Boisard & E. M. Chossudovsky (eds.), *Multilateral Diplomacy* (London: Kluwer, 1998); Philip Seib, *Headline Diplomacy* (Westport: Praeger, 1997).

② A. Eban, *The New Diplomacy*, pp. 384—385.

③ 参见 Christer Jonsson and Martin Hall, *Essence of Diplomacy* (New York: Palgrave MacMillan, 2005), pp. 12—19。

④ 《周恩来外交文选》，中央文献出版社1990年版，第1页。

和之中,在外交学院等专门性院校系也没有开设有关外交学方面的课程。

改革开放后,中国的国际关系研究和教学取得了迅速发展。但是外交学领域仍然极为滞后。从20世纪80年代到90年代中期,中国学者也只是组织翻译了《萨道义外实践指南》、《国外外交学》、《首脑外交》等著作,而只是到了90年代上半期才开始出版外交学基本读物:杨公素的《外交理论与实践》(1992年)和黄金祺的《概说外交》(1995年)。

不过,从90年代下半期开始,中国的外交学研究和教学出现了快速追赶的势头。由外交学院多位教师编著的《外交学概论》于1997年出版,随后,金正昆的《现代外交学概论》(中国人民大学出版社,1999年)、世界知识出版社的外交外事知识丛书(包括《国际会议》、《大使馆和外交官》、《实用领事知识》、《外交外事知识与技能》、《外事翻译》、《话说外交调研》、《外交谋略》、《怎样当驻外记者》、《现代国际礼仪知识》,1999—2003年)、姜安的《外交谱系与外交逻辑》(中国社会科学出版社2004年版)、李渤编著的《新编外交学》(南开大学出版社2005年版)相继出版。

除了外交基础研究之外,外交专题研究也形成了不少有特色的成果,如王之佳的《中国环境外交》(中国环境科学出版社1999年版)、陈志敏的《次国家政府与对外事务》(长征出版社2001年版)、周琪主编的《人权与外交》(时事出版社2002年版)、张学斌《经济外交》(北京大学出版社2003年版)、肖佳灵和唐贤兴编著的《大国外交》(时事出版社2004年版)、叶自成的《新中国外交思想:从毛泽东到邓小平》(北京大学出版社2004年版)、吴兴唐的《政党外交和国际关系》(当代世界出版社2004年版)、李智的《文化外交》(北京大学出版社2005年版)、黄德明的《现代外交特权与豁免问题研究》(武汉大学出版社2005年版)、赵刚的《科技外交的理论与实践》(时事出版社2007年版)、张历历的《外交决策》(世界知识出版社2007年版)、吴建民的《外交案例》(中国人民大学出版社2008年版)等等。

近年来一个新的可喜现象是,外交官的回忆录也纷纷面世,为研究新中国外交提供了日益丰富的素材。世界知识出版社2003年出版的前外交部长钱其琛的《外交十记》开创了外交首长出版回忆录的先例。此外,世界知识出版社出版了中国外交官回忆录"新中国外交风云"丛书和"外交官"丛书,四川人民出版社启动了"外交官看世界"丛书,加上其他零散的外交官回忆录,大大丰富了我们研究新中国外交实践的第一手资料。

在教学方面,1997年国家教委确定外交学为政治学以及下属的二级学科,和国际关系与国际政治并列,并于1998年批准外交学院、北京大学等开始招收外交学硕士研究生。到2008年初,据不完全统计,国内已经有外交学院、北京大学、中国人民大学、北京外国语大学、复旦大学、上海外国语大学、华东师范大学、华中师范大学、南开大学、中共中央党校、解放军国际关系学院、武汉大学、山东大学、广东外语外贸大学等三十余所大学招收外交学硕士或博士研究生。而且,这一数目还将继续扩大。

所有这些都表明,我国外交学学科的发展已经取得了可喜的进展。随着更多的研究者进入这一领域,研究生培养规模的进一步扩大,外交学的研究在未来应有较快的发展步伐。当然,这种乐观的看法是基于将外交学的现状与过去进行比较,如果我们从中国面临的外交需要和国内外交学研究与国际水平的差距出发,中国外交学还存在许多的问题和空白点,需要学者们在未来的岁月里努力加以补充加强。这些问题包括:一、外交学的基础研究仍然薄弱,现有的成果还局限于对传统外交方法的研究,尚未对外交的新发展给予更多的关注;二、外交专题研究刚刚起步,仍然有许多空白点还未曾涉及。比如,关于外交谈判,国内学者还没有任何的专门研究著作问世,刚刚开始翻译介绍国外的相关著述①。另外,关于调停外交、公众外交、第二轨道外交、预防性外交等领域的研究也需大大加强。三、外交学研究和国际关系理论的结合相当薄弱,现有外交学研究的学理性需要加强。四、如何消化已经出现的新中国外交史资料,并以此为基础,发展真正具有中国特色的外交学研究任重而道远。

外交学学科体系和本书编排

从认识国内外外交学学科发展的现状出发,本书试图在努力吸收国内外外交研究的最新成果,密切结合新中国外交实践的基础上,在外交学学科体系方面做出自己的一些努力。本书认为,外交学学科是研究外交主体(主要是主权国家)如何通过和平方式实现其对外政策目标的一般规律的学科。为此,本书采用扩展的国家中心视角,立足本国兼顾世界的价值导向,并以外交的运行机制和方式为研究对象。

扩展的国家中心视角一方面认为国家在外交中的核心主体地位,另一方面考虑到全球化时代国际关系行为者的多元化对外交带来的新变化。这一视角不仅有助于我们进一步深化外交学本身的研究,同时,也可以帮助我们将外交学研究与国际关系学研究联系起来,形成两个学科相互支撑、共同发

---

① 参见〔美〕布里吉特·斯塔奇等:《外交谈判导论》。

展的局面。

基于国家中心的视角,本书将外交主体界定为主权国家和国家联合体,并主要研究主权国家的外交行为。这是因为,第一,主权国家仍然是当今世界的主要行为体。尽管出现了大量的非国家行为体,主权国家,特别是大国在国际关系和外交中的核心地位仍然没有改变。联合国仍然是主权国家的集体外交场所,其自主权限仍比较有限。欧洲联盟是一个正在超越一般国际组织的国家联盟,在许多领域实行超国家决策,包括在对外经济政策领域。然而,在政治外交和安全防务政策这些外交政策的核心领域,欧盟国家仍然保留对欧盟决策的否决权,因而继续保有基本自主的外交权。跨国公司也许富可敌国,可以左右一些小国的外交政策,但它们尚不能对大国或重要国际事务具有关键性的影响力。因此,从实然的角度出发,研究主权国家的外交仍然是当代外交学的核心。其次,国家中心视角是当代国际公法的基本出发点。在当代的国际法中,国家是第一性的国际法人,具有订立条约、承担权利义务的资格。国际组织是派生的国际法人,在主权国家约定的有限权限范围内具有订立条约、承担权利义务的能力。至于其他的非国家行为体,现有的国际法基本上都不承认其具有国际法人资格。第三,作为中国的外交学学科,我们将特别关注中国作为一个主权国家通过和平方式实现对外政策目标的能力,并努力在书中融入尽可能多的新中国外交实践。因此,国家中心视角是中国外交学学科的必然选择。

同时,这个国家中心视角必须是扩展的,也就是说,它不能对已经在外交实践中发挥明显作用的其他非国家行为者视而不见,忽视它们的作用,忽视它们对国家外交可能带来的挑战和机会。扩展的国家中心视角因而要求在关注国家外交的核心地位的同时,也关注其他非国家行为者在外交过程中的参与作用。为此,本书将从两个方面来扩展国家中心视角。第一,在外交主体内部,将专职部门外交和职能部门外交相结合,并将官方外交和非官方外交相结合,确立总体外交观念,探讨在中央政府领导下整合各种外交资源和途径的总体外交体制,充分发挥各种行为者在实现国家总体外交目标中的积极作用。第二,在外交主体外部,充分考虑各种非国家行为者的外交影响,并对国家影响这些非国家行为者的外交方式进行研究,如旨在影响外国民众的公众外交,以及国际组织和非政府组织在国际调停和多边外交中的作用等等。总之,通过此种扩展的国际中心视角,我们不仅能够坚持国家在外交中的核心地位,也能对影响外交的各种非国家行为者的影响作用给予必要的关注,以便在一个全球化时代里更好地实现一国外交的使命:促进国家间的和平、发展和合作。

立足本国兼顾世界的价值导向是全球化时代对外交提出的基本要求。任何一个国家的外交首先是为了实现本国的对外政策目标,也就是决策者所认知的本国国家利益。与此同时,在一个相互依赖和依存的世界里,一国利益的实现日益和国际社会的共同利益的实现密不可分。纯粹自私自利的外交或许可以为一国赢得短期的利益,但无法保障其长期的利益。因此,一个国家的外交要具有进步性,必须时时考虑如何将本国利益和国际社会的利益有机结合起来,在实现本国利益的同时增进国际社会的共同利益。因此,本书将特别重视能够促进国际社会实现和平、发展和合作的各种手段,并希望通过对各种外交方式的研究,来发现那些有助于上述目标实现的机制和途径,比如,如何在谈判中将对抗型谈判转化为整合型谈判,如何通过第三方的介入来解决国际和国内冲突,如何促使多边外交取得成功等等。

本书认为,外交学的研究对象主要为外交运行的机制和方式。为此,本书将集中探讨外交体制、作为外交基本形态的双边外交,以及外交在双边外交基础上的发展演变。为此,本书试图提出一个较新的架构,将全书分为三编:外交制度、外交基本、外交发展。

第一编是外交制度,包括四章:外交演变、外交规范、外交机构和外交人员。外交演变一章将勾勒外交的历史演变,以及全球化时代外交环境的重大变迁。外交规范一章讨论规范各国外交关系的基本原则、法律和惯例。外交机构一章将讨论外交决策、执行和代表机构,以探讨全球化时代里如何建构合理的外交组织架构。外交人员一章将讨论外交人员的类别、素质要求和选拔录用。

第二编是外交基本,讨论以双边关系为主的外交基本方法,分三章:双边外交、外交谈判、外交协议。双边外交一章将讨论外交关系、外交代表、外交调研、外交保护等外交的基本职能。外交谈判虽也是外交的基本职能之一,但由于谈判是外交的核心内容,本书将单列一章进行分析。外交谈判的成果是签订各种外交协议,即规范各国权利与义务的双边或多边条约。外交协议一章将讨论国际条约的各个方面。

第三编重点关注外交发展的各种表现,共分五章:首脑外交、调停外交、多边外交、公众外交、总体外交。首脑外交一章分析国家领导人在外交中日益重要的原因,以及对职业外交的影响。调停外交一章讨论第三方对国际冲突的斡旋和调解活动,中国在解决朝鲜核问题上的调停外交,说明这个问题需要得到更为及时的研究。多边外交一章分析多边外交特有的机制和运作规律。公众外交分析一国政府影响他国公众态度的努力,这一外交的新纬度目前已经得到中国外交部门的高度重视。总体外交一章将讨论非官方机构和人员在外交中所起的作用,将讨论政党外交、议会外交、地方外事、第二轨道外交和民间外交诸方面。

本书的结语将运用先前各章有关外交理论和方法的探讨,对中国外交的发展轨迹和中国外交学的发展提出看法。

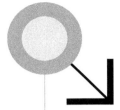

第一编

外 交 制 度

外交的制度化是一个历史发展的过程。与古代和近代外交相比,尽管远未尽善尽美,当代外交基于更为完备和更为进步的制度基础。这些制度包括外交的规范体系、外交的组织体系和外交人员的制度安排。上述制度为当代外交的展开创造了一个相对稳定的架构,也提升了外交手段在处理国际事务中的地位。

本编包括四章:外交演变、外交规范、外交机构和外交人员。外交演变一章将勾勒外交的历史演变,以及全球化时代外交环境的重大变迁。外交规范一章讨论规范各国外交关系的基本原则、法律和惯例。外交机构一章将讨论外交决策、执行和代表机构,以探讨全球化时代里如何建构合理的外交组织架构。外交人员一章将讨论外交人员的类别、素质要求和选拔录用。

第一章
外交演变

外交古已有之。在人类文明最初的几个发祥地,都已发现有关外交的记录。现代意义上的外交发端于近代欧洲主权国家兴起之际,并伴随着主权国家体制在世界范围内的扩散而被带到全世界。第二次世界大战以来,外交进入一个全球化时代,并随之发生许多重大变化,成为当今世界国家处理对外关系的最理想和最文明的手段。

一、古代外交

中国的古代外交

中国古代早有"外交"一词,但其含义与对应于"diplomacy"的现代"外交"概念有所不同。《礼记·郊特牲》谈道:"为人臣者无外交,不敢贰君也。"《史记》卷六十九《苏秦列传》写战国时苏秦说:"夫为人臣者,割其主之地以求外交。"在这里,外交是指周朝时代各诸侯国未经周朝天子的允许而私自对外交往,即所谓"境外之交",含有"里通外国",相互勾结的意思①。尽管如此,随着早期国家在中国疆域内的出现,外交就随之产生,并出现了"邦交"、"外事"和"外务"等语汇来描述当时的外交现象。

---

① 参见黎虎:《汉唐外交制度史》,兰州大学出版社1998年版,第1页。

《史记》卷一《五帝本纪》就曾记载说,舜时"龙主宾客,远人至……各以其职来贡,不失厥宜。方五千里,至于荒服。南抚交址、北发,西戎、析枝、渠庾、氐、羌,北山戎、发、息慎,东长、鸟夷,四海之内咸戴帝舜之功"。这一记述表明,在传说中的五帝时代,就有龙这样的负责礼宾的官员,而且,中国与周边国家、部落之间的和平交往就已经发生。中国古代数千年的历史也是一部中国古代外交的发展历史,催生了丰富的外交思想和外交实践。总体上说,以中原王朝为核心的外交历史可以分为三个方面:一是中华大地各独立或相对独立国家之间的外交;二是中原王朝与周边少数民族政权的交往;三是中国与处于现今中国边界之外的周边国家之间的外交。在中原王朝尚未形成大一统国家之前,中国的外交包含其中的三个方面,而在中原王朝形成大一统国家之后,中国外交则主要表现为后两者。

有文字记述的古代中国外交大致可以分为邦交和外交两种形态。邦交主要存在于中国大一统国家尚未出现或中国陷于分裂的时期,如春秋战国时期、三国鼎立时期、南北朝时期和五代十国时期等。中原各独立或相对独立国家之间进行的交往是邦交的核心,而中原各国与周边少数民族和外国的交往相对比较次要。邦交在春秋战国时期得到了比较成熟的发展。在东周近五百年(公元前770年到公元前221年)的历史中,诸侯国不再听命于周天子,在春秋和战国时代展开了激烈的争霸战争和外交,并形成了一定的外交制度和观念。一、盟会。两国或多国君主通过举行隆重仪式进行结盟,常常推举一国为盟主。订立的盟约有盟书为证,并载有违约须受处分的规定①。二、聘问。一国君主派大臣、使节出访另一国,以达到修好、庆贺、吊唁、通报情况、解答质疑、探听虚实和谈判的目的。三、道、礼和信的外交规范。各国之间的交往也形成了一定的行为规范。《春秋左传注》曾记载:公元前647年,晋国饥荒,向秦国求救,秦国大夫百里奚说:"天灾流行,国家代有,救灾恤邻,道也,行道有福。"②此外,礼尚往来,遵守诺言,也是公认的正当行为。四、"游说家"或"纵横家"的大量涌现。这一时期的列国争雄,为外交家们提供了纵横捭阖的广阔空间,并涌现了一大批历史上著名的外交家,如倡导"合纵"外交的苏秦。"合纵"即"合众弱以攻一强"。在战国时期,西部的秦国最强。苏秦以南北为纵,以魏国、韩国、赵国为中心,北联燕国,南联楚国,东联齐国,共同联合起来对付秦国的霸权。与"合纵"相对应,张仪则倡导"连横",即"事

---

① 参见杨公素:《外交理论与实践》,第2页。
② 转引自杨公素:《外交理论与实践》,第3页。

一强以攻众弱",通过游说说服其他六国依附于秦国,从而为秦国——击破。待秦国统一中国后,虽然大一统的国家在中国的疆域内成为常态,分裂的情形仍然不时出现。在分裂时期,处理相互间关系仍然是中原各国外交的重心,但是,春秋战国时期形成的许多外交制度和规范已经大为弱化。

在秦朝、汉唐和元明清时期,中国本土基本实现统一。由于内部分裂基本消失,中国的对外交往主要处理与周边少数民族和外国的关系,中国的外交也从中国本土内各邦国间的邦交转为中国和周边国家及部落间的外交。在邦交阶段,列国之间的力量比较分散,实力对比相对平衡;在外交阶段,中国常常占据东亚国际体系的中心,国土辽阔,经济文化发达,形成比较成熟的封建国家体制;而中国的周边国家或部落经济文化比较落后,遂形成了以中国为中心的东亚外交秩序。

这个常常被称作"朝贡体制"的外交体制具有这样一些特点:一、中国的主导地位。中国的历朝皇帝自命天子,即天之子,承奉天命来统治天下。而根据"普天之下,莫非王土"的天下思想,历朝皇帝不承认还存在其他平等国家。周边国家和部落都被视为蛮夷,应奉中国为上国。二、朝贡体制。在中国皇朝强盛时期,许多周边小国都成为中国的属国,并与宗主国中国建立了朝贡关系。属国将定期向中国朝廷朝贡,以示臣服。"万国来朝"常常是中国皇帝展示威望的最大盛事。为表示厚往薄来,中国皇帝在接受贡品后必须给予赏赐,其价值往往大于贡品的价值。三、王道理念。在规范以中国为中心的东亚外交体系方面,王道理念是这一阶段外交思想的主流。王道理念包含纯粹王道思想和务实王道思想,是与霸道理念相对的外交思想。以先秦韩非子为代表的霸道外交思想完全排除道德因素,只强调实力与谋略;而以先秦孟子为代表的纯粹王道思想完全排斥功利,只讲仁义道德;以先秦荀子为代表的务实王道思想则不排除现实功利,讲究实力与道义并重①。四、和亲。在周边国家力量强大时,中国皇朝也采用和亲政策,将皇家公主嫁于这些国家的首领,以建立亲戚关系,争取一定时期的和平,如汉高祖嫁公主予匈奴的单于。

其他地区的古代外交

和古代中国一样,外交在世界其他地区也是源远流长。关于政治单位间交换使节的最早记录可以追溯到公元前三千年以前的美索不达米亚文明。

---

① 参见陈向阳:《中国睦邻外交》,时事出版社2004年版,第54—55、77—79页。

在出土的幼发拉底河边马里国国王的外交档案中,人们发现了公元前两千多年前来自其他国家国王的信件。1887年在埃及发现的阿玛尔纳文书(Amarna Letters)是一批珍贵的外交文件,揭示了公元前14世纪在古代近东各国间密切和微妙的关系。可以说,古代近东构成了"最早得到丰富记载的外交时代"①。

在古代印度,也有充足的文献证明,在相当早的历史阶段就有外交活动存在。古代印度的《摩奴法典》就强调了外交和谈判的重要意义,提出:"要努力通过谈判、收买、离间来瓦解敌人;可并用或分用这些办法;不必诉诸战斗。"法典还特别重视外交使节的作用,认为"战争与和平系于使节。因为和睦敌人的是使节,离间盟国的是使节;决定破裂或和好的大计由使节处理"②。

在古代希腊城邦国家时期,将近二百个以城市为中心的城邦国家为了生存,为了商业利益,为了争夺霸权,展开了频繁的外交活动。它们曾相互结盟,打败波斯,阻止了波斯向爱琴海的扩张。它们也在内部结成互为对立的联盟:以雅典为首的海上同盟和以斯巴达为首的伯罗奔尼撒同盟,并进行了长达二十六年的伯罗奔尼撒战争。城邦外交推动了使节制度的发展。这些使节手执本国君主或元老院发给的经过折叠的证明其使节身份的文书,即"diploma"③。这些使节通常能言善辩,声音洪亮,不仅负有传达本国主张的使命,也被要求去游说对方国家的决策者。对这类使节的需求在一定程度上成为希腊辩论术或诡辩术特别发达的一个原因。另外,在希腊城邦国家间也形成了一些公认的外交原则,如通过仲裁解决争端,不经宣战不能开战,使者不可侵犯,战俘可以交换或赎回等④。

罗马帝国的建立主要依靠军事力量。也正是因为这个原因,罗马帝国总是倾向于在对外关系中通过武力来实现其要求,而不是在平等的基础上进行谈判。虽然帝国庞大且存续长久,"但罗马帝国对外交发展的贡献出奇地少"⑤。不过,罗马时代重视法律和契约,发展了"万民法",来调整罗马人和外国人的关系。"万民法"被认为是国际法的前身⑥。

---

① Christer Jonsson and Martin Hall, *Essence of Diplomacy*, p. 10.
② 《摩奴法典》第七卷,〔法〕迪朗善译,马香雪中译,商务印书馆1982年版,第164页。
③ 到18世纪,欧洲一些国家在书中使用"diplomatique"一词,专指有关外交方面的文书和条约。1796年,英国学者伯克首次在英文里使用"diplomacy"一词,专指外交。
④ 参见鲁毅等:《外交学概论》,第22页。
⑤ Christer Jonsson and Martin Hall, *Essence of Diplomacy*, p. 11.
⑥ 参见王铁崖主编:《国际法》,法律出版社1995年版,第35页。

相比之下，在西罗马帝国于公元476年灭亡后留存下来的拜占庭帝国（东罗马帝国）则更为讲究外交。拜占庭帝国虽然强盛，但也面临周边国家和强悍蛮族的经常性威胁。因此，如何运用外交手腕防止战争成为帝国外交的重要任务。查士丁尼皇帝在位期间（527—565年），他发展了一系列外交手法：雇用和收买野蛮人的武装为其服务；分而治之；干涉别国内政，甚至使用武力；不能收买时，就用政治经济包围方法，使其就范；利用商业关系来扩大影响；利用基督徒来巩固拜占庭的势力①。拜占庭宫廷也有一系列接待外国使臣的礼宾程序，来显示王朝的威仪，防止外国使节掌握本国的真实情况。

古代外交的特点

总结古代外交的特点，可以归纳出几下几点：

一、现代外交的许多基本制度、规范和方法在古代就已经具有雏形，出现了某些公认的外交规范，一些国家设立了处理外交事务的机构，各国派遣使节，进行谈判，缔结盟约，有时也举行双边或多边首脑峰会等等。

二、外交受地域限制，多为地域性外交。由于交通和通信技术的不发达，古代外交通常只是在某一地区的周边国家间展开。虽有汉代张骞出使西域，明代郑和出使西洋，足迹远至印度、波斯湾和东非，但这样的跨地域性外交在整个古代外交中十分少见。

三、外交延续性不够，多为间隙性外交。由于国家的存活率较低，经常发生征服与被征服的现象，外交实体生生灭灭，外交关系时断时续。

四、外交制度化水平低，属非制度化外交。有关的外交关系规范并不完备，也未能得到各国的严格遵守；各国大多没有专门的外交机构；尚未出现常驻使团制度，使节都为临时执行外交任务的特使，本身不以外交为职业，也无固定的任期，在出使国也无常驻办公场所。

五、外交常常是服务于战争的辅助性手段。即使在外交大发展的时期，比如在中国的春秋时期，242年中进行了各种朝聘盟会共450次，但列国间的战争更多达483次，平均每一年就发生两次战争②。总之，在古代外交阶段，外交"主要是配合兼并战争的一种权宜之计，还没有成为国家政治制度的重要的组成部分"③。

---

① 参见〔苏〕鲍爵金主编：《世界外交史》第一分册，五十年代出版社1953年版，第86—89页。
② 参见范文澜：《中国通史简编》第一卷，人民出版社1955年版，第179页。
③ 黎虎：《汉唐外交制度史》，第10页。

二、近代外交

专职外交机构的建立

15世纪中期,意大利城邦国家开始在外国设立常驻外交使团,掀开了近代外交的帷幕。1446年,尼科德默达·特雷莫利受米兰大公斯福札的派遣,成为驻佛罗伦萨共和国的常驻使节,并在那里待了二十年之久,被认为是世界上第一个真正的常驻外交代表。在随后于1455年向那不勒斯和热内亚以及于1458年向罗马和威尼斯相继派出大使后,米兰公国成为欧洲第一个建立自己的外交机器的国家①。继米兰公国后,其他意大利城邦国家也纷纷效仿,并开始向西班牙、法国和英国派遣常驻代表,带动了西欧大国也相继建立起驻外使团制度。各国之间常缔结条约,规定互派常驻代表。例如,1520年,英王和日耳曼皇帝之间就订有这样的专约②。1648年的《威斯特伐利亚和约》再以条约的形式确认了常驻外交使节制度,促使职业外交官与驻外使馆在欧洲各国广泛出现,并走向规范化、制度化。同时,常驻外交使节原先不分等级的情况也慢慢改变。1815年,欧洲八个国家在维也纳和会上签署了《关于外交人员等级的章程》,确立了外交使节分为大使、公使、代办等三个等级的制度,奠定了现代职业外交官制度的原型。

有趣的是,各国分管外交事务的专职外交部的建立晚于外交代表机构的出现。"它们的发展演变是一个无计划的和相当杂乱的过程,其速度和性质在欧洲的不同地方差异很大"③。在法国,1547年亨利二世登基之时,四个国务大臣各自分管法国的一些省份以及法国和与这些省份相邻的外国之间的外交事务。比如,分管勃艮第和香巴尼的大臣通常负责法国与瑞士各州和西德意志各国的外交关系。到了1589年,法国设立一个外交部,有一位外交大臣负责全部外交通信。尽管如此,这位大臣仍然需要分担部分内政事务。一直到1787年,蒙莫兰继威尔热纳为大臣以后,他的职责才仅限于外交事务方面④。在17世纪初的俄罗斯,一个处理外交事务的专门机构仅拥有不到二十

---

① 参见 M. S. Anderson, *The Rise of Modern Diplomacy*: 1450—1919. p. 6。
② 参见〔英〕詹宁斯·瓦茨修订:《奥本海国际法》第一卷第二分册,中国大百科全书出版社1998年版,第478页。
③ M. S. Anderson, *The Rise of Modern Diplomacy*: 1450—1919, p. 73。
④ 参见《萨道义外交实践指南》,第19页。

位的文员,但在1701年,这一数目就已经翻了一番。更重要的是,该机构下设五个地域处,其中三个分管俄国与欧洲不同地区国家的关系,两个分管俄国与亚洲不同地区国家的关系①。在英国,一直到1782年,两个国务大臣除了分管国内事务外,在外交事务方面分别管理英国北方和南方的外交关系。1782年,英国终于成立了外交部,由一位国务大臣全权管理。但是,在很长一段时间里,外交部人员很少,经费拮据,除了国务大臣本人外,常常只有一位副大臣和十多位文员。其工作效率也比较低。英国驻维也纳大使曾经抱怨,他向伦敦发了五十份报告之后,居然没有得到只言片语的回复;他回伦敦时两次造访外交大臣的办公室,却一次都没有见到人影②。

随着欧洲各国的外交活动更为频繁且扩展到更远的国度,各国都加强了外交部的人员编制和机构设置。在19世纪20年代中,英国外交部每年收发的公文大约为一万二千份。到1857年,这一数字上升到六万份。而在战争最紧张的1916年,登记在案的公文达到二十六万五千份。在外交业务增加的同时,法国外交部的国内雇员从1814年七十人增加到1914年的一百七十人。俄国在1910年有一百八十七个外交部岗位③。

主权国家外交的成型

欧洲由中世纪步入近代过程中,多种权力中心之间发生着激烈的相互冲撞,没有一个权力中心可以宣称对某一地域的绝对支配权。罗马天主教教皇执掌着基督教世界的精神权力,神圣罗马皇帝掌握着世俗权力,新兴的王国正在发展成为强大的民族国家,贵族在努力保卫其对领地的控制,城市在捍卫其自治权。但是,最终的胜利者似乎是那些力量日益强大的民族所建立的王国,如法国、英国和西班牙。这些国家在内部打破了封建分裂状态,形成了统一的中央集权国家,在外部日益寻求摆脱罗马教皇和神圣罗马皇帝的精神和世俗权力的束缚。

正是在这种背景下,主权理论的提出为建构新的欧洲秩序提供了思想支持。最初提出"主权"(sovereignty)概念的是法国的政治思想家让·布丹(Jean Bodin,1530—1596)。布丹在1576年发表的《论共和国六书》中将主权看做是国家的本质特征,并将其界定为一个国家"超乎公民和臣民之上,不受

---

① 参见 M. S. Anderson, *The Rise of Modern Diplomacy*: *1450—1919*, p. 75。
② Ibid., p. 77.
③ Ibid., pp. 110—112.

法律限制的最高权力"。这种权力是绝对的,即主权者可以绝对地和完全地支配人们的财富、生命以及整个国家;这种权力是永久的,没有时间限制;而且,这种权力是不能转移的。总体而言,布丹的主权理论是对内主权的理论,要求确立君主在国内的最高权力。他并未发展出国际关系和国际法上的主权理论。但是他的绝对主权观点为后来主权观念的外部运用提供了重要的理论启示。

在国家的对外主权问题上,荷兰法学家格劳秀斯(Hugo Grotius)第一个进行了系统阐述。在1625年发表的《战争与和平法》一书中,他提出:"所谓主权,就是说它的行为不受另外一个权力的限制,所以它的行为不是其他任何人类意志可以任意视为无效的。"格劳秀斯将决定战争与和平、缔结国际条约视为国家的主权权力,并认为,基于各国主权的至高无上性,拥有主权的各国是相互平等的,国际关系不应以强力为基础,而应以各国都接受的国际法为基础。

在实践中,17世纪初发生了反对神圣罗马帝国霸权的三十年战争。为了结束这场战争,1648年签订的《威斯特伐利亚和约》催生了主权国家这一新的也是唯一的外交主体。和约确立了国家主权至上的国际法基本原则;通过承认宗教自由,削弱了罗马教皇势力;通过分割神圣罗马帝国的领土,并让其三百多个诸侯国获得包括外交权在内的主权,使得神圣罗马帝国从此走向分崩离析。从此,主权国家基本上摆脱了罗马教皇和神圣罗马帝国的精神和世俗权力的约束,在它们之上已没有任何更高的权威。主权民族国家成了欧洲外交和国际关系的唯一主角,开创了延续至今的"威斯特伐利亚国际体系"。

另外,和约建立了以国际会议方式和平解决国际争端的模式。和约涉及领土重划、赔款、宗教等错综复杂的问题。争端各方成功地通过召开国际会议找到了解决这些问题的办法,为以和平方式解决国际争端提供了范例。

法国外交方法的盛行

现代主权国家的崭露头角,外交代表和主管机构的建立和完善,为欧洲外交提供了全新的舞台和方法。在当时最强大的法国的外交影响下,一种被尼科尔森称为"法国方法"的外交在欧洲盛行一时。

按照尼科尔森的说法,"法国方法是指由黎塞留首创,经卡利埃加以梳理,在1919年变革之前的三百年中被欧洲各国采纳的国际谈判的理论和实践"。尼科尔森将该方法视为处理"文明国家相互关系的最佳方法"①。

黎塞留(Richelieu)在担任法国宰相(1624—1642)期间,对内恢复和强化遭到削弱的专制王权,对外谋求法国在欧洲的霸主地位。黎塞留是现代国家制度之父,他提倡国家至上的观念,并为了法国的利益义无反顾地付诸实施。黎塞留倡导的法国外交方法有五个主要特点。第一,欧洲被认为是世界各大洲中最重要的一个洲。欧洲各国政府是决定世界是战是和的关键。第二,大国比小国更为重要。第三,大国对于小国的行为,对于维护小国间的和平负有共同的责任。从这三个特点中可以看出,尽管《威斯特伐利亚和约》确立了主权国家至上的原则,但并没有逻辑地延伸出主权国家相互平等的原则。一些大国否定了在其之上的教皇和皇帝的权威,代之以"欧洲中心论"和"大国中心论"。非欧洲的世界广大地区被看做是"扩展帝国领土、商业和传教活动的地区",根本不可能是欧洲国家的平等外交伙伴。欧洲的小国也被视为低人一等,如果它们之间的相互关系影响到大国的利益,大国负有责任进行干预。此外,法国方法中内含的强权政治逻辑对武力在国际关系中的使用丝毫不加限制。弱肉强食的"丛林法则"在国际关系中盛行一时。

法国方法的第四个特点是欧洲各国都建立了一支基本上相同模式的职业外交人员队伍。各国的外交官往往都出身贵族,具有相似的履历和目标。友谊、血缘和婚姻把这些欧洲贵族联系在一起,相似的见解和教育把他们统一在一起,所有这些在外交官中培养了一种同属一个"世界兄弟会"或"贵族国际"的感觉②。外交官也可以轻易地更换他们的雇主,从为这个君主服务转而为其他君主服务。1815年俄国沙皇亚历山大一世参加维也纳会议时,他的公使和外交顾问中,有两个德国人、一个希腊人、一个科西嘉人、一个瑞士人、一个波兰人和一个俄国人③。

法国方法的第五个特点是,搞好谈判的原则就是必须持续和保密。也就是说,外交谈判必须始终是旨在达到一定结果的过程,而不是一种插曲,谈判的每个阶段皆需保密。

法国方法的职业外交模式在19世纪中期以后受到了来自各国内部的巨大挑战。民族主义的高涨要求排斥外交队伍中的一切外国公民。民主主义

---

① Harold Nicolson, *The Evolution of Diplomatic Method* (University of Leicester 1954, reprinted 1998), p. 72.
② 参见 M.S. Anderson, *The Rise of Modern Diplomacy: 1450—1919*, p. 121。
③ 参见[美]汉斯·摩根索:《国家间政治》(第七版),肯尼思等修订,徐昕等译,北京大学出版社2006年版,第279页。

运动对外交队伍的贵族特性带来沉重的压力,并要求外交的公开性。而各国在第一次世界大战前签订的各种秘密协定最后将各国拖入战争,最终使法国外交方法名誉扫地。

欧洲外交方法的扩散与更新

欧洲民族国家体系的建立,伴随着欧洲在全世界的势力扩张。主要欧洲国家都在世界上建立了自己的殖民帝国,从而在人类历史上第一次把世界纳入一个整体的国际体系中。从局部的和相互隔离的国际体系发展到全球的和整体的国际体系,促成了欧洲的主权国家体系扩展到世界其他地区;与此同时,来自新独立国家的压力促使原有的主权国家体系不断进步,形成了当今世界建立在主权平等基础上的新外交秩序。从历史的角度来看,欧洲外交方法的扩散和更新起步于近代后期,大发展于第二次世界大战之后,经历了以下几个方面的发展。

(1) 欧洲殖民者发动的非殖民化运动将主权国家体制引入非欧洲地区。第一波非殖民化运动发生于18世纪中期到19世纪初。在沃勒斯坦看来,这一波的非殖民化运动与第二次大战后的第二波非殖民化运动有着明显的差别:前者是由欧洲的殖民者完成的,而后者主要是由被殖民的当地人民发动的[①]。由于欧洲殖民者与宗主国之间的利益矛盾日益激化,在美洲大陆的欧洲殖民地精英掀起了争取独立、建立自己的主权国家的浪潮。英属北美13个殖民地在1774年的美国独立战争后赢得了自己的独立,并在其后建立了美利坚合众国。18世纪末到19世纪初,拉丁美洲掀起了争取国家主权的第一次大规模运动。到19世纪20年代,拉美先后出现了18个独立的主权国家。[②] 此外,加拿大、澳大利亚和新西兰等欧洲殖民者建立的政权也相继成立主权国家。

(2) 联合国及其宪章确立了主权平等的现代外交体制。传统的欧洲主权国家概念中并不包括真正的主权平等理念。为争取主权平等,许多非西方国家作出了不懈的努力,并成功地在二战后签订的《联合国宪章》中确立了"各会员国主权平等的原则"。《联合国宪章》的进步意义在于,它确立了主权国家体系的普遍价值,也就国家间关系的处理作出了一系列进步性规定,如相

---

① 〔美〕伊曼纽尔·沃勒斯坦:《现代世界体系》第3卷,孙立田等译,高等教育出版社2000年版,第272页。
② 参见黄仁伟、刘杰:《国家主权新论》,时事出版社2004年版,第21页。

互尊重主权、领土完整和政治独立,反对使用武力或武力相威胁解决彼此间的纠纷,提倡通过对话和谈判方式化解争端等。

(3) 殖民地人民发动的非殖民化运动将现代外交体制推广至全球。联合国成立之始,会员国仅有51国。亚洲和非洲的大部分地区仍处于殖民地和半殖民地地位。不过,在新的《联合国宪章》精神鼓励下,在已独立国家的成功经验指引下,殖民地人民纷纷将建立自己的主权国家作为摆脱殖民统治的出路,发动了波澜壮阔的世界范围的第二波非殖民化运动。到1978年,大多数殖民地和非殖民地地区获得了政治独立,新增了100个新的主权国家,在全球普及了主权国家体系。

在冷战结束后,苏联和南斯拉夫等多民族国家的瓦解,又催生了一系列新国家。2006年,随着黑山共和国加入联合国,联合国的会员数已经达到192个。

三、全球化时代的外交

在一个基于主权平等的国际外交体制确立之际,全球化的洪流也在飞速发展。在全球化时代,外交的内外环境正在经历全新的变迁,从而对外交的体制、内容、方式、手段和程序提出新的挑战和要求。对于当今时代的各国而言,外交的有效开展需要考虑到外交环境已经和正在发生的重大变化。概括而言,全球化时代的外交具有以下几方面的特点:

主客体多元化时代的外交

全球化时代的外交是主客体多元化的外交。主权国家仍然是国际关系和外交的基本行为主体。和过去时代相比,国家的存活率大大提高,而且国家的数目急剧增加。无论是双边外交还是多边外交,一个192国的世界显然要比一个51国的世界要复杂得多。

同时,大量的国际组织纷纷跻身国际关系和外交舞台。根据《国际组织年鉴:1999—2000》的统计,严格意义上的国际组织已经多达6976个,其中,国际政府间组织251个,国际非政府间组织5825个[①]。二百五十多个政府间组织,全球性的如联合国,地区性的如欧洲联盟,在国际关系中扮演着举足轻重的角色,自身也是当今外交体系中的新主体。

---

① Union of International Associations, http://www.uia.org/statistics/organizations/ytb199.php.

而大量的非政府组织虽自身尚不是公认的外交主体,但因其广泛的跨国群众基础,所掌握的各种资源,在塑造外交议程,影响外交决策的过程中具有不可忽视的影响,成为外交主体需要关注的外交客体。比如,在全球提倡环境保护的绿色和平组织,其遍布世界的支持者多达260万,2005年共捐赠活动经费1.69亿欧元。全球金融大鳄乔治·索罗斯从20世纪80年代开始相继设立了两个非政府组织:开放社会基金会和开放社会研究所,"致力于建设和维持开放社会的基础结构和公共设施",在全世界推广西方意识形态和政治制度,这些年来,这两个机构的总开支高达9亿美元。因此,它们既是外交主体的交往对象,也是官方外交执行者可以借助的对象。

作为全球化一大驱动力的跨国公司也具有非政府组织类似的地位。2005年,全世界有77000家跨国公司,其分布世界各地的77万家分支机构贡献了全球国内生产总值的10%。根据美国《财富杂志》公布的世界500大公司的数据,位居世界第一的美国沃尔玛公司2006年的全球销售额达到3511亿美元,超过在各国GDP排名中位居第23的沙特阿拉伯的国内生产总额。在全球500强中排名第30的意大利忠利保险销售额超过1000亿美元,超过各国GDP排名中第54位的科威特的国内生产总额。在一定意义上,世界前三十大公司的经济实力都超过世界上经济规模较小的140个国家。

议程多样化时代的外交

全球化时代外交的第二个特点是外交议程的多样化。如果说,过去的外交主要关注国家的安全、统治者的威望、领土的扩展,那么今天的外交需要适应国家本质从领土国家到福利国家,从民族国家到世界国家的转型。其结果,国家的外交已无限扩展,变得无所不包。

要适应从领土国家到福利国家的转型,当今的国家不仅仍然需要关注安全,而且需要为人民创造更多的福利,保障其各方面的权利。因此,国家的外交不仅要服务于维护安全、政治独立和领土完整,也要促进国家的经济增长、科技提升、环境保护、人权保障、社会进步和文化发展。因此,2006年召开的中央外事工作会议特别强调:"要坚持政治、经济、文化相结合,维护国家主权、安全、发展利益相统一,加强战略谋划和整体运筹"①。

要适应从民族国家到世界国家的转型,一国不仅要追求本国利益的国际实现,而且也需认识到国家是当今国际社会的一员,存在着与世界其他国家

---

① 《中央外事工作会议在京举行,胡锦涛温家宝作重要讲话》,2006年8月24日《人民日报》。

共享的众多普遍利益。因此,任何一国都需要与国际社会一同努力,为解决当今世界的众多国内、地区和全球问题作出贡献,比如解决各种国内和国际冲突,防止大规模武器的扩散,应对全球变暖带来的环境威胁,克服全球人口爆炸、资源短缺、贫富不均、毒品泛滥等诸多问题。改革开放以来,中国始终将本国的利益与世界各国的整体利益相结合,在自身取得发展的同时,也为世界各国带来了发展利益。在和谐世界外交思想影响下,中国更加认识到自己的国际责任,"要把中国人民的根本利益与各国人民的共同利益结合起来,把我国的对外政策主张与各国人民的进步意愿结合起来,以合作谋和平,以合作促发展,以合作解争端"①。

国际制度时代的外交

全球化时代外交的第三个特点是国际制度的强化。第二次世界大战的惨痛教训促使各国领导人寻求建立全球国际制度来保障世界和平和稳定。而经济全球化则要求建立普遍的全球或区域规制来调节相互依赖的国际经济关系。同样,其他国际问题的解决也需要国际制度的建立。本书将国际制度指代那些规范和调整跨国交流和各国行为的国际组织、国际法、国际规范和惯例②。现有的国际制度既有全球性的(如联合国和《防止核扩散公约》),也有区域性的(如亚太经合组织);既可以是正式的(如《保护臭氧层维也纳公约》),也可以是非正式的(如关于未来环境保护的《21世纪议程》);既有全能型的(如欧洲联盟),也有专门型的(如世界贸易组织)。形形色色的国际制度,正在成为规范和调整跨国交流和国家行为的重要源泉,并至少从三个方面影响到当今外交的展开:

首先,当今的外交日益受到各种国际制度的规范和制约。比如,《联合国宪章》界定了各国外交的基本原则,1963年通过的《维也纳外交关系公约》就外交关系的建立、外交代表机构的设立和职能、外交特权和豁免作出了具体规定。其次,当今的外交日益在国际制度中展开,催生一个多边外交大发展

---

① 《中央外事工作会议在京举行,胡锦涛温家宝作重要讲话》,2006年8月24日《人民日报》。
② 这一定义内涵较广,比较接近罗伯特·基欧汉关于国际制度的定义,不同于新制度主义的另一位主要代表人物奥兰·杨的定义。基欧汉的定义是:国际制度由用来治理世界政治的成分的规则和帮助贯彻这些规则的组织组成。见 Robert Keohane, "International Institutions: Can Interdependence Work?", *Foreign Policy*, Spring 1998, p.82。杨的定义则较为狭隘,不包括国际组织。见 Oran R. Yang, *International Governance: Protecting the Environment in a Stateless Society* (Ithaca: Cornell University Press), 1994, pp.3—4。

的时代。已经成立的251个国际政府间组织已经成为各国外交的主要场所。这些国际组织定期召开会议,为各国的多边外交和双边外交提供了众多的舞台。再次,当今的外交日益围绕国际制度的创建和改革而进行。各国外交的一项重要任务就是要对现有的国际制度进行改革,以便让相应的国际制度更好地承担其使命,或适应新的环境。比如,围绕联合国改革的大量外交便以此为目的。此外,各国也在努力创建新的国际制度,以解决新出现的问题和挑战。比如,各国订立《京都议定书》,为解决全球变暖问题确立了第一个全球性法律框架。中国倡议建立的包括中国、美国、朝鲜、韩国、俄罗斯和日本在内的六方会谈机制,不仅正在为解决朝鲜核问题作出积极努力,也显现出成为东北亚多边安全机制的潜力。

科技与信息革命时代的外交

交通和通信技术的落后制约了古代外交的开展。近代外交在欧洲发端之后,技术的瓶颈赋予了职业外交官,如驻外使节,极大的外交权限。比如,直到18世纪,古罗马的道路仍是欧洲大陆上最好的联系网络。在16世纪,一个哈布斯堡外交官要花四个月才到达莫斯科。所以,人们可以说,拿破仑不比恺撒快多少。由于本国统治者无法经常亲自出访,且不能及时向驻外使节下达指令,各国统治者不得不全权委托驻外使节处理外交事务,从而带来了职业外交的黄金时代。

从19世纪开始,蒸汽机船、铁路、飞机、电报、无线电、电话、传真、电视、因特网等现代交通和通信技术不断引入,使得时间和空间不断被压缩,并对传统外交体制带来了一波又一波全新的冲击。19世纪40年代,第一封电报到达英国外交大臣帕麦斯顿勋爵桌上时,他连连惊呼:"天哪,这是外交的终结。"[1]这样的担忧在每一种新技术出现时再三浮现。事实表明,新技术的出现并没有导致外交的终结,但确实造成传统职业外交的重要性相对下降,令各国领导人能够直接参与外交,首脑外交日益流行;新技术大大便利了外交官的国际旅行,带来了"穿梭外交"和多边外交的勃兴;新技术赋予公众对外交事务的知情权,激发公众对外交事务的参与,催生了公众外交的新现象;新技术也大大加快了外交的节奏,促使各国领导人对突发的外交事件进行即时回应。

---

[1] 克里斯特·江森:《外交:连贯性和变化》,载陈玉刚、袁建华主编:《超越威斯特伐利亚》,时事出版社2004年版,第252—253页。

民主化时代的外交

　　近代的外交是君主和极少数外交精英的特权领域。但少数精英对外交的垄断由于外交民主化的发展而无法维系。首先,国内政治的民主化赋予民众以及通过他们的议会代表一定的外交权限。在一些国家,普通公众可以通过全民公决的方式决定国家的重大对外政策,如2005年法国和荷兰民众就是否批准欧盟宪法条约进行的全民公决。普通公众也可以通过其在议会的代表行使诸如宣战权、条约批准权、外交官任命权、外交预算同意权和监督质询权。其次,现代交通和通信技术的发达,使更广大的公众日益见多识广。在过去,普通公众一般被认为是对外交事务无知的,他们在外交事务中的参与往往成事不足,败事有余,因而是需要排斥的。如今,通过国际旅行,通过各种传播媒介,公众有可能对外交事务有通盘的了解,形成自己的见解。此外,一国外交政策的实施需要公众的理解和支持。在那些盛行民意测验的西方国家里,政府在作出每个重大的外交决策前不时征询公众的意见。各个新闻媒体和民意调查公司(如盖洛普公司)经常就特定的对外政策问题进行民意测验。这些民意测验的结果可以显示政府的各种政策方案在公众中所获得的支持和反对程度。许多谨小慎微的决策者通常会依据民意测验的结果来进行决策,放弃那些公众最为反对的政策方案,而选择那些公民支持度最高的政策方案。

　　在民主化时代,外交变成一个双层博弈。罗伯特·帕特南的"两层博弈论"(Two-level game)认为,一国的国际谈判者总是处在相互缠绕的两个层次的博弈之中。层次一是与其他国家谈判者之间的谈判博弈;层次二是获得国内各利害方(constituencies)的批准(ratification)博弈。一项谈判能否成功,关键看双方各自的赢集(win-set,即一国内部各利害方可能批准的协定序列)是否和对方存在着重叠①。因此,外交和内政是相互联系的,一国外交谈判者的作为受到本国相关利害方的制约。同时,鉴于国际和国内两个层次的关联,聪明的外交谈判者也可以采取战略性行动,而达到原本无法实现的目标。比如,如果要在国际层面获得对本方有利的协定,一国可以采取"束手战略",即

---

① 帕特南所谓的批准并不只是指各国宪法规定的法定批准程序,而泛指各种为了通过和执行一项国际协定所必需的国内决定过程,既包括正式的过程,也包括非正式的过程。Robert Putnam, "Diplomacy and Domestic Politics: The Logic of Two-level Games", in Peter B. Evans, Harold K. Jacobson, Robert D. Putnam(ed.), *Double-edged Diplomacy: International Bargaining and Domestic Politics* (California, USA: University of California Press, 1993), pp. 437—443.

对外宣称自己的赢集较小,做出较多的让步无法获得国内的批准,从而促使对方作出更多的让步。反过来,一国可以通过在国际层面加入国际条约或协议,来推进政府在本国内部的改革目标,这些目标,如果没有国际条约的约束力,往往受到内部各利害方的制约而无法推进。中国加入世界贸易组织在一定程度上可以被理解为中国政府在国内进一步推进社会主义市场经济体制改革的一项策略。

核武器时代的外交

核武器的出现或许是有史以来外交政策方面第一次真正的革命。在常规武器时代,作为外交政策手段的武力和外交政策的目的之间,存在着一种合理的关系。如果无法通过和平方式实现其目标,且诉诸武力的收益大于代价,政治家们很可能诉诸战争。即使他们在战争中被打败,他们的国家也不会输光一切。换句话说,任何战争中的失败是可以忍受的。但是,核武器的出现,打破了常规武器时代在武器、战争和外交政策目标之间存在的理性关系。由于核武器和核战争的巨大破坏性,核武器几乎不具有实际的可用性,一国外交政策也无法指望使用核武器而实现其外交政策,而在核国家之间,甚至因为担心引发核战争而限制了常规武器和战争作为外交政策手段的可用性。

但是,如同吉尔平所指出的,核武器的出现仍然对国际关系和外交产生了三个方面的重大影响:第一,军事实力的主要目的,已变为阻止另外一场大战。对抗的核大国直接的相互威慑限制了暴力,从而保护了整个国际社会免受全面战争的侵袭。威慑的成功是运用实力来平衡实力的结果,而不是任何放弃实力本身的结果。一场战争的潜在破坏性越大,战争发生的可能性越小。反之亦然。第二,核武器为国家提供了一种对其独立和主权不可侵犯的保证。核武器也许不具有强制力,但它是一种自保力。第三,拥有核武器在很大程度上决定了一国在国际威望等级中的位置[①]。

因此,对于主要国家和世界而言,围绕着核威慑、核裁军、核不扩散以及核正义的外交将始终占据国际外交舞台的中心。考虑到核武器和战争的巨大破坏性,外交的重要性得到了关键的提升,因为任何外交的失败将关系到国家和整个人类的生死存亡。

[①] 参见罗伯特·吉尔平:《世界政治中的战争与变革》,宋新宁等译,上海人民出版社2007年版,第218页。

四、外交在当代的意义

如果说外交在历史上只是配合战争的权宜之计,那么,外交在当今世界的地位已经有了根本性的提升。外交制度的发展本身,战争带来的痛苦教训,人类面临的巨大共同挑战,都要求世界各国主要通过外交手段来实现各自和共同的目标。当然,在人类进入 21 世纪的今天,个别国家仍然将武力视为实现国家外交政策最有效和最便捷的手段。但是,就绝大多数国家而言,武力的不当使用已经成为国际法上的不法行为,并遭到国际社会政治上的抵制和道德上的谴责。

外交是对外政策的文明手段

和外交不同,作为暴力手段的武力的实际使用通常给人类带来巨大灾难。在过去的一个世纪中,两次世界大战导致交战国数千万人牺牲生命,国家沦为废墟。痛苦的教训告诉各国人民和领导人,不能指望武力的使用可以为一国带来迅速、直接和全面的胜利。即使在常规武器时代,如同两次世界大战所显示的,战争的复杂性常常会造成事与愿违的结果。在核武器时代,考虑到核战争带给世界的毁灭性后果,核国家之间根本不存在动用核武器的基本理性。除了战争不可预测的后果之外,国际法的强化也对武力的使用进行了严格的限制。《联合国宪章》限定了国家作为个体或集体可以合法行使武力的两个情形:基于自卫权对武装入侵的武力反击;基于联合国安全理事会的授权对破坏国际和平的行为所采取的军事行动。《宪章》的这些规定对大多数国家,尤其是中小国家,是极大的约束。1990 年,国际社会采取了军事行动,挫败了伊拉克对科威特的武装入侵。自此,中小国家之间动用武力解决国际纠纷的事例已经屈指可数。

当然,在当今的国际社会中,强权国家仍然可能置国际法于不顾,依仗其压倒性的军事优势,而仍然热衷于使用武力来推进其对外政策目标。美国政府在 2003 年对伊拉克的军事入侵就没有任何的国际法依据。五年来,美国在伊拉克的军事卷入已经让美国蒙受不菲的人员伤亡和无法弥补的国际形象损失。伊拉克战争的教训告诉我们,即使是当今最强大的国家,也不能任意地使用武力手段来成功地追求其对外政策目标,从而在今后不得不更为审慎地运用其军事力量。

和武力手段相比,谍报手段在国际法上虽无明确的禁止规定,但都遭到各国法令的严令禁止。《维也纳外交关系公约》第 41 条规定:外交官"均负有尊重接受国法律规章之义务。此等人员并负有不干涉该国内政之义务"。在实践中,国家仍然运用秘密的谍报手段来推进本国的政策目标。从美国中央情报局的历史来看,谍报手段对国家政策目标的实现具有相当重要的作用,各国因此将不会放弃此种政策手段。不过,谍报活动涉及损害其对象国的重要利益,一旦暴露,常常会恶化国家关系,并损害进行谍报活动的国家的国际声誉。

相比之下,外交无疑是最文明的手段。首先,外交采用和平方式。外交通过沟通、谈判、订立协议等和平方式来解决国家间的冲突,避免了通过武力的实际使用给人类带来的物质和人员损失。其次,外交一般通过合法的途径进行。外交官的行为要符合相关国际法和驻在国国内法的规定,在相关法律的框架下进行,避免了谍报活动可能带来的国际敌意和冲突。再次,外交主要是智力和技巧的运用。面对纷繁复杂的国家间利益矛盾,外交通过发挥外交人员的智慧和技巧来寻找共同利益的基础,确立调节国家间利益矛盾的解决方案。最后,外交也是人类社会进步的表现。纵观人类外交的历史,外交在处理国家间关系中的地位已经获得了极大的提升,得到了各个国家的高度重视,体现了人类历史总体上不断进步的趋势。

外交决定战争与和平

在过去,外交常常为武力的实际使用而服务,为战争寻找借口、盟友和时机,在战争结束后安排战后世界秩序。在一定的意义上,外交是武力的婢女。这种状况的出现有两个主要原因:战争的收益和损失是可以计量的;君主或一小撮统治阶级只关心自己的开疆拓土,不需关心人民的死活与福利。这两个因素在第二次世界大战后发生了重大变化。核时代的到来使得核国家之间的战争收益损失无法估量,大国间的战争不再有利可图。而民主和福利国家的出现促使各国领导人需促进大多数人民的经济社会福利的提高,在全球化时代的今天,这种福利的增进仰赖和平的国际环境和国际交往的发展。在这种情势下,通过外交来防止或制止战争具有全新的意义。

在冷战时期,虽然美国和苏联领导的两大集团进行了激烈的对抗和争夺,但是美苏之间的外交仍然帮助双方解决了剑拔弩张的古巴导弹危机,防止出现两大集团之间的直接热战。在冷战后大国争夺相对弱化的今天,大国之间应该有更好的机会通过外交来防止各种矛盾激化为武装冲突。当然,冷战后时代的开启并没有杜绝一切战争。大国对小国的战争以及国家内部的战争仍然频繁发生。对于外交而言,制止战争的使命仍然重大,需要各国采取加倍的外交努力来防止局部战争,至少是限制局部战争的发生概率。

外交建构一个更美好的世界

除了制止战争,外交更为积极的使命是要建设一个更美好的世界。这个世界不仅是和平的,而且能够增进每个国家的公民的利益。这要求外交努力寻找办法去增进各国及其人民间的共同利益,解决共同面临的问题。恐怖主义得到遏制,人权要得到促进,经济要得到发展,人民的福利得到保障,文化传统与特性得到发扬,环境得到治理等等,这些都是生活在全球化时代各国及其人民的普遍愿望,这需要外交在双边、地区和全球多边关系发展新的技术和方法,建立新的双边关系和多边关系机制来管理国际关系,促进共同利益。

在2007年10月举行的中国共产党第十七次全国代表大会上,胡锦涛总书记提出了中国对一个更美好世界的期待:

> 共同分享发展机遇,共同应对各种挑战,推进人类和平与发展的崇高事业,事关各国人民的根本利益,也是各国人民的共同心愿。我们主张,各国人民携手努力,推动建设持久和平、共同繁荣的和谐世界。为此,应该遵循联合国宪章宗旨和原则,恪守国际法和公认的国际关系准则,在国际关系中弘扬民主、和睦、协作、共赢精神。政治上相互尊重、平等协商,共同推进国际关系民主化;经济上相互合作、优势互补,共同推动经济全球化朝着均衡、普惠、共赢方向发展;文化上相互借鉴、求同存异,尊重世界多样性,共同促进人类文明繁荣进步;安全上相互信任、加强合作,坚持用和平方式而不是战争手段解决国际争端,共同维护世界和平稳定;环保上相互帮助、协力推进,共同呵护人类赖以生存的地球家园[①]。

外交是中国实现和平发展的优先手段

对于中国来说,在新中国成立之前一百年的外交史曾是一个世纪的屈辱史。西方列强依仗船坚炮利,迫使中国沦为半殖民地的地位。新中国成立

---

① 胡锦涛:《高举中国特色社会主义伟大旗帜为夺取全面建设小康社会新胜利而奋斗——在中国共产党第十七次全国代表大会上的报告》,2007年10月25日《人民日报》。

后,中国终于重新获得国家独立,并建立起强大的军事力量,通过抗美援朝,发展核力量等一系列军事行动重新确立了中国的国际外交地位。论经济实力,中国已经在2005年超过英国而位居世界第四,并将在近期内超过德国成为世界第三;论政治地位,中国是联合国五大常任理事国之一,在地区和全球事务中发挥着不可或缺的影响。这些都要求中国能够承担其更大的国际责任,为促进国际和平与发展作出更多的贡献。

同时,中国的人均国内生产总值在2006年刚刚超过1700美元,离发达国家的水平还差距甚远。为了在科学发展观指导下实现中国和平发展的远大目标,中国外交的任务仍然任重而道远。中国需要继续发展与唯一超级大国美国的关系,避免陷入类似美苏冷战的中美冷战;中国要完成国家的统一,在近期内要遏制"台独"势力,并防止因此引发与美国的军事冲突;中国要处理好与周边国家的睦邻友好关系;要继续发展与广大发展中国家的传统友好关系,并为之注入新的内容;在多边外交舞台上,中国要为解决各种地区和全球问题作出自己的贡献。总之,中国的和平发展需要更为优质的外交。外交是实现中国和平发展和建设和谐世界的优先途径。

第二章
外交规范

当代外交以国际法和惯例为基础。在20世纪,世界各国通过订立《联合国宪章》和《维也纳外交关系公约》等国际法律文件,已经将外交日益置于国际法的调节和支配之下。此外,大量国际公认的惯例也起到了规范各国外交行为的作用。可以说,外交规范在调节各国外交关系和外交行为上正在发挥着前所未有的重要作用。

一、外交原则

在古代东方的国际关系体系中,中国在春秋战国时期形成了以礼、信、敬、义等为核心的外交规则。其中"礼"分为朝礼、聘礼、会礼、盟礼、军礼和戎礼;"信"即信守诺言,遵守信义,"言必信,行必果";"敬"即相互尊重,尤其是尊重外国的使节,"两国构兵,不戮行人",表明那时的外交使节已经享有外交特权与豁免;"义"即处理国家关系的道义准则,如有违背,必遭谴责①。这些外交规则体现在东方国家的长期外交实践中。

而在西方的国际关系实践中,在不同的历史时期,也形成了一些基本的国际关系准则。如以1648年《威斯特伐利亚和约》为标志,"国家主权原则"和"国家利益原则"成为欧洲近代国际关系体系中基本的外交原则;在18世

---

① 参见王福春主编:《外事管理学概论》,北京大学出版社2003年版,第13页。

纪末,"不干涉原则"被各国所接受;1928年《非战公约》中提出了"和平解决国际争端"的进步原则,等等。

但是,所有上述的这些原则,都是零星的,没有成为指导世界各国的普遍性行为准则。特别是在殖民体系存在的历史时期,一些普遍适应于西欧大国之间的具有人类进步理性的基本外交原则,并没有被平等地运用到处理欧美列强与殖民地和半殖民地国家的外交关系中,而"以强凌弱"的强权政治原则大行其道。

直到1945年人类历史上第一个真正具有普遍性和权威性的国际组织——联合国成立后,在联合国的宪章中,才首次形成了较为系统的、为国际社会普遍公认的国际行为准则,并成为指导各国外交实践的基本原则。

联合国四项原则

《联合国宪章》第一章第二条以七款对联合国及其会员国应遵循的原则作了规定:主权平等,遵守会员国的义务;和平解决国际争端;不以武力相威胁和使用武力;支持联合国采取的防范和强制行动;敦促非联合国会员国尊重宪章;联合国不得干涉本质上处于会员国内部管辖之事务。基于上述规定,可抽象出以下四项国际公认的基本行为准则:

(一)主权平等原则。《联合国宪章》第一章第二条第一款明确指出:"本组织系基于各会员国主权平等之原则。"主权平等原则是联合国创建的基石,是当今国际社会普遍公认的指导国家关系首要的主导的行为准则,是国际法最重要的基本原则。对于主权平等,1970年10月联合国大会一致通过的《关于各国依联合国宪章建立友好关系及合作之国际法原则之宣言》对之作出了进一步的阐发:

> 各国主权平等之原则 各国一律享有主权平等。各国不问经济、社会、政治或其他性质有何不同,均有平等权利与责任,并为国际社会之平等会员国。主权平等尤其包括下列要素:(a)各国法律地位平等;(b)每一国均享有充分主权之固有权利;(c)每一国均有义务尊重其他国家之人格;(d)国家之领土完整及政治独立不得侵犯;(e)每一国均有权利自由选择并发展其政治、社会、经济及文化制度;(f)每一国均有责任充分并一秉诚意履行其国际义务,并与其他国家和平相处①。

---

① 《关于各国依联合国宪章建立友好关系及合作之国际法原则之宣言》(1970年10月),见周洪钧、丁成耀、司平平编:《国际公法与惯例》,法律出版社1998年版,第40—41页。

根据主权原则,每一个主权国家都拥有对内最高和对外独立的权力,其他国家必须尊重一国的主权,尊重其国家人格,不得侵犯该国的领土完整和政治独立,以及该国自由选择并发展政治、社会、经济及文化制度的权力。根据平等原则,各国在法律上平等,国家不分大小、贫富和强弱,都享有平等的主权。可以说,主权平等是国家主权原则的逻辑延伸:既然每一个国家都拥有对内最高和对外独立的权力,则没有一个国家可以高于另一个国家,也不可能低于另一个国家,因而在逻辑上是必然平等的。当然,在人类历史中,只是在主权原则在欧洲出现三个世纪之后,主权平等原则才得到普世承认。

奥本海指出了国家平等所带来的四方面后果:第一,无论何时,如果发生一个问题必须根据同意来解决,每个国家都有一个投票权,而且除另有约定外,也就只能有一个投票权。第二,在法律上,除另有约定外,最弱小国家的投票和最强大国家的投票是具有同等分量的。第三,按照"平等之间无统治权"的规则,没有一个国家可以对另一个国家主张管辖权。一个国家的法院通常都不究问另一个主权国家的官方行为或它的代表的官方行为或经官方承认的行为的效力或合法性[①]。为了体现主权平等原则,每一个联合国会员国在联合国大会中拥有平等的代表权和投票权,不论国家大小如何悬殊,每一个国家都拥有一个投票权。为了在国家位次上体现主权平等原则,各国在联合国大会上的座位按国家的英文开头字母排序。

(二)不干涉内政原则。《联合国宪章》第一章第二条第七款规定:"联合国无权干涉本质上属于会员国内部管辖之事务,而会员国也无必要将本质上属于本国内部管辖之事务提交联合国。"这项原则的实质就是不干涉内政原则。早在18世纪欧洲资产阶级革命时期,法国为反对周边封建专制王朝对法国革命的干涉,率先提出应把"不干涉内政"作为规范国际关系的一项原则,并在革命后将这一原则写入了法国宪法。之后,"不干涉内政"原则被逐渐接受。

不干涉内政原则具有丰富的内涵。首先,是对联合国与会员国关系的一种规范。联合国由具有平等权利的主权国家组成,联合国的一切职能是成员国协商赋予的,联合国的一切行动必须反映会员国的共同意志。属于会员国国内管辖的事务,没有必要提交联合国去讨论,会员国对联合国采取的违背宪章精神和损害本国主权的行动可以不予理睬和抵制,甚至有权退出联合国。其次,是对会员国之间关系的一种规范。会员国享有的对内最高和最外

---

① 〔英〕詹宁斯·瓦茨修订:《奥本海国际法》第一卷第二分册,第276—284页。

独立的主权在联合国组织内部不应受到丝毫损害,联合国会员国之间也没有权利相互干涉对方的内部事务。

(三)和平解决国际争端原则。《联合国宪章》第一章第二条第三款和第四款规定了会员国应和平解决国际争端,互不使用武力或以武力相威胁。鉴于第一次世界大战给人类带来的巨大灾难,各国开始意识到强权政治和滥用武力的危险性,并在1928年签订《非战公约》,倡导"各国间遇有争端,不论如何性质、如何争端,只可用和平方式解决之"。第二次世界大战后,宪章对和平解决国际争端原则加以重申和发展,体现了外交原则的进步。

和平解决国际争端,互不使用武力这一准则,包含了互不侵犯与和平共处的内容,也被视为主权平等原则的自然延伸。因为,若强迫即用武力或以武力相威胁的方法解决国际争端,就是奉行以强凌弱的强权外交,就是对主权平等原则的践踏。

(四)承担国际义务原则。需要强调的是,《联合国宪章》也规定各国具有义务去达成宪章第一章第一条所载明的联合国宗旨:维持国际和平及安全;发展国际间以尊重人民平等权利及自决原则为根据之友好关系;促成国际合作,以解决国际间属于经济、社会、文化及人类福利性质之国际问题,且不分种族、性别、语言、或宗教、增进并激励对于全体人类之人权及基本自由之尊重。为此,各国除了负有义务去尊重他国主权、互不干涉内政及和平解决国际争端外,也需承担宪章所规定的各项其他国际义务和责任。这些义务和责任包括:

1. 联合国安全理事会成员的特殊义务和责任。根据宪章第五章第二十四条,"为保证联合国行动迅速有效起见,各会员国将维持国际和平及安全之主要责任,授予安全理事会,并同意安全理事会于履行此项责任下之职务时,即系代表各会员国"。目前,安理会有美国、中国、俄罗斯、英国和法国五个拥有否决权的常任理事国和十个无否决权的非常任理事国。这些国家对维护国际和平与安全具有宪章授予的特殊权力,负有特殊的责任。这些责任包括,对任何争端或可能引起国际摩擦的任何情势进行调查,为争端的和平解决提出建议,决定采取武力以外的手段到采取必要之空海陆军行动,以维持或恢复国际和平及安全。五大常任理事国的特殊地位,在一些人看来,"表明1945年后强权的特殊地位被法定下来。无论是必须或是被迫的,都违背了主权平等原则"①。本书认为,五大常任理事国的特殊地位与主权平等原则并无根本冲突,它表明了国际社会希望有能力的大国能够在维持国际和平及安全上担负起特殊的责任,以保证主权平等原则赖以实现的国际和平环境得到维持。这里,问题的关键是安理会成员国是否滥用该特殊地位,去谋一国之私利,还是基于宪章规定,承担其应尽的国际义务?

2. 维持国际和平及安全的集体义务。除了安理会常任理事国之外,所有联合国会员国都负有维持国际和平及安全的一般集体义务。在禁止各国除自卫权外不得对他国行使武力的同时,宪章授权安理会来决定是否对威胁国际和平的国家采取行动,包括宪章第七章规定的军事行动。在这种情况下,宪章第一章第二条第五款规定:"各会员国对于联合国依本宪章规定而采取之行动,应尽力予以协助,联合国对于任何国家正在采取防止或执行行动时,各会员国对该国不得给予协助。"各会员国需通力合作,彼此协助,对威胁国际和平的国家实行经济和外交制裁,直至为集体军事行动提供军队。冷战结束后,安理会在维护国际和平及安全方面的集体行动大增。在主张审慎采取第七章军事行动的同时,中国政府积极参与联合国领导的维持和平行动,有力地维护了国际和平。

3. 保护人民免遭种族灭绝、战争罪、族裔清洗和危害人类罪之害的责任。联合国宪章在规定互不干涉内政的一般原则的同时也指出,"但此项原则不妨碍第七章内执行办法之适用"。对一国主权的尊重,并不意味着国际社会对一国内部事态只能完全袖手旁观。根据《2005年世界首脑会议成果》,每一个国家拥有首要的责任来保护其人民免遭种族灭绝、战争罪、族裔清洗和危害人类罪之害。同时,国际社会通过联合国也有责任根据宪章第六章和第八章,使用适当的外交、人道主义和其他和平手段,帮助一国保护其人民免遭种族灭绝、战争罪、族裔清洗和危害人类罪之害。在这方面,如果和平手段不足以解决问题,而且有关国家当局显然无法保护其人民免遭种族灭绝、战争罪、族裔清洗和危害人类罪之害,国际社会可根据宪章,包括第七章,通过安全理事会逐案处理,并酌情与相关区域组织合作,及时、果断地采取集体行动②。

---

① Benedict Kingsbury, "Sovereignty and inequality", *European Journal of International Law* 9 (1998), p. 600.

② 参见《2005年世界首脑会议成果》,http://unpan1.un.org/intradoc/groups/public/documents/UN/UNPAN021754.pdf.

中国的和平共处与和谐世界思想

作为联合国的创始会员国,中国一直是联合国有关外交关系基本原则的坚定捍卫者。1950年初中国和苏联签订的《中苏友好同盟互助条约》就规定,双边关系的发展要"遵照平等、互利、互相尊重国家主权与领土完整及不干涉对方内政的原则"。1954年6月,在中国政府和印度政府及缅甸政府分别发表的总理联合声明中,中印和中缅首次共同向世界倡导以和平共处五项原则作为指导国际关系的行为准则。这五项原则的核心内容是:相互尊重主权和领土完整;互不侵犯;互不干涉内政;平等互利;和平共处。

和平共处五项基本原则是对以往的国际关系准则的合理内核的继承、丰富和发展。首先,和平共处五项原则是对列宁和平共处思想的继承与发展。列宁在苏联建国初期策略性地提出要与资本主义国家和平共处,以便苏联能够集中全力进行国内建设。和平共处五项原则是作为中国处理同世界上一些国家关系的长期基本原则。其次,和平共处五项原则弘扬了中华传统文化的精华。中华文化把天与人、国与国、人与人之间的和谐、协调作为最高原则,达到"天下大同"的普遍和平境界。五项原则中的相互尊重、平等、互利、共处的思想深受中国传统哲学思想的影响。再次,和平共处五项原则符合国际法基本原则和《联合国宪章》的宗旨和原则,并进一步充实和丰富了国际法准则[①]。和《联合国宪章》原则相对照,和平共处五项原则特别强调国家之间要互利合作与和平共处。毛泽东主席曾指出:"无论是人与人之间、政党与政党之间、国与国之间的合作,都必须是互利的,而不能使任何一方受到损害。如果任何一方受到损害,合作就不能维持下去。正因为这个原因,我们的五项原则之一就是平等互利。"[②]而在各国社会经济制度不同、发展水平参差不齐的当代世界里,和平共处原则是各国能够超越意识形态、价值观念和社会制度实现合作共赢的基础,最能反映世界各国特别是广大发展中国家的共同愿望和根本利益。可以说,经过半个多世纪的洗礼和考验,和平共处五项原则的合理内涵正日益得到国际社会的公认和珍视,成为国际社会尤其是发展中国家所普遍接受的指导国际关系的行为准则。

进入21世纪后,中国新一代领导人在继承和平共处五项原则的基础上进一步提出了建设和谐世界的思想。2005年9月15日,国家主席胡锦涛在联

[①] 参见颜声毅:《当代中国外交》,复旦大学出版社2004年版,第98—101页。
[②] 《毛泽东外交文选》,中央文献出版社和世界知识出版社1994年版,第167页。

合国成立60周年首脑会议上发表了题为《努力建立持久和平、共同繁荣的和谐世界》的讲话,鲜明地提出:"只有世界所有国家紧密团结起来,共同把握机遇、应对挑战,才能为人类社会发展创造光明的未来,才能真正建设一个持久和平、共同繁荣的和谐世界。"①在中共十七大报告中,胡锦涛总书记更进一步明确阐述了和谐世界的内涵:"在国际关系中弘扬民主、和睦、协作、共赢精神。政治上相互尊重、平等协商,共同推进国际关系民主化;经济上相互合作、优势互补,共同推动经济全球化朝着均衡、普惠、共赢方向发展;文化上相互借鉴、求同存异,尊重世界多样性,共同促进人类文明繁荣进步;安全上相互信任、加强合作,坚持用和平方式而不是战争手段解决国际争端,共同维护世界和平稳定;环保上相互帮助、协力推进,共同呵护人类赖以生存的地球家园。"②

和谐世界思想包含了和平共处五项原则的基本精神和内容,并结合当代国际关系的新特点和时代内涵,对和平共处五项原则作出了进一步充实、丰富与完善。和平共处五项原则是要在国际冲突时代为实现国际和平而确立国际准则,和谐世界思想则要在要和平、促发展、谋合作的经济全球化时代谋划一种更美好的世界秩序,包含了中国对国际社会的更为积极的期待和承担。在建设和谐世界的进程中,中国不仅希望世界各国能够相互尊重主权、平等对待、和平共处,而且,中国也希望世界各国能够共同协力,实现共同安全、共同繁荣,并解决人类在全球化时代所面临的各种全球性问题,如环境保护问题,从而不光促进国家之间的和平和发展,也实现人类和地球家园的和谐共存。在中国外交实践的推动下,中国必将对未来的外交原则和规范的发展作出新的贡献。

二、外交礼仪

自古以来,外交礼仪都是国际交往的重要组成部分。比如,中国早在商朝就设有宾官;周朝重礼,设春官;两汉至隋唐宋元明清以后,各朝都有礼部、鸿胪等机构或职位,专管外交礼仪,魏晋以后还出现了"四夷馆"等负责外事

---

① 胡锦涛:《努力建设持久和平、共同繁荣的和谐世界——在联合国成立60周年首脑会议上的讲话》,2005年9月16日《人民日报》。
② 胡锦涛:《高举中国特色社会主义伟大旗帜,为夺取全面建设小康社会新胜利而奋斗——在中国共产党第十七次全国代表大会上的报告》,2007年10月25日《人民日报》。

接待的机构。这些礼仪传统,不仅体现了东方文明古国的威仪,也体现了中华文明"有朋自远方来不亦乐乎"的优良传统。现代国际社会通行的外交礼仪,起源于各国国际交往的习惯和惯例,也根植于各国官方或民间的礼仪传统。

外交礼仪的作用和规则

"礼"在中文里的含义是表示礼貌和秩序;礼仪,指为表敬意或隆重而举行的仪式。礼仪,在英文里的对应词是 courtesy、etiquette、protocol、rite 等。其中 protocol 的意思是指"外交和宫廷的典礼规范",etiquette 则专指礼仪,即有良好教养并按照权威的规定或正式场合遵守一定的规矩和礼节①。

关于外交礼仪,本书采纳金正昆的下述定义:外交礼仪,通常是指在具体的外交活动中,用以向交往对象显示尊敬友好之意,同时用以维护自身形象的人际交往的行为规范。简而言之,外交礼仪就是在外交场合待人接物时的合乎标准的规范的做法②。具体而言,有学者把现代外交中的"礼"概括为三个层面,即礼仪、礼节和礼宾。其中礼仪指礼的各种规范准则,具有更抽象的含义;礼节指在规范和准则指导下的各种规定和管理;礼宾则更带官方性质,尤指外交交往和国家典礼中合乎礼仪的程序,不同地位和职衔官员的位次以及对这些礼仪的指导和安排③。本书取"外交礼仪"的宽泛定义,而不细分礼仪、礼节和礼宾。外交礼仪的行为主体,包括整体上的国家和个体上的外交人员。外交礼仪的内容可以分为外交活动礼仪、国家标志礼仪和日常交际礼仪三个方面。

外交礼仪对于国际关系发展具有重要的作用:首先,外交礼仪是一个国家文明、文化发展水平的标志。外交礼仪是文明的产物,在不同程度上反映一个国家或民族的文明、文化和社会风尚。从外交人员个人层面来说,每一个外交人员都是展现外交礼仪的重要载体,其言谈、举止、服饰、仪容不仅是其个人修养的反映,也是其所代表的国家的精神文明的一个标志。从国家礼宾层面来看,将国际惯例和民族特色有机融合的外交礼仪,是国家进步和民族智慧的体现。每一项礼仪活动都是访问日程的重要组成部分,都必须仔细精心安排。

---

① 参见王福春主编:《外事管理学概论》,第 99 页。
② 参见金正昆:《现代外交学概论》,第 183 页。
③ 参见黄金祺:《外交外事知识和技能》,第 217 页。

中华人民共和国的礼宾工作,经过半个多世纪的探索和完善,形成了符合中国国情的和具有民族特点的礼宾风格,呈现出"平等相待、不卑不亢;主随客便,客随主便;细致周到,全面照顾;外松内紧,外圆内方"的外交礼宾特点①。

其次,外交礼仪是衡量国家关系的寒暑表。外交礼仪虽是一种形式,但它体现了国家间的互惠和平等,反映了国与国之间的关系。"在对外交往中,'礼'本身不是目的,只是一种手段,是为实现本国对外政策服务的,具有高度的政策性和政治性,是直接体现一国对外政策的重要方面。正常的礼仪是维系国与国之间的正常关系必不可少的。礼的尺度,或冷热的掌握常可用来有意识地反映一国对另一国的政策,是反映国与国之间关系的寒暑表。"②如1979年邓小平作为中国国务院副总理访问美国,受到政府首脑级别的待遇。卡特总统亲自主持欢迎仪式,与邓小平会谈。这种超礼仪外交旨在表明美国对中国的重视和对邓小平本人的尊重。

最后,周到、恰当的外交礼仪是推进外交工作顺利展开的润滑剂;反之,则造成阻碍或破坏。在全世界二百多个国家和地区,由于历史、文化、社会、宗教等背景不同,每个国家和地区都有其特殊的风俗习惯和禁忌。只要注重礼仪细节,就能对增进外交人员彼此或国家间的友谊起到正面作用。比如,周恩来在一次访问越南期间,路遇一个纪念被中国东汉王朝处死的两位越南人的庙宇,周恩来在明了情况后,还是前往拜谒。此举体现了中国领导人对越南人民感情的尊重,赢得了越南人民的好评③。

反之,在对外交往中,若不懂或忽视礼仪细节,比如不注意对方的禁忌等,轻则闹笑话,引起误会,重则有损国家民族的利益和尊严,甚至可能酿成外交事件。

外交礼仪有两个基本的规则,即礼宾有序和规格对等。两者都是主权平等原则在外交礼仪上的具体体现。礼宾有序是指参加外交活动的国家和外交人士应按照其合乎规范的先后次序进行排序。一般来说,礼宾次序有三种排列方法:第一,按身份与职务高低排列。这是礼宾次序排列的主要根据。各国提供的正式名单或正式通知被视为确定职务的依据。第二,按字母排列。一般以英文字母排列居多,少数情况也有按照其他语种的字母顺序排

---

① 参见黄金祺:《外交外事知识和技能》,第227页。
② 同上书,第217页。
③ 参见王福春主编:《外事管理学概论》,第98页。

列。联合国召开联合国大会,各专门机构的会议和悬挂会员国国旗等,一般是按英文字母顺序排列,但为了避免一些国家总是占据前排席位,因此,每年抽签一次,决定本年度大会席位以哪一个字母打头,以便让各国都有均等机会排在前列。第三,以外交人员到达的时间先后排序。比如,东道国在为各国使节排序时即采用此种办法。另外,不正式进行排序也是一种排序办法。

外交礼仪中的另一个基本规则是规格对等。这主要是一国在处理与他国外交交往中的礼仪规则。规格对等一方面要求外交人员的身份对等。在外交活动中,两国交往的外交人员应该在具体职务和地位上大致相当。当然,为表示关系亲近,以高级别官员与对方低级别官员交往并不鲜见,但如果以低级别官员与高级别官员交往,必定是失礼的行为。规格对等的另一方面要求外交人员的礼遇对等。礼遇对等,主要是指在外交活动中,一方所给予另外一方的外交礼遇,应当比照一方在同等情况下所受到的对方的礼遇[①]。比如,在接待来访的外国官员时,如果能够比照本国同级别官方访问对方国家时所得到的礼遇来处理,就做到了礼遇对等。在后面谈到的外交特权与豁免方面,规格对等原则也是一项核心指导原则。如果一个国家限制外国驻本国外交人员的旅行自由,该外国就可以比照对方的做法,限制该国驻本国外交人员的旅行自由。

外交活动礼仪

外交交往涉及迎来送往、宴请招待、举行各种仪式庆典等活动。在这些活动中,相关的外交礼仪既包含了共同的国际礼仪规则,同时也具有民族特色。共同的国际礼仪规则是指在国际交往中形成的一系列国际通行的惯例和礼仪,一般以主权平等为指导准则,即任何国家不分大小强弱,一律平等,任何国家都不享有超出此礼的特权。在外交实践中,各国在遵循国际通行礼仪规则的同时,往往结合本国的情况,努力使本国的典礼仪式具有或保留着本民族的特色。

(一)迎送礼仪。迎来送往是常见的社交礼节。但在国际交往中,各国对来宾的迎送规格以及具体做法不尽相同。对外国来访客人的迎送规格,通常视来访者身份、访问性质、两国关系等因素,并结合国际惯例进行综合平衡安排。如欢迎国宾的仪式上悬挂两国国旗,奏两国国歌,鸣放礼炮和检阅仪仗队等,在欢迎国家元首时,鸣放礼炮21响,政府首脑19响,副职17响。虽然,

---

① 参见金正昆:《现代外交学概论》,第191页。

有时从发展两国关系或当前政治需要出发,有破格接待,安排规模较大的迎送场面,但为了避免造成厚此薄彼的印象,非有特殊需要,一般按照常规办理。迎送礼仪是通过一些具体的细节来体现的,如准确掌握来宾抵达和离开的时间、安排献花、人员介绍、陪车、预订住房、指派专人协助办理入出境手续及机票(车、船票)、行李提取和托运手续等事宜。

(二)会见礼仪。外交社交中的会见一般称接见或拜会。身份高的人士会见身份低的,或是主人会见客人,称之为接见或召见。反之,则称为拜会或拜见。会见包括礼节性、政治性和事务性三种不同类型的会见。礼节性会见时间较短,话题较为广泛;政治性会见一般涉及双边关系、国际局势等重大问题;事务性会见指一般外交交涉、业务商谈等。会谈是指双方或多方就某些重大政治、经济、文化、军事问题以及其他共同关心的问题交换意见。会谈也可指洽谈公务,或就具体业务进行谈判。与会见相比,会谈的内容较为正式,政治性或专业性较强。

(三)宴请礼仪。宴请是国际交往中最常见的礼遇活动之一。国际上通用的宴请形式有宴会、招待会、茶会、工作进餐等。宴请活动的形式,一般根据各国或各民族的特点与习惯、活动目的、邀请对象以及经费开支等各种因素决定。

宴会按规格,有国宴、正式宴会、便宴、家宴之分;按举办时间,有早宴、午宴和晚宴之分。其隆重程度、出席规格以及菜肴的品种与质量均有区别。一般而言,晚宴较之早餐和午宴更为隆重。招待会指各种不备正餐较为灵活的宴请形式,包括冷餐会(自助餐)、酒会(鸡尾酒会)等,备有食品,酒水饮料,但不派席位,可以自由活动。茶会是一种简单的招待形式,通常在下午4点或上午10点左右举行。通常设在客厅,不用餐厅。备有茶或咖啡饮料,略备点心和地方风味小吃。

(四)节庆礼仪。官方节日一般指元旦、国庆节、建军节、三八国际妇女节、五一国际劳动节、建交日、友好条约签订日和独立日等。比如,各国的国庆日一般有国庆招待会、军事检阅、群众游行、联欢会等各种庆典仪式。对本国的国庆庆典,当事国一般在国内采用酒会的形式,邀请各国驻所在国使节等出席,在当事国驻外使馆,则一般在驻在国首都举行国庆招待会,邀请驻在国政府领导人和有关方面人士以及建交国使节夫妇和主要外交官员参加。

(五)就职仪式礼仪。许多国家元首在就职时举行隆重的仪式,国王登基也举行隆重的加冕典礼。仪式包括宣誓仪式、施政演说、招待会、阅兵式、文艺体育表演等活动。就职仪式一般邀请各国外交使节或外国政府派遣的代表或特使参加。各建交国对外国领导人的当选均以相应的领导人名义致电祝贺,各国驻当地的使节按照惯例也向新任领导人发函祝贺。

(六)寿辰祝贺礼仪。虽然有些国家取消了领导人祝寿的做法,但还有不少国家仍保持着祝寿的习惯。在对外交往中,应尊重各国的习惯做法。祝寿的方式有发贺电、函,赠送花篮或礼品(如蛋糕等),送名片或口头祝贺等形式。各国驻外使节一般都应邀出席驻在国领导人的祝寿活动(如宴请、授勋等),并转达本国领导人的祝愿。

(七)凭吊礼仪。国家元首逝世的治丧活动,因各国制度和习惯的不同,而有所区别,一般有如下程序:发布讣告,宣布志哀期,全国停止各种娱乐活动,下半旗志哀。同时由外交部发出照会通知当地各国使馆,或由治丧国政府直接通知各建交国政府。治丧期间,当事国的驻外使馆也设灵堂接受驻在国国家领导人和各界人士的吊唁。对于外国领导人的逝世,各国视两国关系以及死者在世界上所享有的声望确定其致哀的方式,主要有:国家领导人向治丧国国家领导人或死者家属发唁电、唁函或发表声明志哀;国家领导人前往治丧国使馆吊唁;派代表团或特使前往治丧国参加葬礼;各国驻治丧国的使节、驻第三国的使节在接到治丧国外交部或使馆的照会后,按规定的时间前往悼念,等等。联合国对会员国首相或政府首脑的逝世,下半旗一天,并且不升所有会员国国旗。

(八)谒墓礼仪。许多国家都建有本国已故领导人陵墓或无名英雄(革命烈士)纪念碑。谒墓、献花圈是对被访问国人民友好亲善的表示。各国领导人在出国正式访问期间,一般都按各国的习惯做法,前往谒墓或向纪念碑献花圈。不过,谒墓仪式是否举行要视政治历史背景而定,谒墓的程序和习惯做法,双方一般也要事先扼要沟通。

(九)慰问礼仪。包括伤病慰问和灾情慰问。对一国元首或政府首脑的患病或因故负伤,其他友好国家领导人往往发电慰问,或指令其驻当事国的使节亲自前往医院慰问。遇一国遭受重大自然灾害,或重大伤亡事故,其他建交国领导人也大多发电慰问。有时驻当事国使节致函外交部长,代表本国政府和人民表示慰问。各国政府或红十字会,还视灾情和两国关系,向受灾国赠款、赠送药品或其他救济物资。

(十)签字仪式礼仪。国家间通过谈判,就政治、军事、经济、科技文化等某一领域内的相互关系达成协议,在缔结条约、协定或公约时,一般要举行签字仪式。签字人视文件的性质由缔约国各方确定,但双方签字人的身份应大体相当。虽然各国对于举行签字仪式的安排不尽相同,但是,双边条约的签字仪式以对等、平等为基本原则。多边公约，一般由公约保存国代表先签字，然后由各国代表依一定的次序轮流在公约上签字。有时签字后，备有香槟酒，共同举杯庆贺。

（十一）外交语言礼仪。外交语言在任何场合都要符合礼仪。在使用书面外交语言时，比如在外交文书的正式照会和普通照会中，一般都要按照既定的格式。不管照会是什么内容，即使是表达抗议的普通照会，都要使用礼仪套语，在开头向对方"致意"，在结尾处使用套语"顺致（最）崇高的敬意"。在使用口头外交语言进行谈判、交涉时，尤其要使用符合礼仪的言辞。即使是唇枪舌剑的"吵架"、"抗议"，也不要斥责、讥讽、辱骂，不能恶语伤人，而是要"先礼后兵"。

在称呼上，对部长以上的高级官员，一般按国家情况称"阁下"、职衔或先生；君主制国家，按照习惯称国王、皇后为"陛下"，称王子、公主、亲王等为"殿下"，对有公、侯、伯、子、男等爵位的人士既可称爵位，也可称阁下或先生；对军人一般称军衔，或军衔加先生；神职人员一般可称教会职称，或姓名加职称，或职称加先生①。

国家标志礼仪

外交场合经常涉及各种国家标志的使用，如国旗、国徽和国歌。由于国家标志是一国的象征性标志，其正确使用和恰当对待关系到国家尊严。

（一）国旗礼仪。一国外交代表在接受国境内有权在其办公处和官邸、交通工具上悬挂本国国旗。当一国元首、政府首脑在他国领土访问期间，其住所及交通工具上悬挂国旗，是一种外交特权。东道国接待来访的外国元首、政府首脑时，在贵宾下榻的宾馆、乘坐的交通工具上悬挂对方或双方国旗，是一种礼遇。在国际会议上，各国政府代表团团长一般按照会议组织者的有关规定在一些场所或交通工具上悬挂本国国旗，有些展览会、体育比赛等国际性活动，也往往悬挂有关国家国旗。在建筑物上或室外悬挂国旗，一般应日出升旗，日落降旗。需悬旗志哀时，通常是降半旗。悬挂双方国旗，以右为上，左为下。两国国旗并挂，以旗本身面向为准，右挂客方国旗，左挂本国国旗。

（二）国徽礼仪。国家机关、外交代表机构在室外悬挂国徽时，应当使之

---

① 关于外交活动礼仪的详细介绍，参见中华人民共和国外交部网站：http://www.fmprc.gov.cn/chn/lbfw/lbzsnew/default.htm。

位于机关正门上方正中。在室内悬挂时,应当使之位于正厅面对正门的墙壁上方正中。在国书、正式照会、公函和请柬上使用国徽时,也须使之位于页面上方正中。使用国徽时,不应悬挂破损、污浊或不合规格的国徽;不能倒置或歪斜等等。

（三）国歌礼仪。国歌是指一国以法定形式正式代表国家的歌曲。国歌必须在特定的场合才能演奏或演唱。这些场合包括:升挂国旗的正式仪式;重大的集会、庆典和仪式;官方外交仪式等。各国国歌的曲调、配器和歌词都有严格的规定,不能擅自改动国歌的乐曲和歌词。在演奏或演唱国歌时,外交人员都必须起身肃立,以示尊重。

日常交际礼仪

外交人员在日常外交活动中,应掌握一些必要的国际交往的常识与社交礼节。

（一）尊重各国风俗习惯。不同国家、民族、由于不同的历史、宗教等原因,形成了特殊的风俗习惯和礼节,外交人员应入乡随俗,对各国各族风俗习惯予以尊重。比如,在饮食方面,伊斯兰教徒在斋月里日出之后、日落之前不能吃喝;佛教徒不吃荤;印度教徒不吃牛肉。天主教徒忌讳"十三日星期五",一般在这样的日子里,不举行宴会活动。在生活习俗方面,印度、印度尼西亚、马里和阿拉伯国家,不能用左手与他人接触或用左手传递东西;在佛教国家不能随便摸小孩子的头顶;在东南亚一些国家忌讳坐着时跷起二郎腿;伊朗表示称赞时不伸大拇指;在保加利亚、尼泊尔等国,摇头是表示同意,点头是表示不同意,等等。

（二）遵守社会公德。在社交场合,举止要落落大方,端庄稳重,表情自然。站姿坐相都要端正。走路时脚步要轻,即使遇事加快步伐,也不可慌张奔跑。在图书馆、博物馆、医院、教堂等场所,要保持安静。在举行仪式,听演讲,看演出等隆重场合,要保持肃静。

（三）尊重老人,妇女儿童优先。在社交场合里,这种美德已经得到广泛的认可。如上下楼梯、车辆,进出电梯,让老人女士儿童先行;主动帮助老人、女士、儿童开门、关门;帮助他们穿脱大衣外套;同桌用餐时,男士主动照顾老人和女士,帮助他们入离座位,等等。

（四）遵时守约。遵时守约是国际交往中第一印象中的第一礼貌。参加活动时,应按约定时间到达。过早抵达,会使主人因准备未毕而难堪,迟迟不到,则让主人和其他客人等候过久而失礼。如遇交通等原因迟到,要向主人和其他客人表示歉意,万一因故不能如愿赴约,要礼貌地尽早通知主人。失约是非常失礼的行为。

(五)仪容整洁。外交人员都要随时保持外貌整洁美观。如经常梳理头发,刮净胡须,修剪指甲,剪短鼻毛;衣着要整洁干净,衣服应熨烫平整,裤子烫出裤线,衣袖领口要干净;穿中山装要扣好领口、领钩、裤扣;皮鞋要打油擦亮。参加活动前,不要吃葱蒜等辛辣食品,注意口腔卫生。不要当着别人的面擤鼻涕等,咳嗽、打喷嚏时应用手帕或纸巾捂住口鼻,面向一旁,避免发出大声。

(六)服饰得体。服饰历来是国际社交礼仪的重要组成部分。为了避免不体面的穿着影响美国的国家形象,美国国务院在《国务院得体着装指南》中颁布了一项外交人员穿着规定:作为美国最大的外交机构,无论在国外还是在国内,国务院都是为公众提供外交服务的窗口机构,所以,我们的职员要穿得精干,穿得职业,并明确禁止外交人员和他们的随员在工作时穿运动装、露背装以及塑料便鞋。

一般来说,国际社交场合的服装大致分为便服与礼服两大类。虽然,在一些重大对外交场合,欧美国家的女士对于出席宴会时着装的品牌有时依然很讲究,以至于"时尚有时变得与政治同样重要,在某种意义上时尚在与政治赛跑"①。但就男士而言,在欧美国家的外交界,现在已经很少有人穿着传统的男士礼服参加涉外活动,即使在隆重的场合,也只是穿着深色质料好的西装。另外,相当数量的国家都规定,民族服装为礼服,在国庆、民族节日等重大庆典和最隆重的场合穿着,其他正式场合着西装。

(七)见面有礼。见面礼节,通常包括介绍、握手、鞠躬、拥抱、致意等多种形式。在自我介绍和为他人介绍时,要做到自然大方。在交际场合结识朋友,可自我介绍,也可由第三者介绍。在为他人介绍时则要事先了解双方是否有结识的愿望。介绍时的序列是:把身份低、年纪轻的介绍给身份高、年纪大的,把男子介绍给女性。被介绍时,除女性和年长者外,一般应起立,在宴会桌或谈判桌上,只要微笑点头示意即可。

握手是大多数国家相互见面和告别时的礼节。在一般的交际场合,相互介绍和会面时握手,表达一种致意或寒暄。握手的顺序是:由主人、年长者、身份高者、女士先伸手,客人、年轻者、身份低者见面先问候对方,待对方伸手再握。一般情况下,握一下即可,不必用力。但年轻者对长者,身份低者对身份高者应稍稍欠身,双手握住对方的手,以示尊敬。男士在握手前应先脱下

---

① 沈宏:《衣仪天下》,中信出版社2005年版,第161页。

手套摘下帽子。在一些国家传统的见面礼节里,有时不握手。如东南亚佛教国家是双手合十致意,日本人是行鞠躬礼。

在西方,常见的见面礼节有拥抱、亲脸、贴面颊等。一般的公共场合,关系亲近的女士之间是亲脸,男子之间是抱肩拥抱,男女之间是贴面颊,晚辈对长辈一般亲额头,男子对尊贵的女宾往往亲一下手背或手指以示尊敬。

(八)谈吐优雅。第一,谈话的表情自然,语气和气亲切,表达得体。相互交谈时,应目光注视对方,以示专心。形体动作如手势等,应尽量节制,要做到自然和谐,适度恰当。不可放声大笑或高声喊人。第二,参加别人正在进行的谈话时要先打招呼,不可打断别人的谈话。当有人欲主动与自己说话,则要表示乐于回应的态度。第三,在有多人参与的谈话的场合,既要适时发表自己的看法,也要善于聆听对方的谈话。当有人欲参与自己正在进行的谈话时,应以握手、点头或微笑的方式表示欢迎。第四,谈话的内容一般不要涉及疾病、死亡等不愉快的事情,不询问对方履历、收入、家庭、年龄等私人问题,不批评长辈、身份高的官员,不随便议论当事国的内政,尤其是不随便议论宗教问题。总之,谈话始终要使用礼貌语言。谈话结束后,要握手道别。

(九)赴宴礼节。在接到宴会邀请后,要尽早以电话或复函的形式,答复对方自己能否出席。一旦接受邀请后,就不要随意改动。万一遇到特殊情况不能出席,尤其是主宾,应尽早向主人解释、道歉、甚至登门致歉。应邀出席宴请之前,要了解活动的举办地点,主人对服饰的要求,是否邀请了配偶等,晚餐的着装要与宴请场所(如饭店)的风格和气氛相吻合。同时,要掌握好出席时间。身份高者可略晚到达,一般客人宜略早到达,迟到、早退、逗留时间过短都被视为失礼。确有事需提前退席,应向主人说明后悄悄离去,也可事前打招呼,届时离席。根据当地习俗及两国关系,若参加国庆活动,可赠送花篮或花束;参加家庭宴会,可酌情给女主人赠少量鲜花。进入宴会厅,听从主人的安排就座,不要随意乱坐。协助邻座的长者或女士先坐下。有时在出席私人宴请活动之后,往往致以便函或名片表示感谢[①]。

三、外交特权与豁免

为了保证和便利外交代表、外交代表机关以及外交人员能够进行正常外

[①] 关于日常交际礼仪的详细介绍,参见中华人民共和国外交部网站:http://www.fmprc.gov.cn/chn/lbfw/lbzsnew/default.htm。

交活动,各国根据相互尊重主权和平等互利的原则,按照国际惯例或有关协议,在国家间互惠的基础上,相互给予驻在本国的外交代表、外交代表机关和外交人员一种特殊权利和优遇。这种特殊权利和优遇,在外交学上统称为"外交特权与豁免"(Diplomatic Privileges and Immunities)。其中"外交特权"是指一国派驻外国的使馆及其人员(不论是常驻代表或临时使节)享有的超越接受国国内法赋予其法人与自然人的权益;而"外交豁免"是指一国派驻外国的使馆及其人员所享有的免除接受国法律条款的待遇,也可包括在外交特权之内。狭义上,"外交特权与豁免"仅指使馆及其人员在接受国执行职务所享有的一切优惠权利和豁免;广义上,"外交特权与豁免"还包括所有从事外交活动的其他类型的驻外使团——诸如领事馆、特别使团、国家派至国际组织的代表团或观察员代表团、国际组织使团——的特权与豁免①。

现代外交特权与豁免制度是保障国际交往顺利进行的重要前提,是实施现代国际法规范的重要保证之一。作为外交法的实质内容与核心之所在,外交特权与豁免制度在历史上经历了从习惯法到协定法的演变,其内容和实施效果也发生了相应的重大变化。在冷战后时代,外交特权于豁免制度正在经受国际关系发展的新的挑战。

三种理论依据

外交特权与豁免是一项古老的国际习惯法规则,是国际社会进行有效合作的重要工具。中国古代就有"两国交兵,不斩来使"之说。在欧洲,从15世纪起,出现了常驻使节,他们被认为是神圣不可侵犯的,受到特别的保护。虽然,当时他们所享有的特权尚无成文的国际法为依据,但到17世纪后半期,在互派常驻使节成为一种普遍的制度后,使节享有的特权和豁免也逐渐形成为一种惯例。以后,随着国际交往日益频繁,有些国家对使节享有的特权与豁免订立了专门的协定,并以条约的形式确定下来,从而成为国际法的重要组成部分,并为各国所公认。

这些国际法包括:《联合国特权和豁免公约》(1946年)、《联合国专门机构特权和豁免公约》(1947年)、《维也纳外交关系公约》(1961年)、《维也纳领事关系公约》(1963年)、《联合国特别使团公约》(1969年)、《关于防止和惩罚侵害应受国际保护人员包括外交代表的罪行的公约》(1973年)和《维也纳关于国家在其对普遍性国际组织关系上的代表权公约》(1975年)等。其

---

① 参见黄德明:《现代外交特权与豁免问题研究》,武汉大学出版社2005年版,第8页。

中,特别重要的是 1961 年通过的《维也纳外交关系公约》。

从理论上看,自从 16 世纪中期以来,主要有三种理论在不同时期、不同程度上为赋予外交特权与豁免提供了解释,这三种理论即:代表性说治外法权说和职务需要说。

(一)代表性说(Theory of Representation; Representative Character Theory)。一般认为,代表性说理论是关于外交特权与豁免理论依据的最早学说。其主要观点是,外交使节是派遣国的化身或代表,是本国国家元首在国外的体现。根据代表性说,外交使节享有的外交特权和豁免是自然具有的,而不是接受国给予的。这种说法没有被广泛地接受,不过,它并没有阻碍代表性说成为促进早期外交特权与豁免法律制度发展的重要因素。如早期英国的《1708 年外交特权法》和美国的《1790 年法令》都是以代表性说为基础的。

代表性说在今天仍具有重要的现实意义,在现代外交法中,仍然可以寻觅到个人代表性说的遗迹。如使馆馆长至今仍被认为是派遣国国家元首或国家本身的象征,且使馆馆长中最重要的两级也是向接受国的国家元首派遣的。不过,今天的外交代表是代表国家而非统治者本人,因此,代表性说,已不足以成为现代外交特权与豁免的唯一理论依据。

(二)治外法权说(Theory of Extraterritoriality; Extraterritoriality)。所谓"治外法权说",出现在近代民族国家形成时的 16 世纪的欧洲。其主要观点是,将外交代表的驻在地(使馆、馆舍等)视为派遣国领土的一种延伸,这样,外交代表虽身在接受国境内,但在法律上推定仍没有离开派遣国领土,因此,使馆和外交代表都免受接受国法律的管辖。对使馆及其人员的治外法权的侵犯,即为对派遣国领土主权的侵犯。

"治外法权说"不仅为 15 世纪开始出现的常驻使馆享有外交特权与豁免提供了理论依据,甚至流行到 19 世纪。在实践中,治外法权总是与强权政治联系在一起。西欧列强曾把外交法和国际法的其他规则变成其对外扩张的工具,对一些弱小国家和民族进行欺侮和干涉。例如在中国,自 1899 年义和团运动后,帝国主义列强强迫清朝政府在 1901 年订立《辛丑条约》,将北京的东交民巷划为使馆区,由外国使馆管理,常驻外国军队,中国人不准在使馆区内居住,中国军队未经外国使馆同意不得进入,形成"国中之国"。因此,在第一次世界大战后,从 20 世纪开始,作为外交特权与豁免理论依据的"治外法权说"在国际法学界和司法判例中的价值逐渐降低并最终被废弃①。

不过,值得一提的是,从治外法权理论衍生出来的"外交庇护",至今仍被一些国家所采用。尽管现代国际法并不承认外交庇护,利用使馆形成的外交庇护与其说是一项法律权利,毋宁说是一种人道主义实践,但这个现象说明,在实践中,治外法权理论至今还留有残迹。

(三)职务需要说(Theory of Functional Necessity)。除以上两种理论以外,目前在国际法学上占主导地位的并为大多数国家所接受的理论是"职务需要说"。其主要观点是,使馆及其人员享有特权与豁免的原因在于,如果没有这些特权与豁免,他们就不可能有效地执行任务。即外交特权与豁免是外交代表安全、忠实和成功履行外交使命的必要条件,要根据职务需要来给予使馆人员以特权与豁免。职务需要说的观点在1961年联合国主持下通过的《维也纳外交关系公约》中得到了确认。该《公约》的序言称:"确认此等特权和豁免之目的不在于给予个人以利益,而在于确保代表国家之使馆能有效执行职务。"

职务需要说具有极大的实用价值,它既适应了外交职务的扩大与变化的需要,又成为防止过度谋求新特权与豁免的内在的安全保护机制。当然,职务需要说也并非一种关于外交特权与豁免的万能的理论依据,其不足之处在于:对于接受国如何限制外交特权与豁免,接受国的哪些行为构成对外交职务的干预,外交人员应如何恪守诚实信用的原则,为什么在同一接受国存在差异的使馆及其人员,却享有相同的特权与豁免等问题,职务需要说都未能做出充足的解释②。

主要内容

贝里奇和詹姆斯将外交特权与豁免分为三个方面:外交使团和外交人员应享的不可侵犯性;应享的司法、民事或行政豁免;应享的特权③。

(一)外交使团和外交人员应享的不可侵犯性包括④:

1. 使馆馆舍不可侵犯。外交使馆是派遣国的象征,使馆馆舍是使馆行使

---

① 参见黄德明:《现代外交特权与豁免问题研究》,第22页。也可参见《奥本海国际法》第十章注123,第537—538页。
② 参见黄德明:《现代外交特权与豁免问题研究》,第26页。
③ 参见 G. R. Berridge and Alan James, *A Dictionary of Diplomacy*, second edition (New York: Palgrave MacMillam, 2003), p. 78。
④ 参见外交部网站:http://www.fmprc.gov.cn/chn/lbfw/lbzsnew/t9041.htm。

职务、外交人员办公、保存档案的地点,其神圣不可侵犯的特权在常驻使馆制度形成之后即已确立,并成为外交特权与豁免的基本内容之一。

《维也纳外交关系公约》第二十二、三十条规定:"一、使馆馆舍不得侵犯。接受国官吏非经使馆馆长许可,不得进入使馆馆舍。二、接受国负有特殊责任,采取一切适当步骤保护使馆馆舍免受侵入或损害,并防止一切扰乱使馆安宁或有损使馆尊严之情事。三、使馆馆舍及设备,以及馆舍内其他财产与使馆交通工具免受搜查、征用、扣押或强制执行。"

使馆馆舍的不可侵犯,具体有两层含义:其一,外国使馆除应免于一般公众的侵害外,还享有免于接受国官方侵害的权利,即接受国的一切执法人员,包括军警、司法人员、税收人员等不得进入使馆馆舍采取行动或实施法律程序;其二,接受国负有特殊责任,采取一切适当步骤保护使馆馆舍免受侵入或损害,并防止一切扰乱使馆安宁或有损使馆尊严之情事。

对外交代表机关的馆舍、外交人员的私人寓所,不论是属于其本国政府或私人的财产,或是由其租赁的,也与使馆馆舍相同,都不得侵犯。

与使馆馆舍不同的是,领馆馆舍的不可侵犯并不是绝对的,但接受国仍负有积极和消极方面的义务:其一,对领馆馆舍应提供具有预防性质的特别保护,防止出现针对领馆馆舍的暴力行为或扰乱领馆安宁或损害其尊严的事件;其二,接受国官员在一般情形下,不得进入领馆馆舍。

2. 使馆档案和文件不受侵犯。包括外交代表机关的公文和档案、外交人员的文件和信件在内的馆舍内其他设备或财产,也不可侵犯,即不可加以检查、扣留或毁损。按国际惯例,即使遇到两国断绝外交关系,或发生武装冲突甚至战争时,或遇到使馆馆长期或暂时撤离时,接受国务也应尊重并保护使馆馆舍内的一切财产、设备与档案,不得检查、扣留公文、档案。

外交代表机关使用的交通工具也不受侵犯,免受搜查、征用、扣押或强制执行。在国际上对挂国旗的外交使节车辆尤为尊重。

3. 外交代表人身不受侵犯。《维也纳外交关系公约》第二十九条规定:"外交代表人身不得侵犯。外交代表不受任何方式之逮捕或拘禁。接受国对外交代表应特示尊重,并应采取一切适当步骤以防止其人身、自由或尊严受有任何侵犯。"不可侵犯权及保护还及于外交代表的私人寓所,外交人员的交通工具、文件、档案、通信及财产。接受国当局、军警和其他人员不得对外交人员进行人身搜查、逮捕或拘禁、侮辱。接受国有义务对外交代表给予应有的尊重,并采取一切必要的措施(包括派警卫人员)对外交人员加以保护,以防止其人身、自由或尊严受到任何侵犯;对那些侵犯外交人员人身安全的肇事者,接受国应依法惩处,并向受害者及其使馆表示歉意。

国际组织官员在执行职务时享有一定的特权与豁免,不过,其中只有联合国秘书长、专门机构总干事及其助手享有完全的外交地位。值得注意的是,外交代表私人寓所享有不可侵犯与保护的原则,不适用于领事官员,却适用于特别使团。

4. 外交通信不可侵犯。《维也纳外交关系公约》第二十七条规定:"接受国应允许使馆为一切公务目的自由通信,并予保护。使馆与派遣国政府及无论何处之该国其他使馆及领事馆通信时,得采用一切适当方法,包括外交信差及明密电信在内。"外交通信自由是正常外交交往的基础,也是外交代表机构执行职务的重要条件之一。接受国有义务不妨碍各国外交代表机关通信方便,并加以保障。这种义务及于通信方式及工具,包括信件、电讯、航空以及信使可能采用的运输方式。

外交代表机关馆长可以拍发国际政务电报和挂发国际长途政务电话。电报通信可以使用密码机,既可以通过接受国的邮电部门拍发,也可以通过自设的电台拍发。外交邮袋和信使是外交关系中自由行使职能的最基本的、最经典的官方通信手段。从有效行使日常的外交职能来看,这是依据国际法赋予使馆特权与豁免中的最重要的原则。虽然《维也纳外交关系公约》对外交邮袋所享有的不可侵犯的规定不够全面,但在实践中,外交邮袋的不可侵犯性在国际上得到公认,即不得开拆、检查、扣留或毁损。邮袋内以装载外交文件或公务用品为限。我国规定外交信袋内只能装载外交文件、资料和办公用品。信袋外部一般均严密包装,并有可资识别的标记。例如在封口处用有外交机关印记的铅印或火漆印固封,并注明"外交邮袋"字样。

外交邮袋一般由外交信使携带。外交信使分为严格意义上的外交信使、特别信使和受委托专递外交邮袋的商业飞机机长三种。外交信使需持有官方文件,即注明信使身份的外交护照、信使证明书或临时信使证明书、构成邮袋之包裹件数。外交信使肩负着确保绝密外交邮件万无一失的重担,是使馆通信网络中的一个重要环节,即使在通信技术高度发达的今天,外交信使也是不可或缺的。外交信使人身不可侵犯权原则及其司法豁免权,早在16世纪,就已得到确立,在《维也纳外交关系公约》中得到更明确的规定。

(二) 外交使团和外交人员应享的管辖豁免包括[①]:

1. 刑事豁免。《维也纳外交关系公约》第三十一条规定:"外交代表对接

---

① 参见外交部网站:http://www.fmprc.gov.cn/chn/lbfw/lbzsnew/t9041.htm。

受国之刑事管辖享有豁免。"外交代表对接受国之刑事管辖享有完全豁免,这种豁免是绝对的,除非其本国政府同意放弃这一特权。

在外交实践中,对于触犯接受国刑法的外交人员,鉴于他们免受司法管辖,可根据具体情况采取适当办法解决:如是一般违法,接受国司法机关一般不对外交代表进行诉讼程序、不审判、不作执行处分,对于外交代表的责任,一般通过外交途径解决,即由接受国外交机关向有关代表机关通过口头或书面照会提请注意、发出警告或提出交涉。如违法和犯罪情节比较严重,接受国可请求派遣国抛弃豁免权以便由司法机关处理,或接受国在必要时宣布外交人员为"不受欢迎的人",对非外交人员宣布为"不能接受",要求派遣国限期将其召回。当严重威胁接受国安全时,接受国对犯罪的外交人员可予以驱逐出境。

2. 民事豁免。与刑事豁免大致相同,外交代表一般也享有民事及行政管辖的豁免。不过,民事及行政管辖的豁免是相对的,与职务无关的情形不享有民事及行政管辖的豁免。比如,接受国不得因外交官的债务而对他提起诉讼或进行判决。但是,《维也纳外交关系公约》在三十一条中,规定了下述情况外交人员不能援引民事管辖的豁免权,即涉及外交人员在接受国私有不动产的物权(如房屋)诉讼;外交人员以私人身份卷入的遗产继承诉讼;外交人员在接受国从事获利的商业和其他私人职业活动引起的诉讼。上述情况在我国内并不常见,但在其他一些国家中则时有所闻。

3. 行政豁免。《维也纳外交关系公约》第三十一条规定,外交人员对接受国的行政管辖享有豁免。各国的法令和实践一般都规定这项豁免。例如,外交人员除向接受国外交部按规定作到任、离任通知并办理身份证件外,不作户口登记,不服兵役和劳务,外交人员的死亡、子女出生等都不许履行接受国有关行政规定的手续。

不过,领事官员及领事雇员仅对其为执行领事职务而实施的行为不受接受国司法或行政机关之管辖。

4. 无作证之义务。《维也纳外交关系公约》第三十一条规定:"外交代表无以证人身份作证的义务。"外交人员之所以享有作证的豁免,是因为作证本身实际上也就是受某种管辖和强制,而这同管辖豁免是抵触的。但是,这并不意味外交人员在任何情况下都要拒绝作证。只要派遣国政府同意,外交人员也可为某一特定案件作证。作证的方式一般是,由外交代表提供书面证词或要求接受国法院派人到使馆听取证词,当然也可以亲自出庭作证。但是,有的国家法院按国内法随意下令要使馆人员出庭作证,这是不能接受的。

外交特权和豁免本质上属于代表的国家,而不属于外交代表个人,为了防止滥用外交特权与豁免,公约规定,外交代表无权自行放弃管辖豁免,外交代表豁免须由派遣国予以放弃。即凡外交人员放弃管辖豁免,得由派遣国或其外交代表机关明确表示后,方可确认。此外,外交代表在民事或行政诉讼程序上管辖豁免权的抛弃,不得视为对判决执行的豁免权也默示抛弃,即使他败诉,仍享有对判决执行的豁免权。对判决执行豁免权的抛弃须分别进行。

(三) 外交使团和外交人员应享的外交特权包括[①]:

1. 免纳直接捐税。派遣国及使馆馆长对于使馆所有或租赁之馆舍,概免缴纳国家、区域或地方性捐税,但对特定服务如公用服务、收集垃圾等应纳之费不在此列。领馆馆舍及职业领馆馆长寓邸享有同样的免税待遇。外交人员可以免纳一切对人或物课征的直接税,但不能免纳间接税。

2. 免纳关税。通常外交人员及其家属进出接受国或路过第三国时,其随身携带的行李(包括附载于同一交通工具上的行李)享有免纳关税优待。外交人员分离寄运(包括邮寄)的自用物品和外交代表机关公用物品进出口,在接受国海关规定的许可范围内免纳关税和免除进出口许可手续,但申报手续一般仍不可免。为了维护本国的政治和经济利益,各国根据各自情况制定法律对外交代表机关和外交人员公私物品进出口,在数量、品种、出售和转让等方面做出相应限制,超出部分则需办理许可证。例如1974年西班牙规定大使每年可免税进口各种酒类80箱、烟7.7万支。此外,对禁止进、出口的物品也有所规定。我国海关列入禁止进口的物品有:各种武器、弹药、无线电收发报机和器材(如需进出口上述物品须办申报手续)、爆炸物品、人民币,对中国政治、经济、文化、道德有害的手稿、印刷品、胶卷、照片、影片、录音带、录像带等,毒药、能使人成瘾癖的麻醉药品和鸦片、吗啡、海洛因等等[②]。

3. 行李免检待遇。外交代表机关托运、寄运的公用品和外交人员的随身行李、托运、寄运的私用物品,一般享受免验的待遇。《维也纳外交关系公约》规定,外交代表私人行李免受查验,但有重大理由推定外交代表私人行李中装有不在免税之列或禁止进出口或有检疫条例加以管制的物品,接受国认为有必要时,可在外交代表或其授权代理人在场的情况下进行检查。免验只是一种优遇,是出于国际交往的礼貌。各国海关法令都订有保留在必要时对行

---

① 参见外交部网站:http://www.fmprc.gov.cn/chn/lbfw/lbzsnew/t9041.htm。
② 参见《外交特权与豁免》,中华人民共和国外交部网站:http://www.fmprc.gov.cn/chn/lbfw/lbzsnew/t9041.htm。

李物品进行检查的权利。但实际上,非在绝对必要的情况下,不行使这种权利。

4. 其他特权。在接受国的礼仪庆典活动场合,外交使节有占有荣誉席位的权利。接受国一般都把他们安排在显要的地位,享有较高的礼遇,受到接受国的尊敬。外交使节在礼仪场合的位次则按在先权排定。外交使节和外交代表机关有权在使馆馆舍、外交机关的办公处、外交人员的寓所及其交通工具上使用派遣国的国旗或国徽,外交使节个人乘用的交通工具上可挂本国国旗。

除为国家安全而由法律规定禁止或限制进入的区域外,接受国应确保所有使馆人员在其境内行动及旅行的自由。

适用范围和期限

(一)外交特权与豁免的适用范围。按照目前的外交法,享有完全外交特权与豁免的人员大体有以下六类:出国进行访问的国家元首、政府首脑、政府部长、特使以及由他们率领的代表团成员;外交使节和具有外交官身份的全体官员;根据有关国际协议和惯例,联合国系统各组织代表机构的代表、顾问和副代表,国际组织的代表、委员会委员、高级官员等;途经或短期停留的各国驻第三国的外交人员、外交信使;各国参加国际会议的官方代表;根据双边协定应享有特权与豁免的人员,如中美正式建交前双方驻对方的联络处人员等。

除上述人员外,外交代表机关的非外交人员,如外交代表的同户家属、行政技术人员、公务人员、私人仆役等也享受不同程度的特权与豁免。国际上公认外交代表的同户家属享有一定的外交特权。根据《维也纳外交关系公约》规定,外交代表与其构成同一户口之家属,如非接受国国民,得享有全部规定的特权与豁免。在具体操作中,有的国家将外交人员的同户家属限制在配偶和未成年子女的范围内;也有的国家把外交特权给予与外交人员共同生活的双亲或姐妹。我国规定,外交特权适用于外交人员的配偶及其未成年之子与未结婚之女。外交人员及其配偶的父母若与他们同住在北京,在一些方面也享有某些特权与豁免。

使馆行政及技术人员及其家属,如非接受国国民且不在该国永久居住的,也享有不可侵犯权、刑事管辖的豁免权,免纳各种捐税等。但民事与行政管辖的豁免权,不适用于执行职务以外的行为,其关税特权也仅限于他们抵任后六个月内进口的私人物品。使馆人员的私人服务人员如非接受国国民,且不在该国永久居住的,也享受一定的优遇。

领事人员享有不同于外交人员的特权与豁免,其特权与豁免受到严格限制。与职业领事官员相比,名誉领事的特权与豁免则相对更少。如《维也纳领事关系公约》没有规定名誉领事官员为馆长之领馆馆舍不可侵犯,名誉领事官员之家属及名誉领事官员为馆长之领馆雇用雇员之家属,都不得享受有关特权与豁免。

(二)外交特权与豁免的开始与终止。根据《维也纳外交关系公约》,凡享有外交特权与豁免之人,自其进入接受国国境前往就任地点时起即享有特权与豁免。如果他们原已在接受国,则从将他的身份通知接受国外交部并得到承认后开始。

享受外交特权与豁免之人职务如已终止,此特权与豁免通常在该外交人员离境之时或离任后的一定时间内即中止。外交人员离任时未带走的行李以后托运出境,仍享有免税的待遇。

如遇使馆人员死亡,其家属应继续享有应享有之特权与豁免,直到其离境之合理期间。

国际上一般都认为,即使两国间发生战争或断绝外交关系,外交人员的特权与豁免亦适用到他们离开接受国国境。

第三章
外交机构

外交需要外交机构及其人员来实际运作。随着外交作用的不断提升,各国外交机构都出现了专业化和规模化的发展趋势。外交机构一般包括外交决策机构和外交执行机构两个组成部分。在外交执行机构中,又可以细分为外交主管机构和外交代表机构两个部分。

一、外交决策机构

外交决策体制是国家政治决策体制的组成部分,外交决策体制的构成由国家的政治决策体制的性质所决定。由于各国的政治体制不同,各国的外交体制及其相应的外交决策机构的设置、权能有很大的差异。可以说,在目前世界上的一百九十多个主权国家中,没有哪两个国家具有完全相同的外交决策机构。相应的,各国参与外交决策的角色也是不同的。同时,各国的外交机构并非一成不变的,在不同的历史时期有不同的特点,并且总是处于一个动态的不断发展和完善中。西方发达国家现行的政治体制已经运行了两三个世纪,相对成熟,其外交决策机构相对来说也比较稳定,但至今也仍处在不断的改革和调整中。

内圈决策者

外交主要是一国政府的职权领域。各国宪法无一例外将主要的外交权授予行政部门及其首长。因此,国家最高领导人、直属决策咨询机构和行政部门的相关职能部门构成了一国外交决策机构的内圈和核心机构。

(一)国家最高领导人。由于外交涉及一国的最高利益,它的决策权一般都由一国的最高领导人所掌握。根据各国政治体制的不同,国家的最高领导人可以是国王、总统、首相、总理、党的主席或总书记。在实行总统制的国家中,总统掌握着对外政策的决策权,如美国总统、法国总统和俄罗斯总统等。在实行议会制的国家中,国家元首通常只具有象征性的权力,决定对内对外政策的实际权力在首相(如英国和日本)或总理(如德国)的手中。在一些社会主义国家中,宪法明确规定该国的共产党是国家的领导力量,因此,党的最高领导人或领导集体(如政治局)决定着该国外交的大政方针。在少数情况下,一国对外政策的最高决策权掌握在某些不具有任何正式职位的个人手中。例如,在20世纪80年代,伊朗的外交需听命于宗教领袖霍梅尼。在中国,邓小平在80年代末就已经辞去了在党政军内的所有职务,但作为中国改革开放的总设计师,他的国际战略思想深深影响了80年代末到90年代中期的中国外交。

国家最高领导人之所以能成为一国外交的最高决策者,首先在于这些领导人在制订和实施对外政策方面享有至高无上或最集中的权力。这种权力在大多数情况下是由宪法赋予的。最高领导人有权和外国签订条约,有权任命负责对外事务的政府首长,并且,国家最高领导人常常兼任国家武装力量的总司令。那些核大国的最高领导人更掌握着使用本国核力量的按钮。

其次,由于外交涉及国家的生死存亡,国家需要最高领导人代表国家以一个声音说话,并作出重大决策。美国总统罗纳德·里根在1984年就表示:"在国防和外交事务领域,国家必须以一个声音说话,而只有总统能够提供这种声音。"[①]

另外,只有真正的国家领导人才具有处理对外事务的各种资源,如专家和情报。当然,国家领导人的决策也会因为判断失误和情报误导而出错。不过,和更低级的部门首长以及议会相比,国家领导人所掌握的各种资源和情报是任何其他的个人和机构所不可比拟的。

(二)外交决策咨询机构。国家最高领导人的外交决策得到外交决策咨询机构的智力支持。官方的外交咨询机构常常直属最高领导人的领导。在

---

① 转引自〔美〕Eugene R. Wittkopf, Charles W. Kegley and James M. Scott:《美国外交政策:模式与过程》,北京大学出版社2004年影印版,第321页。

美国,成立于1947年的国家安全委员会由总统、副总统、国务卿、国防部长等正式成员组成。同时,总统也可以根据需要扩大其正式成员的范围,将财政部长、司法部长等人也纳入其中。国家安全委员会的法定情报顾问是中央情报局局长,法定军事顾问是参谋长联席会议主席。总统的国家安全事务助理负责该委员会的日常工作。其工作人员有九十余人,包括三十名在地理学和政治学方面的专家。国家安全委员会的法定职能是协调国务院、国防部、中央情报局的政策,根据国家安全的需要向总统提出各种建议,尤其是向总统提供与国家安全有关的内政、外交和军事的总体政策。

在基辛格担任美国总统国家安全事务助理时,这一职位曾经权倾一时,总揽了美国重大外交政策的决策权,其权势远在国务卿之上。国家安全委员会在外交决策中的巨大影响,一方面是由于它在国家安全和外交问题上的权威性决定的。由于它的信息非常完备,与各部门联系紧密,通常被认为掌握了维护国家安全的重要信息和资源,成为总统必须倚重和咨询的对象。另一方面,与总统密切的个人关系也提升了其在外交决策中的地位。国家安全事务助理和国家委员会的其他成员多半是总统的"自己人",能够经常接触总统,熟悉总统的意图和作风,其咨询意见往往更容易为总统所接受①。

(三)政府的功能部门。每个国家都有处理对外事务的专职机构。这类机构在大多数国家中称为外交部,其首长称为外交部长。不过,也有一些国家把承担这一功能的政府部门和首长称为"国务院"和"国务卿"(如美国),或"外交和联邦事务部"和"外交和联邦事务大臣"(如英国),或"外务省"和"外相"(如日本)等。

外交部不仅是一国处理对外事务的专职机构,也是核心机构。它具有对外代表本国国家和政府的特殊职责,并协调其他政府部门的对外交往。所以,外交部一般是各国政府中最重要的政府部门之一,外交部长则为政府内阁的核心成员,其地位常常仅次于政府首脑。在中国,按《中华人民共和国缔结条约程序法》的规定,凡以中华人民共和国或中华人民共和国政府的名义同外国谈判和签署条约或协定,一般由外交部提出建议并拟定条约或协定的中方草案,报请国务院批准;如由其他政府部门提出建议和拟定草案,则需会同或会商外交部后才能报请国务院审批。

与一国的对外政策密切相关的另一个政府部门是国防部。国防部负责

---

① 参见北京太平洋国际战略研究所课题组主持:《领袖的外脑:世界著名思想库》,中国社会科学出版社2000年版,第119—120页。

国家安全的保障,并在涉及对外使用武力时,它是一国贯彻对外政策的主要工具之一。因此,国防部和国防部长在一国对外政策的制订中扮演着不可忽视的角色。在冷战结束之后的最初几年中,人们普遍以为,冷战后时代将是一个以经济竞争为中心的时代,武力的作用将失去其在冷战时代的核心地位。但是,接踵而来的海湾战争、非洲的战乱、波黑内战、印度和巴基斯坦的核试验以及北约对南联盟的空中打击都告诉世人,安全问题依然是各国关注的一个重要议题,武力仍然是各国实现其对外政策目标的基本手段。

与此同时,随着对外关系日益涉及广泛的功能领域,许多原先只管理国内事务的政府部门也不断地被卷入到国际事务中来。在国际化和全球化力量的推动下,一个政府部门要实现其本身的组织目标,发展对外交往是其成功的一个必要条件。其结果,许多管理国内事务的部门大量开展对外交流活动,如商务部负责对外贸易和投资的促进和管理,财政部卷入大量的国际资本管理,进行国际援助,处理有关国家的债务危机,如环境部门开展大量的国际环境保护方面的合作,司法部热心于开展国际司法合作等。这些部门在各自的功能领域内发挥着重要的对外政策的决策作用。虽然,外交部总是试图对其他部门的对外交往施加控制,进行管理,但是,许多功能部门的对外交往非常专业,超越了外交部所能监管的能力。即使是存在着外交部监督和管理的程序,实际的政策结果也常常与其他部门提出的政策草案没有多少差别。

外围决策参与者

除了上述内圈机构和人员外,外交决策机构也涉及一些外交的机构和角色,如议会、利益集团和公众。

(一)议会。一般而言,行政部门主导着一国对外政策的制订和实施。这并不意味着各国的议会在对外政策的决策中可有可无。作为各国的立法机构,议会在各国对外政策的决策中也发挥着程度不等的作用。

根据各国的法律,议会一般拥有下述几个方面的权力,使自己成为决策过程中的重要角色。(1)议会的宣战权。在一些国家,如美国,对他国宣战的权力掌握在议会的手中。美国宪法的第一条就规定,国会有权"宣战,颁发拘押和没收敌船许可状,并制定关于陆上和海上俘获的规则"。中国宪法规定全国人民代表大会有权"决定战争和和平的问题"。(2)议会的同意权。许多国家的宪法都规定,本国的议会对于行政部门和外国签订的条约拥有同意权。如美国总统和外国签订的条约需要获得参议院三分之二的多数才能生效。这一规定大大限制了美国总统的对外缔结条约的权力。在中国,宪法也规定,中国对外达成的条约和重要协定需要得到全国人民代表大会常务委员会的批准。除了国际条约需要议会的批准之外,在一些国家,负责对外事务的政府官员的任命也需要得到议会的同意。美国宪法就规定,总统有权提名国务卿、各部部长和驻外大使,同时,这些人选必须得到参议院的多数同意方能正式上任。(3)议会的拨款权。对外政策的实施需要足够的财政支持。国家对外政策部门的正常运作、驻外机构的设立、对外援助的开展都要占用国家预算支出。在一些国家,这些外交支出需要征得议会的授权。对政府外交政策感到不满的议会,通常会利用议会的这一拨款权来施加影响,或者通过削减政府提出的预算,或者对预算的使用施加严格的限制。(4)议会的监督权。在平时,议会也常常通过质询、举行公开的听证会等方式对政府的对外政策进行经常的监督。政府的官员被邀请到议会,就政府的某项对外政策向议会说明情况,议会也可以借机向政府表达自己的意见。在举行听证会的情况下,议会也会同时邀请与某项政策有关的社会各方,请他们表达自己的立场。(5)议会的倒阁权。在一些议会制国家中,政府是由议会中的多数派所组成,政府的维持依赖其在议会中始终保持多数的地位。如果政府的外交政策施行不当,导致议会内部形成反对政府政策的多数派,该政府便不可能在议会得到多数派的支持,并为一个新政府所取代。当然,在总统制国家中,议会多数的更迭不会导致总统的更迭,如在法国。

议会在一国对外政策决策中具有的这些作用在过去往往被人们所忽视。20世纪70年代以来,随着美国国会在外交政策领域不断主张其宪法赋予的各项权力,议会在外交决策过程中的作用有了明显提升。在冷战后的美国,这种情形有了更进一步的发展。比如,在中美关系中,美国国会在台湾、人权和经贸等问题上常常给中美关系的正常发展注入不确定因素。和许多其他国家相比,美国的情形有其特殊的原因:美国的宪法本身曾赋予国会相当多的外交权;同时,冷战后的美国处于世界唯一超级大国的地位,来自外部的各种威胁明显降低,使行政部门在对外事务方面保持领导权的必要性大幅下降。

尽管如此,外交决策的行政主导仍是国际通例。其根本原因在于,议会的机构特征不利于议会在外交决策中占据主导地位。就美国议会而言,一些学者曾指出美国国会在外交决策中的三个先天不足:地方主义、组织缺陷和专业缺失[1]。议员由于经常受到选举的压力,不得不从地方和国内的角度来

---

[1] 参见〔美〕Eugene R. Wittkopf, Charles W. Kegley and James M. Scott:《美国外交政策:模式与过程》,第321页。

决定立场,代表特定的选民和本选区的利益,常常难以从国家利益的全局出发来考虑外交政策问题。议会的组织特点也存在明显的缺陷。外交要求速度,而议会做事经常拖拉;外交要求谈判,而议会要么赞成,要么反对;外交要求保密,而议会经常泄密;外交要求强有力的领导,而议会常常一盘散沙。此外,外交要求专长,但多数议员缺乏处理外交事务所需的专业知识,且获得的信息有限。以美国为例,尽管国会增加了委员会和新组委员会职员的人数,提高了对他们的素质要求,同时扩大了诸如国会研究局等机构的规模,国会议员个人助手的数量也有了大量增加,但这些并没有从根本上改变国会依赖行政部门提供信息和观点的局面。总之,议会参与外交决策所具有的这些弊病说明,议会在外交决策中不可能强大到和行政部门平起平坐的水平。

(二)利益集团。狭义上的利益集团主要指那些私人性质的团体,其成员具有相似的政策主张和立场,并希望通过共同的努力来影响政府的政策。广义上的利益集团概念除了包括这类利益集团之外,也包括那些追求自身利益的公共机构,如政府控制下的公共部门,各功能部门和地方政府等。

在西方国家,多元社会和多元政治意味着社会中存在着大量的利益集团,它们相互竞争,竞相游说政府的各个部门,以便使政府的政策能推进本集团的利益。在外交决策领域,西方国家的利益集团主要有这样几个类别:

(1)经济利益集团:如雇主集团、商会、农场主团体、劳工团体等。这类利益集团的主要使命是追求自己的经济利益,对政府的对外经济政策影响较大。由于这些集团代表着不同的利益,它们往往会在影响和游说政府决策的过程中相互竞争。比如,雇主集团希望能在国外获得成本更低、管制更松的投资环境,而劳工组织则常常相反,它们会要求政府阻止资方将工厂转移到国外,以保障工人的就业机会和工资水平;另外,代表出口部门利益的雇主和劳工组织支持自由贸易,而代表与进口产品相竞争部门的雇主和劳工组织则主张保护贸易。

(2)军事—工业复合体:"军事—工业复合体"一词,最初是由美国总统艾森豪威尔在20世纪50年代末的告别演说中提出,并在以后被普遍用来指称那些主张加强国家防务的利益集团。其社会实体包括行政部门内的军事机构、工业和商业、国会、学术和科学团体[1]。军工企业从政府的军事订货中获得巨额利润。从自己的利益出发,军工产业乐于看到政府不断增加军事开

---

[1] 参见[美]查里尔·A.罗塞蒂:《美国对外政策的政治学》,周启明、傅耀祖等译,世界知识出版社1997年版,第418页。

支,渲染本国国家安全的脆弱性。同时,国防部、议会中主管军事和情报等方面的议员,为了完成本组织的使命,获得高新武器,或争取军工密集地区的选票,也常常和军工企业联合起来。学术和科学团体为了获得更多政府拨款,提升影响,也介入这一复合体中,开展研究,提供政策倡议。出于自身利益,军事—工业复合体通常会夸大来自外国的军事威胁,主张加强国防,并在对外政策中倾向于动用武力。

（3）单议程利益集团：许多试图影响本国对外政策的利益集团属于单议程利益集团。这些利益集团大多没有系统的对外政策主张,它们关注的政策领域仅仅局限在政策的某个方面。比如,人权利益集团只关注政府的国际人权政策,环境保护集团仅关心政府的国际环境政策,女权组织会要求政府在国际上采取行动以消除性别歧视,宗教组织会游说政府去推进各国的宗教自由等等。

（4）外国利益集团。存在着两类维护和促进某个外国的利益集团。一类由一国少数族裔公民组成,其目的是为了维护和促进其原来"祖国"的利益。比如,美籍犹太人建立了美国以色列公共问题委员会,专门在美国国内开展强大的院外游说活动,积极为以色列争取巨额军事和经济援助,并在中东和平谈判中维护以色列的利益。这类利益集团在国内可以像其他利益集团那样自由活动。它们掌握着充实的资金,具有严密的组织,能影响许多选民的投票行为。政治领导人要想连选连任就不能忽略这类利益集团的政策要求。另一类是外国政府或企业为了在某个国家维护和增加自己的利益而在该国建立起来的院外活动团体。在一些国家,法律允许外国政府和企业雇用本国的公关公司或个人来从事游说活动。比如,沙特阿拉伯曾雇用了美国前参议院对外关系委员会主席威廉·富布赖特,日本雇用了尼克松总统的特别助理查德·弗林,韩国的大宇集团雇用了前里根政府的白宫办公厅主任等等。

（三）普通公众。普通公众一般游离于外交决策过程之外。但这不等于说,公众的态度对一国外交政策的制定毫无影响。在少数国家中,普通公众可以通过全民公决的方式决定国家的重大对外政策。比如,2005年5月,欧盟国家政府签订的《欧盟宪法条约》就在法国全民公决中遭到否决,迫使各国政府对条约作出修改。

在大多数国家中,宪政制度有意或无意地排除了全民公决的决策方式。即便如此,公众的态度也会在某些时候和某些问题上制约一国外交政策的政策选择范围。决策者虽然可以从多个政策方案中进行选择,但决策者一般不能选择那些公众强烈反对的政策方案。1919年在中国发生的"五四运动"就表明,一旦公众被动员起来强烈反对某项外交政策,这种呼声能够对一国的外交决策产生影响。1919年4月30日,在第一次世界大战结束后举行的巴黎和会上,列强不顾中国代表团的反对,决定将战败国德国在中国山东的一切权益授予日本。消息传到中国后,国民群情激愤,强烈要求中国政府拒绝在和约上签字。当时在巴黎主持签约一事的中国代表顾维钧顺应了国民的呼声,决定拒签和约,使日本不能合法继承德国在山东的权利。60年代末,美国在越南的军事卷入屡遭重挫,官兵阵亡日多。国内民众的反战运动如火如荼,推动了尼克松政府最终将美军从越南撤出。

另外,在那些盛行民意测验的西方国家里,政府在作出每个重大的外交决策前不时征询公众的意见。各个新闻媒体和民意调查公司(如盖洛普公司)经常就特定的对外政策问题进行民意测验。这些民意测验的结果可以显示政府的各种政策方案在公众中所获得的支持和反对程度。许多谨小慎微的决策者通常会依据民意测验的结果来进行决策,放弃那些公众最为反对的政策方案,而选择那些公民支持度最高的政策方案。

尽管有这些可能影响对外政策决策的途径,总体上说,公众的作用是有限的。对外政策涉及一国的最高利益,决策环境又变化莫测,需要决策者掌握充分的情报和专长,以便在风云变幻的国际环境中及时果断地做出正确抉择。从对外政策决策的这些特点来看,缺乏信息和专长的公众并不是最佳的决策角色。同时,对国际事务缺乏了解的公众也容易成为政府和媒体误导的对象。在1999年科索沃战争发生前,西方媒体大肆报道南联盟军队和准军事组织在科索沃的所谓"种族清洗"暴行,对北约最终对南联盟进行军事干预起了推波助澜的作用。另外,在西方国家中,统治者在外交决策时,完全漠视民意的案例有很多,如小泉参拜靖国神社,向伊拉克派兵,都遭到国内多数民众的反对,但小泉本人以及小泉政府仍一意孤行;英国首相布莱尔不顾国内民众的反对,竭力支持美国发动对伊拉克的军事入侵行动[①]。

二、外交决策模式

外交决策是一国外交决策者决定本国外交政策的过程。外交决策过程通常被认为是一个黑匣子,无法为局外人所了解。与此同时,外交决策由于

---

① 本节参考了俞正樑、陈志敏等:《全球化时代的国际关系》,复旦大学出版社2000年版,第83—90页。

关系到各国的生死存亡和福祉,成为本国和他国的重要关注对象。对本国而言,研究外交决策过程有助于决策的合理化和科学化,以便更好地实现本国国家利益;对他国而言,了解别国的决策过程,将更好地掌握他国的政策动向,更好地维护自身利益,促进国际合作。

理性行为者模式

理性行为者模式是分析外交决策的经典模式。对于一国而言,理性行为者模式是外交决策的理想模式;对他国而言,该模式是在不能获知一国决策过程的情况下分析该国决策的唯一可能方法。

理性行为者模式也称战略模式,其基本假定如下:国家是单一和理性的行为者;国家有其要达到的目标;这些目标数量有限,且可以安排优先次序进行排列,其中,国家生存是居首位的目标;国家对达到目标的各种可供选择的方法进行系统的研究,通过比较确定最有效的方案;国家选择最经济、最有效的方法①。因此,理性行为者模式认为国家具有一个单一的意志,并可由一个单一的个人或群体来代表,国家的外交决策是一个理性选择的过程,通过一种成本核算的方式,试图以最低的成本来得到最佳的效果。

在实际决策中,如果一国最高领导人掌握着外交决策大权,且决策事项涉及国家的根本利益,国家领导人完全可能按照理性行为者模式行事。他们会根据本国的利益决定政策目标的优先排序,在决策咨询机构的帮助下,分析国际形势,评估本国拥有的各种资源和手段,来确定实现本国目标的最佳政策方案。如果追求该政策的代价过于高昂,基于理性,国家最高领导人也会修改原有的政策目标或干脆放弃原有的目标。

20世纪70年代初中国领导人决定打开中美关系的决策便是一个范例。1969年3月,中苏发生珍宝岛边境武装冲突,中苏关系急剧恶化。在国家安全受到苏联直接威胁的情况下,毛泽东主席指示陈毅、叶剑英、徐向前和聂荣臻四位老帅对国际形势进行研究并提出建议。周恩来总理还特别要求四位老帅脑子里不要有框框,要密切注意世界战略格局的发展变化。该年7月,四位老帅提交了《对战争形势的初步估计》的书面报告,指出美苏的反华大战不致轻易发生,判定中苏矛盾大于中美矛盾,美苏矛盾大于中苏矛盾,为日后打开中美关系困局提供了依据。该年9月,在陈毅元帅向周总理的口头汇报中,

---

① 参见[美]罗杰·希尔斯曼、劳拉·高克伦、帕特里夏·A.韦茨曼:《防务与外交决策中的政治——概念模式与官僚政治》,商务出版社2000年版,第71—74页。

他认为,中国要在战略上利用美苏矛盾,有必要打开中美关系①。基于上述理性的分析和评估,毛主席决定结束与美国的长期敌对,促成了尼克松在1972年的访华,实现了中美和解,使中国的国际环境得到彻底改观。

组织过程模式

理性行为者模式虽然是一种理想的决策模式,但现实的决策过程仍可能偏离该模式。与理性行为者模式不同,组织过程模式描绘的是一种分权式的政府,其中的关键角色是政府的各个职能部门。这些部门都试图在推进自己的组织使命、职业角色和标准运作程序方面有所建树。它们各自为政,相对于最高领导人而言具有一定的自主权,彼此也互不干涉。外交决策实际上成了涉及对外事务的各职能部门的一系列对外政策的总和。行政机构变得如此复杂和庞大,成为对外政策及其最高决策者背后的一支独立的推动力量,而最高决策者多半仅仅是一个象征性的领导人。

组织过程模式认为,在一些次要的对外政策问题上,政府的各个职能部门事实上起着决策者的作用。这些问题一般不足以引起本国最高领导的关注,通常由职能部门的官僚们按本组织的规范制定和执行政策。即使是那些对外政策中的重大问题,政府最高领导人的决策也依赖各职能部门提供情报和政策选择方案,并在决策后需要各职能部门来贯彻执行。职能部门提供的情报和政策选择方案往往限制了决策者的决策行为。并且,职能部门在政策执行过程中所享有的裁量权也决定了政策实际上被如何执行②。

组织过程模式认为,对外政策的决策是基于组织内的标准作业程序的一种机械的或半机械的过程的产物。每个职能部门长期面对同样的问题。在处理这些问题的过程中,形成了一套应付和解决问题的标准对策。例如,在日本,政府内部分为外务省、大藏省、通产省等不同的功能部门。当问题出现时,各部都会按照事先规定的标准作业程序采取相应对策。最高领导人所要做的不过是在各功能部门的政策发生冲突时进行协调和平衡工作。高层领导因此对政策的决定缺乏主体性。

当然,由职能部门控制的决策过程不仅会使对外政策不具有内聚力,还可能出现彼此对立的政策。比如,中央情报局会利用国外的地下犯罪组织来

---

① 参见熊向晖:《打开中美关系的前奏:1969年四位老帅对国际形势的研究和建议》,《新中国外交风云》第四辑,世界知识出版社1996年版,第7—34页。

② 参见〔美〕查里尔·A.罗塞蒂:《美国对外政策的政治学》,第253—256页。

影响别国的政治和政策,从而直接和间接地纵容了这些犯罪组织的非法活动,如贩毒和洗钱。而美国的反毒机构则每年花费巨额财政来打击贩毒活动。在古巴导弹危机后,尽管肯尼迪总统曾多次要求军方撤销其在土耳其的导弹基地,但军方基于军事战略上的考虑并没有执行这一命令。

政治过程模式

政治过程模式,也称政府政治模式。该模式认为,对外政策既不是最高领导人理性选择的结果,也不是各功能部门的官僚们按照标准决策程序进行决策的总和,而是参与决策的各方讨价还价政治过程的产物。它所描述的是一种极其政治化的决策过程。和组织过程模式一样,它假定对外政策的决策权是分散的,存在着多元决策者,最高领导人并不完全控制着决策过程和决策结果。和组织过程模式不同的是,它更加关注参与决策的个人,而不是参与决策的职能部门;更注重分析参与决策各方如何相互竞争以影响最后决策的过程,而不是仅仅把决策看作是各方政策的简单总和。

政治过程模式认为,参与决策的人都会同时考虑四种利益:国家安全利益、国内政治利益、组织利益和个人利益。由于决策者所代表的组织的不同,所属的政党或派别的不同,决策者政治抱负的不同,决策者对国家安全利益的不同认识,每个决策者在对外政策的决策中都可能具有不同的目标和立场。

因此,政治过程模式认为,要理解对外政策的决策结果,首先要搞清楚的是,哪些人参与了决策,他们在对外政策问题上的看法和目标又是什么。一国的宪政制度可以告诉我们,对外政策的权力掌握在哪些人的手中。但仅仅知道这些是不够的。还需要了解实际的政治安排使哪些人成为对外政策的真正决策者。比如,在尼克松总统执政初期,国务卿罗杰斯按理应是美国对外政策决策过程中的第二号人物。但是,作为总统国家安全事务助理的基辛格博士在美国对外政策决策过程的影响力显然大大超过了罗杰斯。许多重大的外交决策,如基辛格在1971年秘密访华,都是在罗杰斯本人不知情的情况下做出的。

政治过程模式还试图揭示参与决策的各方如何做出最终决策的政治过程。该模式侧重分析决策者在决策体系中所处的不同地位和各自掌握的讨价还价的能力对决策的影响。在古巴导弹危机中,肯尼迪总统之所以选择海上封锁的对策,在一定程度上是因为该建议得到了其兄弟罗伯特·肯尼迪(当时的司法部长)和国防部长麦克纳马拉的支持。在一个权力分散的决策体系中,决策者讨价还价的能力与决策者的地位同样重要。这种讨价还价的能力包括决策者争取支持的能力,控制反对的能力,以及达成妥协的能力等。由于没有一个决策者处于绝对的主导地位,当决策者之间出现目标分歧的时候,决策只能通过政治交易,建立政策联盟和彼此妥协来达成。

政治过程模式还强调,即使一项决策已经做出,围绕决策的政治过程并不会因此终止。那些对决策感到不满的决策者仍会继续努力,以试图修正或扭转已经做出的决策和决策的实施。

最后,政治过程模式除了分析在行政部门内部决策的政治过程,还注重分析立法部门在决策过程中的作用。由于立法机构是政党政治主要的活动场所,它在对外政策的决策中所起的作用具有更大的政治性。从20世纪70年代以来,我们已经可以注意到,西方国家的议会在本国对外政策中所发挥的作用日益显著,使对外政策决策过程的政治色彩不断增强。

现实中的外交决策

以上三种决策模式都是关于外交决策的概念模式,是我们认识决策过程的不同角度。而在现实世界中,我们更经常看到的是各种模式的混合形式。

如前所述,理性行为者模式是国家进行外交决策的理想模式。由于国际关系仍然存在浓重的竞争色彩,各国必须根据国际形势和自身能力采取最合理和有效的方式来实现其外交政策目标,因此,理性决策是当今无政府国际体系下的必然要求。在有关外交政策的权力划分中,各国宪法几乎无一例外地把外交权授予国家元首或政府首脑。这是民族国家为应对国际挑战所作出的制度安排,以保证国家最高领导人能够为了国家的生死存亡和繁荣发展来制定最能实现国家对外目标的对外政策。如果权力分散,政出多门,非但不能有效地实现国家的目标,反而会被他国乘机利用矛盾,导致本国的利益受到损害,甚至危及国家的存在本身。即使是在那些实行行政与立法分权、中央和地方分权的国家里,如实行三权分立和联邦制的美国,总统依然是对外政策的最后裁决者。

但是,现实世界中其他因素的存在则妨碍着理性行为者模式的完全适用。这些因素包括,决策权力的分散化、冷战后复合相互依存的发展以及外交事务的多元化和国内化。就权力的分散化而言,分权型决策环境事实上在不同程度上存在于各个国家,并以两种形式表现出来。一是对外政策决策权的政治分权。在此种情形下,一国制定对外政策的权力分散在政府的各个权力机关(主要是行政和立法部门)之间。虽然主要的决策者被授予了行政部门,但各国的议会都在不同的程度上介入了对外政策的决策过程。利益集团的活跃化和公众影响的上升是政治分权的另外两个表现形式。二是行政部门内部的决策权分化。由于政府的各个部门都卷入到外交事务领域,处理国际政治事务、军事事务、经济事务、文化事务、环保事务和人权事务的职能部门相继建立,并在自己的职权范围内相对独立地处理对外关系。这些不同的职能部门承担着不同的组织使命,并在日常的决策中被赋予一定的权限,使它们成为对外政策决策中不可缺少的决策参与者。在分权的情形下,一国要确保各种政治角色和行政部门总是以同一种声音说话的能力遭到削弱。

另外,在当今的复合相互依存格局下,国家生存面临的危险明显弱化,国家利益的各个方面之间的优先次序也不如以往那么明晰,这也削弱了国家按照理性行为者行事的外部压力。此外,外交事务的多元化和国内化使得外交事务日益复杂多样,无法事无巨细由国家领导人和专职外交部门进行决策处理,从而加大了国家以单一理性行为者统筹进行外交决策的难度。

总之,尽管每个国家仍会试图以理性行为者模式进行决策,但由于现实世界中存在的这些因素,理性行为者模式常常是以不完善的形式出现的。在一些功能性外交事务中,组织过程模式很可能成为一种常见的形式。即使国家的最高领导人掌管着对外政策的决策,他们也没有足够的精力和专长来处理纷繁复杂的对外事务,而只能用有限的时间和精力来处理那些重大的对外事务,并把不是重大的对外事务交给各功能部门的首长甚至官僚们去解决。而在大多数外交决策中,政治过程模式和理性行为者模式的结合是最可能的结果。因此,在进行决策时,我们不仅要分析本国的国家利益和国际形势,也需要了解这个国家的政治和行政制度的特别安排,所涉及的决策事项是否重要,有哪些角色参与了决策,这些角色在此问题上的立场和利益是什么,角色之间存在着怎样的互动关系[①]。

三、外交主管机构

广义地看,外交执行机构所指的范围比较宽泛。首先,各国中央政府的首脑是一国外交的首席外交官,在他们之下,负责相关外交事务的其他国家和政府领导人,如中国的副总理和国务委员也是举足轻重的外交执行者。其次,各国在中央政府下设专门负责外交事务的外交部,是一国外交的主管部

[①] 关于上述三种决策模式的讨论,参考了俞正樑、陈志敏等:《全球化时代的国际关系》,复旦大学出版社2000年版,第76—83页。

门,并领导该国在国外的代表机构。再次,中央政府中的其他部门,如商务部、文化部、教育部等,一般也都设有一些机构负责该领域的对外交往工作①。此外,作为非官方或半官方机构的政党、议会、地方和民间团体也各自配有相应的专门机构,负责对外交往的日常工作。

限于篇幅,本章只讨论外交执行机构中的外交主管机构和外交代表机构。外交主管机构指作为专职外交部门的外交部,因为"只有外交部和外交代表机构,才是一个国家专门从事外交的部门,它们不像其他部门和人员,只是在某一时间或某一方面涉足外交,而是以外交为专责、以外交为职业"②。在下一节中,我们将讨论作为外交代表机构的驻外使馆。

外交部的历史渊源

外交部作为政府的第一大部,是在国内代表一国政府从事与其他国家政府之间的交涉与交往的机构。中国历史上很早就出现了处理对外事务的专门机构。秦汉以后,在统一的中央王朝设立了专门负责处理外邦外藩事务的中央机构;隋唐在中央机关中设鸿胪寺掌管四夷事务;明设鸿胪寺,专门负责外邦外藩事务;清则在中央设有理藩院、礼部和鸿胪寺等机构,共辖对外事务。当然,由于这些机构的一部分权限涉及管理那些中央政府实行间接管辖的外藩事务,许多从今天的角度看仍属于国内事务,因此,中国古代内外事务之间的区分还是不明确的。

在西方现代外交体制形成的初期,即十六七世纪,虽然也有一些欧洲国家曾临时设立过单独管理外交事务的外交部门或职位③,但在很长时期,各国的外交和内政是相互混杂的,没有专门的独立的中央外交机构④。"直到18世纪,有关外交政策和外交管理应由'外交部长'领导的单一的外交部负责的建议才在欧洲成为普遍的准则"⑤。

18世纪末英国率先将内政和外交分离,在1782年设了专门的外务司。一般认为,1790年,英国把外务司迁到唐宁街单独办公,标志着西方现代外交

---

① 如中国国务院各部委的外事司局的主要职能是:组织办理本部门人员出国活动,接待与本部门有关的来访外宾;联系与本部门业务有关的国际合作、交流事项;办理本部门日常涉外事务。
② 科兰:《大使馆和外交官》,第23页。
③ 如16世纪莫斯科公国建立了外交事务衙门,1589年法国国王授权单独建立一个外交部门,临时管理全部涉外事务,1626年法国正式设立了第一个外交部,并设立了对外国务秘书一职,等等。
④ 如直到1781年,法国外交大臣除了处理对外事务外,还兼管诸如驿站、邮政总督和大西洋海军等与外交无关的事务。
⑤ 〔英〕杰夫·贝里奇:《外交理论与实践》,庞中英译,北京大学出版社2005年版,第6页。

部雏形的基本形成。此后,各国仿效英国,将外交事务与内政事务分别管理,在中央政府内相继成立了专管外交的独立部门——外交部。如美国在1789年建立了国务院;1860年中国的清政府设立总理各国事务衙门,1901年改为外务部;日本在明治维新的第二年即1869年设立外务省,等等。由此可见,在西方现代外交体制形成和发展的过程中,普遍意义上的外交部的出现比驻外使团的出现晚了三个世纪。

外交部作为主权国家的行政部门,其成立、组织与职能无疑首先由国内法决定和规范,但由于外交部在规范国家的国际交往行为中具有不可替代的重要性,外交部的组织形式和活动原则也受到一些相应的国际法的规范。如《维也纳外交关系公约》第41条规定,一国即使不专设外交部,亦应由特别规定的政府其他部门来代管本国的外交事务。因此,迄今,世界上几乎所有的国家都设立了外交部。尽管正式名称的称谓有所不同[1],但几乎所有国家的"外交部"在国家的中央机构中都是排在首位,享有"外交部优先权"。

外交部的构成

在外交部这一机构出现的早期,其内部构成比较简单,通常有一位担任外交部短期负责人的外交部长,一名长期性的、以保持外交连续性的高级事务官员,此外,根据特定的功能或地理区域,下设几个不同的管理单元,如礼宾司、条约司等。19世纪以降,各国的外交部逐渐从规模较小的官僚机构发展成为庞大而复杂的行政部门。特别是在20世纪后半叶,随着国际交往的增多,外交部职能范围的扩大,外交部内部结构发生了很大的变化。

目前,各国外交部一般都实行首长负责制,外交部的最高首长,即外交部长。美国称之为国务卿,在君主立宪制国家如日本和英国,称之为外相或外交大臣。各国外交部长大都是任期制的政务官,随政府或政党的进退而换届。为了保持外交的统一性、连贯性和稳定性,各国的外交部一般设有部、司、处三个级别的组织行政结构。

比如,美国国务院的基本结构分成三个层面:最上层是国务卿、常务副国务卿和几个负责政治、经济、援助与科技、行政等具体事务的副国务卿,副国

---

[1] 如中国、法国、印度、意大利、马来西亚、俄罗斯等国采用"外交部"作为正式名称,其他国家采用了不同的名称:澳大利亚称"外交和贸易部"、奥地利称"联邦外交事务部"、日本称"外务省"、韩国称"外交与通商部"、巴西称"对外关系部"、加拿大称"外交和国际贸易部"、美国称"国务院"、英国称"外交和英联邦部",等等。

务卿下设主任、顾问和政策规划委员会;第二层是若干助理国务卿(相当于司长)和副助理国务卿(相当于副司长),每一个助理国务卿负责一个地区司或职能司。其中地区司分别负责:非洲事务、东亚和太平洋事务、欧洲和加拿大事务、美洲事务、近东和南亚事务。职能司分别负责:领事事务、经济与商业事务、人权与人道事务、情报与研究、国际通信与信息政策、国际麻醉品事务、国际组织事务、法律事务、立法机构与政府部门间事务、大洋与国际环境和科学事务、政治军事事务、公共事务、难民计划。第三层是在各个司下设置的处室。以近东和南亚事务司为例。该司由一个助理国务卿任司长,下设六名副助理国务卿。下设九个国家处处长,管理一个国家或者国家集团:一处负责阿尔及利亚、利比亚、摩洛哥、突尼斯事务;二处负责黎巴嫩、约旦、叙利亚事务;三处负责阿拉伯半岛事务;四处负责埃及事务;五处负责以色列和阿以事务;六处负责印度、尼泊尔、斯里兰卡、马尔代夫、不丹事务;七处负责伊朗、伊拉克事务;八处负责巴基斯坦、阿富汗和孟加拉事务;九处负责地区和多边力量及观察员事务[①]。

在考察各国外交部的结构时,有几个方面值得注意:

第一,各国国情不同,外交部的内部构成有很大的差异。比如,一些小型或微型国家,一般都只有极为有限的外交人员网络,外交部只设有少数地区类部门。如2001年的巴巴多斯,其"外交和外贸部"只有八个部门,处理行政管理、礼宾、会议协调、对外贸易、国际关系、领事、信息与交流、条约、侨务等。

第二,同一国家,在不同时期,其外交部的规模以及内部机构也处于程度不同的变动和调整中。如美国国务院在1789年建立时,只有一个六人组成的工作班子,加上每年7961美元的预算和两个外交使团。二百年以后,到1989年,国务院雇员扩大到包括3500名职业外交官在内的超过2.4万人,预算约为40亿美元,操纵着遍布国外约250多个外交使团[②]。

再如中华人民共和国外交部在1949年11月8日成立的时候,只有一百七十多人和很少的几个地区司,在1954年礼宾司成立之前,只有一个交际处。经过五十多年的发展,外交部现有包括职业外交官和其他员工在内的正式职员四千八百多人[③],机构建设也比较齐全。2004年以来,根据外交任务的变化,中国在外交部新增设了一些机构。如2004年设置新闻司"公众外交处",

---

① 参见〔美〕杰里尔·A.罗赛蒂:《美国对外政策的政治学》,第114—115页。
② 同上书,第111页。
③ 《李肇星就中国外交工作和国际问题答记者问》,2007年3月7日《人民日报》。

负责管理公众外交,代表中国政府对中国民众就外交政策进行解释;2004年7月,成立"涉外安全事务司",负责中国公民海外安全方面的事务;2004年11月10日,外交部牵头国务院有关部委成立了"境外中国公民和机构安全保护工作部级联席会议",专门应对中国的安全事件,以加快重大危机事件的外交解决程序;2006年5月成立了"外交部领事司领事保护处"。

第三,各国外交部内部机构设置有很多功能近似的机构,但也并非完全对口一致。意大利、菲律宾、葡萄牙等国在外交部内部设立了负责海外侨胞事务的职能部门;但在中国,海外华人事务则是由国务院下设置的一个专门部门——中国国务院侨务办公室来负责。此外,一些国家随着执政党的变化有时会将个别功能部门脱离外交部而成立一个完全独立的政府部门,或者是将一些原本完全独立的外事部门归纳到外交部。如英国的海外援助计划(国际发展)每当在工党执政时期,就从外交部分离出来,成为单独的部,而在保守党重新执政时,又被重新收归外交部。1999年在克林顿政府时期,美国将三个独立的外事机构——军控与裁军署、美国新闻署和美国国际开发署,合并到"首要的外交机构"国务院[1]。

外交部的地位和职责

外交部的地位和职责由国内法和国际法两部分规范。国际法规定:外交部是国家负责外交关系、外交事务的专门性的行政机关。即一国外交关系、外交事务的主要负责机关或代表机关,只能是外交部。在国际交往中,通常,一国的外交部、外交部长及其代表,在国际法上代表其所在的国家;外交使节如与接受国进行联系和履行职务,也一律应当通过接受国的外交部。鉴于外交部在一个国家的外交事业中起着特殊重要的作用,一般各国都通过宪法或其他相关法律,确定本国外交部的地位和具体职责。

从总体上说,外交部的职责是对一个国家的对外交往,包括政治、经济、文化、体育、教育、科技等各个方面的交往全面负责,协助最高决策者制定总的外交方针,对国家的全面对外交往活动进行周密的组织和协调,以确保国家的对外交往和对外关系能围绕着统一的方针政策,以国家整体需要为出发点,有序地进行[2]。有学者将外交部的主要职责归纳为:配备人员与支持驻外使馆;政策建议和执行;政策协调;在国内与他国外交官打交道;公众外交;扩

---

[1] 参见〔英〕杰夫·贝里奇:《外交理论与实践》,第20页。
[2] 参见科兰:《大使馆和外交官》,第24页。

大国内支持等等①。

在中国,外交部是中国处理日常外交事务和制定对外政策的国家机关,它是国务院领导下主管外交工作的职能部门。其主要任务是:协助党中央和国务院统一掌管外交事务和制定我国对外政策,并代表国家和政府贯彻执行;代表国务院就涉外方针、政策的实施进行协调②。

目前中国外交部下设的二十八个司局级部门分别承担着不同的职责:

(一)七个地区司:

亚洲司、西亚北非司、非洲司、欧亚司、欧洲司、北美大洋洲司、拉丁美洲和加勒比司的主要职责是:负责掌握、研究各个相应地区和国家的情况和形势;负责与这一地区、国家外交往来及相关涉外事务的具体事宜;协调同这一地区国家双边往来的具体政策;指导我国驻本地区使领馆的外交业务工作。

(二)十一个功能司室的主要职责分别是:

政策研究室:负责研究调研工作如国际形势和国际关系中全局性和战略性的问题、规划外交政策、世界和地区经济金融形势和经济外交工作等,协调部内各单位和驻外使领馆的调研工作,负责起草党和国家领导人及部领导的有关外交工作的重要文稿,研究和指导编写中国外交史。

国际司:负责调研多边外交领域的形势和发展趋势,处理联合国及政府间国际组织的政治经济社会文化等方面的问题。

军控司:负责军控裁军、核不扩散和出口控制,以及全球和地区安全等问题,执行方针政策和处理外交事务。

条约法律司:主要职责是研究和处理外交工作中的条约、法律方面的问题,办理各种涉及条约、法律及领土、边界、地图等涉外案件,负责办理或参加有关条约、法律的国际会议和双边谈判,协助有关部门审核国内指定的涉外法规。

新闻司:负责就中外交政策和中国对外关系、国际问题发布新闻和阐述立场,对外国常驻记者和临时来华外国记者采访给予协助,负责外交部网站建设等。

礼宾司:主管国家对外礼仪事项,负责研究和处理外国驻华外交机构在

---

① 参见〔英〕杰夫·贝里奇:《外交理论与实践》,第9—18页。
② 如按《中华人民共和国缔结条约程序法》规定,凡以中华人民共和国和中华人民共和国政府的名义同外国谈判和签署条约或协定,一般由外交部提出建议并拟定条约或协定的中方草案,报请国务院批准;如由其他政府部门提出建议或拟定草案,则需会同或会商外交部后才能报请国务院。

华的礼遇、外交特权和豁免问题,指导我驻外使领馆和地方外事办办理涉外工作中的礼宾问题。

领事司:主管同外国谈判签订领事条约、设领协议和其他有关领事方面的协议等,指导地方外事办管理在华领馆有关事务,指导我驻外领事机构的领事侨务工作,协助有关部门处理重大涉外案件,颁发护照和签证,办理公证、认证及通过外交途径送达法律文书。

涉外安全事务司:负责执行我国外交涉及非传统安全领域的方针政策,主管有关调研工作,协调和处理相关涉外事务,如负责中国公民海外安全方面的事务等。

港澳台司:负责在外交方面贯彻执行中央关于港澳台问题的方针政策,协调处理有关港澳台问题的涉外事务。

外事管理司:负责办理各地区和各部门报送国务院的有关外事问题的请示、报告,拟定和修订外事工作的法规,对外事管理工作进行调查研究并提出建议。

翻译室:负责重要外交文件、文书的英、法文笔译与外交部安排的党和国家领导人及其他重要外事活动的英、法文口译,承担外交部组织的国际会议的同声传译,培训英、法文高级译员。

(三)十个行政功能司局的主要职责分别是:

干部司:负责公务员制度和外交队伍建设,主管机构设置和干部的编制计划、录用审查、调配培训、职称考核、任免晋升、奖惩工资、福利、离退休等工作。

行政司:负责规划、管理外交部后勤工作,归口管理部机关和部属单位基建计划,管理机关物资、设备及部内、驻外使领馆房地产,承办外国驻华使领馆房地产的审核和谈判等。

财务司:负责贯彻执行国家的财政政策和法规,经管和核算外事、行政、事业、教育经费和预算外资金,管理部属国有资产,归口管理、指导我驻外机构和部属单位的财会业务。

离退休干部局:负责贯彻落实党和国家的离退休干部政策,负责离退休干部的日常管理。

国外工作局:负责指导中国驻外使领馆的政治理论学习和领导班子思想作风建设,指导驻外使领馆的思想政治工作。

服务中心:是外交部机关内设的事业单位,主要担负为外交部工作的服务、为我驻外使领馆服务的任务。

办公厅：负责协助部领导处理日常事务,协调部内业务工作,沟通各方面的情况,综合办理文电运传、信息处理等工作；

监察局：根据《中华人民共和国行政监察法》对外交部各行政职能部门及其国家公务员实施监察。

机关党委：负责外交部机关和部属单位党组织的建设及党员的教育、管理和监督工作,围绕外交中心任务开展干部职工的思想政治工作和政治理论培训,指导工、青、妇等群众组织开展工作。

档案馆：外交部档案馆属部门档案馆,是永久保管中华人民共和国成立以来的外交档案的基地。其主要职能是：负责收集并永久管理外交部及其直属单位形成的档案,对部内、部属各单位和我驻外使领馆、团、处、驻港公署的档案工作进行指导和监督；负责为部内各单位和驻外机构采选、配发与外交工作有关的各类书籍、报刊和工具书,并进行管理和提供服务。档案馆具有对本部门档案业务的行政管理职能。

综上所述可见,外交部作为各国中央政府中最重要的机构之一,其专职处理对外事务的职能既具有不可替代性,也面临着各种挑战。

从不可替代性看,在世界上的主要国家,尤其是外交部建立的时间有很长历史的国家,外交部一般都具有高度的影响力。在这些国家里,外交部的主要任务是执行国家的对外政策,同时也通过自己的组织系统进行专业范围内的调查研究,将重要的信息、观点和建议汇集到国家最高决策机构,为最高决策所用。

当然,外交部的调查研究与一般的学术研究相比,往往具有明显的不同特点：首先,外交部虽然也从事中长期性课题的研究,但各国外交部的研究报告必须优先考虑眼前的事情[①]；其次,外交部进行的研究往往从操作层面思考问题,因此其研究报告往往较少学究气,而是更具有实用性,注重于如何推动国家间的交流和扩大本国影响。

从外交部面临的挑战来看,第一,一些国家的外交部在研究和执行外交政策时本身就具有某种根深蒂固的"部门性"特点,如英国外交部曾被认为有亲阿拉伯情绪,现在又被指责有亲欧洲表现；而日本的外务省在战后一直被认为具有强烈的亲美情绪。第二,外交部在所有国家的影响力都呈现出起伏

---

① 如韩国外交部的研究人员还要负责考虑中长期外交证词,但英国外交部的计划人员看起来不试图考虑大约五年的中期计划以外的政策。〔英〕杰夫·贝里奇：《外交理论与实践》,第12页。

不定状态,最重要的原因是政府首脑个人的个性及对外交事务的兴趣程度①。第三,外交部在协调其他政府部门的外交活动时,也可能受到国内政治体制的限制。典型例子就是,美国国务院有时就不能对美国国家安全委员会(NSC)局长发挥支配性的影响,因为NSC由实权人物组成,如国防部长、中央情报局(CIA)局长、参谋长联席会议主席和副总统等。第四,国内安全政治经济发展的状况,往往使一些国家出现外交部弱化,甚至边缘化情形。如在以色列,由于长期处于安全焦虑中,国防部的影响力往往大于外交部的影响力;而在一些发展中国家,由于经济和财政问题完全支配了其对外关系,通过外交部协调对外关系毫无指望,因此出现了外交部被完全边缘化的情形②。第五,在全球化时代,虽然外交部继续履行着核心和关键的职能,并不断扩大其业务范围,如一些国家把外贸、环境和海外援助等都归到外交部的职责内,但外交议题多元化和外交行政多元化趋势,仍然对外交部的传统垄断地位构成不同程度的挑战。

四、外交代表机构

大使馆、领事馆,作为受外交部领导的驻外机构,是由国家派驻外国、代表国家对外办理有关外交事务的专门机构,执行外交部及其他有关政府部门的各项指令,致力于维持和推进本国各方面的对外交往。

驻外使团

驻外代表机构有常驻机构和临时机构之分。其中,临时机构是指派往国外执行临时任务的外交代表或使团,在任务完成之后,其代表资格就终止。在使团制度形成的早期,多为临时机构,但随着职业外交官的大量涌现,临时机构越来越多被常驻代表机构所取代。

常驻使团制度最早出现于意大利的城邦国家。1455年米兰大公弗朗西斯科·斯福札在热那亚设立了第一个常设使团,这一做法随后被意大利诸城效仿。16—17世纪西欧国家纷纷采用,18世纪以后,欧洲以外的国家也开始向外派出常驻使团③。

---

① 〔英〕杰夫·贝里奇:《外交理论与实践》,第13页。
② 同上书,第21页,尾注19。
③ 参见王福春主编:《外事管理学概论》,第18页。

不过,派遣外交使团的级别,是由有关国家通过协议决定的。自15、16世纪到20世纪初的很长一段时期,派遣大使级外交代表也是有讲究和区别的。通常大使级外交代表只派往相互承认的君主制国家、大国和强国,而且主要是基督教国家或那些被认为是传统的友好的国家,而对于被认为是不重要或不友好的国家,如东方国家和弱小国家,在外交实践中,则只是派驻公使。比如,至1860年止,英国只派出三位大使。1893年前,美国未曾任命过大使级的外交代表,向美国派遣的外国外交代表也低于大使级。中国自清政府从1876年开始向外派遣的驻外使节都是公使,直到1933年民国时期向苏联派出了第一个大使;在1925年苏联向中国派驻第一位大使级外交代表之前,各国派驻北京的外交代表也都是公使①。第二次世界大战后,基于国家主权平等原则,国家无论大小强弱,一旦确立外交关系,在常驻代表机构中,一般都是互派大使级外交代表。虽然,公使仍是外交官衔中的一个等级,但互派公使为使馆馆长的情形已经日益少见。

目前,常驻机构主要有大使馆和驻国际组织使团,在一定意义上,领事馆也包括其中。

(一)大使馆。驻外使馆一般根据馆长的级别而有所区别,以大使、公使和代办分别为馆长的常驻代表机构,相应地称为大使馆、公使馆和代办处。大使馆是一国最高级别的外交代表机关。大使馆享有外交特权与豁免权。大使馆规模大小,取决于接受国的重要性、派遣国的需要和使馆的组成人员数量。一般分为大、中、小三种。

大型的大使馆一般设在世界上比较重要的国家,由于交往比较多,这类大使馆的组成人员比较齐全。从大使、公使、公使衔参赞、参赞到武官、秘书和随员等,所有级别的外交人员都配备,甚至可能一个级别上还会有不止一名。如有若干名公使,几名到十几名参赞,几十名一等、二等、三等秘书,以及十几或几十名随从等。如中国驻美、俄、英、法、日等国的大使馆,属于这种类型,一般在百人以上。

中型大使馆,一般包括大使和参赞,但其他各类外交人员相对较少,一般在几十人。如中国驻秘鲁的大使馆,包括大使和参赞等,共有各类人员三十到四十人。

小型的大使馆人数很少。使馆里通常连大使带非外交官的行政人员也只有十人左右。各级外交官的配备也很不齐全。不仅没有公使,有时甚至连

---

① 参见科兰:《大使馆和外交官》,第32页。

参赞、秘书级别的官员也不齐全。在一些极小型的大使馆,有时甚至只有一对夫妻,大使和夫人既是外交官,又是司机、翻译和勤务。

（二）驻国际组织使团。目前中国驻国际组织的使团、代表处包括：常驻联合国代表团、常驻日内瓦办事处和瑞士其他国际组织代表团、常驻维也纳联合国和其他国际组织代表团、常驻联合国亚洲及太平洋经济和社会委员会代表处、常驻世界贸易组织代表团、驻欧盟使团、常驻国际海底管理局代表处、常驻禁止化学武器组织代表处等。

（三）领事馆。领事馆分总领事馆、领事馆、副领事馆和领事代理处（领事办公室）四个级别。领事馆的级别取决于领事馆馆长。除领事随员外,任何级别的领事官员（总领事、领事、副领事和领事代理）都可以充任领事馆馆长。一般而言,领事馆受本国大使馆的领导。

领事馆的开设,主要是照顾本国在驻在国特定地区的侨民或本国有关的经济商贸利益,弥补因使馆不在当地可能带来的不便。尤其是总领事馆,通常设在派遣国侨民较集中,各国投资也比较集中的驻在国的经济中心或较大的城市。各个总领事馆或领事馆所管理的区域称做领区,领区的大小也在有关协议中作了规定。领事馆的官员只能在所规定的领区内执行领事任务。

总领事馆和领事馆的建立不必以两国建立大使级关系为前提。两国认为需要,即可建立领事关系,派驻领事。当然,总领事馆和领事馆的设立必须由两国专门达成协议。在实践中,也发生过两国维持外交关系但断绝领事关系的事例[①]。通常,两国在设领方面均会要求对等,即一国在另一国设有若干领事馆,对方也会要求在该国设有同样数目的领事馆。比如,中国在美国设有五个总事领馆,美国在中国内地设有四个总领事馆,加上驻香港总领事馆,总数也是五个。

大使馆的内部机构设置

英国外交家亚当·沃森指出："为履行一个外交机构的首要任务,即了解或聪明地推测出需要知道的另一个国家的情况,最重要的工具是常驻使馆。这是欧洲外交的重大发明。……一个政府必须知道其他政府可能做出什么事情,是有益于它的国家,还是会伤害它的国家,尤其在军事领域内；还应该知道它们会对它的利益带来什么样的非军事形式的援助或破坏,比如,在经

[①] 参见邱日庆主编、王玉洁副主编：《领事法论》,上海社会科学院出版社1996年版,第26—32页。

济方面,一个政府需要了解其他政府可能要做什么,了解什么是可能发生的事情,并诱劝其他政府作出有利于自己的选择。这就是对外政策的目标。"①

传统国际法把驻外使馆的职责笼统地定为三大项:保护、谈判和观察。根据1961年4月18日订立的《维也纳外交关系公约》第3条,对大使馆的职能做了以下两项规定:

(1)除其他事项外,使馆之职务如下:第一,在接受国中代表派遣国;第二,于国际法许可限度内,在接受国保护派遣国及其国民之利益;第三,与接受国政府办理交涉;第四,以一切合法手段调查接受国之状况及发展情形,向派遣国政府具报;第五,促进派遣国与接受国之友好关系,及发展两国间之经济、文化和科学关系。

(2)本公约任何规定不得解释为禁止使馆执行领事职务。

驻外代表机构内部设置,各国并无定例,即遵循"馆无定制"原则。除了武官处以外,如同各国的政府机构的内部设置一样,大使馆内的机构设置完全取决于各个国家本身的国情、国力和政治体制、政府政策,尽管一个国家派往不同规模和不同国情的国家的驻外代表机构的规模和机构设置会有所不同。

大使馆的内部机构设置经历了一个演变的过程。早期设立的常住使团,欧洲各国宫廷派出的使节,是作为君主的个人代表,其主要职责是与驻在国君主或他的代表谈判。外交使团所担负的主要任务如谈判、缔约、侦察等,一般集中在军事和政治方面;加上领事们所担负的照顾商业活动的任务也没有纳入使馆的工作,因此,那时大使馆内部没有必要设置许多处室。

随着国际交流日益频繁,领域日益拓展,大使馆开始设置不同处室来承担日益增多的外交业务。虽然,由于使馆的规模大小不一,使馆内部的机构设置有繁有简,但作为具有专门职能的政府办事机构,各国派出的大使馆,其所负有的责任和任务基本上是相同的,因此,各国大使馆都有一些执行相同任务的机构,其机构设置也大同小异。

在一个中型的现代使馆,通常由大使和一名参赞组成领导班子,在大使和参赞以下,各国大使馆内一般都设有几个职能处室,分别承担不同领域的工作任务②:

(一)政治处。负责两国国家在政治方面的关系,负责政府之间的联系和

---

① 转引自科兰:《大使馆和外交官》,第84页。
② 本节主要参考科兰:《大使馆和外交官》。

交往,同时也负有搜集、了解和研究驻在国政治、社会、经济等各方面情况的任务,为本国政府制定外交政策提供必要的材料和意见。

各国使馆一般都设有政治处,并把政治处视为大使馆的核心。作为使馆中最重要的处室,政治处的最重要和最基本的职能体现在四个方面:第一,收集情报和及时向国内做出准确可靠的报告;第二,与驻在国有关方面的人士建立友好的关系;第三,对外沟通,向驻在国政府和人民介绍本国的政治、经济、文化、社会、外交、历史等方面的国情,努力增进驻在国对本国的了解;第四,办理各种案件,处理各项事务。

(二)新闻处。负责与新闻有关的业务。但在小型使馆里,新闻业务被归入政治处,由政治处官员分管。具体职能体现在:日常发布新闻公报,根据外交需要发布消息;研究当地新闻界透露出来的有关驻在国的情况;观察和调查研究驻在国新闻界对于自己国家情况及自己国家与驻在国双边关系的报道和评论;了解驻在国新闻界的详细情况;与驻在国新闻界人士结交朋友;推动本国和驻在国新闻界之间的交流,促进两国新闻界的互相了解。

(三)商务处。负责经济、贸易事务的处室。被认为是驻外使团各个部门中历史最悠久的机构。其职能范围,从早期单一的贸易领域发展到今天的投资金融、旅游服务、经济合作、对外援助、关税优惠、经济一体化等众多领域,因此,依据不同情况,有的国家使馆对这一性质的业务进行了更加精细的分工。如有些国家的使馆中分设立了经济参赞处和商务处;有些国家的使馆中,则分设了贸易处、经济处、金融处、财经处、发展处、合作处,等等。中国驻外使馆的商务处人员由商务部派出,接受大使和商务部的双重领导。

具体职能体现在:第一,研究经济,调查商情,推动和促进本国和驻在国之间的商贸关系发展。第二,广交朋友,既与驻在国有关贸易和经济的中央和地方一级的政府部门的官员建立必要关系,还要与非政府部门如商会的高层人员、广大客商,以及驻在国的负责有关贸易和经济方面业务的律师交朋友;与本国的经济机构及政府相关部门也要保持密切联系。第三,应本国和驻在国商家或企业的要求,详细介绍两国有关背景情况,从宏观层面的形势说明到微观层面的客户介绍,为促进经济合作与往来牵线搭桥。第四,推动交流,办理案件。如推动两国高层商贸和经济官员的互访;参与有关两国经贸纠纷的谈判、交流和磋商;对本国设在驻在国的企业的行为进行指导和监督,并保护其利益免受侵犯。

(四)文化处。负责对外文化交流和开展对外宣传工作的处室。20世纪以来,日益受到重视。各国驻外使馆,凡稍具规模,一般都专设文化参赞,或文化专员，或文化处。有些国家把文化宣传事务置于新闻处之下，也有的国家为扩大文化宣传力度，在使馆的文化处之下，再设立文化中心。中国驻外使馆的文化处人员由文化和旅游部派出，接受大使与文化和旅游部的双重领导。

具体的职能：第一，参与协助签订和执行有关文化交流协定和文化合作协定；第二，调查研究驻在国文化状况，如驻在国的文化界现状、文化热点、文化事业体制、文化政策及驻在国的文化史、文化传统等；第三，与驻在国文化界官员、各专业的人士和民间友好人士广交朋友，建立关系，如举办文化性沙龙活动、邀请驻在国各界著名人士到本国进行访问等；第四，组织在驻在国举办本国的画展、艺术展、图书展、影视展、访问演出等多种形式的外宣活动；第五，向驻在国公众，尤其是向学校或各类组织机构分发或出借各类介绍本国历史、政治、经济、科技、军事、文化、艺术、民族、民俗、旅游、体育等方面的文字材料和音像制品，扩大本国的影响，增进驻在国民众对本国的了解。

（五）科技处。负责科技方面的交流与合作。有些国家把科技交流方面的业务划在经济合作范围，在使馆内设立发展合作处承担此类职责。但随着科技交流在国家交往中的地位的提高，目前各个大国在驻外使馆和领事馆内单独设立科技处，已成为趋势。中国驻外使馆的科技处人员由科技部派出，接受大使和科技部的双重领导。

具体职能：第一，了解驻在国科技发展状况和水平，如驻在国的科研体制、科研机构、科研方向，驻在国政府对国家科学研究的管理、对科研经费的安排、分配和使用等。第二，组织和推动两国之间的科技交流与合作。如向驻在国有关人士和机构介绍本国科学事业情况，结识驻在国政府科技部门的主要官员、科技界或学术界、高等学府的精英，为科学家和学者的互访、国际性学术会议的召开、与驻在国科研机构在专门学科或课题的合作等穿针引线，联络接洽，组织安排等；第三，科技处的官员虽然不是科学家，但是对本国与驻在国的科学技术合作协定或计划负有责任。在签约前，有责任提出建议并参与有关条款的谈判，在签约后，要帮助协定或计划的顺利执行。

（六）教育处。主要负责留学生交换、对留学生的管理和两国教育方面的来往等业务。少量的有关业务有时合并在文化处，但只要在驻在国有招收或派遣留学生方面的业务有一定的规模，则使馆中必定设立教育处。中国驻外使馆的教育处人员由教育部派出，接受大使和教育部的双重领导。

具体职能：第一，管理照料本国留学生。一般来说，无论是公派留学生，还是自费留学生，到了国外后都应当首先去本国大使馆中的教育处报到或取得联系，以便在今后的学习生活中得到来自祖国的及时帮助；第二，调查研究。详细了解驻在国的教育状况、教育体制、教育机构和教育政策等,为本国留学生来驻在国留学提供适当的指导、准确的咨询,帮助本国政府制定留学生政策,为本国教育事业的发展和改革提供参考和借鉴,第三,办理驻在国的学生去本国留学事宜;同时,向驻在国介绍本国的教育政策、教育体制和教育改革情况,为本国的教育产业开辟市场。第四,与驻在国教育机构的官员保持往来,负责两国教育界交流中介绍、联络、协调和接待。

(七)武官处。武官处的使命是从事军事外交工作,并得以合法手段调查与军事有关的情况。按照惯例,建交后的国家,在互设使馆时可同时互派人数和级别对等的武官,在使馆里设立武官处。但在外交实践中,并不是每个使馆都有武官处。由于政治或军事原因,有些国家对武官处的设立有特别考虑,在建交后,并不同时互派武官。在个别情况下,小国有时同意大国向其派遣武官,而本国并不向大国派遣,当然,这种实践中的不对等并不影响到权利的对等。

相对于大使馆的其他处室,武官处有特殊的地位:第一,《维也纳外交关系公约》规定,各国派武官和派遣大使一样,要事先征得接受国的同意。只有得到接受国同意,才能依据对等原则派遣武官,并在使馆内设立武官处。第二,武官可以和大使一样,兼驻几个国家。第三,所有级别的武官都是由军队派出的现役军人出任,在行政上受使馆馆长和国防部的双重领导。

武官处的具体职能是:搜集情报、了解情况、调查研究;参与军事交流的接洽、交涉、接待和照应工作;结交军界朋友;从事军事援助和军事训练。不过,武官、副武官以及武官处人员与驻在国军方的任何公务交往和私人交往,一般都应当通过该国武装力量主管武官的外事部门进行安排。

(八)领事处。首要和日常业务是从事领事保护业务。早期,在一国首都设立大使馆的同时,也在首都设有总领事馆或领事馆,领事业务可以由总领事馆承担,因此,使馆中有时并不设领事处。但在现代外交实践中,通常在设有大使馆的同一城市,不再设总领事馆。

在中等以上规模的使馆一般设有领事部或领事处,至少设有专管或兼管领事业务的外交官。不过,有些使馆只设一个领事处专门统管领事业务,有些使馆则把领事保护工作分给几个处室分别负责。如有的国家把对本国公民的领事保护工作划归行政处负责,把保护和照管本国在外国的企业公司的任务划归商务处或经济处,而颁发签证的业务则交单设的移民处管理。

在中国驻欧美大国和东南亚国家的大使馆中,一般设有侨务处,负责与本国侨民的联系,保护其合法权益。同时也常协助海外华人解决其在国内的一些纠纷和问题。

如前所述,《维也纳领事关系公约》规定了领事业务的十三项主要内容,如保护本国侨民和商人利益,颁发护照和办理签证,办理公证和认证等。一般来说,领事官员还必须和驻在国外交部领事官员、移民局、警察部门、司法部门等的工作人员及律师界人士进行交往,以便在日常工作中得到他们的合作和帮助。此外,与本国在当地的侨民建立良好关系,也有助于领事业务的展开。

(九)行政处。行政处的任务繁杂,通常下设一些更小的单位,处理具体事务:工程组,负责使馆馆舍建设、修缮和维护;勤务组,负责日常的打扫清洁和在会客、酒会、宴请时提供服务;采购组,负责各项办公或对外活动需要的物资的采买;秘书组(或称文书组),主管文件档案管理和公文打印定制;对外联系组(或称礼宾组),负责对外联系、大使的对外活动安排;机要通信处,负责使馆与国内联系;警卫班(如美国的海军陆战队),守卫本国使馆等等。

主要职责可概括为:第一,保证使馆的安全,如通信畅通安全,防止在馆舍出现窃听器,防备传达室邮件炸弹等;第二,处理所有对外交涉的行政事务,如向驻在国政府及外交使团发出通知、照会,与驻在国的海关、机场、码头、警察,甚至供电、供水和煤气供应部门等保持联系,结交朋友,交涉相关事宜等;第三,安排宴请,组织和准备各类宴会和招待会等。此外,行政处还有一项特殊的任务,即负责对当地雇员的雇请、录用和管理。

一般来说,大使馆内的机构设置取决于使馆的规模。在大型使馆里,政治处可能下设更小的小组,分管政府、议会、政党等不同方面的业务。领事处合并成领事部,下设签证处、侨务处、移民处等。

在中型使馆,处室部门相对少,商务处可能统管贸易、金融、经援等等;文化处可能兼管教育和科技;政治处兼管新闻业务;而行政处兼管礼宾、行政、工程、领事等业务。

小型使馆内,没有处室,从大使到有限的几个外交官员,要亲自承担起包括政治、商务、文化、领事、行政各项具体业务。起草文件、联系宾客、打印请帖、制作签证等工作甚至需要大使亲力亲为。

值得一提的是,在一些大型使馆里,有些处室常常在大使馆馆舍外面另有办公地点。如商务处、教育处、文化处、科技处、武官处、领事处等。不过,哪些处室需要在使馆外另辟办公场所,完全取决于各国或各使馆的具体情况。设在使馆馆舍之外的使馆各处室,也是使馆的一部分,它们也和使馆一样受到驻在国的保护。当然,这些分立的处室的新址选择,必须取得驻在国的同意。在实践中,一般而言,是不会把政治处和行政处的办公室置于使馆之外的。

领事馆的内部机构设置

1963年4月23日订立的《维也纳领事关系公约》第五条,对领事馆的职能做了如下十三项规定:(1)在国际法许可的限度内,在接受国保护派遣国及其国民——个人与法人——之利益;(2)增进派遣国与接受国间之商业、经济、文化及科学关系之发展,并在其他方面促进两国间之友好关系;(3)以一切合法手段调查接受国内之商业、经济、文化及科学活动之状况及发展情形,向派遣国政府具报,并向关心人士提供资料;(4)向派遣国国民发给护照及旅行证件,并向拟派遣国的旅行人士发给签证或其他适当文件;(5)帮助及协助派遣国国民——个人与法人;(6)担任公证人、民事登记员及类似之职司,并办理若干行政性质之事务,但以接受国法律规章无禁止之规定为限;(7)依接受国法律规章在接受国境内之死亡继承事件中,保护派遣国国民——个人和法人——之利益;(8)在接受国法律规章所规定之限度范围内,保护为派遣国国民之未成年人及其他无充分行为能力人之利益,尤以须对彼等施以监护或托管之情形为然;(9)以不抵触接受国内施行之办法与程序为限,遇派遣国国民因不在当地或由于其他原因不能于适当时期自行辩护其权利与利益时,在接受国法院及其他机关之前担任其代表或为其安排适当之代表,俾依照接受国法律规章取得保全此等国民之权利与利益之临时措施;(10)依现行国际协定之规定或于无此种国际协定时,以符合接受国法律之规章之任何其他方式,转送司法书状与司法以外之文件或执行嘱托调查书或派遣国法院调查证据之委托书;(11)对具有派遣国国籍之船舶,在该国登记之航空机以及航行人员,行使派遣国法律规章所规定之保护、监督、检查权;(12)对(11)条所称之船舶与航空机及其航行人员给予协助,听取关于船舶航行之陈述,查验船舶文书并加盖印章,于不妨碍接受国当局权力之情形下调查航行期间发生之任何事故,在派遣国法律规章许可范围内调解船长、船员与水手间之任何争端;(13)执行派遣国责成领馆办理而不为接受国法律所禁止、或不为接受国反对、或派遣国与接受国间现行国际协定所订明之其他职务。

总领事馆的规模一般相当于一个中型使馆,有时甚至和较大规模的使馆相当。总领事馆的领导班子一般由总领事(即馆长)、一到两名副总领事组成。在大型总领事馆内部,常常设有许多处室,如中国驻芝加哥的总领事馆下设办公室、机要组、领事组、商务组、教育组等机构,人员超过百人。而小型的总领事馆,如中国驻长崎的总领事馆,只有设有总领事一人,领事二人。至于领事馆,一般规模较小,有时相当于一个小型使馆,由领事出任馆长,内部也没有分设什么处室。

拉纳指出,除了只与接受国地方政府进行政治接触以及不直接与接受国的外交部或其他中央或联邦政府实体交涉外,在实践中,领事馆几乎执行所有范畴的外交事务[①]。尽管如此,总领事馆和领事馆的职能和内部机构设置与大使馆仍有一些重要的不同之处:

(一)武官处只能在使馆中设置,总领事馆或领事馆中不能设置。

(二)在一些国家,作为政治中心的首都,并非经济、商业、文化和新闻中心,所以,驻在其他的经济、商业、文化和新闻中心的大城市的总领事馆所承担的相关业务,往往比在首都的大使馆更繁重些,因此,在这些总领事馆内,其机构设置可能比在首都的使馆中的同类处室的规模更大,分工更细,人员更多。

(三)总领事馆的政治处和使馆中的政治处,其职能地位是不同的。如前所述,大使馆作为本国政府对外的政治代表机构,其政治处官员负责和驻在国中央政府联系,负责对驻在国全面情况的调查研究。而领事馆的领事官员则不和驻在国的中央政府打交道,领事馆都有根据两国政府在设立领事馆时双方谈妥的一定的领区,领事馆的领事官员只和领区的地方政府进行联系,领事馆中的政治处官员也主要负责对领区内的政治、经济、社会情况进行调查研究[②]。

---

① 参见[印度]基尚·拉纳:《双边外交》,罗松涛、邱敬译,北京大学出版社2005年版,第142页。

② 参见科兰:《大使馆和外交官》,第79页。

第四章
外交人员

外交是通过外交人员来进行的。既然外交本身是一种科学和艺术的结合体,外交人员的素质如何是决定一国外交质量高低的一个重要因素。通常所指的"外交代表"是以《维也纳外交关系公约》为依据所给出的定义,"外交代表"一词既包括大使馆馆长,也包括馆长以下的驻外使馆内所有具有外交官衔的人员,即使馆内的全体外交人员,俗称全体外交官。而狭义上的"外交代表"则仅专指常驻一国的使节,即使馆馆长。广义上的外交人员包括了一国国内外交主管部门的工作人员以及驻外使领馆人员,也可包括国际组织的工作人员。

一、外交人员的类别

对外交代表资格和类别的确认,是现代外交规范化的重要内容。19世纪之前,由于缺乏公认的外交规则,对于外交人员的认定长期处于较为混乱的状态。比如,各国之间经常因外交代表名称混乱而进行对先行权的争夺。为了规范国际外交行为,妥善安排礼宾次序,1815年维也纳会议上,通过了《关于外交人员等级的规章》,这一规章首次对外交代表的等级做出了明确规定,外交代表分为四个等级:大使;全权公使和特命公使;向君主派遣的驻办公使;向外交部派遣的代办。教皇的外交代表称教廷大使,与大使属于同一等级,教廷公使与全权公使属于同一等级。这一规章逐渐得到国际公认并付诸于此后一个半世纪的外交实践。1961年的《维也纳对外关系公约》基本上沿袭了这一划分。不过,在第二次世界大战后的外交实践中,驻办公使已不再被视为使馆馆长。

根据国际惯例,外交官系通常设有包括大使、公使、公使衔参赞、参赞、专员(如武官)、秘书、随员和信使等不同层级的外交职务。另外,各国也将领事馆人员纳入各自的外交人员系列。

使馆馆长

1961年《维也纳外交关系公约》规定:使馆馆长(Head of Mission)的等级根据有关政府协议,分为以下三级:

第一级:大使(Ambassador),即由一国国家元首向另一国国家元首派遣之大使或教廷大使(Papal Nuncios),或英联邦成员国之间互换的高级专员(High Commissioners)。大使是最高等级的驻外外交官,也是使馆馆长,通常又称为特命全权大使,享有特殊地位,正式代表国家和国家元首[①]。

当然,在同一国家派出的大使中,其内部的级别是有区别的。派至重要大国或国际组织的大使,其级别和地位显然要远高于派往小国的大使。如中国派往联合国安理会常任理事国国家的大使一般是副部级,而派往一些小国的大使,可能是司局级。但是,只要是大使,不论其内部级别高低,都是一国驻一个外国的首席外交代表,都可以被称为"阁下"。而且,在一个国家的外交界,所有各国派来的大使,其地位都是相等的,即使他们在国内的级别可能不一样,但在礼宾上都受到同样的尊重[②]。

第二级:公使(Minister)。在以往的外交实践中,大使和公使都由一国元首向另一国元首派遣。不过,自第二次世界大战后,公使这一级别的外交官衔虽依然存在,但在外交实践中,各国派出的公使通常只是在大型使馆中担任该馆的二把手,不再像从前那样担任馆长。也就是说,在当今的外交界,馆长一级的代表往往就是大使和代办两种,担任馆长的公使基本上不存在了。公使享有外交特权和豁免权同于大使,但公使所受外交礼遇次于大使。

第三级:代办(Charge d'Affaires)。作为馆长(或代馆长)的代办,由一国

---

① 直到如今,外交礼仪上仍把大使视作国家元首的代表,在礼宾安排上,有时大使的地位要高于本国部长。外交界流传这样一个故事:美国前国务卿科德尔·赫尔曾拒绝出国活动,因为自宴会及其他典礼场合,他的地位必然低于他自己任命的大使,为此他感到有失尊严。参见科兰:《大使馆和外交官》,第16页。

② 参见科兰:《大使馆和外交官》,第37页。

外交部长向另一国外交部长派遣,而不是由国家元首任命,其级别低于大使,所受礼遇低于大使和公使,在外交活动中其礼宾地位在大使之后,但享有的外交特权和豁免权与大使和公使等同。

外交实践中的代办通常分为常驻代办和临时代办两种。当担任馆长的大使因回国述职、休假或开会等原因离开驻在国,或因故不能视事时,应委派临时代办来主持馆务和代行馆长职务。临时代办通常由馆内首席馆员担任。根据使馆的规模与设置,依次可由公使、政务参赞、一等政务秘书、二等政务秘书、随员担任。临时代办(Charges D'affairs ad interim)不同于代办,并非外交使节中的一个等级。只是在馆长离开驻在国期间临时担任代理馆长和主持馆务,一旦馆长回任,其任期自然结束。

常驻代办可分为以下两种情况:第一,在大使不常驻的国家派遣常驻代办。当一名大使奉命兼驻同一地区的几个国家时,大使在其常驻的国家里担任使馆馆长,而在不常驻的国家里,大使只是在每年一次或数次去驻在国的使馆,这种情形下,国内往往派遣一名参赞或秘书级的官员在驻在国使馆里担任代办。第二,在外交关系处于特殊情形下派驻代办。如1950年英国与荷兰在承认新中国并断绝同台湾的"外交"关系之后仍保留了同台湾的领事关系。鉴于领事关系也是一种官方关系,在1954到1972年间,中国与英国和荷兰之间只是互派代办,而不是大使,直到英国与荷兰先后终止了同中国台湾的领事关系,才升格为大使级。20世纪80年代,荷兰向中国台湾出售武器,导致中国召回大使,两国外交关系曾再度降为代办级,后来才恢复正常。由于代办由外交部长委派,不是国家元首任命的,也没有国书,代办级外交关系只是一种"半建交",不是"全建交"。

各驻外使馆馆长多从本国外交部门中的职业外交人员中任命。有些发达国家往往派出执政党中重要成员或社会名流出国担任大使。

新任命的使馆馆长须先约见接受国外交部礼宾司、部领导,正式递交国书后方可开始履行职务[①]。递交国书的仪式被视作对大使身份和地位的正式认可。不过,这一惯例在有些国家已被突破。如在中国,出于工作需要,中国政府同意,新来的大使可以在递交了国书副本之后、正式递交国书之前,即可以大使身份开始活动。

离任的使馆馆长须照会通知驻在国外交部长,离任前拜会驻在国国家元

---

① 参见科兰:《大使馆和外交官》,第17页。

首、政府首脑和其他重要官员以示辞行,驻在国视情形安排会见、宴请等。

经征得接受国同意,派遣国可派同一人选兼任两个或两个以上国家的使馆馆长。使馆馆长的兼任必须是所兼任的两个国家彼此不存在利害冲突或争端。兼任情况的出现,主要是受国家的规模、财力及国家间交往疏密等因素限制。一般的情形是,一些国家在重要的国家派驻大使,并任命他同时兼驻周围其他几个国家的大使。如一些国家驻中国的大使同时兼驻蒙古和朝鲜的大使。有些国小力薄的国家,甚至只在一个地区的重要国家派驻大使,同时又任命他兼任驻周围其他国家的大使。

除了这些常驻使馆馆长外,一国还根据需要任命特使、无所任大使、观察员等高级外交官。其中,特使是指一国因执行某项临时的外交使命而向外国派遣的外交代表。一般在特使后加注等级,点明身份。其完成的使命通常是临时性的。外交特使在战后的欧盟、美国和俄罗斯等国运用较多。中国外交在 21 世纪之后,才逐渐较为经常性地运用"特使外交"。2002 年 9 月,在巴以冲突升级之际,中国引人注目地第一次派出了"中东问题特使"、退休外交官王世杰,他曾任驻巴林、约旦和伊朗三国大使,能讲流利的英语和阿拉伯语。之后,外交部部长助理翟隽以特使身份访问了苏丹,国务委员唐家璇、交通部长李盛霖也曾作为特使出访。2007 年 4 月 19 日,中国政府任命前驻挪威大使陈乃清出任负责朝核问题的朝鲜半岛事务特使,直接辅佐六方会谈中方团长、外交部副部长武大伟。2007 年 5 月 10 日,非洲问题专家、中国驻津巴布韦和南非前大使刘贵今被任命为首任非洲事务特别代表,着重处理达尔富尔危机。无所任大使是指一国政府为处理某一外交事务而设立的专门使节,或由政府或外交部临时委派执行使命。观察员是指一国派往列席国际会议的外交代表。

大使之外的各级外交官

在大使之下,各级外交官的基本职衔分别称为公使、公使衔参赞、参赞、一等秘书、二等秘书、三等秘书和随员。国际上通常把一等秘书以上的外交官称为高级外交官;二至三等秘书称为中级外交官;以下称为低级外交官。此外,专员和信使也拥有相应的外交官衔。

(一)公使。公使级别仅次于大使。通常只派驻大型使馆或少数中型使馆,是使馆的第二把手,为副馆长。在大使离开驻在国时,公使是临时代办,担任代理馆长。当驻外使馆有负责不同事务的几位公使时,负责政治事务的公使位次在前。

(二) 公使衔参赞(Minister-counselor)。公使衔参赞的级别高于其他参赞。但是,若公使衔参赞并不负责政治事务时,当大使离开驻在国时,由负责政治事务的参赞(尽管他不拥有公使衔)担任代办。

(三) 参赞(Counsellor)。大型使馆中,往往设有政务参赞、商务参赞、文化参赞或科技参赞等。在不设公使的使馆,政务参赞担任二把手,其他参赞负责各个处室。一般情况下,除了政务参赞,其他参赞不担任使馆的二把手(未设政务参赞,则由负责政治事务的一等秘书担任使馆的第二把手),也不出任临时代办。

(四) 专员(Attaché)。在很多国家的驻外使馆中,专员是由外交部以外的政府机构派出负责某些专门业务并具有外交官地位的官员,如军事专员(武官,Military Attaché)、农业专员、科技专员、教育专业、文化专员等①。在中国,只有国防部派出的军官称为武官,其他部门派出的官员都具有正规的外交官头衔。武官,是介于政务参赞和一等秘书之间的外交官。作为一种特殊类型的外交官②,武官是国家武装力量的外交代表,是使馆馆长的军事助手。各国武官均从武装部队的现役军官中派出,有国防武官(Defense Attaché)、三军武官(陆军武官 Army Attaché、海军武官 Naval Attaché 和空军武官 Air Attaché)、军种武官和技术武官等不同职称。武官以下还设有副武官(Assistant Attaché)、武官助理、武官秘书和有关工作人员。

(五) 秘书(一、二、三等)。外交官系列中的秘书是指作为政府官员前往驻在国办理公务的业务级外交官。一等秘书(First Secretary)是重要的业务级官员。负责重要的业务或担任某处室的负责人,对外办理一些政治性或事务性的交涉。三等秘书(Third Secretary)更多是从事事务性工作的官员,从事某个处室的具体业务,单独对外交涉的机会比较少。二等秘书(Second Secretary)介于一、三等秘书之间。

一、二、三等秘书的工作责任和地位,在不同规模的使馆中是不同的。如在大型使馆里,拥有多名参赞,对外的政治性交涉有参赞就足以应付。在大国之间的重要外事活动场合,一等秘书也不一定有机会露面。在中型使馆中,一等秘书会担任处室的负责人,而在小型使馆,一等秘书有时具有二把手的身份,二等秘书可能要单独出席比一般事务性交涉重要得多的外交会晤。

---

① 参见 G. R. Berridge and Alan James, *A Dictionary of Diplomacy*, pp. 15—16。
② 《维也纳外交关系公约》第七条规定,除大使外,"派遣国得自由委派使馆职员。关于陆、海、空军武官,接受国得要求先行提名,征求该国同意"。

在一些小国的使馆里,有时三等秘书也有参与国家元首会晤等重要外交活动的机会。

(6)随员(Attaché)。随员是外交官阶的最低一级,主要担负一些辅助性的文书工作或初步的搜集情报和调查研究任务。初入外交界的年轻人都要经过这个实习和学习阶段。

除了上述外交官系列中的外交人员以外,在大使馆的日常工作中,还有一批在大使馆的行政和通信部门工作的行政人员和专业技术人员,如行政管理办公室负责人、财务会计、翻译、私人秘书、文件管理员、资料员、打字员、速记员、助理员、采购员、通信员、司机、技工、清洁工、服务员、厨师、花匠等,以及负责机要通信、与国内联络的报务员、译电员等。他们不属于外交官系列,不负有代表国家对外交涉的使命,但他们为大使馆的正常运作和全馆人员的工作起着重要的作用。由于这些工作人员一般不持有外交护照,驻在国通常不给予他们一般外交官享有的全部特权和豁免。

此外,一些国家的大使馆为了节省开支,便于工作,在征得驻在国同意后,还雇用为数不少的当地雇员或第三国雇员为使馆服务,如司机、花匠、保姆、厨师、侍役等,有时当地雇员的人数甚至超过本国派遣的外交官和行政事务及技术人员的总人数。

领事官员

在传统外交中,领事业务与外交业务起源不同,是两个互相独立的平行的系统。在外交实践中,其内容和地位也是不同的[①]。早在原始部落时期,人类交往中就出现了外交的萌芽。古代的外交使节都由皇帝或国王派出,所以,外交活动从一开始就具有官方性质。而领事制度是在中世纪以后,国际商业关系发展到一定历史时期的自然产物。最早的领事是由一国侨居国外的商人自发推选产生,领事本人即商人,不带任何官方性质。在11—15世纪,这种自发的领事制度逐渐盛行,虽领事仍由侨商推选,但发展到需要通过政府的条约来确定,逐渐具有官方性质。到16世纪欧洲国家开始从侨商中委派领事,或直接由国内派遣领事,使领事制度成为一种完全官方性质的制度和体系。到19世纪中叶,虽然欧美国家的外交和领事在长期内是两个平行的、互相独立的对外工作体系,但领事机构和领事人员已发展成为同外交机构和外交人员一样的在海外执行任务的机构和代表,成为国与国之间关系的重要

---

① 参见黄金祺:《外交外事知识和技能》,第78—80页。

组成部分。进入20世纪,各国政府根据需要相继把外交和领事部门合并成单一部门,实现了外交与领事的"合二为一"。法国在第一次世界大战爆发前的几十年里采取了整合全部外交机构的重要步骤,此后,苏联、挪威、美国、意大利、英国分别在1918年、1922年、1924年、1927年和1943年完成了原本独立的外交和领事部门的合并。在中国近代外交体制建立时,这两个部门从一开始就是合二为一的。

领事馆工作人员的类别和使馆差不多,只是从事业务的官员不同于外交官,被称为领事官员。领事官员的级别分为总领事、副总领事、领事、副领事和随员。其中,总领事在总领事馆中担任馆长,而领事馆则由领事出任馆长。

在外交实践中,就外交系统官员的内部级别而言,领事官员的级别如下:

总领事(Consul General),大致相当于外交官中的参赞,少数高的相当于大使,低的可只相当于一等秘书;副总领事(Deputy-Consul General),大致相当于参赞或一等秘书,副总领事往往只设在规模较大的总领事馆内,工作任务是协助总领事,其地位在一般领事之上;领事(Consul),相当于一等秘书或二等秘书;副领事(Vice-consul),相当于三等秘书或随员;领事代理,或称领事随员,相当于随员。

二、外交人员的素质要求

外交工作与国家的最高利益和国家机密密切联系,外交人员是国家对外政策的执行者,在对外关系中代表国家,因此,各国对不同等级的外交人员的素质都有严格的规定。各国一般都制定了相应的国内法规,对外交人员提出职业要求。

法国著名外交家塔列朗认为,外交人员"应当朴实、得当、谦虚;毫无社交界的庸庸碌碌,全力投身事业,保守事业的绝对秘密;随时提供有关实践和人物的咨询;时刻牢记所有条约,知道它们通过的日期,正确估价条约的长处和不足、它们的来龙去脉和前因后果,知道参加谈判的主要代表的姓名,甚至知道这些代表的家庭关系"[①]。英国外交学家尼科尔森列举了外交人员的七种品德:真诚、精确、镇静、和蔼、忍耐、谦虚和忠实。顾维钧认为:外交人员应当有学问、懂外文、诚实、思维正确清晰、冷静、沉着、忍耐、和气、谦逊、坚定、机

---

① 参见〔苏联〕科瓦廖夫:《外交知识和技巧》,王海燕译,世界知识出版社1989年版,第179页。

敏、谨慎、勤劳、勇敢、忠实等等,并切忌骄傲①。尽管人们对一个优秀外交官应具备素质的理解不完全相同,外交工作的"高度政治性和事务性"决定了所有外交人员都必须具有以下四个方面的基本的素质:政治素质、专业知识、业务技巧、特殊素养。

政治素质

外交工作具有高度的政治性,政治第一、立场第一,是古今中外所有国家对外交人员的一项共同要求。

各国一般对报考外交人员的考生要进行政治审查,不容许任何政治可靠性有怀疑的人进入外交部门。对此,英国称为"积极审查",美国称为"安全审查"。比如,二战后,英国文官事务委员会在《行政任命公报》中曾明文规定:"政府决定,凡是现在或不久前曾经是英国共产党党员或法西斯组成人员的人,凡是现在或不久前曾经同情共产主义或法西斯主义,或与共产党人、法西斯党徒或其同情者有联系以至有理由对其可靠性提出怀疑的人,均不得受雇为文官,担任与国家安全关系重大的工作……外交部门一切成员必须经过积极审查。"②与此相对,在苏联则规定,所有的外交干部必须完全由布尔什维克党员组成,不起用旧外交人员。苏俄外交人民委员会及其驻外代表,主要是由布尔什维克党内积极参加过国际工人运动并有丰富政治经验的老战士组成③。

在任命外交官的时候,各国也有各种严格的政审制度。如美国国会对任命驻外大使的名单一般都要经过充分讨论,并在参议院外交委员会举行任命听证会,考查即将赴任的大使的政治立场。

中国历来对外交人员的政治素质有严格要求。周恩来总理曾多次指出,外交是严肃的政治行动,一次活动,一次握手,一次谈话,都有它的意义,有时会牵动全局。1951年,周恩来对外交人员明确提出了外交人员素质修养的十六字方针,即"站稳立场,掌握政策,熟悉业务,严守纪律"。其中站稳立场,就是要求外交人员必须时刻牢记,其外交活动是代表国家的,无论在怎样复杂艰险的情况下,都必须有坚定的政治立场,对祖国赤胆忠心,为维护国家利益和民族尊严,甚至不惜牺牲个人的一切。中国的外交人员应该既是爱国主义

---

① 转引自王福春主编:《外事管理学概论》,北京大学出版社2003年版,第129—130页。
② 〔美〕马丁·梅耶:《外交官》,夏祖癸译,世界知识出版社1988年版,第163页。
③ 参见王福春主编:《外事管理学概论》,第20页。

者,又是国际主义者,必须具有先进的思想观。江泽民也要求外交人员"能在变化多端的形势中判明方向,在错综复杂艰难的情况下,对祖国赤胆忠心,为维护祖国的利益和尊严,体现中国人民的气概"①。胡锦涛总书记在2006年的中央外事工作会议中也特别指出:"外事战线的干部特别是领导干部要发扬我国外事工作的优良传统,善于学习、掌握政策、熟悉业务、团结协作,始终忠于党、忠于国家、忠于人民、忠于职守。"②

在1981年颁布、1992年修订的中华人民共和国《涉外人员守则》,对外交人员的政治素质提出了十条明确要求:第一,忠于祖国,忠于人民。坚决维护国家主权和民族尊严,不说不利于祖国的话,不做有损国格、人格的事。第二,站稳立场,坚持原则,警惕和抵制敌对势力推行和平演变的图谋,自觉抵制资产阶级腐朽思想和生活方式的侵蚀,做到"富贵不能淫,贫贱不能移,威武不能屈"。第三,坚决执行党和国家的方针政策。自觉遵守法律和法规。如实反映情况,严格执行请示、报告制度。第四,保守国家秘密,严格执行保密规定。坚持内外有别,不泄露内部情况。第五,忠于职守,尽职尽责。提高警惕,防奸、反谍、反策反。第六,加强组织观念,自觉遵守纪律。在国外服从驻外使领馆的领导,遵守驻在国法律,尊重驻在国的风俗习惯。不搞大国沙文主义,不搞种族歧视。第七,不同外国人私自交往,不利用职权和工作关系营私牟利。严禁索贿受贿,不违反国家规定收受各种名义的回扣归个人所有,严格执行接受礼品的规定。第八,勤俭节约,廉洁奉公,分清公私界限,严格遵守财务制度。第九,谦虚谨慎,不卑不亢。讲文明、礼貌,注意服饰、仪容。严禁酗酒。第十,顾全大局,发扬风格,协调配合,协同对外③。

专业知识

职业外交人员一般受过比较严格的训练,如英国对新进的外交官采取在职训练模式,在2—3年的试用期内,新进外交官要在上级的严格指导下进行工作,并定期写出工作报告;美国和德国则建立了专门的外交官培训学校,让新进外交官接受为期约8—9个月的正规训练,培养他们的一种专业观念和集体精神,美国外交学院的训练课程包括语言训练和专业课程如领事预备课程、外事经济、商务研究、人权问题、国际关系和地区问题等;在法国,新进的

---

① 转引自杨发金主编:《中国涉外知识全书》,中国社会科学出版社1993年版,第1440页。
② 《中央外事工作会议在京举行,胡锦涛作重要讲话》,新华网2006年8月23日。
③ 资料来源:中国法律法规大全网:http://www.chnlaw.net/chinalaw/HTML/chinalaw_2840.htm。

外交官要在国立行政学院进行两年培训,并有一年的试用期;中国自1994年起也建立了新进外交官的培训制度,包括军事训练和专业训练,为期大约四个月。但无论是职业的外交人员还是非职业外交人员,一名优秀的外交人员,一般要掌握以下三方面的专业知识:

（一）对本国国情和政策的了解。一名优秀的外交官应该对本国的国情有扎实的了解。这包括本国的政治、经济、历史、社会、文化等各方面的知识,并因此能够对本国的国家利益有深刻的认识。日本某年外交官考试的题目就是"世界中的日本"。这样的考题,要求考生准确了解本国的外交需求,并能表达出有素养的专业见解。我国资深外交官吴建民就曾表示,外交官至少要具有四种素质,第一要爱国;第二要懂世界;第三要懂中国;第四要会交流。为什么要懂中国,是"因为中国正在发生巨大变化,外界对中国有些理解有些不理解。一名优秀的外交官要能把中国的事情对外界讲清楚"①。

同时,要精心掌握政策。政策是党和国家为实现一定的任务,依据国际国内形势制定的行动准则。对外政策有总政策,也有不同领域的具体政策,还有一系列代表政策的涉外法规等。外交人员无论级别高低,都要从全局高度,全面、准确、及时了解本国的各项国内政策、对外政策及策略。

（二）对相关国家和地区的了解。英国外交学家费尔萨姆在《外交手册》中强调:外交人员"需要具备作为有成就的实业家、行政人员和文职人员所具备的品质。他不仅应该是这些方面的专家,而且还必须了解别的国家、文化和社会,并且懂得它们之所以存在的依据"②。吴建民也指出:"外交就是与世界打交道,因此要了解对方的文化、需求,同时发现双方利益的汇合点。一个好的外交官不仅要了解世界的局部,也要对全局有总体的认知,懂得某个局部在全局中的作用。"③

对驻在国家和地区的了解,主要有两类情况:一是对基本情况的了解,即构成一个国家的特点的一些基本信息,包括一个国家的自然条件、地理形势、气候特点、历史演变、人口概况、自然资源、社会体制、政治制度、法律规章、经济结构、文化传统、民族风俗等等。这些特点是长期形成的,相对稳定,是决定、制约和影响驻在国政治、经济、社会、文化、军事发展情形的最基本的要素。二是对动态信息的把握。指当前形势,即近几年或近几个月以来,驻在

---

① 吴建民:《中国应如何培养外交官》,2005年9月9日《中国青年报》。
② 〔英〕费尔萨姆:《外交手册》,胡其安译,中国社会科学出版社1979年版,第28页。
③ 吴建民:《中国应如何培养外交官》,2005年9月9日《中国青年报》。

国的政局发展、经济运作、人民生活、社会动态、舆论倾向、文化情况、军事形势、外交活动,驻在国政府的各项政策、措施、行动及其结果和影响,驻在国政府的计划、意向,驻在国当前的国际关系状况、可能趋势、存在的问题等等①。

（三）对国际关系各项机制和程序的了解。优秀的外交人员应当具备基础的理论知识,如外交史、国际条约、国际关系史、国际政治理论、世界经济、国际礼仪等,还应当对各种双边和多边外交、常规和非常规外交的运作机制和程序有相应的了解。

当然,仅仅具有上述三个方面的专业知识是不够的。随着全球化的发展,国际关系出现了一些前所未有的新特征,除了政治、军事、安全因素,经济、文化、环境、知识产权、毒品、互联网等因素在国际关系和外交斗争中的地位越来越重要。各国外交人员在新的领域参与交涉、磋商、谈判和协调的任务也越来越重,这些都向外交官员们提出了熟悉新业务、增长新知识、开拓新领域的新要求。

总之,当代外交官需要具备多元知识结构,应力争成为复合型外交人才。20世纪90年代,江泽民在接见中国驻外使节时曾提出,外交人员应当是"杂家"。在新时期,一个优秀的外交人员不仅要在纵向全面深入掌握外交外事、国际问题、涉外经济、涉外法律等专业知识,还要尽可能在横向较为广泛地涉猎其他人文社会科学和自然科学的基础知识。"适当程度上的'上知天文,下知地理'和'博古通今'式的知识面是绝对需要的。"②

业务技能

外交人员不仅需要具有优秀的政治素质和全面扎实的专业知识,在具体的工作中还需要熟练掌握业务技能,以高效实现工作目标。外交人员的业务技能内容非常广泛,概括起来,主要有以下几个重要方面:

（一）语言、谈判与交涉技巧。外交人员日常的对外交涉,内容广泛,但对外交涉最主要的方式是交谈。语言是外交的武器和工具。古希腊外交家和演说家德谟斯芬有句名言:"大使没有战舰,没有重兵,没有碉堡,他们的武器是语言和机遇。"③可以说,熟练运用外交语言进行机智谈判是外交人员必备的技巧之一。

---

① 参见科兰:《大使馆和外交官》,第86页。
② 黄金祺:《外交外事知识和技能》,第180,182页。
③ 同上书,第182页。

（1）外语运用能力。外交人员除了需要具备可靠的政治素质，广博的专业知识，通晓业务，还需要具备高水平的中文和外文修养，具备用外语处理本行业务的能力。

虽然汉语是联合国规定的五种工作语言之一，各国驻华外交人员能讲中文的较多，但汉语迄今仍没有成为像英语那样重要的国际通用语言。由于在世界各地，在联合国总部及其附属机构和其他的国际组织中，讲中文的人很少，因此，就要求中国的外交人员，必须至少掌握一门外语，否则，就会形成涉外沟通的严重障碍。在中国外交界，外语知识是中国派驻国外人员的必要条件和技能之一，大使也不例外。

称职和优秀的外交人员的语言业务能力体现在：准确熟练的翻译能力（尤其是口译能力）；能够用外语恰当地对外表述国家的有关方针和政策；能够正确地理解对方用语言表述的对方的有关方针和政策；能够用外语准备文理通顺、符合规格的外交文书或外交文件；能够直接用外语与驻在国各层次的官员和公众进行流畅的沟通等等。

（2）外交语言技巧。外交语言属政治语言范畴，是体现一国对外政策和捍卫国家利益的武器和工具。可以分为书面外交语言和口头外交语言两大类。书面外交语言包括各种外交文书、外交文件和外交演讲稿等；口头外交语言包括新闻发布、演讲、谈话、会谈、谈判、交涉、答记者问等。

如何使用外交语言是一门艺术和技巧。外交语言应具有鲜明的立场、准确性、分寸感、礼仪性的多重特点。外交官代表国家发言，因此，其语言应准确反映国家立场。比如，为表示美国有意改变对中国的敌对政策，美国总统尼克松在1970年10月的一个外交场合中使用了"中华人民共和国"这一正式名称，而不是像以往那样称中国为"北京"、"共产党中国"或"红色中国"。当然，外交语言的准确性和立场性要求不等于直话直说，还必须根据具体场合和国家利益的需要而掌握好外交语言的分寸感。该露则露，该含蓄则含蓄，或露中有蓄，蓄中有露。这要求外交官具有审时度势的能力，有高度的机智和敏感，一方面能在各种场合使用有分寸的语言，同时又能敏锐地发现对方语言分寸的细微变化以及字里行间的各种含义[1]。另外，外交语言必须具有礼仪性，应尽量避免人身攻击和用词粗鲁。

（3）谈判与交涉技巧。外交人员参与的交涉和谈判，其内涵和外延可覆盖除纯礼节性交往以外的任何实质性的接触。在各种重大问题和日常事务

---

[1] 参见鲁毅等：《外交学概论》，世界知识出版社2004年版，第269页。

性问题的谈判和交涉中,外交官都应该掌握如何争取本国利益的各种技巧。他们能够根据国际形势、力量对比和相关国家的利益分析制定正确的谈判方案,包括可以争取的最高和可以接受的最低谈判方案,并善于为实现最有利的方案和条件而进行努力或斗争。在谈判中,在坚持原则、"不拿原则做交易"的前提下,外交官也能在原则框架内不失时机地作出妥协。另外,在国际多边谈判和国际冲突调停中,外交官还需应对更为复杂的谈判环境,具有多边谈判和调停的技巧和能力。对于中国外交官来说,随着中国在地区和全球事务中的影响日益扩大,这方面的能力培育具有日益紧迫的重要性。

(二)观察、分析和报告技巧。敏感观察问题、广泛收集信息、研究辨析情报、提交调研报告,是外交官的主要职能之一。"外交官本系国家的耳目,故其职务即观察与调查。调查是使节最重要的职务,因为政府远在万里,对于驻在国的一切举动,都不能亲自看。苟欲决定外交政策,筹划应付方针,必须依赖使节为之报告一切,否则不是闭户造车,就是隔靴搔痒。使节要报告的事件很多,如驻在国的政治经济商业社会概况,国家的富强与实力,政府的态度,人民的工艺,海陆军状况,以及政党现状,舆论势力,议院定案,行政情形,财政近况,工业前途,制造专品,贸易统计等是。"①

在外交第一线的每一位外交官员,上至使馆馆长,下至最低一级的秘书,都需要发挥主观能动性,展开主动外交,通过大量占有合法材料和广泛展开合法活动等方式,了解驻在国形势的真实情报,实事求是地向国内提出有价值的调研分析报告。

周恩来非常重视外交人员的调查研究能力的培养,他指出:"要重视调查研究,起到国家耳目的作用。调查研究要去粗取精,去伪存真,由此及彼,由表及里。"②为此,他要求外交人员要做到"五勤、四多、一化",即眼勤、耳勤、嘴勤、手勤和脑勤;遇事多思考、多分析研究、多看书、多实践;外语化。③

(三)代表技巧。外交界有句通行的至理名言,即"外交授权有限"。外交人员在外交活动中代表国家行动,但只是国家外交政策的执行者,因此,需要在发挥"自主"能动性与服从严守纪律二者当中,把握好分寸。

美国驻外大使们在美国国会作证时常讲的一句话是:"大使不是政策制定者,而是政策执行者。"以此表明,不管自己有什么观点,都要以美国的利益

---

① 参见科兰:《大使馆和外交官》,第84页。
② 同上书,第85页。
③ 参见王福春主编:《外事管理学概论》,第132页。

为重,为美国的利益服务,按照白宫或国务院的指示行事,奉行华盛顿的对外政策。

中国政府也要求外交人员在对外交往中必须牢记政策性,即凡中央已有明确政策或规定的,可以且应该在政策范围内酌情表态;凡中央还没有决策或规定的,或因有特殊困难吃不准的,不可轻率表态;在任何情况下都应当记住"内外有别",即使对中央的有些政策暂时不理解或有不同的看法,在对外交往时,也要与中央保持一致。

(四)办案和处理公文技巧

(1)安排外交访问日程。外交访问一般包括礼仪性活动;会谈、会见、会晤和集会等实质性活动;参观、游览和文娱三项内容,外交人员必须自始至终对所有三项内容进行周密、完善地安排。

(2)处理各种外交文书。外交文书包括正式照会和普通照会、备忘录、正式外交函件和外交便函、电报等,用外交文书进行对外交涉称为外交通信。由于外交文书涉及国与国之间的关系,采用什么样的外交文书形式交往可反映国家间关系的变化和冷热,因此,外交文书的严肃性、重要性和微妙性是不言而喻的。

不同的外交文书通常都有严格的国际通用的形式、格式和要求。外交人员必须按照"对等"和"礼尚往来"的原则,严谨、仔细地拟定、送达各类外交文书。

(五)沟通技巧能力。吴建民曾表示,一个外交官的职责说到底就是对外国人讲中国,对中国人讲外国,如果交流能力不行,就不能胜任。而中国外交官恰恰不大会交流,这是多方面原因造成的。这些原因包括,中国的文化背景注重"敏于行、讷于言",不太鼓励交流;在教育上中国对交流强调得不够等。[1] 西方17和18世纪的外交手册中,对外交人员的人际交往能力做了如此要求:"一名出色的外交官应当头脑敏捷、有极大的耐心;知道该如何掩饰自己,但又不被斥为骗子;不轻信别人,却能使别人相信自己;谦逊而不武断;能吸引他人,而又不屈服于他人;拥有足够金钱和一位美貌妻子,而对富贵和女人无动于衷。"[2]

优秀的外交人员往往有能力针对不同交往的对象,采取不同的沟通方式,以取得最佳的沟通效果。在与驻在国政府官员沟通时,能够清楚表达本

---

[1] 参见吴建民:《中国应如何培养外交官》,2005年9月9日《中国青年报》。
[2] 转引自周启朋等:《国外外交学》,中国人民公安大学1990年版,第143页。

国的政治意图与政策,介绍本国政治体制和决策过程,解答他们对于本国政策的疑问,从而能够取得对方国家官方对本国政策的理解甚至支持。在沟通方式上,可通过直接约谈、专题说明的正式渠道,也可采取宴请、招待会等较轻松的方式,或利用共同参加某项社交活动的机会[①]。

对于驻在国的社会各界和广大民众,外交官能够运用通俗易懂的语言、灵活多样的形式,如演讲、座谈、讨论、交谈、展览、电视访谈等多种方式,加深驻在国人民对本国的了解,以及对本国政策的理解和支持。这种沟通不能是枯燥的政治宣讲,而是要讲究传播和沟通技巧,如应"恰当地称呼听众,恰当地开头和结尾,恰当地赞扬对方,恰当地运用双方的共同点和联系点,恰当地引用对方的成语、名言和典故,恰当地引用本国的成语、名言和典故,恰当地介绍和宣传本国成就,恰当地阐述和捍卫本国的立场和政策"[②]。

特殊素质

外交人员的职业特点要求外交官具备能与此种生活相适应的心理和性格素质。科兰将这方面的素质归纳为八个方面:

(一)坚定性。外交官需要在世界各地执行使命,各地的风土人情、经济发展水平和安全状况很不一样,需要外交官具有稳定的心理素质和坚毅的性格,能够经受各种环境的考验,不迷失,不动摇。

(二)柔韧性。外交官应当具备能适应各种不同环境的能力。到每一个国家都能入乡随俗,也能适应那里的气候、地理环境和饮食。不仅在生活上如此,在工作方法上也能随着工作对象及其特点灵活改变。

(三)进取性。外交官需要掌握和运用外国语言,需要熟悉外国的文化、历史、社会等各个方面,而且经常需要在不同国家工作,因此,外交官需要学习掌握的东西很多。因此,外交官应当具有广泛的兴趣,对各种新鲜事物有热烈的爱好,有强烈和明确的求知欲,有学习新知识的饥渴感,有不断向上的进取心。

(四)交际能力。外交官应积极参与社交活动、广交朋友,既与驻在国上层社会首脑和社会的精英人士之间建立起信任关系,培养亲近感,也能结交其他朋友如议员的秘书和工厂主、农场主等民间的、非官方的朋友。广泛的交际有助于外交官更为全面、及时、准确地了解驻在国的决策背景、决策因素

---

① 参见科兰:《大使馆和外交官》,第120页。
② 黄金祺:《外交外事知识和技能》,第289—299页。

和决策结果,也有助于更广泛深入了解驻在国的社会发展形势。为此,在外交和社交场合,外交官要主动去与他人交流,要健谈,有较高的谈话艺术,对人以诚相待。

(五)稳重执着。不论面对引诱、欺骗、央求、讥讽、辱骂还是威胁,外交官都必须保持沉着与镇定,不为对方的手段所动,坚持不懈、毫不动摇地执行国家的政策。遇事发慌,顺利时得意忘形,遇挫时不知所措,情绪容易波动,讲话不注意分寸,喜欢自以为是,不能严遵指示,都是外交官品行中的大忌。

(六)机智灵活。外交官要坚定执着地执行国家政策,但在策略上、应对上,要善于根据不断变化的、有时甚至是突然变化的形势,对自己的语言、策略、工作方式作出及时的和必要的调整。

(七)宽容精神。外交官工作的内部环境也是不断在变化,从国内到国外,从一个使馆到另一个使馆,外交官经常需要变换工作地点和环境,与众多新同事一起工作。适应内部环境,和周围同事建立和谐团结的工作和私人关系,是开展好外交工作的必要条件。因此,外交官必须具有宽容精神和随和性,具有善于和新同事搞好关系的本领。

(八)耐受寂寞。外交官在国外工作,要离开自己的祖国,离开自己的亲人,在陌生的国度生活,不免有寂寞难耐的时候。如果不能正确处理,就会对心理健康和工作造成不良影响。因此,外交官要能够耐受寂寞,学会自我排解和转移的能力,保持情绪稳定与饱满,不使工作受到影响①。

考虑到外交工作的特殊性对外交官的心理素质和适应能力提出的要求非常高,中国外交部在招收新外交官的专业考试当中专门增设了心理素质测试,主要考察一个人的适应能力、自我调节能力、情绪控制能力和承受压力的能力等。

三、外交人员的录用

中国外交官的遴选与录用

中华人民共和国成立后,按照"另起炉灶"的方针,以军队干部为骨干,组建了新中国的外交队伍。1949年11月8日,外交部正式成立时,外交部全体干部共有一百七十多人。根据外交部制定的驻外使领馆外交官等级配备计

---

① 参见科兰:《试谈外交官应具备的心理和性格素质》,《外交学院学报》1995年第4期,第58—62页。

划,大使、公使由兵团级或军级(部级或司级)干部担任;公使衔参赞、一等参赞、公使衔总领事由军级或师级(司处级)干部担任;二等参赞、总领事、一等秘书由师级或团级(处、科级)干部担任。新中国第一批外交人员主要来自三个方面:原来中共从事外事工作的人员;部队和地方干部中合适的人员;青年学生中思想进步的人员,其中不少人原是中共地下党员①。

到1951年5月,中央人民政府主席毛泽东先后任命了十五位大使作为新中国首批驻外使节。除了王稼祥大使等五人原为党政干部外,其他十人都是中国人民解放军的高级将领,所以被称为"将军大使"。这些具有丰富的革命斗争经验,功绩卓著,平均年龄只有四十岁左右的年富力强的干部,作为中国第一批高级外交官,走上了世界外交的舞台②。

新中国成立初期,外交队伍人员选拔的基本标准是周恩来总理提出的十六字方针:"站稳立场、掌握政策、钻研业务、严守纪律。"外交人员必须做到上述四方面,不能含糊。但是,考虑到外交人员队伍刚刚组建,大多数人没有多少外交经验,在实践中,外交部也强调,政策、业务的掌握需要一定时间,青年干部要做到立场坚定也有个锻炼过程,但是,严守纪律这一条,一进外交部的门,就必须做到③。

1959年,由北京外语学校和北京俄语学院合并成立北京外国语学院,经高教部同意,每年优先向外交部输送毕业生。20世纪70年代末,外交学院设立双学士班,从应届毕业生中招收学生,进行深造,向外交部输送培养既懂外语又懂业务的知识化和专业化人才。外交部选拔标准在50年代注重政治表现,注重立场观点作风和学习态度;70年代末,为适应改革开放和公务员制度改革的需要,注重德、能、勤、绩四个方面。

这种外交官选拔体制的优势在于,确保了外交人员的政治上的可靠性。在建国初期,外交界的元老们,励精图治,忍辱负重,为开创新中国外交新局面作出了巨大的贡献。他们在外交战线的努力,对于巩固新生的政权,贯彻执行国家的外交政策,打破帝国主义的封锁,发展同社会主义国家和第三世界国家的友好关系,维护国家主权、独立和尊严功不可没。不足之处在于,过于注重革命化和政治化,知识化和专业化有所欠缺。由于长期采用选送制,

---

① 参见黄金祺:《外交外事知识和技能》,第153页。少数国民党外交界的爱国分子,特别是一些有资深外交经历、拥护新中国的职业外交官,有的后来以顾问的身份加入到了新中国的外交队伍中。见徐京利:《解密中国外交档案》,中国档案出版社2005年版,第93、106页。
② 参见徐京利:《解密中国外交档案》,第82—93页。
③ 参见范国祥:《外交部初建阶段散记》,《纵横》2002年第9期,第16页。

使外交人员的选拔缺乏公开性,限制了人才的发现,为外交官职业蒙上了格外神秘的面纱。

20世纪80年代以降,中国开始了人事制度改革的进程。1980年,邓小平提出必须实行干部的"革命化、年轻化、知识化、专业化"的方针;1987年中共十三大提出了建立国家公务员制度的任务。在这个时代背景下,外交部公务员制度也开始了改革与调整,其中重要的内容之一就是外交人员选拔制度从选送录用转为考试录用。

1989年,人事部和中共中央组织部下发《关于国家机关补充工作人员实行考试的通知》,原则上授予外交部等外事部门自行招考人员的权力。此后,我国外交部根据《公务员暂行条例》的有关规定,启动了于每年年底前后进行国家外交部公务员的考试录用工作。考试录用工作的程序是:外交部每年根据进人计划向全国各主要外语院校及重点综合大学发布招考信息,由学校组织报名;在毕业生(本科以上)自愿报名的基础上,学校根据外交部提出的条件和要求对报名学生进行资格审核后发给准考证;获得考试资格的考生参加外交部组织的统一考试。第一轮笔试,考试科目包括综合知识、外语笔试、外语听力和外语口试、心理测试;优胜者参加第二轮面试,包括演讲和回答问题。2002年左右,外交部每年都从全国近七十所重点高校选拔二百多位外交官。招收毕业生的专业除外语外,还有国际政治、经济、法律、新闻、历史等各种专业[①]。

最近几年来,根据国家公务员考试制度的改革,外交部公务员招考工作又有了大的改革。以2008年外交部公务员招考为例,外交部计划招录219名公务员,其中外交业务类职位173人,涉及13个语种;行政技术类职位44人;机要秘书职位2人。招录专业以职位划分为三大类,即外交业务类、行政技术类和机要秘书职位。一般来讲,外交业务类职位包括外语类、外交类(外交学、政治学、国际政治等)、经济类(经济学、国际经济与贸易、财政学、金融学等)、法律类(法学等)、文史类(哲学、政治学与行政学、汉语言文学、新闻学、历史学、社会学、管理学、民族学等)、人力资源管理、测绘等专业。行政技术类职位包括计算机、通信工程、财会、建筑学、安全防范技术及工程管理等专业。机要秘书职位包括档案、文秘和中文专业。其招考程序如下:

(一)通过人事部公务员招考网站发布招考信息,并对报名人员进行资格审查。和过去相比,这几年的外交部公务员招考不再只面对七十所高校,而

---

① 参见辰砂:《走近外交官》,《中国改革》2003年第1期,第65页。

对全社会开放,但考生必须为中共党员或共青团员。外交部还计划招收62名外交业务类职位非应届毕业生,但考生必须符合以下三个条件之一:有两年以上从事外事工作或国际问题研究的经历;外交学、国际政治(含国际关系)、世界经济(含国际金融、国际贸易)、国际法专业毕业并一直从事相关研究和教学等工作;有承担大型国际会议同声传译工作的经历。

(二)通过资格审查的考生参加中央国家机关公务员公共科目考试。

(三)人事部根据公共科目考试成绩按比例择优确定参加专业科目考试人选,外交部组织专业科目考试、面试、体检和考察。外交部专业科目考试的考试项目根据招考职位的不同而有所区别。目前,外交业务类考生需参加综合知识与能力测试、外语笔试、外语口试和听力测试,报考英语以外非通用语职位的考生还需参加英语水平测试;行政技术类和机要秘书职位考生需参加相关的技术专业笔试和英语水平测试。所有考生都要参加心理素质测试。

(四)按照录用计划择优确定拟录用人选,并在履行必要手续后与录用人员签订就业协议[①]。

除了正常的考试录用外,从2000年起,中国也尝试进行高级外交官的选任制度改革。中组部会同外交部,借鉴公开选拔领导干部的做法,在地方和中央、国家机关通过组织推荐、资格审查、综合考试、面试、考察和审定等六个环节,从71名人选中经过层层筛选,最后确定12位同志为我国第一批公开选拔的高级外交官人选,经培训,已分赴我驻外使馆担任领导职务。

从入选者的基本情况看,首先,来源比较广泛,经历比较丰富。这些同志分别来自地方和中央、国家机关部位的厅局级领导岗位,涉及党政、群团、金融、经贸、文教等工作领域,经验比较丰富,组织能力比较强。其次,年龄比较轻,有发展潜力,他们平均年龄44岁,年龄最小的37岁,可以在外交战线工作十几年或二十几年。第三,文化水平比较高,基础较好。均为大学以上学历,有7人是研究生,其中近一半的同志曾在我国驻外使领馆工作过或曾在国外留学[②]。

随着中国的外交工作领域不断扩展,我国的外交人员应该能够全面了解我国改革开放和社会主义现代化建设的实际,具有大外交工作的全局观念。高级外交官选任制度的这一改革,有助于建设一支适应新世纪新任务要求的

---

① 参见外交部网站,http://www.fmprc.gov.cn/chn/klzcc/。
② 《公开选拔的12名高级外交官近期已赴任》,新华社2001年3月19日,http://www.people.com.cn/GB/shizheng/16/20010319/420659.html。

高素质驻外使节队伍。与此同时,外交部也在推进外交系统干部的双向交流,从外交系统挑选一些优秀的司局级干部或司局级后备干部,派到地方或企业等单位任职锻炼。

世界各国外交人员录用

从国际惯例看,外交官的选拔,主要有任命制和考任制。政务类外交官,即非职业外交人员的选拔是一种政治任命。而事务类外交官,即职业外交官的选拔主要采取考任制,即由一个专门委员会定期举行公开竞争的考试,择优录取。

在西方发达国家,外交人员的考试录用制度的形成和发展,也经历了一个漫长的演变过程。在早期,任命制度占据主流。到19世纪,各国逐渐认识到,任命制度限制了有才能的人进入外交队伍,而且,由于通过任命产生的非职业外交人员往往缺乏必要的专业训练,有时甚至难以胜任其外交使命。要高质量地执行国家外交政策的使命,离不开受过专门训练的职业外交人员。为了提高外交人员的素质,必须革除任人唯亲的弊端,建立不受政党影响的外交人员录用制度。

19世纪中叶,从英国开始,各国逐渐建立起一套与普通文官录用制度不同的外交人员录用制度。到第二次世界大战后,随着民主化和专业化成为各国外交行政改革的主流,一些国家对外交人员的录用、培训和考核、晋升、奖励、待遇等一整套的外交人员管理制度都进行了调整和改革。主要措施有:取消财产资格限制和提名制度,实行了公开的竞争考试,吸收妇女进入外交队伍,更加注重专才等等。这其中,考任制也成为外交人员录用的主要方式。

目前,各国的外交人员的录用制度都仍具有一些与普通国家公务员录用制度相同的特点,如许多国家的法律规定,只要是本国公民,在25—28岁,不分阶级、性别和财产多寡,都可以参加一年一度的外交人员的选拔考试。录用方式是公开考试,择优录取;注重才能,政治中立,考绩晋升,终生任职等等。但一般来说,外交人员录用考试的等级往往高于普通国家公务员的考试,考试内容更广泛,程度更深,要求更严格。

这里着重介绍各国职业外交人员的录用情况。

(一)美国。将外交官职作为"政党分肥"一向是美国的政治传统。19世纪末20世纪初,美国开始对年薪1000美元以下的领事和低级外交官的任命和晋升实行考绩,企图以此摆脱"政党分肥制"对外交人事制度的影响。1906年,西奥多·罗斯福总统以行政命令形式将领事人员的任命和晋升纳入

《1883年公务员法案》。1909年塔夫脱总统也发布了行政命令,将公使以下的外交官纳入国家公务员制度。不过在美国的驻外大使中,约有30%来自政治任命,多时曾达到49%。这种"任人唯亲"的做法虽然日益受到质疑和批评,为此,美国国会在1980年还通过了新的《外交人员法案》宣布:"一个人对政治运动有贡献不应当成为任命他为使馆馆长的一个因素。"但是,并没有彻底改变。1981年里根当选总统后,不少在竞选活动中有功的富豪,被列入他任命的大使名单中[1]。

根据美国的有关规定,美国公民不论其性别、职业、种族和信仰如何,只要年满20周岁,具有中等以上文化程度,服从政府派遣,能坚定执行政府的外交政策,维护国家的利益,就可以报考外交官。公开招聘是美国政府从社会中广泛吸收人才的一种有效方式。以1993年为例,当时报考人数多达1.6万人,而实际录取375人,录取比率仅为2.34%。据统计,入选的外交人员绝大多数具有大学以上文化程度,其中拥有硕士学位者占54%,拥有博士学位者占6%,不少入选者还具有多年的本专业工作经验[2]。

(二)法国。法国每年从25岁以下的大学毕业生中选拔若干名到国立行政学院进行为期两年的学习。该学院每年专为法国培养高级文官和外交官,共约一百名。此外,优秀的大学毕业生,也可以直接进入外交部,在基础培训后,即派往各司局上班,但在成为正式外交官之前,有为期一年的试用期。

(三)英国。1856年,英国率先对外交人员实行了资格鉴定考试,并提出只有经过严格考试合格的人才能在国外代表英王。1880年,这种资格鉴定考试演变成了有条件的竞争性考试。这种对外交人员的任职考试制度,逐渐被各国效仿。

目前,英国每年约有一千人报名参加考试,但只有二十多人有幸进入外交和联邦事务部工作,而且大部分来自牛津和剑桥等名牌大学。

(四)日本。日本外交官的笔试科目包括:宪法、国际法、经济原理、外交史、行政法或民法、财政法或经济政策,再加上外国语和一般教养等八个方面。程度十分高深。考试的过程也比较长,一般包括资格鉴定考试、笔试和面试三个阶段。由于考试十分严格,最后能被录取的人很少,日本每年通过

---

[1] 如针对美国大使中约有三分之一来自政治任命,有国外学者认为:"当世界上最强大的国家任命一位大亨或阔太太来领导使团时,那么在有关国家的整个外交使团中就会带来不信任和失望的情绪。"参见王福春主编:《外事管理学概论》,第134页。

[2] 参见王令:《美国如何选拔职业外交官》,《国际人才交流》2002年第12期,第54页。

外事公务员考试只录取二十人左右①。

  总体上看,虽然西方各国目前的外交人员录用制度仍存在一些缺陷,比如外交人员录用考试偏深,且偏重学历,造成了少数名牌大学垄断外交官职务的现象;外交职务虽在名义上向女性开放,但歧视女性的现象仍十分普遍等等。但实践证明,这些外交人员录用制度符合各国的国情,也取得了良好的效果,为各国提供了源源不断的高质量的外交人才,确保了这些国家的外交政策的执行以及在国际事务中的地位和作用的不断提高,因此,也有许多值得我们学习和借鉴之处。

---

① 参见黄金祺:《外交外事知识和技能》,第133—146页。

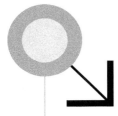

第二编

外交基本方法

双边外交是外交的起始和基础形态。国家主要通过双边外交来相互追求自身的利益。古代如此,在现代也没有改变。无疑,自从第二次世界大战以来,多边外交确实有了巨大的发展。但是,同样确证的是,多边外交建立在双边外交的基础上,其有效性也仰赖双边外交的推动。即使是在一体化程度最高的欧洲联盟,联盟共同外交与安全政策的发展也没有导致各国将外交主权让渡给欧洲联盟。各成员国仍然保留本国独立的外交部门、驻外使领馆系统、在国际组织中的国家席位,以及在联盟共同外交政策决策中的否决权。也就是说,由民族国家构成的国际体系依然伴随着我们并且不太可能改变。事实上,第二次世界大战还可以被视为双边外交勃兴的新起点。因为国际社会中公认的主权国家已经从1945年的51个增加到现在的192个。理论上说,世界各国间的双边关系从当时的1275个爆炸性增加到18336个。按照印度学者拉纳的说法,"我们处在双边外交复兴的顶峰,这不是以牺牲多边或地区外交为代价,而是沿着正确方向追求国家利益的关键举措"[①]。

本编讨论以双边关系为主的外交基本方法,共分三章:双边外交、外交谈判、外交协议。双边外交一章将讨论外交关系、外交代表、外交调研、外交保护等外交的基本职能。外交谈判虽也是外交的基本职能之一,但由于谈判是外交的核心内容,本书将单列一章进行分析。外交谈判的成果是签订各种外交协议,即规范各国权利与义务的双边或多边条约。外交协议一章将讨论国际条约的各个方面。

---

① 〔印度〕基尚·拉纳:《双边外交》,第6页。

第五章
双边外交

一、外交承认和建交

双边外交的起点是外交承认和建立外交关系。承认和建交意味着两国相互承认各自的国际法主体地位,可以依照国际法确立双方的权利与义务。当然,没有相互承认和建交的国家也可以发生交往,形成事实上承认或准建交的状态。在这类情形下,由于两国没有正常的外交关系,双方的权利与义务并无法律上的约束力,且双边关系的发展受到很大的掣肘。

外交承认的含义

外交承认是一国对另一国家或政府(通常是新国家或新政府)以某种形式表示接受的政治和法律行为。

从承认的对象看,主要是新国家或新政府。但是在特定的情形下,比如在新中国成立初期,中国的承认实践显示,承认也可以是新国家或新政府对现有国家和政府的承认。新中国提出了相互承认原则。对凡是没有承认新中国的国家,中国也不承认它们当时还在南京一些尚未撤离的外交官的外交特权与豁免,这些外交官只能享受一般的外国侨民待遇。而要获得中国政府的承认,现有国家必须承认只有一个中国,中华人民共和国中央人民政府是中国唯一合法政府,台湾是中国的一部分;并同台湾断绝一切官方关系。毛泽东在中共七届二中全会上曾指出:"我们是愿意按照平等原则同一切国家建立外交关系的,但是从来敌视中国人民的帝国主义,绝不能很快地就以平等的态度对待我们,只要一天他们不改变敌视的态度,我们就一天不给帝国主义国家在中国以合法的地位。"①比如,英国与荷兰早在1950年就承认了新中国,但因其不愿意完全断绝与台湾的领事关系,中国和这两国仅在1954年建立代办级外交关系,直到1972年两国完全接受中国的建交条件后,中国才与这两国建立大使级外交关系。

  承认是一种法律行为,更是具有法律后果的政治行为。在国际法学界,承认是一个最难的议题之一,其主要原因是"法律因素和政治因素不可分割";在权衡承认与否问题上,国家对政治的计算远重于法律的考量,然而其行为的确会产生法律效果②。承认的法律后果是给予被承认国与承认国发生权利与义务关系的地位。通常,对于渴望与现有国家发展交往的新国家或新政府而言,得到普遍的外交承认等于获得进入国际舞台的一张门票。现有国家是否给予新国家或新政府这张门票,政治考虑往往在决策中扮演突出的角色。国家将给予外交承认作为政治工具的经典事例是美国拒绝承认中华人民共和国中央政府为中国唯一合法政府达三十年之久。冷战后,欧共体成员国于1991年12月通过给予新独立国家外交承认的一般原则,将承认与不少政治条件相挂钩:法制、民主和人权;保护少数民族权利;边界安全;承担裁军和核不扩散义务;承诺协商解决所有与国家继承和地区分歧相关的问题③。

承认的"构成说"和"宣告说"

  西方学者关于承认是否影响新国家的国际法主体资格的理论有两大派。"构成说"(constitutive theory)认为,一国在其被现有国家承认之前是没有国际法主体资格的,现有国对该国家的承认具有构成性作用。比如,劳斯特派在1947年出版的《国际法上的承认》一书中认为,承认是确定新国家满足了国际法规定的国家资格必须具有的条件,即国家作为一个法律事实的存在必须经过既存国家来确定,因此,承认具有构成性④。

  "宣告说"(declaratory theory)则认为,国家的成立及其国际法主体资格的获得,并不仰赖他国的承认。他国的承认只不过是一种对新国家已经存在的

---

① 《毛泽东选集》第四卷,人民出版社1991年版,第1435页。
② 参见〔瑞典〕克里斯特·约恩森:《外交承认的旧模式与新趋势》,《外交评论》2006年第3期,第70页。
③ 同上书,第72页。
④ 参见周鲠生:《国际法》上册,商务印书馆1981年版,第124页。

这一事实的确认和宣告。这种观点在20世纪成为国际法学界的流行观点。长期以来,中国学者倾向于接受"宣告说"。比如,王铁崖教授的早期观点认为:"构成说在理论上和实践上的错误是显而易见的。因为新国家是先于和独立于外国的承认而早已实际上存在,因此认为承认行为具有创立新国家和构成新国际法主体资格的作用,从而断定未经承认的国家在法律上就不存在的观点,是十分荒谬的。"[①]中国学者早先支持"宣告说",一个重要的缘由是,新中国中央政府在建国初期迟迟未能获得大多数现有国家的承认,到1956年,新中国得到80个联合国会员国中28国的承认。如果接受"构成说",那么,中华人民共和国作为中华民国的继承国家的地位就成为疑问。

到了90年代中期以后,部分中国学者的观点出现了转向"构成说"的新趋向。如阎学通教授就认为,新中国成立初期,面对西方国家拒不承认新中国的现实,中国坚持"宣告说"符合中国自身的政治利益需要。但在冷战后,民族分离主义泛滥,继续否定"构成说","既不符合国际社会的发展变化,也不利于我在国际舞台上排斥'台独'和'藏独'分子,反对台湾和西藏'独立'"[②]。

本书认为,"构成说"和"宣告说"都有偏颇之处,也包含各自合理的成分,需要我们将合理部分结合起来,形成对承认问题更加中肯的观点。事实上,瓦茨修订的《奥本海国际法》就提供了这样一种综合性的观点:承认是对那些事实的宣示,但它也构成了被承认的社会在它与承认国关系中的权利和义务[③]。王铁崖后来也接受这一观点。他指出:"承认既是对被承认国存在的事实的一种宣告,也构成被承认国与承认国之间进行双边外交关系的前提。"[④]

只要一个政治实体具备国家的各个要素(领土、人民、政府和主权),它作为一个国家的事实已经成立。现有国家对这个国家的承认或不承认是对被承认国存在的事实的宣告或不宣告,并不从根本上影响国家的事实存在。比如,美国起初拒不承认新中国,不妨碍新中国政府对中国的有效管制,不妨碍与其他国家建立外交关系,并参与1954年的解决印度支那问题的日内瓦会

---

① 王铁崖主编:《国际法》,法律出版社1981年版,第101页。周鲠生的观点也是一样,见周鲠生:《国际法》上册,第125页。
② 阎学通:《中国国家利益分析》,天津人民出版社1996年版,第219—220页。另外参见楼庆红:《"国家承认"的性质和作用——试析"国家承认"的"构成说"和"宣告说"》,《国际关系学院学报》1996年第4期,第7—13页。
③ 参见《奥本海国际法》,第97页。
④ 参见王铁崖:《国际法》,第79页。

议。美国拒不承认朝鲜人民民主共和国,但是美国仍然在1994年和朝鲜签订了解决朝鲜核问题的框架协议,并在六方会谈框架下与朝鲜展开多边和双边交往。肯定"宣告说"与中国反对"台独"的国策并不冲突。对于台湾而言,它的"国家"地位已经被中华人民共和国所取代或继承,已经不能作为一个事实上的"国家"而存在。如果台湾主张"独立",这种"独立"未经中华人民共和国的宪法程序的同意,是不合法的独立,不能产生一个事实上的新国家。在任一情况下,台湾无法成为一个事实上的"国家"。

与此同时,承认的重要性也是不可否认的,它也许不是一国成为国家的必要条件,但也许是一国充分享有其国际法主体资格的充要条件。也就是说,如果没有普遍的国际承认,一国的国际法主体地位就受到很多的限制,不能与未承认国依照国际法发生权利义务关系,也会被排斥出许多国际组织。在经过半个多世纪艰巨的外交努力,中国现在已经根据自己的条件实现了与世界上大多数国家的相互承认,建立了外交关系,并进入了重要的国际组织。普遍承认使中国充分享有国际社会一员的权利。与此同时,台湾的所谓"国际承认"日益缩减,仅剩二十多个小国仍因台湾的"支票外交"而与台湾维持所谓的"外交关系"。

当然,在国际政治中,存在着不具备国家要素的政治实体因为获得外部强权的承认而最终成为独立国家的事例。比如1991年南斯拉夫联盟的前加盟共和国克罗地亚宣布独立后,南联盟认为该独立为非法,因此,克罗地亚的主权地位是受到质疑的。但是,德国匆忙对其承认后,克罗地亚在西方国家的外交和军事援助的支持下,终于在南联盟的内战中获得胜利,确立了其主权国家地位。

国家承认和政府承认

外交承认包括两个方面,即一个主权国家承认另一个主权国家;或一个主权国家承认另一个主权国家的政府为该国的合法政府。前者是国家承认,后者指政府承认。

一般来说,承认一个国家表示承认该国的主权地位,即这个国家在国内拥有处理内部事务的最高权力,在国外拥有独立权和平等权。承认一经作出,就意味着现有国家接受新国家为国际社会的成员,承认该国所具有的各种权利和义务。如前所述,新国家在国际上的权利并不取决于现有国家的承认,但承认构成所谓的"禁止反言",即承认的行为使承认国不得否认。承认一经作出,承认国对被承认国的国内法律法令和司法判决的效力应予以尊重;被承认国及其国家财产在承认国的法院享有管辖豁免等等①。

在下述情况下,国际社会将面临国家承认的问题:(1)当原来的殖民地、被保护国取得了民族独立,建立新的主权国家;(2)两个或两个以上的独立国家通过协议实现合并,建立一个新国家,如1990年10月联邦德国和民主德国统一;(3)主权国家的一部分脱离母国,通过分离建立新国家,如2002年东帝汶从印度尼西亚脱离成为独立国家和2006年黑山共和国从塞尔维亚和黑山联邦脱离成为独立国家;(4)原来的主权国家分解分立为多个独立国家,如1991年苏联的分解,捷克斯洛伐克的和平分家等。按照国际惯例,国家通过正常的法律手续更改国名无须重新获得国际承认。

对一个旧国家的新政府的承认和国家承认有所不同。新政府的出现通常不影响到对该国的承认。但是,新政府能否获得国际承认,关系到该政府是否被其他国家承认为该国的合法政府,能否在国际上代表这个国家,行使该国承担的国际义务,享受该国的国际权利。

一般而言,旧国家的新政府是否在本国实行有效控制是其他国家给予承认的主要依据。正是基于这一点,新中国在1949年成立后,苏联于次日来电表示承认中华人民共和国,并愿意和我国建交。随后,保加利亚、罗马尼亚、匈牙利、波兰、越南、缅甸、印度、挪威、丹麦、芬兰、瑞典、英国等几十个国家相继承认新中国,并撤销了对国民党政府的承认。英国政府1951年1月6日承认中华人民共和国政府的电文就写道:"于研究完毕因中华人民共和国中央人民政府成立而产生之情形后,及观察到其对中国领土绝大部分之有效控制,本日已承认此政府为中国之合法政府。"②

一国政府依据本国的宪法程序进行正常的更迭不需要重新获得国际承认。尽管如此,相反的例子也是存在的。主张对以色列采取强硬政策的哈马斯通过选举在巴勒斯坦上台执政后,西方国家拒绝承认哈马斯政府。这是政府承认沦为承认国政治工具的又一例证。对政府的承认通常发生在因政变或革命产生新政府的情况。在这种情况下,现有国家有权决定是否给予承认,并常常依据本国的政治利益考虑作出决定。比如,以美国为首的一些西方国家从政治考量出发,长期拒绝承认中华人民共和国中央政府为代表中国的唯一合法政府,继续承认和扶植台湾的所谓"中华民国"及其政府。美国直

---

① 参见王铁崖主编:《国际法》,1995年版,第81页。
② 中国外交部档案馆编辑:《解密外交文献:中华人民共和国建交档案,1949—1955》,中国画报出版社2006年版,第462—463页。

到三十年后的1979年才正式承认中国,并断绝与台湾的"外交关系"。在20世纪的历史上,美国也因为政治原因拒绝承认新兴的苏联达二十年(1917—1937)之久。相反,如果通过非正常的宪法途径诞生的政府对承认国友好,如近年来"颜色革命"中诞生的亲西方的乌克兰、格鲁吉亚等新政府,西方国家马上给予了外交承认。

外交承认可以采取不同的方式。比较郑重的方式是有关国家发表联合公报,宣布相互承认。目前较为多见的方式则是,一国领导人、外交部或外交代表以电文、声明或谈话的形式宣布承认。另外,外交实践中还存在的"事实上的承认"的做法,即一国不公开对另一国表示承认,但通过具有法律效果的实际行动,如与该国签订具有官方色彩的协定,事实上对另一国的主权国家地位或新政府的合法性表示了承认。1972年尼克松访华时中美签署的《上海公报》,表示美国已在事实上承认了中华人民共和国及其政府。不过,"事实上的承认"还不完全是正式的外交承认,它只是导向正式外交承认的过渡形式。

外交关系的建立

在大多数情况下,相互承认的两国将进而建立正式的外交关系。这意味着两国将有权派出自己的外交代表到对方的首都常驻和建立使馆,并按国际法和惯例享有外交特权和便利,以代表本国和维护本国的利益。在新中国成立后的第一年中宣布承认中国的大多数国家都迅速和中国建立了外交关系。

1963年《维也纳外交关系公约》第二条规定:"国与国之间外交关系及常设使馆的建立,以协议为之。"按此规定,外交承认虽是建立外交关系的前提,但承认并不等于建交。承认主要由承认国单向提供,建交需要承认国和被承认国双方同意。一般而言,如果承认国愿意给予承认,外交关系的建立就没有了障碍。但是,从中国特殊的承认和建交实践来看,承认和建交之间有着多种不同的关系。

(一)承认与建交同时宣布。比如1949年10月4日匈牙利外长致电中国外长周恩来,表示匈牙利政府"认为中华人民共和国政府为中国唯一合法的政府,并愿借此机会建立我们两国的外交关系"。10月6日,周恩来外长回电同意建交①。

---

① 参见中国外交部档案馆编辑:《解密外交文献:中华人民共和国建交档案:1949—1955》,第107—108页。

（二）建交即意味着承认。承认国并无正式的关于承认的明示表示,但通过建交行动默示地表示承认。比如,1964年1月27日,中国法国发表了简短的建交公报:"中华人民共和国政府和法兰西共和国政府一致决定建立外交关系。两国政府商定在三个月内任命大使。"戴高乐考虑到他同蒋介石在二战时期的交情,不愿公开声明断绝与台湾的"外交关系"。但双方通过富尔和中国领导人的私下谈判,达成了法国承认中国政府的私下默契[1]。公报发表后,蒋介石当局宣布与法国"断交",中法建交顺利达成。

（三）承认而不建交或半建交。新中国的外交原则是要求建立平等的国与国关系,取消列强在中国的特权地位,消除外国在中国的影响。因此,对凡是愿意承认新中国政府的国家,中国主张在谈判的基础上实现建交。如果承认国不愿满足中国的建交条件,中国宁愿推迟建交时间,或仅采用"半建交"的方式。英国于1950年1月表示承认新中国,并撤销对国民党政府的承认。但在承认新中国的同时,英国坚持保留在台湾淡水的领事馆,在处理中国在香港等地的国家财产和中国在联合国的代表权等问题上未采取善意的行动,中英建交谈判一直未果。直到1954年,两国才建立起"代办级"外交关系。1972年3月,在美国总统尼克松访华后不久,英国决定撤销其在台湾的官方机构,从而使两国外交关系升格为大使级外交关系。另外,以色列在1950年就承认中国,但两国建交直到1992年才得以实现。

二、外交代表

外交的代表功能分成两个部分:象征性代表和实质性代表。象征性代表是一国在其他国家面前显示存在和地位,而实质性代表则是一国在其他国家面前表达立场和提出要求。

象征性代表

在某种程度上,外交官是一国在国外的人格化身。他们对外代表国家,其一言一行都影响国家的声誉和形象。外交官们要常常在驻在国出席各种迎送、会见、演讲、宴请、参观游览、庆贺、吊唁等各种活动和仪式。另外,一国在国外的使馆馆舍、国徽和国旗是一国在国外的物理化身。按照摩根索的观点,象征性代表具有两个主要功能:一是用来检验一国在海外拥有的威望,二

---

[1] 参见陈敦德:《破冰在1964——中法建交实录》,世界知识出版社2000年版,第218—242页。

是用来检验一国对驻在国的威望所持的态度①。

1999年,原中国驻日内瓦联合国机构大使吴建民调任驻法国大使。时任法国总统希拉克对中国非常友好,重视发展与中国的关系。在吴建民大使递交国书时,希拉克在合影留念时破例让吴大使站在总统和法国外交部长的当中,并长谈45分钟。在2000年1月在爱丽舍宫举行的新年团拜会上,希拉克与一百多个国家的大使一一握手,在每个人面前都只停留几秒钟,但唯独与吴大使攀谈了足足四五分钟。在吴大使任内,希拉克还专程邀请吴大使夫妇到总统府参加私宴,也赴中国大使馆参加吴大使夫妇为总统夫妇举行的家宴。希拉克的举动不仅反映了吴大使和总统之间良好的私人关系,也表达了希拉克总统任期内法国对中国的高度重视。在希拉克眼里,就像希拉克的总统外事顾问雷维特所言,"中国终究是中国"②。

象征性代表主要是通过外交官来实现的。一国外交官的言谈举止如何,直接关系到一国在驻在国的形象。优秀的外交人员能够熟练地运用当地的语言,了解并尊重当地的风俗。他们风度翩翩,举止优雅,言语得体,机智灵敏,正派沉稳,从而给驻在国留下一个良好的印象,拉近两国人民的距离。相反,如果外交人员举止鲁莽,言语粗鄙,经常冒犯驻在国或其人民,他们就会疏离驻在国人民,扩大两国间的认识鸿沟。

虽然,由于通信手段的日益先进,一国对另一国的印象已不仅仅来源于外交官的行为举止,但外交人员作为一国在驻在国的正式代表,他们留给驻在国的印象是一国的官方形象。因此,各国都在选拔和任用外交人员时设立了严格的标准。美国在1980年还通过了《外交人员法》,要求外交人员必须能"代表美国人民"。他们"几乎按照定义就必须是人中精华。他们是国家在海外的象征,在天资和训练所能做到的范围内尽可能给人以积极的印象。他们应当了解、欣赏并在某种程度上体现本国的文化传统、科学成就以及政治制度建设的成就"③。新中国的历代领导人也对外交人员在履行象征性代表功能上提出了严格的要求。外交人员在国际交往和涉外活动中,要光明磊落,不亢不卑,不做任何不利于祖国的事,不说任何不利于祖国的话。作为代表一个大国的外交人员,中国的外交官既要拒绝民族利己主义,也要拒绝大国沙文主义,绝不可盛气凌人。

---

① 参见〔美〕汉斯·摩根索:《国家间政治》(第七版),第566页。
② 参见吴建民、施燕华:《在法国的外交生涯》,上海三联书店2006年版,第10页。
③ 〔美〕马丁·梅耶:《外交官》,夏祖癸等译,世界知识出版社1988年版,第162页。

实质性代表

除了象征性代表外,外交的代表功能中还包括实质性代表,即政策性代表,或外交交涉。实质性代表包括三个基本的方面:表达和解释本国政策;要求其他国家澄清和解释其政策意图;对其他国家的某项政策表明立场和提出要求等。

实质性代表涉及大量针对其他国家的政策说明和阐释工作,如进行口头说明,致送书面照会、函件和备忘录等。一国要实现自己的对外政策目标,它就必须让其他国家了解本国的政策,以寻求别国的理解、同情与合作,或至少不来妨碍本国政策目标的实现。如果有关国家对一国的政策和意图没有准确的了解,它们在追求自身目标的同时就不会或无法来照顾该国的利益,从而对该国带来不必要的麻烦。中国现在致力于发展和周边国家的睦邻友好关系。但如果这一政策和意图没有明确无误地传达给有关国家的决策者,它们就会怀疑中国的政策意图,害怕中国试图在本地区依靠它的强国地位来建立新的地区霸权,从而会采取各种各样的安全和外交措施来防范中国。

必要时,一国政府将要求另一国政府澄清其政策,便于本国能正确制定对策,防止误解的发生。

此外,实质性代表的另一项任务是就某项事务向有关国家表达本国的观点、看法、建议和要求。在法属阿尔及利亚获得独立后,法国不得不将其核试验场转移到法国在南太平洋的属地穆鲁瓦岛。为此,周边国家十分反感。新西兰驻法国大使在1973年向法国政府提交了一份备忘录,表达了新西兰对法国这一行动的立场。备忘录表示,新西兰对放射性散落物在生理上的影响感到不安,对核武器的扩散感到不安,对欧洲国家不在本国而是在海外领地进行核试验表示不满。当别国的某项政策或行为严重损害到本国的利益时,一国会提出抗议来表达本国的不悦或愤怒。一国向另一国提出正式的外交抗议,一般由本国驻外使馆向驻在国外交部门提出。有时,为了强调本国的不快,一国还可通过本国的外交部长、副部长或主管司长召见另一国使馆的外交官,在进行口头抗议之余,再致送书面的抗议照会。

过去,实质性代表主要通过外交渠道来进行,即主要通过一国的外交部门和驻外使馆来进行。随着首脑外交的日益盛行,一国的国家元首或政府首脑也经常进行着外交代表的活动。通过出国访问、参加国际会议、约见外国使节、进行热线交谈、交换书信等形式,各国首脑日益担负起解释本国政策和表达本国立场的职责。

在进行实质性代表时,外交人员常常使用外交辞令。外交辞令是外交场合中口头和书面表达的一种特殊形式。它所使用的词语和语气要求准确、掌握分寸、含蓄、婉转,并经常使用托词。外交辞令的作用,是既要准确地表达自己的态度,又要避免刺激性的言辞激化国家间的矛盾。即使是言辞激烈的抗议照会,也需要以"致意"开始,"顺致崇高敬意"结束,以外交辞令来保持正常的礼仪。

外交文书

外交文书是指外交通信所使用的各种形式的文书[①]。它是进行外交交涉和礼仪往来的一种重要手段。当然,外交沟通还可以通过口头方式和非语言方式进行,如发表讲演、接受媒体采访和肢体语言。但是,有许多理由要求外交人员使用外交文书来进行书面通信。这些理由包括:外交文书更加严谨准确,口头语言较为随意,容易出错;外交文书显示郑重其事;外交文书有案可查;外交文书可以换文方式形成协议。经常使用的外交文书可以分为四类:照会、信函、备忘录和电报。

(一)照会。照会分正式照会和普通照会两种。

正式照会由国家元首、政府首脑、外交部长、大使、代办、临时代办等人签名发出,并用第一人称写成。一般不盖机关公章。正式照会用于:(1)重要情况的通知,如国家领导人的变更、承认、断交、复交等事项的正式通知。(2)重大问题的交涉,如建议缔结或修改条约,建议召开国际会议;接洽国家元首、政府首脑的访问以及其他有关政治、军事、经济等重要问题的交涉。(3)重要礼仪的履行,如表示庆贺、吊唁等等。

普通照会由外交机关(外交部)或外交代表机关发出,行文用第三人称,加盖发文机关公章,一般不签字。普通照会顾名思义主要用于进行一般性、日常性和行政性事务的交涉。不过,随着外交礼节的日趋简化,许多原本需用正式照会来交涉的事宜也日益采用普通照会的形式。普通照会无须领导人直接出面,采用机关对机关的方式,可以直话直说,便于表达较激烈的意见和立场,大多数抗议照会采用普通照会。

普通照会以同样内容普遍分发给当地各外交代表机关的,亦称通告照会。例如,外交部用以向外交团发送各种事务性通知、规定、条例等照会,以及各外交代表机关用以通知大使、临时代办离任、返任,外交官到离任、例假

[①] 参见鲁毅等:《外交学概论》,第260页。

日等。这类通告照会可复印,受文机关可写"各国驻××国外交代表机关"。

照会中的发文者与受文者要相对应,且级别相当。正式照会是人对人,如元首对元首,总理对总理,外长对外长,但大使作为国家的全权代表可对外长、总理、元首,而代办一般只对外长。普通照会是单位对单位,也需要在同级别单位之间使用。

照会的开头和结尾都有比较固定的致敬语,在开头表示"致意",在结尾表示"顺致崇高敬意"。即使在表示抗议的照会中,这些致敬语也不能省略,以表示正常的礼仪。

(二)外交函件。外交函件是国家领导人、外交人员以及各部门各机构写给外国相应人员与机构的书信,采取第一人称,需要个人签名。和照会相比,外交函件具有更强的个人色彩,可以显示发信人和收信人所在国家已经建立了较为正常的关系。国家领导人和高级外交官签名写给其外国同僚的信件称为正式外交函件。其作用是用来提出请求、表达立场、解释政策,甚至表达警告①。那些一般外交官之间旨在处理日常性事务的信件称为外交便函。

(三)备忘录。备忘录是外交代表机关之间使用的一种外交文书,用来说明就某一事件、问题进行交涉时在事实上、立场上、法律方面的细节,或用来重申外交会谈中的谈话内容。可面交或送交对方,无客套语、致敬语,开头就叙述事实。在会谈或交涉中为了对方便于记忆谈话的内容或避免误解,可预先写成备忘录面交对方,也可在谈话后将要点用备忘录送交对方。为了叙述事实或陈述、补充自己的观点、意见或驳复对方的观点、意见,如果用照会过于郑重时,可使用备忘录。有时为了提醒某一件事,作为一种客气的催询,也可送交备忘录。

备忘录也可以作为正式照会或普通照会的附件。

(四)电报。国家领导人、外交代表,各部门和机构亦常用电报同外国相应人员及单位进行文书往来。电报多用于祝贺、慰问、吊唁及各种事务性联系。抬头应写清受电人国名、地名、职衔、姓名,发电人亦应具职衔和全名或机构名称。

电报可直发收电人,亦可发有关国家外交部转交或通过驻外使馆转交。

外交文书一般以本国文字为正本。但为了使收件人能够确切理解文件

---

① 比如美国总统约翰逊在1964年6月5日用极其强硬的语气致信当时的土耳其领导人伊诺努,警告土耳其不要对塞浦路斯希腊裔和土耳其裔民众之间的冲突进行军事干预。参见〔英〕R.P.巴斯顿:《现代外交》(第二版),赵怀普、周启朋等译,第73页。

的实质内容，往往附有收件国文字或通用的第三国文字的译文。在本国向外国常驻代表机关发送事务性函件，也可仅用本国文字，不附译文。一般函电也可用接受国文字或通用文字书写。

外交通信体现国家的对外方针政策，所以起草和发送对外文书是政策性很强的工作。即使是一件纯属礼节性的函件，如果格式与行文不合常规，也可能引起收件人的误解和不愉快，如果文内有其他错误，则会造成更为严重的后果。因此，书写对外文书要求文字严谨、精炼、准确，客套用语合乎惯例，格式要美观大方，打印要整洁。

收到各类文书要尽快处理，切勿拖压，尤其是外交上的文书往来，收下回复或不予置理以至拒收退回，都反映一种政治态度。因此对外文书处理要十分慎重。一般情况下，除某些纯属通知性的文电外，应以相应的文书进行答复或复谢。

三、外交调研

外交调研的含义

如导言所述，对外国情况进行就近观察和调查是近代驻外常设使团诞生的重要缘由之一。1961年《维也纳外交关系公约》第三条把"以一切合法手段调查接受国之状况及发展情形，向派遣国政府具报"规定为驻外使馆的基本任务之一。当然，这里的观察和调查并不仅限于将驻在国的情况报告给本国，显然也需要涉及对获得情况的分析和研究。在新中国的外交实践中，我们把对外国情况的调查和研究合称为外交调研。

外交调研是一国外交部门通过其在国内和国外的机构和人员通过合法途径有意识地搜集有关国家或国际组织的事实、数据和材料，并进行分析和研究，以服务于本国外交的科学决策。外交调研的特点如下：

（一）外交调研就调研主体而言有两个层次，即驻外机构和人员的前方调研和国内机构和人员的后方调研。驻外使领馆负责前方调研，外交官利用身在第一线的优势，除收集"死"材料外，还借就地直接观察和开展交友活动的便利，广泛收集第一手材料，分析研究后报告国内。以外交部为主在国内进行的后方调研，具有信息全面集中、研究能力较强以及身处外交决策中心的优势，其调研工作更加具有全局性、时效性和对策性。

除了依靠外交部本身的研究机构，如中国外交部就专设有政策研究司，还可以借用外脑。在中国,这些外部思想库包括直属外交部领导的中国国际问题研究所、外交学院,隶属其他部门的中国现代国际关系研究所、中国国际战略学会,中国社会科学院相关研究所、上海国际问题研究所,以及北京大学、复旦大学、中国人民大学等重点高校的国际问题研究机构等等①。这些思想库的调研特色是具有综合性、回顾性、全局性、战略性和展望性,高校的调研特色则更具有理论性和学术性。

(二) 外交调研就调研内容而言可分为两大类:基础调研和动态调研②。两者各有其用,相辅相成。外交调研的一个重要目的是调研国际事态发展的动向。我们最关心的不是事物的静态,而是事物的动态,从事物的动态中作出分析、判断和结论。然而,动态调研又离不开基础调研。动态调研的基础是基础调研。离开基础调研的动态调研就会成为无源之水和无本之木。基础调研是"调",动态调研是"研",外交调研的成品一般都是动态调研和基础调研相互结合的硕果。

所谓基础调研,指的是对外交调研所研究的对象的基本情况进行调研。不管是什么类型的外交调研和对什么样的国际问题进行调研,总归会有了解和掌握有关基本情况的问题,这就需要基础调研。基础调研的内容包括所研究对象的方方面面,如历史、地理、文化、经济、政治、军事、社会、宗教、风俗等等。基础调研主要通过记大事记、整理反应、撰写基本情况的调研报告等形式体现出来。基础调研贵在坚持。只有持之以恒,保持连续,调研才显成效。基础调研是初级调研,但也是不可或缺的调研。它是外交调研工作者的入门之功。千里之行,盖始于此。弗因其为基础而不为也。

动态调研乃相对基础调研而言。动态调研涵盖面广,除基础调研以外的调研一般都归属于动态调研。而细分起来,就有综合调研、战略调研、热点调研、突发事件调研、双边调研、多边调研、经济调研、军事调研等等,不一而足。动态调研的特点是,在基础调研的基础上狠抓新动向、新发展、新问题。虽然有时只"旧"不"新"也是动向,但一般来说,动态调研的文章都是做在"新"字上。

(三) 外交调研的目的是为了服务于国家外交的科学决策。早在两千多

---

① 参见杨洁勉:《后冷战时期中国关系:外交政策比较研究》,上海人民出版社2000年版,第134—142页。
② 以下参见《什么是外交调研》,外交部网站,http://www.chinaconsulate.se/chn/ztlm/gtbfyrth/wjdy/t217875.htm,2006年8月3日访问。

年前,《孙子兵法》就有名言曰:"知己知彼,百战不殆。"无论是在战场上还是在外交场合,全面、准确及时地掌握对方的情况,并作出科学的判断,始终是制胜的不破真理。外交调研人员所提供的情报、分析、判断和建议是国家领导人做正确的外交决策的一个重要依据。美国前总统理查德·尼克松在其《真正的战争》一书中写道:"一个总统能得到的情报的种类和质量可能成为他在发挥世界领导人的作用方面是成还是败的决定因素。"

(四)外交调研可"以一切合法手段"进行。这意味着外交调研可以采取合法的一切手段,同时不允许间谍之类的非法手段。合法的手段和途径主要有两个方面:合法占有材料,如收听、收看、收集并研究公开发表的驻在国领导人讲话、政府公告以及其他官方材料;收听、收看、收集并研究驻在国的广播、电视以及各种书、报、杂志;合法地开展各种活动,如接触驻在国的官方人士、各国外交官员以及驻在国的各界人士,广交朋友、广结善缘。

必须指出的是,尽管国际法要求外交调研合法进行,但是不合法的情报搜集活动从未消失。一些国家在驻外使馆中派驻专门的情报人员,他们具有从事情报收集的专业技能,并配备了专业工具。他们常常以外交官的身份抛头露面,在从事公开合法的情报收集的同时,也不时进行秘密和不合法的间谍活动。在冷战期间,美苏之间相互驱逐的外交官中,许多是拥有外交官头衔的美国中央情报局人员和苏联的克格勃人员。

外交调查

毛泽东说:"没有调查研究就没有发言权。"外交调研的第一步,或者说基础,是调查,是合法和广泛地搜集高质量的相关材料。这些材料一般可分为两类,即"死材料"和"活材料"。所谓"死材料",就是那些作为一般公众就可以自由获得的公开材料,包括一切来自外国报刊、出版物、广播、通讯社、电视、因特网等公开渠道的材料。所谓"活材料"通常是指外交官走出门,交朋友,通过相互交流和谈话所获取的材料。

外交调研主要依靠的是公开材料。一般认为,在和平时期,90%至95%的情报都是公开情报。公开材料的来源十分广泛。凡是外国报刊、广播、电视、因特网上的新闻和评论,都是重要的材料来源。近年来,随着因特网带动下信息化的空前发展,以及外交透明度的日益增加,公开资料日益随手可得,且大大便利了材料搜集。以往用传统手段收集信息,不仅数量匮乏,而且速度缓慢。外交调研主要依靠阅读外国的报纸杂志,并需要把每天阅读过的材料分门别类地剪剪贴贴。而在网络时代,公开材料的搜集,只要打开电脑,访问相关的网站就能得到源源不断的最新信息,其方便和快捷确非传统方法所能比拟。

信息时代的到来除了为外交调研带来便利,也给外交调研带来了两方面新的挑战。首先,信息革命带来了所谓的"信息爆炸"现象,即信息过多和过滥。就外交调研而言,信息时代的天量信息来自两个渠道。一个渠道是公开材料的无限累积。"信息爆炸"不只是表现在信息量的空前增加,它还表现在信息更新的与日俱增,以及信息提供者的多样化和草根化。在这种情况下,据估计,现在世界上的信息是每隔两年或甚至不到两年就会增加一倍。另一个渠道是国家利用信息技术获得的非公开材料也急剧增加。随着如今远距离情报收集技术的快速发展,针对某一国家的情报收集可以多渠道进行。如美国和俄罗斯的侦察卫星,通过光学成像、红外线成像、雷达成像及电子侦听等方式,可以一天24小时对重点地区的地面活动、电讯联系保持全方位的监视,为一国提供大量不能从公开途径获得的情报信息。在天量信息面前,外交调研的工作除了要获得信息,更重要的是筛选信息,学会如何"去粗取精、去伪存真",筛掉伪信息,选出高质量信息。

其次,信息革命使得后方机构的材料获得能力大大提高,要求驻外使馆将活材料搜集作为其工作重点。在因特网、卫星直播电视和侦察卫星时代,后方外交调研机构在材料搜集方面的能力大大加强,而不再像过去那样依赖前方机构提供的死材料。这显然要求前方机构和人员的材料搜集工作在重心上作出革命性的变化,即从死材料的搜集向活材料的搜集转变。

"死材料"虽然重要,但它常常鱼龙混杂,包含大量无用或虚假的信息;而且,外交机密一般不见之于报刊媒体。因此,外交官们不能深居简出,想当然地认为"秀才不出门,能知天下事",而要广泛结交驻在国各方面的人士,争取获得更尽可能的有价值的"活材料"。

获得"活材料"的途径是外交官通过广泛结交相关国家的外交决策和知情人士,如国家领导人、外交官、其他部门政府官员、国会议员、学者和媒体人士等,在交谈中获得公开渠道不易获得的信息,或者能够帮助我们对公开材料进行梳理和辨伪的信息。1970年10月,罗马尼亚总统齐奥塞斯库访美,尼克松总统在欢迎宴会的祝酒词中首次称我国为中华人民共和国。晚宴后,苏联大使多勃雷宁立即打电话给基辛格,询问尼使用此词是何含义。基辛格答道:这并无特殊含义。苏联不是也把中国称为中华人民共和国吗?基辛格的回答明显是意在搪塞的外交辞令,但多勃雷宁却从中听出了弦外之音:美国正对其对华政策作重大调整,中美关系出现解冻的先兆。由于驻外使馆身处异国,具有最好的条件去获得"活材料"。

外交研究

外交调研中的研究是要对所占有的材料进行分析,提出判断和对策建议。所以,外交人员需要根据现有材料的性质和对外政策的需要来进行科学的研判,并做到:

(一)外交调研要能够知己知彼。外交调研当然是掌握外国的情况,并作出判断。但是,外交调研的出发点是为了更好地决策,以实现本方的国家利益。因此,外交调研不能忽视对本国情况、利益和政策的掌握。也就是说,"知彼"和"知己"存在着相辅相成的关系。"知彼"无疑是我们调研的主要目的,然而在力求"知彼"的同时,我们也不应忽视"知己"。实际上,外交调研必须始于"知己"。只有首先把"己"弄清楚,"知彼"才有方向和目标。只有在"知己"的基础上寻求"知彼",才能有的放矢,了解深刻,"知"得有效①。

(二)外交调研要能由表及里、由此及彼和见微知著。外交调研所获得的材料大多源自公开渠道,有关国家的外交机密并不能轻易获得。因此,外交调研者需要运用分析来发现公开和表面信息下所蕴含的内部信息,从当下的零星信息中看到未来发展的趋势。

由表及里要求外交调研者善于读字里行间,听弦外之音,也就是中国外交界所谓的"会读"。比如,1972年2月,尼克松总统首次访华。中国在报道毛泽东主席和尼的会谈时用的措辞是双方进行了"认真、坦率"的谈话,而1969年周恩来总理在北京机场会见苏联总理科西金,中国在报道时只说双方作了"坦率"的交谈。从这有无"认真"的两字之差,苏联外交官察觉出中国置中美关系于中苏关系之上的端倪。在当今的信息时代,"会读"的重要性更是不可或缺。

见微知著则要求外交调研具有前瞻性。任何事务的发生必然有其前兆。前瞻性研究要求调研者能够及时捕捉到这些先兆,并根据国际关系的一般规律推导出事务发展的未来趋向。当然,前瞻性研究一直是一个各国面临的难题。由于国际形势变化多变,即使是前瞻性研究最强的美国也未能预见到印度和巴基斯坦在1998年的核试爆,以及2001年基地组织策划的"9·11"袭击。尽管如此,如果一国的外交政策要具有远见卓识,前瞻性研究必须得到

---

① 《外交调研入门数要》,外交部网站,http://www.chinaconsulate.se/chn/ztlm/gtbfyrth/wjdy/t217873.htm。

加强。这一点,在中国特别需要引起重视①。

（三）外交调研要实事求是。国际形势总体上是一种客观的外部存在,需要我们用科学的态度和方法去加以还原,从而发现其中的真实矛盾和机会。20世纪60年代末,虽然中国和苏联发生了边界战争,但国内的"文化大革命"以及国际上推行的"世界革命"战略仍然使中国把美国作为头号敌人之一。在此情况下,如何正确地研判国际形势,界定中国的国家利益,并进而制定外交政策利害重大。为了让外交调研摆脱"左"倾思想的制约,毛泽东主席和周恩来总理委托陈毅、叶剑英、聂荣臻和徐向前元帅,对国际形势的战略格局进行闭门研讨。四位老帅殚思竭虑,在前后七个多月的时间里举行了二十多次座谈会。在他们提交的报告中,老帅们认为：在当时的国际形势下,针对中国的战争不致轻易爆发,美苏矛盾大于中苏矛盾,中苏矛盾的尖锐程度又超过中美矛盾,对中国的威胁首先来自北方,因此中国应考虑设法从中美的严重对峙中脱身出来,巧妙利用美苏矛盾以对付苏联。根据老帅们的建议,毛泽东和周恩来决定改善中美关系,实行"以美制苏"来替代60年代反对美苏的"两个拳头打人"战略,改变了70年代后的整个世界格局。

（四）外交调研要避免主观意志。主观意志或来自外交调研人员对别国的个人情感上的好恶,或来自基于文化、宗教、政治或意识形态信仰的偏见,或出于对上级领导的无原则顺从,"唯上"思想作乱,而只报喜不报忧。无论出于何种情形,主观意志的出现将干扰外交调研者对事务作出正确的研判,给本国的外交带来危害。

比如,中国的有关外交调研部门对1978年伊朗国王巴列维垮台就做出了一个错误判断。当时霍梅尼领导的伊斯兰人民革命已经发展到如火如荼的程度,巴列维国王的统治已岌岌可危,可是我方某些调研人员,似乎偏爱巴列维的反对苏联霸权主义的坚决,硬是对上述形势的突变视而不见,错误地判断说：巴列维还能控制局面,美国人还将继续支持巴列维,霍梅尼尚不足以推翻巴列维政权。这个错误的判断导致我领导人在这个极不适当的时刻访问伊朗,结果使中伊关系蒙受了不必要的损害②。

---

① 《加强前瞻性研究——外交调研新挑战》,外交部网站,http://www.chinaconsulate.se/chn/ztlm/gtbfyrth/wjdy/t217353.htm。

② 《外交调研判断是要害》,外交部网站,http://www.chinaconsulate.se/chn/ztlm/gtbfyrth/wjdy/t217387.htm。

四、外交保护

外交保护与领事保护

《维也纳外交关系公约》第三条规定,驻外使馆之第二项职务是:"于国际法许可之限度内,在接受国保护派遣国及其国民之利益。"1963年《维也纳领事关系公约》第五条则把领事职务第一项规定为:"于国际法许可之限度内,在接受国内保护派遣国及其国民——个人与法人——之利益。"如此,在相关的国际法中,我们可以发现外交保护和领事保护并存的现象。在实践中,外交保护和领事保护这两个概念经常交互使用,区别不大,都是指派遣国的外交、领事机关,依据国际公约、双边条约以及派遣国和驻在国的有关法律,在接受国内保护派遣国及其国民正当合法权利和利益的行为,如在派遣国公民、法人的正当权益在接受国受到违反国际法的侵害时,派遣国使领馆向驻在国当局交涉,要求制止不法行为、进行救济或承担责任;或直接由派遣国使领馆和外交、领事官员在国际法许可的范围内,向本国公民、法人提供必要的帮助和协助。

外交保护是主权国家的国家权力。根据国家主权平等原则和属人管辖原则,任何一个作为国际法主体的国家均有权通过本国的外交机关对在国外的本国公民提供各种保护。同时,外交保护也需要在尊重接受国主权的基础上进行。在外交史上,列强常常借口保护本国侨民对其他弱小国家进行干涉和侵略。1983年10月20日和1989年12月20日,美国先后出兵格林纳达和巴拿马,其理由之一即是保护美国侨民的安全。日本当年入侵中国,其一个借口也是为保护其侨民的安全与利益。为了防止外交保护成为列强对弱小国家进行干涉和侵略的借口,拉美国家提出了所谓的"卡尔沃条款"以作为外交保护在法律上的对抗手段。"卡尔沃条款"是从南美洲著名的国际公法学家卡尔沃(Carlo Calvo,曾任阿根廷共和国外交部长)的公法理论发展出来的。卡尔沃在他所著的《国际法的理论和实践》一书中,强调外国人在美洲国家应与本地人民享有同样受保护的权利,而不应该要求更大的保护;外国人应受所在国法律的管辖;不容许任何外国的干涉,包括外交干涉。这一学说,受到拉美国家的广泛赞同,并写入许多国家的宪法、契约、协约或地区间国际组织的决议,形成了"卡尔沃条款"。它也常常成为南美国家涉外合同中一个条款,即涉外合同的外国当事人同意,合同所发生的要求或争议应由当地法院处理,而不能成为"国际求偿"的主题,从而表明他放弃本国保护的权利①。"卡尔沃条款"用意良好,要防止列强以外交保护之名行干涉小国内政之实,但是,它否定其他国家保护其本国公民利益的外交保护权,而从一个极端走到了另一个极端。《奥本海国际法》指出,多数权威的意见不承认"卡尔沃条款"中关于旨在使个人放弃受其本国保护的权利的那一部分的有效性,因为保护他不受违反国际法规则的待遇的权利,是国际法给予他的本国,而不是给予他个人的②。

外交保护与"民本外交"

一般而言,外交保护是当今时代民本外交思想的具体体现。发达国家在外交保护方面已经建立了比较齐全的体制和机制。在中国,外交保护作为外交的一项基本内容也一直受到重视。但是,以往外交保护的重点是国家利益,对个别公民的利益保护相对重视不够,出现了一些不尽如人意的地方,主要是某些中国驻外机构少数工作人员的做法不能令人满意,如:门难进、脸难看、怕麻烦,对中国公民遇到的困难不愿管,引起中国出境人员的不满③。当然,就中国政府整体而言,凡遇到的重大突发事件,都竭尽全力保护中国公民的生命财产安全。如1991年海湾战争时,为保证中国公民安全,从伊拉克和科威特接回五千名中国劳务人员。

近几年来,中国新领导集体提出了"立党为公、以人为本、执政为民"新的治国理念,2004年修订的《宪法》明确写入尊重和保障人权的条款,使保护人权上升为国家根本大法的一项原则。在此背景下,中国外交加强了为中国公民利益服务的宗旨,从"外交为国"发展到"外交为民",进入了"外交为民"的新阶段④。

在执政为民思想的指导下,中国外交也强调以人为本,不仅追求国家和民族的整体利益,也要保障和增进民族的每个个体成员的权益。外交部长李肇星2004年3月在会见记者时就表示:"新时期的中国外交也贯彻了以人为本、执政为民这一宗旨。"⑤2004年6月10日阿富汗发生针对我工程技术人员

---

① 〔英〕詹宁斯·瓦茨:《奥本海国际法》第一卷第二分册,中国大百科全书出版社1998年版,第329—330页。
② 同上书,第330页。
③ 参见张历历:《"外交为民":中国外交理念的新发展》,2004年6月3日《参考消息》。
④ 同上。
⑤ 《李肇星就中国外交工作和国际问题答中外记者》,新华网2004年3月7日。

的袭击事件后,国家主席胡锦涛立即指示外交部和驻阿富汗使馆采取一切措施,尽最大努力协助抢救伤员,妥善处理遇害人员的有关事宜。胡主席表示,"我们珍惜每一位同胞的生命,决不容许恐怖主义威胁中国公民的人身安全,中国政府将尽最大努力确保境外中国公民的安全"①。按照庞中英的界定,这种"民本外交"就是:"国家的外交组织、外交活动和外交内容都要以这个本来衡量,即是否满足了人民的需要、是否为人民尽到责任、是否受到了人民的有效监督、是否维护了每个公民在世界上的权利。"②

外交保护也是当今中国公民和法人全面走向世界的必然要求。根据外交保护的相关国际法和国内法,中国外交保护的对象是三类在境外的中国公民(包括个人与法人):一是定居在国外的中国公民,通称华侨;二是近几年来出国留学、工作、经商、劳务、创建公司或办事处的中国公民,通称新移民;三是临时出国旅游、探亲、经贸洽谈、交流合作的中国公民③。

随着我国改革开放的深入和经济的快速发展,越来越多的中国人走出国门,到其他国家和地区去经商、投资、务工、旅游、求学。根据中国外交部领事司副司长的介绍,1979年,中国内地公民的出入境总人次为28万;而在2005年,全国公民出境人数达到了3102万人次。到2004年底,中国在海外设立的中资企业有八千多家,海外中资机构一千九百多家,在外从事援建、投资、承包工程、劳务合作、医疗援助等事务的人员六十多万人,分布在二百多个国家和地区④。随着出境人员数量不断增多,公民和企业在境外活动范围扩大,海外利益不断拓展,中国公民和法人对国家提供外交保护提出了更高的要求。

外交保护是中国公民和法人在国外面临新安全形势的迫切需要。中国人在国际上愈来愈活跃的身影在引来各方关注的同时,对中国公民利益侵害的事件也日益增多。绑架、扣留、车祸、海难、恐怖袭击、劳务纠纷、非法移民等成为笼罩在众多海外华人心头的巨大阴影。2004年,全球涉及我公民各类案件一万八千多起,其中重大案件四十多起,各类死亡人数达七百五十多人。2005年中国外交部领事司共处理各类领事保护案件二万九千多起,比上一年

---

① 新华网布达佩斯2004年6月12日电。
② 参见庞中英:《以人为本——中国外交的新要素》,人民网2004年3月12日。
③ 张蔚:《试析近年来中国的领事保护》,2006年5月30日国务院侨务办公室网站,http://www.gqb.gov.cn/news/2006/0531/1/2521.shtml。
④ 荣燕、林立平:《外交部官员介绍近年来中国领事保护工作情况》,新华社北京2006年4月28日电,http://chinese.people.com.cn/GB/42315/4342305.html。

猛增了大约60%。就其起因而言,这些外交保护案例可分为三类:(1) 由于自然灾害、意外事故和社会治安等传统安全因素引发的案件。(2) 因政治目的、商业利益和恐怖活动等非传统安全因素导致的我企业和公民遇袭、伤亡案件。(3) 由于我公民、企业境外违法违规而产生的案件。

外交保护的实践

对于海外国民的外交保护,中国近年来的实践具有以下几个方面的特点:

(一)健全外交保护的组织体制。外交保护过去主要由外交部领事司领导,驻外使领馆负责实施。目前,领事司有工作人员一百四十多人,在外国设立的二百二十多个使领馆有领事工作人员六百人左右。鉴于中国在海外面临各种新的安全问题,原有的外交保护体制不能有效应对,中国政府在2004年7月1日正式设立了涉外安全事务司,负责应对例如恐怖主义等非传统安全因素对海外中国公民和法人的利益构成的威胁。同年11月,中国政府建立了由外交部牵头的境外中国公民和机构安全保护工作部际联席会议制度,负责统一指挥、协调国外涉我公民和企业的重大领事保护事件的处置工作。另外,外交部和驻外使领馆都设立应急机制,其主要内容是:组成应急小组,制订工作计划;确定联络方案,保障信息畅通;开设热线电话,收集各方资讯;协调国内外有关单位共同开展工作。

(二)加强外交保护的服务机制。外交部从2000年开始向社会颁布《中国境外领事保护和服务指南》,宣传海外中国公民寻求领事保护的基本知识。驻外使领馆也通过各种方式了解和掌握中国公民在国外的情况并与其建立直接联络,以便及时提供领事保护和服务。对不同国家和地区的安全状况进行动态评估,并及时在外交部和驻外使领馆网站上发布预警信息。外交部网站上专门设有"出国特别提醒"栏目,不定期发布与中国公民有关的各国信息,提醒中国公民慎重前往局势动荡的地区。

(三)强化外交保护的国际合作。在双边法律架构的建设方面,据统计,截至2006年5月,中国签署的双边刑事司法协助协定只有几十个,双边引渡条约更是只有21个,这种双边法律方面的空白某种程度上制约了中国保护海外人员安全的努力。为此,中国在加快与有关国家的谈判争取与更多国家确立双边司法合作的法律框架。在多边法律架构方面,第十届全国人大常委会于2004年8月批准中国加入《联合国人员和有关人员安全公约》。中国加入该公约后,联合国人员和有关人员中的中国派出人员将受到更好的安全保护。在具体事务合作方面,中国政府通过双边定期磋商、紧急交涉、派出外部长特别代表或政府工作组等形式,赶赴事发地点,敦促有关国家采取措施,切实维护海外中国公民合法权益。

(四)重视外交保护的具体实施。外交保护的具体实施可主要分为三类:较为传统的领事保护事宜,如协助处理个人意外,诉讼案件中的协助,以及近年来日益凸显其重要性的撤侨行动。

在协助个人意外方面,使领馆在中国公民遭遇意外时,特别是涉及人数多、伤亡情况严重的突发性大案、要案,会通过各种途径尽快了解有关情况,并及时通知国内有关部门及亲属,对善后事宜提供必要的协助。这类事件涵盖的内容非常广泛,如火灾、泥石流、海难、车祸、爆炸等自然及人为灾害。2004年12月26日,印度尼西亚附近海域发生强烈地震并引发百年罕见的印度洋海啸,给环印度洋国家带来巨大灾难,也给在该地区旅游的中国公民造成重大伤亡。共有13名中国公民(3名内地居民、7名香港居民以及3名台湾居民)遇难,21人(3名内地居民、18名香港居民)失去联系。灾情发生后,中央和国务院领导高度关心灾区中国公民和机构的安危,胡锦涛主席和温家宝总理多次指示外交部及中国驻外使领馆全力以赴救助受困的内地居民以及香港、澳门、台湾居民。外交部立即行动,多次召开紧急会议,研究对策。外交部领事司及我驻有关国家使领馆在中央的统一部署和部领导直接指挥下,及时启动应急机制,采取一切措施,全力搜寻和救助包括香港、澳门、台湾同胞在内的中国公民,并协助遇难者家属确认遗体和处理善后事宜。

在诉讼协助方面,2002年我国在新加坡的建筑工人汇款被骗,直接受害人超过千人。我国与新加坡政府反复协商,最终促成了新加坡政府介入此案,破例两次延长了受害工人的工作许可证,并追回了部分款项,最大限度地弥补了受害者的损失。

在撤侨行动方面,当驻在国发生地震等重大自然灾害、政治动乱、战乱或突发事件等紧急情况时,向中国公民通报情况,必要时协助中国公民撤离危险地区,包括办理必要的旅行证件,尽可能安排撤离交通工具等。比如,2003年1月伊拉克战争时,我国驻伊拉克大使张维秋带领在伊中国公民分期分批撤离,终于在战争爆发前两天把中国公民全部撤出了伊拉克。2006年的前七个月里,中国外交部就组织了三次大规模海外撤侨行动:2006年7月12日,黎以爆发冲突。中国外交部与驻黎巴嫩、叙利亚、塞浦路斯等使馆密切配合,分批安全撤离大部分在黎中国公民共计170人,其中有37名香港人。2006年4月,大约六百名被遣散的东帝汶士兵在首都帝力发生骚乱,随后东帝汶局势逐步恶化。5月,中国国务院安排两架包机到东帝汶,对二百多侨民进行一次性集中撤离。2006年4月18日,因不满总理选举结果,所罗门群岛首都霍尼亚拉发生骚乱,"唐人街"受到严重冲击。从22日晚起,中国政府动用了4架包机在48小时内从所罗门群岛撤出了312名侨民。

第六章
外交谈判

谈判是外交的核心功能,无怪乎一些学者将外交与谈判等同。外交的一个重要方面是化解国家之间的冲突,或者推进国家间的共同利益。这需要相关国家通过谈判来进行共同决策,然后基于该共同决策采取协同行动。两个相持不下的交战国要结束战争,就必须通过谈判达成停火协议,并采取协同的停火行动。两个寻求废除相互关税壁垒的国家也需要通过谈判建立双边自由贸易区协定,并采取协同的立法行动,取消对来自对方国家进口产品的关税。鉴于谈判在外交中的重要地位,本章将单独对外交谈判进行探讨。

一、外交谈判概述

外交谈判的定义

关于外交谈判,国内外的学者都尝试进行定义。比如,《外交学概论》将外交谈判界定为"有关国家政府之间通过和平协商方式,调整双方的立场和主张,从而使争端得以解决的重要手段"[①]。金正昆则认为,"外交谈判通常则是指有关主权国家的中央政府就彼此之间存在争端的问题以及其他重要的国家事务进行协商和讨论,以求协调彼此的立场、达成某种妥协,最终以和平

[①] 鲁毅等:《外交学概论》,第173页。

的方式解决问题"①。

本书对外交采用了一个广义的定义,因此对外交谈判的定义也相对广义。本书认为,外交谈判是外交主体(国家和国家联合体)通过各自的官方机构和代表之间的和平协商,寻求调整各自的立场,形成共同决定,以达成协议的方式解决彼此之间的争端,促进各方共同利益的实现。

外交谈判的主体是主权国家及其国家联合体,而实际的谈判者是外交主体的官方机构和人员,如中国的国家主席、外交部长、驻外大使,以及联合国秘书长、欧盟负责共同外交与安全政策的高级代表等。从广义的角度来考察,在重视外交主体的官方机构和人员的同时,我们也必须注意到,在当今的外交谈判中,在谈判的某些阶段、环节和层面,非官方机构和个人事实上已经跻身外交谈判舞台。比如,美国前总统卡特在解决1994年的海地危机和同年的朝鲜核危机中发挥了相当关键的作用,许多环境非政府组织在推动京都议定书进程中的作用也不能低估。

外交谈判的展开需要具备两个先决条件,即谈判方之间应该同时具有一定的共同利益和冲突利益,两者缺一不可。如果谈判方之间不存在任何的共同利益,谈判就不可能发生,因为双方处于全面彻底的对抗当中,没有什么可以通过谈判来解决。谈判中的共同利益包含两类:一是积极的共同利益,即谈判方合作会带来各自更多的利益;二是消极的共同利益,即如何防止因谈判方之间的冲突损害各方既有的利益。如果谈判方之间不存在冲突利益或争端,谈判就失去了存在的基础,因为没有争端的各方之间利益一致,无须谈判来调和各方的立场。谈判各方需要解决的争端可以分为两类,一是导致双方既有利益受损的争端,二是妨碍积极共同利益实现的争端。

外交谈判的目标可以分为直接目标和终极目标。外交谈判的直接目标是为了解决谈判各方之间的争端。外交谈判的终极目标是要实现谈判方的共同利益。解决能导致双方既有利益受损的争端将实现各方的消极共同利益,避免争端使各方的消极共同利益受损。而解决能妨碍积极共同利益实现的争端有助于各方去实现积极共同利益,在现有利益的基础上为各方带来更多的利益。

尽管绝大多数的谈判是为了寻求解决争端,但是,如果谈判方之间的争端极其严重,而共同利益非常缺乏,那么,即使各方走到谈判桌前,他们的外交谈判往往不是为了取得一致,而是服务于其他目的,如拖延、宣传、转移注

---

① 金正昆:《现代外交学概论》,第147页。

意力或寻求获得有关对方及其谈判立场的情报①。

依照是否通过第三方中介进行,外交谈判可以分为直接和间接谈判。根据参与方的多少,可以分为双边或多边谈判。根据谈判是否公开,可以分为公开或秘密谈判。根据谈判各方代表团的层级,可以分为高层或低层谈判;根据谈判代表的身份,可以分为官方谈判与非官方谈判。

竞争型谈判和协作型谈判

谈判方之间同时具有共同利益和冲突利益,但是如果冲突利益居多,谈判往往会成为一种竞争性谈判,即各方都会试图在谈判中为自己争取尽可能多的利益,并常常使用胁迫性权力来迫使对方接受本方的立场。竞争性谈判也称做"寸土必争的讨价还价"(positional bargaining)②。

竞争性谈判通常是零和的、对抗性的,有时也是非常危险的。竞争性谈判常常是零和谈判,谈判方将相互之间的利益关系看做是零和关系,一方所得即为另一方所失。所以,谈判方力图在谈判中千方百计争取占有尽可能多的利益。竞争性谈判很容易发展成为对抗性谈判。为了占有尽可能多的利益,谈判方会试图运用各种胁迫性手段来对其他谈判方进行施压。而胁迫常常遭遇反制,从而导致谈判方之间对抗升级。

竞争性谈判在有些情况下是非常危险的。在涉及军事方面争端的情况下,竞争性谈判常常会促使谈判方玩弄战争边缘政策,而使战争危险急剧上升。在博弈理论中,胆小鬼博弈,也称比胆大游戏,揭示了竞争性谈判的危险性。在这类游戏中,两名司机在同一条车道上从两头相向全速行驶,如果一方首先偏离车道,这人就是胆小鬼,输掉这场游戏。为了获胜,双方都必须计算另一方的意志力有多强,并试图将博弈推进到他们认为对方意志力已不能承受的时刻。但如果两人都不相让,两人就可能同归于尽,而得不偿失。在现实世界中,美苏在1962年发生的古巴导弹危机中就处在这样一种境地。1962年初秋,美国U-2侦察机拍摄到古巴领土上正在部署苏联中程弹道导弹的证据。美国总统肯尼迪决心要迫使苏联从该岛撤出导弹。其具体措施包括在联合国展开外交活动,对古巴实行海上封锁,并威胁对古巴核导弹基地实施空中打击等。美苏两国的舰队在古巴周围海域发生严重对峙,军事冲突和核大战处于一触即发的地步。时任美国司法部长的罗伯特·肯尼迪后来

---

① 参见〔英〕R. P. 巴斯顿:《现代外交》(第二版),第101页。
② 参见〔美〕布里吉特·斯塔奇等:《外交谈判导论》,第120页。

回忆道:"套在美国人身上、套在人类身上、套在我们所有人身上的绳索越来越紧,而逃脱之路正在塌陷。"最后,经过白宫和克里姆林宫之间的一系列全球谈判,苏联转而同意将其导弹撤离古巴,而美国也私下保证不入侵古巴和撤出美国部署在土耳其的导弹,最终化解了危机[①]。

如果谈判方之间共同利益居多,冲突利益相对次要,谈判常常会成为协作性谈判,或称问题解决型谈判。在协作性谈判中,谈判方强调共同利益的实现,将争端视为妨碍共同利益实现的障碍,争取达成各方都能够接受的谈判结果而非一方的完全胜利。协作性谈判是当今谈判理论的研究重点[②]。

随着世界进入冷战后时期,冷战时期对立意识形态集团之间的竞争已经基本消失。世界各国正在为日益深化的全球化进程连接在一起,并在反对恐怖主义等新的全球安全和发展问题上形成相互依赖的关系。在各国共同利益日益增多的背景下,旨在实现共同利益的协作性谈判正在取代竞争性谈判成为外交和国际谈判的主流。

分橙子的故事是阐释协作性谈判的一个很好事例:

> 有一个妈妈将一个橙子给了邻居家的两个小孩。这两个小孩于是一起讨论如何来分这个橙子。他们吵来吵去,无法找到满意的办法。最后,两人终于同意一人一半,一人切橙子,一人选橙子。可以说,两人通过竞争性谈判找到了一个较为公平的解决办法。但是,甲小孩把半颗橙子的果皮剥下后扔进了垃圾桶,把果肉放到果汁机打果汁喝。乙小孩则把果肉挖掉丢到垃圾桶,把橙子皮留下来磨碎,混在面粉里烤蛋糕吃。

这个事例告诉我们,假如两人事先沟通好他们的需要和利益,那么他们就可以避免零和谈判的剧烈冲突和费时费力,谈判的结果也将更加有利。每个小孩都可以得到一个橙子的利益,甲得到全部的橙子皮,乙得到全部的橙子肉。

在现实情况中,更多的情况是两个小孩都想得到橙子肉。在这种情况下,议题联系法可以帮助谈判方获得更大的共同利益。甲可以对乙表示,如果乙同意把整个橙子给甲,乙上次欠甲的棒棒糖就不用还了。对甲来说,他的牙齿早已蛀得一塌糊涂;而乙正好需要节约买棒棒糖的钱来打电动游戏。议题联系法就是拓展谈判的议题范围,而不在一件事情上讨价还价。这样,

---

① 参见〔美〕布里吉特·斯塔奇等:《外交谈判导论》,第106—108页。
② 参见 P. Terrence Hopmann, *The Negotiation Process and the Resolution of International Conflicts* (Columbia, South Carolina: University of South Carolina Press, 1998)。

双方就可以找到不同的利益所在,并在对自己比较没有效益的问题上让步,最后得到大家都满意的结果①。

分橙子的故事告诉我们,与竞争性谈判相比,协作性谈判需要谈判方法的创新。这里谈到了利益谈判法和议题联系法。另外,非正式和非官方谈判、调停也是协作性谈判的主要方法。协作性谈判需要谈判方更为关注双方的共同利益,因此,非正式和非官方的谈判可以帮助双方进行更为深入的沟通,建立必要的相互信任,从而为提出创造性的问题解决方案创造气氛和条件。另外,如果谈判方不能进行直接的谈判或直接谈判不能导向争端的解决,第三方的介入可以为谈判注入新的推动力(见外交调停一章)。

如前所述,一般而言,谈判方之间共同利益多于冲突利益时,谈判常常表现出协作性谈判的特征。因为谈判方希望维护现有的相互关系,以便保障这些共同利益得以持续实现。这时,谈判方之间的争端不再是令谈判方相互对立的因素,而更像是谈判方需要联手解决的问题。同理,谈判方之间冲突利益多于共同利益时,谈判常常表现出竞争性谈判的特征。由于谈判方之间没有很多的共同利益需要维护,谈判方经常努力在谈判中追求本方的单方面利益。

在实际的谈判中,并不存在纯粹的竞争性谈判和纯粹的协作性谈判。两类谈判并不是完全相互排斥的。豪普曼指出,这两种谈判"都抓住了谈判的某些关键方面,但每一种都只是结识了谈判过程的一个部分"②。事实上,在每一个谈判中,协作性谈判和竞争性谈判都可能同时存在。当然,我们可以根据谈判方共同利益和冲突利益的多寡,将谈判分为协作性谈判为主的谈判和竞争性谈判为主的谈判。在本质上属于协作性谈判的谈判中,各方也许都注重维护促进共同利益,但是在寻找争端解决的过程中,每一方仍可能诉诸一定程度的竞争性谈判,以在最后达成的协议中获得相对多一点的利益。在竞争性谈判为主的谈判中,双方也都有共同利益存在,特别是要防止争端升级对各方既有利益带来的损害,因此,谈判方也会尝试协作性谈判的某些方法。比如,在1994年的朝鲜核危机中,陷入僵局的美朝双方接受了美国前总统卡特的调停,而避免了可能的军事冲突。在近年来重新升温的朝鲜核危机中,美朝双方接受了中国的调停努力,通过举行六方会谈会防止危机升级。

---

① 参见叶柏廷:《决战谈判桌:谈判、策略与游戏理论》,内蒙古文化出版社1997年版,第7—12页。

② P. Terrence Hopmann, *The Negotiation Process and the Resolution of International Conflicts*, p. 93.

因此,对于谈判者而言,更重要的是要防止协作性谈判因其中的竞争性谈判成分而从整体上转化为竞争性谈判,以及如何强化竞争性谈判中的协作性谈判成分,而将谈判从整体上转化为协作性谈判。在两种情形下,我们都需要重视协作性谈判方法在谈判中的运用。

二、外交谈判阶段

外交谈判可以分为谈判准备、程序性谈判、实质性谈判和协议签署四个阶段。需要指出的是,在实际的谈判中,上述几个阶段不一定按序依次展开。比如,在程序性或实质性谈判开始后谈判准备的工作也会持续进行,以应对新出现的情况;程序性谈判中会夹杂实质性谈判的成分,反之亦然。由于后一章将专门讨论外交协议的问题,从而涉及协议签署,本节将只关注前三个阶段。

谈判准备阶段

(一)谈判意愿的确立。一国实现本国对外政策目标的途径,除了外交谈判之外,还有武力和颠覆等非外交方式。因此,任何谈判的启动,都需要有关各方确立谈判意愿,即希望通过谈判来解决相互分歧。一国谈判意愿的确立,取决于该国至少三方面判断的结果:(1)现状于本方不利,并且不能通过非谈判的方式改变。(2)分歧当事方也具有意愿和能力来寻求谈判解决。(3)通过谈判,分歧可以获得比较公平的解决。

比如,在1971年7月美国总统国家安全事务助理基辛格博士秘密访华之前,中美双方最高领导层都逐步形成了谈判改善中美关系的意愿。在1969年3月中苏珍宝岛武装冲突后,中国最高领导人强烈认识到,中美继续对抗于己不利,决定打开中美关系,以开拓中国外交的新局面。此时,美国领导人已经通过许多途径,转达了美国希望改善中美关系的意图。由于美国身陷越南战争的泥沼,急于从越南脱身,并需要中国对付苏联,中国可以寄希望美国在中国关注的议题上做出让步。

(二)谈判方案的制定。一旦形成了谈判意愿,一国需要制定谈判的方案。谈判方案是谈判者对谈判目标、具体内容和步骤所作的安排,是谈判者行动的指针和方向。谈判方案的准备能使谈判工作有效顺利地进行,能使谈判既有方向,又能灵活地在复杂的局势中把握自己的原则①。谈判方案首先包括一国争取在谈判中追求的最高目标和最低目标。最高目标是一国追求的最理想结果,也是一国在某一议题上争取实现的长远目标。最低目标是导向最高目标实现的一个中间阶段,是一国在某一议题上在当前所要达到了基本目标,是谈判的底线。

比如,在获知美方准备派遣基辛格到北京做秘密的先期访问后,中共中央政治局于1971年5月26日召开政治局会议,确立了对美谈判的方案,即最低目标是美国确认从台湾和台湾海峡地区撤出其全部武装力量,否则,尼克松的访问就可能推迟;最高目标是美国承认中华人民共和国是中国唯一合法政府,中美建交②。

(三)谈判信息的搜集。谈判资料是那些与谈判过程有密切联系的相关信息。如同在商务谈判中一样,谈判信息在外交谈判中的作用也可分为三类:(1)谈判信息是制定正确谈判战略的依据。(2)谈判信息是控制谈判过程的手段。(3)谈判信息是谈判双方相互沟通的中介③。

谈判信息包括:关于外交情势的信息,诸如大国关系的变动、重大突发事件及其影响、各国政策的动向;关于谈判对手的信息,如其国内政治经济状况、决策者和谈判代表的个人性格特点和政治见解,对方的谈判目标和谈判策略;关于谈判议题的信息等等。

(四)谈判班子的组织。谈判准备阶段的一个重要工作是组建谈判班子,特别是确定主谈人的层级和谈判团队的组成。

程序性谈判阶段

具有谈判意愿的双方,在展开实质性谈判之前,须就一系列程序性问题展开谈判,以决定谈判的层级、时间、地点和议程。

(一)确定谈判层级。确定实质性谈判的主谈人层级是一件比较微妙的事情。谈判层级高,如首脑级,则主谈人集外交谈判者和外交决策者双重角色于一身,显然有助于谈判者根据谈判进展及时修正谈判目标,以便于达成协议。但是,如同后面将专门谈到的,首脑外交也具有重大的缺陷,如首脑对谈判议题不熟,如果决策失误则不可挽回等。谈判层级如果过低,则主谈人

---

① 参见陈峥嵘编:《跟周恩来学谈判技巧》,当代中国出版社2003年版,第106页。
② 参见苏格:《中美关系与台湾问题》,世界知识出版社1998年版,第368页。
③ 参见刘园主编:《国际商务谈判:理论、实务、案例》,中国商务出版社2005年版,第54—55页。

的权限过小,需要不时向其上级请示,谈判取得突破的难度较大。所以,在确定其谈判层级时,须考虑双方对达成协议的迫切程度、谈判议题的重要程度、双方就谈判议题原先沟通的程度等多种因素。如果双方都比较迫切,议题重大,且双方已有良好的沟通,则最高层级的谈判将有助于谈判取得突破;如果双方并不迫切,且议题不那么重大,双方原有沟通尚不充分,则可以首先在事务级官方层次展开谈判;在介于两者当中的情况下,可以考虑外交部长或司局长层次的谈判。

(二)确定谈判地点。双边谈判的地点无非有三种:在谈判当事国甲;在谈判当事国乙;在谈判当事国之外的第三地。谈判当事国如果成为谈判的东道主,通常可以获得不少好处:另一方不辞辛劳前来谈判,似乎显示其寻求谈判解决的更为迫切的愿望,而在心理上处于下风;同时,远方而来的谈判者遭受舟车劳顿和时差困扰,而东道主则可以以逸待劳,在体力上占据优势;东道主可以及时向上级报告谈判进展,及时做出必要的决策,而来访的谈判者则常常要担心其内部讨论和与国内的通信受到监听,而使决策质量受损。正因为如此,谈判当事国如果不选择第三地作为谈判地点,常常会要求谈判轮流在两国举行,以保证双方都能分享当东道主所带来的各种好处。

如果两国关系欠佳,一方不愿派出政府代表前往另一国或接受另一国政府代表来访,以防止各国做出不恰当的联想。在这种情形下,为了保持本国的尊严或体面,以及防止在谈判中处于下风,谈判各方都会避免在任一当事国举行谈判,而选择一个双方都可以接受的第三地。这个第三地可以是一个中立国家,或中间地点。比如,在冷战时期,作为中立国的瑞士和奥地利一直是美苏两个超级大国举行双边谈判的场所。中立国家之外,地理上的中间地点也是一种选择。1986年,美国总统里根和苏共中央总书记戈尔巴乔夫就选择冰岛首都雷克雅未克作为美苏首脑会晤的地点。当然,在选择第三地举行谈判时,也许考虑驻该国的本国使馆能否提供当地后援和保证与国内的可靠通讯。在雷克雅未克会议期间,美国驻冰岛大使馆的"特别机要室"是总统与其顾问开展内部讨论的场所。它只能容纳八个人就座。由于高级官员太多,美国军控主任阿德尔曼就只能坐在房间内仅余的一平方英尺的空地板上,紧紧地斜倚着总统的腿,而几乎每一个人的鞋都挨着他的腿[1]。

(三)确定谈判时间。确定谈判的开始时间也需要考虑多种因素,如主谈人的日程安排,当事各国的国内局势以及国际情势的发展。主谈人各有自己

---

[1] 参见〔英〕杰夫·贝里奇:《外交理论与实践》,第43页。

的日程安排,需要双方加以协调。当事各国的国内局势也会影响到各国对启动谈判时间的决定。一个国家通常不愿意和一个行将下台的政府展开谈判,担心这个政府既无能力在国内获得必要的支持来做出妥协,也不能保证达成的协议为下任政府所继承。一国也不愿意在力量对比不利的情况下展开谈判,而希望等待时机,在实力增强后启动谈判。国际情势的发展有时会创造谈判的"机会之窗",形成有利于自己的国际力量对比和舆论环境。此时,需要各方抓住机遇,尽快开始谈判。同样,国际情势的发展也会带来不利于一方的国际环境,从而阻止一方尽快进入实质性谈判。

(四)确定谈判议程。谈判议程的确定涉及谈判的议程设定。议程设定虽然只规定谈判的议程范围,但它对谈判的结果有着明显的指向作用,因而成为双方斗智斗勇的必争之地。谈判议程的重要性在于:(1)某些议程如果被纳入谈判议程,意味着在该议程上拥有利益的一方同意将该议题列入讨价还价的范围,而可能在该议题上做出让步。如果一国不希望或不可能在此问题上做出让步,那么它将努力将该议题排除出谈判议程。(2)某些一国绝对不能让步的议题如果被纳入谈判议程,那么该国将面对来自另一国的沉重压力,其拒不让步的谈判行为将导致其国际形象受损,让另一方获得巨大的宣传效应。正因为如此,在1973年中东战争发生后,以色列在和埃及进行的谈判中竭力在谈判议程中排除掉诸如约旦河西岸和加沙的被占问题、巴勒斯坦的自决问题和耶路撒冷的地位问题,而集中讨论以埃边境之间的停火、脱离接触和冲突解决问题[①]。总之,在程序性谈判中,一方将努力列入那些对方拥有先占利益且本方可从对方让步中获利的议题,而尽量排除那些本方拥有先占利益且对方可从本方让步中获利的议题。

实质性谈判阶段

(一)各方提出主张。在正式谈判开始时,双方需要相互查验谈判代表的授权证书,并陈述最初的立场。双方最初的立场通常体现各自在谈判中所希望追求的最高目标。这在西方谈判者中最为明显。在提出最初的要求时,西方谈判者倾向于狮子大开口,其要求往往大大高出其实际想要的水平。基辛格就曾经表示:"在谈判桌上的效率全看人如何夸大他的需要。"狮子大开口的开价如果有理有据,将促使谈判对方提升对本方谈判底线的评估,从而使

[①] P. Terrence Hopmann, *The Negotiation Process and the Resolution of International Conflicts* (Columbia, South Carolina: University of South Carolina Press, 1998), p. 178.

本方的谈判底线在对方的评估中超出本方的真实底线,诱使对方在有利于本方的条件上达成协议。当然,狮子大开口的开价必然为谈判注入竞争性和冲突性因素,也可能因此激怒对方而使谈判受阻。

(二)探索各方底线。不管开局立场有无有意的夸大,各方的真实谈判底线总是隐藏在后,需要通过后续的谈判加以认识。对对方底线的掌握可以通过正式会谈中的提问和辩论来进行,也可以在非正式场合的交流沟通中进行探索。事实上,正式场合的谈判受会谈记录的约束,各方常常拘泥于本方的开局立场,而无法进行真实意图的沟通。而在非正式场合,如各种酒会、餐会、休闲娱乐场合,谈判代表之间可以较少拘束地交换意见,相互透露双方较为真实的意图。

(三)形成框架原则。基于对谈判各方利益和底线的认识,谈判双方通过相互让步来形成一个指导未来谈判的框架原则,或称程式(formular)①。在贝里奇看来,中国在和英国谈判时提出了"一国两制"的构想,虽起初遭到英国的反对,但后来被英国接受,成为指导中英达成1984年关于解决香港问题的联合声明的框架原则。在解决巴勒斯坦和以色列的冲突过程中,以色列撤出被占领土和巴勒斯坦承认以色列国的"土地换和平"原则是另外一个广受关注的框架原则。

一个好的框架原则应该具有全面、平衡和灵活的特性。全面性要求一个框架原则能够为谈判双方之间的所有主要争议提出解决方案。比如,"一国两制"原则既解决了中国优先关注的主权和治权回归问题,也照顾了英国和香港地区人民要求维持原有香港经济社会体制的利益。平衡性则要求一个框架原则所要求的相互让步基本上是对等的,因而是公平的。灵活性则要求,该框架原则只是一般性原则,包含足够的空间,以允许各方相信该原则可在细节谈判阶段得到改进。

(四)落实细节问题。框架原则确立了谈判的基础。以此出发,谈判进入细节和具体问题环节。在实际谈判中,细节和具体问题的谈判并不比确定谈判框架更容易,而常常带来更大的困难。由于这是谈判的最后环节,其确定的协议将界定双方在争端事项上的实际利益分配,谈判者常常受到极大的压力去争取利益的最大化,从而形成谈判僵局。而且,细节和具体问题的谈判涉及各种技术问题,需要技术专家、法律专家和翻译专家的直接参与,提高了谈判的复杂性。

---

① 参见〔英〕贝里奇:《外交理论与实践》,第49—51页。该书中文版将"formula"译为"准则"。

比如,在中英关于香港问题的联合声明的谈判中,中方提出了"一国两制"的基本立场。英国方面在一开始拒绝接受,但到了1983年3月,英国首相撒切尔夫人写信给中国领导人,表明英国接受这一基本立场,从而确立了谈判的框架原则。从1983年7月至1984年9月,为了落实这一框架,两国政府就具体的实质性问题展开了22轮谈判,方才就全部问题达成协议。其原因在于,英国力图在主权移交的前提下,千方百计地想保留英国在香港的统治和利益。在前四轮谈判中,英国提出主权换治权的构想。遭到中方严词拒绝后,英国则退而要求以"最大限度的自治"来修改中方主张的"高度自治"的内涵,反对香港特区直辖于中央政府,一再要求中方承诺不在香港驻军等等[①]。即使双方最后基本达成了协议,双方在确定协议的中英文文本的工作中也进行了大量的较量[②]。

三、外交谈判中的权力因素

汉斯·摩根索指出:"国际政治像一切政治一样,是追逐权力的斗争。无论国际政治的终极目标是什么,权力总是它的直接目标。"[③]权力是一国控制或影响国际环境和他国意志与行为的能力。从这个意义上说,权力是一种关系概念。它具有客观的一面,即需要利用客观存在的实力,如军事实力、经济实力和科技实力;同时,权力也具有主观的一面,是权力作用的对象国所感知的权力。因此,权力的大小并不完全和实力的规模等同,而可能大于实力,也可能小于实力。权力(power,有时也被翻译为力量)在外交谈判中扮演了关键角色,是影响结果的核心要素之一。它是一方在谈判中确立有利的讨价还价地位,并促使谈判朝着有利于本方目标实现的方向进行的能力。

从施加影响的方式而言,权力可以被分为硬权力(hard power,硬力量)和软权力(soft power,软力量)。而在硬权力中,我们可以再细分出强制性权力和诱导性权力两类。这两类权力在外交和外交谈判中被广泛运用。

---

① 参见晓晨:《百年夙愿梦成真:中英香港问题联合声明谈判始末》,《党史纵横》1994年第5期,第16页。
② 参见过家鼎:《〈中英关于香港问题的联合声明〉翻译中的政治考虑》,《上海翻译》2005年第2期,第20—22页。
③ 〔美〕汉斯·摩根索:《国家间政治》(第七版),第55页。

强制性权力

强制性权力就是通过调用军事或经济力量威胁或实际剥夺另一方的既有利益,以迫使对方改变立场而作出让步的能力。在外交中,我们把这种外交视为"强制外交"或"胁迫外交"。当各方在谈判中互不相让时,一方为了迫使对方让步,它通过诉诸强制手段来改变对方的利益盘算。如果这一强制手段给对方造成的损失大于对方在坚持原有谈判立场中所能获得的利益,一国坚持原有立场就变得得不偿失,就可能促进该谈判方从原有的谈判立场上后退,而接受较原先不利的谈判结果。

强制性权力的运用可以有无数种方式。外交制裁是强制外交比较和缓的传统方式。一国建立正常的外交关系,进行正常的外交交往是维系两国关系的基石。因此,一国中断或降低与另一国的外交关系层级和水平将对另一方带来可见或不可见的利益损失。如果这种利益损失大于在谈判中坚持立场所带来的利益,一国将可能被迫作出让步。比如,1981年荷兰政府宣布向台湾出售两艘潜艇后,中国将中国驻荷兰大使馆降为代办级。在1984年荷兰政府保证不再向台湾出售武器后,两国外交关系才恢复到大使级。90年代初,法国向台湾出售60架幻影2000战斗机后,中国也一度关闭了法国在广州的总领事馆。另外,90年代初期西方国家冻结与中国的高层互访也是外交制裁的表现之一。

军事强制是强制外交较为激烈的传统方式。战争是武力的暴力使用,它显然不属于本书定义的外交范畴。不过,武力的非暴力使用是本书从广义上定义的外交范畴的一部分。这些非暴力的军事强制措施可以分为三类:军事力量的准备、军事威胁与威慑、与谈判对手的竞争对手发展军事合作等。军事力量的准备包括调动军队,集结兵力,进行新武器的试验,部署和动员军事力量,进行国民经济动员准备,使军队进入待命状态,将军事力量由平时状态向战争状态逐步转化等[①]。军事威胁和威慑指国家或国家集团通过宣示武力或以武力相威胁,迫使对方在谈判中不敢进一步采取敌对行动,或放弃某种战略意图。军事威胁和威慑可以利用强大的军事力量,瓦解敌方的意志,向对方施加强制性的讨价还价的压力,达到"不战而屈人之兵"的目的。另外,与谈判对手的竞争对手发展军事合作也会给对手带来巨大的利益损失。比如美国增加对台湾地区的军售严重损害了中国的统一事业。军事援助包括

---

① 参见丁邦泉主编:《国际危机管理》,国防大学出版社2004年版,第187页。

提供军事技术和武器无偿或有偿援助,分享军事情报,培训军事人员,进行联合演习等等。

采取军事强制措施常常会带来事与愿违的后果。第一,军事强制的目的是要给对方施加压力,但是,前两种军事强制措施并不会给对方带来眼前的利益损害,而是未来的可能伤害,而且,由于武力的实际使用日益受到国际法的约束,遭遇军事强制的国家很可能不相信这种威胁和威慑的可信性,从而使这些军事强制措施失去效力。第二,为了提升军事强制措施的可信性,强制实施者必须强烈而明确地表达使用武力的决心,玩弄战争边缘策略。而这样的举措常常会导致危机的升级,增加对立双方迎面相撞的可能性,而与军事强制的初衷相违。

随着各国相互依赖关系的强化,经济制裁泛滥成为强制外交的新兴重要手段。在当今的全球化时代,一国利益的实现通常需要依靠别国的合作。奈在研究相互依赖关系中的权力时提出了脆弱性(vulnerability)的概念,特指行为体因外部事件强加的代价而遭受损失的程度,这一程度取决于各行为体获得替代选择的相对能力及其付出的代价[①]。也就是说,如果各国间的相互联系被一国人为中断,那些获得替代选择的能力相对较低而损失较大的国家将处于脆弱的地位,容易受到脆弱性程度较低国家的影响和支配。脆弱性较低的国家因而可以运用经济制裁的手段来对谈判对手施加压力,通过剥夺其重要的经济利益来迫使其作出让步。

实行中的经济制裁(economic sanction)手段种类繁多。从其对受制裁国经济的影响程度来看,经济封锁(economic blockade)最为严厉,它全面禁止其他国家与该国的全部或部分贸易。由于这种封锁涉及所有其他国家的利益,通常需要联合国安理会的决议方能付诸实行。没收或冻结另一国在本国的资产也是一项极其严厉的经济制裁措施

禁运(embargo)是一国政府明令禁止本国国民向一个或若干个国家出口产品。它可以是全面的出口禁止,也可以仅对某些类型的产品出口实行限制。到目前为止,美国仍在继续限制对中国的高科技产品和军事技术和装备的出口。而且,当欧洲联盟开始考虑解除对中国的武器禁运时,美国仍大力加以阻碍。

抵制(boycott)是一国单独或数国联合禁止从某国或国家集团进口产品。

---

① 参见〔美〕罗伯特·基欧汉和约瑟夫·奈:《权力与相互依赖》(第三版),门洪华译,北京大学出版社2002年版,第14页。

禁运是禁止向对象国出口本国产品,抵制是禁止从对象国进口商品。对于那些依赖出口收入的国家而言,贸易抵制可对其经济造成严重的伤害。

经济制裁的其他主要方式还包括:

(1)提高来自对象国进口商品的贸易壁垒,如提高关税,实施数量限制等;

(2)禁止向对象国列入黑名单的公司或实体出口商品或从它们那里进口商品;

(3)取消或减少向对方提供的双边或多边商业贷款或经济援助;

(4)从对象国撤出直接投资或禁止新的投资项目

当然,和任何一种强制措施一样,经济制裁也会损害本国的经济利益,在国内容易受到因制裁而利益受损的经济集团的反对。经济制裁也会受到来自受制裁国的反制裁,双方关系因经济制裁和反制裁而进一步恶化,使争端议题更不能解决。经济制裁也会让不实行制裁的国家趁机扩大与受制裁国的经济往来,从而增进其他国家的经济利益。另外,如果经济制裁在受制裁国造成经济形势恶化,会使该国的弱势人群,如妇女与儿童,陷入更悲惨的境地。国际社会对伊拉克连续多年的经济制裁导致无数妇女和儿童因药品和食物缺乏而死亡。因此,经济制裁的道义问题也极具争议。

诱导性权力

军事和经济力量也可以反过来加以运用,以影响谈判对方的立场,促使谈判对方在特定争端中作出让步,以换取在其他议题上更多的利益。拥有军事和经济力量的谈判方可以在其他议题领域向另一方提供各种利益好处,以交换其在争端领域的让步。在一定意义上,这也是议题联系法的一个方式。学者们将这种外交称为"诱导外交"(the diplomacy of inducement)。

诱导外交要发生作用,必须存在两个条件:一是争端事项对一方关系重大,使得这一方愿意在其他议题上向对方提供利益好处,而争端事项对另一方相对不那么重要,或在其议程上有更为重要的事项,愿意通过在争端事项上的让步来交换其他议题上的利益;二是一方在其他议题上提供的利益明显多于另一方认为在争端事项上让步所付出的利益。第一个条件说明争端事项对可能让步的一方而言不是不可谈判的,或不是不可以让步的。在涉及国家领土完整或者军事安全的争端中,谈判方通常排除了让步的选项。因为这些问题涉及国家的根本利益,是不可能谈判或妥协的。而第二个条件则表明,谈判方在争端议题上的让步是有利可图的,可以交换到在更重要议题上的关键利益。

诱导外交同样可以分为外交诱导、军事诱导和经济诱导三类。外交诱导就是要给予对方各种外交利益以换取其在争端议题上的让步。所给予的外交利益可以包括外交关系水平的提升,外交交往的密切化和高层化,如设立首脑热线,邀请对方领导人到本国领导人的乡间别墅作客(小布什总统曾邀请江泽民主席到其克劳福德农庄),或者帮助对方提升其国际地位,如支持对方竞选联合国安理会非常任理事国,接纳俄罗斯加入原来的七国集团等等。

军事诱导包括提供各种各样的军事援助,提升军事合作关系。比如提供军事援助,提升对方武器装备的现代化水平,分享军事技术和情报,提供安全承诺,建立军事同盟等。这些措施都有助于增进受援国的军事实力和安全利益。

经济诱导涉及各种经济利益的授予。只要能够为对方带来经济利益,任何一种措施都可以称为经济诱导外交的手段:

(1)无偿或低息的双边和多边贷款;
(2)资本市场的开放;
(3)降低贸易壁垒,如给予最惠国待遇,降低关税,减少或取消数量限制;
(4)取消出口管制,允许高技术产品和武器的出口;
(5)提供出口信贷;
(6)鼓励对外直接投资;
(7)帮助对方有保障地获得包括能源在内的各种自然资源的供应。

软权力

在1990年出版的《美国定能领导世界吗?》一书中,约瑟夫·奈写道:"如果一个国家能够使其权力在别国看来是合法的,那么它在实现自己意志的时候就会较少受到抵抗。如果它的文化和意识形态具有吸引力,那么别的国家就会更愿意效仿。如果它能建立起与其社会相一致的国际规范,那么它需要改变自己的可能性就会很小。如果它能够帮助支持那些鼓励其他国家按照主导国家所喜欢的方式采取或者限制自己行为之制度,那么它在讨价还价的情势中就可能没有必要过多地行使代价高昂的强制权力或者硬权力。简言之,一个国家文化的普世性和它具有的建立一套管理国际行为的有利规则和制度之能力,是至关重要的权力源泉。在当今国际政治中,那些软权力源泉正变得越来越重要。"①

在约瑟夫·奈看来,硬权力类似于支配力,是改变他人行为的能力,它依赖于通过强迫或诱导的方法发挥作用;而软权力类似于一种吸纳力,是左右他人愿望的能力,它依赖于一国文化和价值的吸引力,或者通过操纵政治议程的选择,让别人感到自身的目标不切实际而放弃表达个人意愿的能力②。

虽然奈的软权力概念如今风靡中外,其软权力理论仍然存在着缺陷。有关学者曾指出其理论的两个局限:无法解释清楚软权力和硬权力之间的相互关系;软权力的大小难以被测定和衡量③。在本书看来,奈对软权力的界定还是不充分的,忽略了其他相关的软权力要素。本书将硬权力视为通过强制和诱导来改变他国利益格局,进而改变他国政策的能力;而软权力是一国通过吸引和运用高质量外交来影响外国对本国利益和政策目标的界定,进而改变他国政策的能力。

软权力中的吸引力是一国吸引他国自愿地将本国利益和政策目标与影响国相契合的能力。吸引力的来源主要是影响国受人欢迎的文化、意识形态或政治价值以及内外政策内容。奈谈到了文化吸引力和政治价值吸引力。文化吸引力涉及一国宗教、语言、教育、生活方式、电影、电视、报纸、网络、饮食等对他国人民的吸引力。显然,具有全球吸引力的文化无疑是构成软权力的重要基础,它能够对他国人民产生潜移默化的影响,促进他国对本国的喜爱程度以及对本国政策的接受和仿效程度。政治价值吸引力涉及一国基本制度和政治价值对他国人民的吸引。由于政治价值与外交政策的密切相关性,影响国政治价值的吸引力比一般意义上的文化吸引力更能够带动他国认同本国的政策,采取影响国希望其采取的政策。政府的内外政策也是软权力的潜在来源。就像奈所指出的:"如内外政策显得虚伪、傲慢、一意孤行,或是基于狭隘的国家利益,都会损害软权力。"④奉行单边主义政策的美国在2003年对伊拉克的入侵和占领就大大损害了美国在全球范围的吸引力,导致美国在许多国家中成为不受欢迎的国家。而中国坚持的和平共处五项原则和和谐世界外交政策兼顾了中国和广大发展中国家的根本利益,为中国在第三世界中赢得的友谊,促进了中国和第三世界国家关系的健康发展。

---

① Joseph S. Nye, Jr., *Bound to Lead: The Changing Nature of American Power* (New York: Basic Books, Inc., 1990), pp. 32—33.
② 参见[美]约瑟夫·奈:《软力量》,吴晓辉、钱程译,东方出版社2005年版,第7页。
③ 参见张小明:《约瑟夫·奈的"软权力"思想分析》,《美国研究》2005年第1期,第31—36页。
④ [美]约瑟夫·奈:《软力量》,第13页。

关于软权力中的高质量外交，奈主要谈到了塑造国际规则的能力。他写道："如果一个国家能塑造国际规则并使之与本国的利益和价值观念相一致，其行为在别国的眼中就更具合法性。如果一个国家借助机构和规则来鼓励别的国家按照它喜欢的方式来行事或者自制，那么它就用不着太多高昂的胡萝卜和大棒。"①毫无疑问，塑造国际规则来影响他国对本国利益和政策的界定，是改变他国政策的重要软权力，是一国外交质量的重要表现。但是，一国的外交质量尚包括更多的方面。

摩根索对外交质量极其重视。按照他的观点："在构成国家权力的所有因素中，外交的质量是最重要的因素，尽管它是一个极不稳定的因素。决定国家权力的所有其他因素都好像是制造国家权力的原料。一个国家外交的质量将这些不同因素结合为一个有机的整体，给予它们方向和重量，并通过给予它们一些实际权力而使它们沉睡的潜力苏醒。"他还指出，"通过最有效地运用国家权力的潜能，精干的外交能够出人意料地增强国家的权力。没有头脑和灵魂的巨人哥利亚被二者兼备的大卫所击败和杀死，这种事在历史上屡见不鲜。高质量的外交能够把外交政策的手段和目的与现有的国家权力的资源和谐地配合起来。它能够挖掘国家力量的潜在资源，并将它们完全地和安全地转化为政治现实。"②

因此，高质量外交不光体现为在塑造国际体制和规则，间接地影响他国对本国利益和政策的界定，也包括与他国的外交交涉和谈判中直接影响他国对本国利益和政策的界定。这些直接的途径至少包括一国的信息情报能力、游说能力和结盟能力。情报能力不光包括所谓的知己知彼，从而有助于制定正确的政策和策略，也包括控制和操纵信息的能力。一国的权力有客观的层面，但对他国产生影响主要依靠对方感知的权力。因此，如果一国能够让对方感知到比实际权力更大的权力，则会让对方基于理性采取更为妥协的政策。游说力则考验一国外交官说服对方的能力。这种说服主要基于晓之以理，动之以情，帮助对方认识到自己的根本利益其实与影响国一致。诸葛亮凭借三寸不烂之舌说服东吴联合对抗曹操便是古往今来的一个经典案例。此外，这里所谓的结盟能力不一定仅指建立安全同盟的能力，也包括在具体议题上形成共同立场和相互支持的能力。如果一国在谈判中能够争取到尽可能多的当事方的支持，就可以让对方陷入孤立和被动的境地，促使对方作

---
① 〔美〕约瑟夫·奈：《软力量》，第10页。
② 〔美〕汉斯·摩根索：《国家间政治》（第七版），第178—179页。

出更大的妥协。结盟不光是与其他当事国家结成联盟,也包括和谈判对方国内同情和支持本方立场的关键力量结成联盟,从而内外结合促使对方国家政府进行妥协。

总之,包括高质量外交在内的软权力的成功运用,在一定意义上是外交的最高境界。

四、影响外交谈判的其他因素

谈判中的时间因素

任何一项谈判都有开始和结束。有的谈判结束得很快,如中国与加纳的建交谈判,仅持续 15 分钟。有些谈判可拖延几年、十几年甚至几十年,人们称之为马拉松式的外交谈判。比如,朝鲜停战谈判历时 2 年零 17 天,双方共举行了 255 次会议后才达成协议。中美大使级会谈始于 1955 年 8 月 1 日,终于 1970 年 2 月,历时 15 年,总共举行了 136 次会议,只达成了一个关于遣返的协议①。

谈判中的时间因素主要体现为谈判者面临的时间压力。每个谈判方或多或少都面临着自己的时间压力,即希望在一个特定的时间范围内达成协议的压力。在谈判方的最后时限尚未来临之际,谈判方通常可以按部就班,从容不迫地坚持自己的主张。但是,在其谈判最后时限来临之际,谈判方为了寻求一个协议,常常不得不做出较实质性的让步。因此,那些需要在相对较短时间内达成协议的谈判方通常在谈判中处于下风。如果另一方意志坚韧,耐力超强,往往能够因为坚持不首先让步而获得一个更加有利的谈判结果。谈判学家莱法的研究也指出:"那些愿意等待更久,探索更耐心和更不急切达成解决方案的议价者将更为成功。"②

因此,鉴于时间压力对谈判进程的这一影响,时间压力较轻的谈判方应力求不在谈判中表现出急切和冒进,不追求速战速决,等到时间压力更大的对方首先做出实质性的让步,或对方因为长时间的谈判不耐疲劳而做出让步。基辛格就承认,他在越南谈判中的两次失策都是疲劳使他付出了代价。

---

① 参见金桂华:《外交谋略》,世界知识出版社 2003 年版,第 137 页。当然,这个协议后来证明意义重大,它促成了钱学森返国,令中国在 1964 年成功造出了原子弹。

② Howard Raiffa, *The Art and Science of Negotiation* (Cambridge, Mass.: Harvard University Press, 1982), p. 78.

因此,"如果说打仗时'狭路相逢勇者胜',那么谈判时谁能'坐垮'对方谁得分"①。而对于那些时间压力较大的谈判方而言,他则应力图掩饰自己真实的时间压力,而营造出时间压力较轻或没有的形象。如此,谈判对方将无法利用本方较大的真实时间压力而在谈判中获得利益。

当然,时间压力对谈判互动的这种影响常常会带来谈判久拖不决的现象,导致重大纠纷不能解决,甚至冲突的升级。为了防止谈判的拖延,外交谈判实践中常常有运用谈判最后期限(deadline)的做法,来加速或限时结束谈判。根据考勒斯的研究,一项谈判90%的谈判行为发生在最后10%的谈判时间里,证明了对双方都可信的最后期限的重要性②。

最后期限可以是实际的,也可以是人为的。实际的最后期限是指一项谈判必须结束的规定时间,超过这个时间,谈判将被终止,各方将不能从可能的相互妥协中获得利益,各方或一方将面对各方单边行动所带来的重大不利后果。实际的最后期限可能源自谈判者所不能控制的外部事件,如临时国际会议的闭会日、预定的选举日、一方谈判授权的结束日或停火协议的过期日等。这些外部事件的发生将导致原来的谈判进程不得不终止。或者,实际的最后期限也可以是具有单边行动自由的一方设定的,另一方不得不接受。比如,中英关于香港问题的谈判于1983年7月开始后,中国外长吴学谦表示,不管谈判如何进行,中国将在1984年9月宣布1997年恢复主权的决定,从而为中英谈判设定了最后期限。经过前后22轮谈判,中英双方终于在1984年9月18日在北京达成协议③。

实际的最后期限往往对谈判各方带来实实在在的时间压力,促使他们至少在最后期限来到时加快谈判,做出让步,从而争取达成协议。

考虑到最后时限的这一作用,谈判各方有时为了加快谈判的进程,会人为设定一些谈判最后期限。这种最后期限可以是谈判开始后某个特定的日子,或者是谈判开始后一个具有象征意义的日子,如联合国成立五十周年纪念日,或者基督受难日。为了解决北爱尔兰新教徒和天主教徒之间旷日持久的流血冲突,各方为谈判设定了1998年4月9日(即耶稣受难节)这个最后期限,冲突各方最终在当天的下午5点30分达成了所谓的"耶稣受难节协议"

---

① Howard Raiffa, *The Art and Science of Negotiation* (Cambridge, Mass.: Harvard University Press, 1982), p. 132.
② 参见〔美〕布里吉特·斯塔奇等:《外交谈判导论》,第50页。
③ 参见谢益显主编:《中国当代外交史:1949—1995》,中国青年出版社,第423页。

(Good Friday Agreement)①。

人为的最后期限对谈判各方同样带来了时间上的压力,要求各方在规定日期到来时能够达成协议。与实际的最后期限不同的是,人为的最后期限所产生的压力主要是心理的,涉及对谈判者能力的评价。由于受到媒体的高度关注,不能带来解决方案的谈判者将受到负面评价,而成功带来协议的谈判者则会得到媒体的积极评价。然而,除了谈判者的公众形象,人为的最后期限如果被突破,谈判虽暂时会被搁置,但没有理由怀疑谈判会在未来某个时候被重新恢复,而且,现状的延续将不会给谈判各方带来额外的不利后果。而相比之下,实际的最后期限如果被突破,谈判很可能不再恢复,且现状将很可能被改变,令谈判各方或一方承受额外的不利后果。

谈判中的文化因素

尽管谈判常常被视为理性的谈判者之间的战略博弈,不同国家的谈判者之间进行的外交谈判仍然受到不同文化传统的微妙影响。

文化的概念众说纷纭,中外学者莫衷一是。法国谈判学专家福尔教授曾给文化这样的定义:"文化是反映大小民族或其他群体的特征,并决定其行为的一系列共同的和比较稳定的思想、价值观和信仰。"②每一个国家和民族都拥有反映自身特质的文化。不同的历史、宗教、社会组织方式、政治经济发展水平都给每个民族的文化留下深深的烙印。在谈判研究中,学者们也试图为各国文化进行归类。一种分类法从世界观的角度区分了个人主义文化与集体主义文化,许多西方国家的文化属于前者,而许多东方国家则属于后者。在个人主义文化中,个人需要置于集体需要之上,社会制度和经济制度奖励个人成就。在集体主义文化中,集体需要置于个人需要之上,并得到社会和经济制度的支持③。

另外一种较有影响的分类法则从行为和思维模式出发将文化分为弱情境(low-context)文化与强情境(hign-context)文化。弱情境文化在许多方面对应于个人主义文化,它强调一种行为的意义来自行为自身,不需要从行为发生的情境中去理解,也与行为发生的情境没有多少关系。比如,在美国这种

---

① 参见〔美〕布里吉特·斯塔奇等:《外交谈判导论》,第63—64页。
② 〔法〕居伊·奥立维·福尔、〔美〕杰弗里·Z.鲁宾:《文化与谈判》,联合国教科文组织翻译组译,社会科学文献出版社2001年版,第4页。
③ 参见〔美〕珍妮·M.布雷特:《全球谈判:跨文化交易谈判、争端解决与决策制定》,范徵等译,中国人民大学出版社2005年版,第10页。

弱情境文化中,人们就事论事,喜欢直话直说、表达精确;做事要干脆利落,直奔主题;对客套寒暄的繁复仪式很不耐烦;不重视面子问题;罪感文化是弱情境文化中的亚文化,它不关心别人的态度和意见等等。而在强情境文化中,基于其集体主义文化的背景,一种行为的意义除了来自行为本身,也需要从行为发生的情境中去理解。在这种文化中,人们喜欢间接表达,转弯抹角;做事的目的除了做事本身,还重在发展人际关系;客套和寒暄不可或缺;人们重视面子;耻感文化是强情境文化中的亚文化,它在意别人的意见和评价等等[①]。

当来自不同文化背景的谈判者需要进行面对面的谈判时,我们无法忽视文化差异对谈判进程带来的影响。这些影响可以包括:

(一)文化差异引发谈判者对谈判目的的看法错位。比如,美国人更愿意将谈判视为解决问题的实用手段,强调结果导向。来自这种文化背景的谈判者通常对解决问题之外的活动感到不耐烦,认为是浪费时间。但从集体主义文化或强情境文化来的谈判者则把谈判同时看做是建立个人关系的努力,强调关系导向。他们有强烈的圈内人与圈外人的意识,通常需要较长时间的观察和交流来发展个人关系,建立相互信任,然后才愿意展开真正的谈判。

(二)文化差异影响谈判者有效地沟通。来自弱情景文化的人喜欢直接沟通,强调书面和口头语言表达,不忌讳当面反驳。而来自强情境文化的谈判者则喜欢间接沟通,用词委婉,借助形体语言,需要谈判对方通过对该种文化的深入了解才能更准确地理解其意义。他们也忌讳当面反驳,高度重视面子问题。这种文化差异常常为有效的谈判沟通设置障碍。

(三)文化差异带来谈判决策方式不一。在集体主义文化中,人们对领导或权威有较高的尊重,个人对自己在集体中的地位有明确的认知,因而在谈判中经常要寻求上级的指示,并要求给谈判更多的时间。同时,谈判团队通常较为团结,强调以一个声音说话。而在个人主义文化中,人们对权威的尊重较弱,强调个人成就感,谈判更多受到各个政府部门代表相互竞争的影响,谈判队伍内部也会常常出现分歧,令谈判对手无所适从。当然,在集体主义文化中,谈判立场一经做出,会比较稳定;而在个人主义文化中,随着部门间联盟的转换,谈判立场较容易发生变化。

(四)文化差异带来谈判策略的差异。具有强情境文化背景的谈判更关

---

① 关于文化的这种区分的详细讨论可参见 Raymond Cohen, *Negotiating Across Cultures*(Washington D.C.: The United States Institute of Peace Press, revised edition, 2004), pp.31—33.

注他们与谈判对手之间的整体关系,强调关系的原则方面。而具有弱情境文化背景的谈判者则更为关注实际要解决的问题,喜欢将谈判议题细分,通过解决其中的一个个问题来构建谈判议题的总体解决。和这种实用的归纳性思维方式不同,中国人综合思维特点表现在将对象的各个部分联合为整体,将它的属性、方面、联系等结合起来考虑。从这种思维方式出发,中国人注重两国关系中的原则,认为原则问题的重要性大大高于个别的具体问题。但是,如果原则问题能够得到解决,中国人在具体问题的解决上常常具有很大的灵活性。

近来,一些学者也开始研究所谓的"国际外交文化"(international diplomatic culture)现象。由于各国的职业外交官都受到类似的教育,读类似的教科书,都有在主要国家学校的学习经历,许多人穿着一样,去同样的餐馆,参加同样的社交和文化活动,长期与外国同事打交道,使得在他们之间形成了一种特殊的跨越国界的外交文化。比如,朗格就指出了这种外交文化中的四方面特性:(1)妥协意识;(2)认识到有效和可靠的交流的重要性;(3)重视灵活性和创造性;(4)敢于跨越民族性这一雷池;(5)更重视冲突预防而不是冲突解决。① 这种跨国的国际外交文化的形成,在一定程度上削弱了不同文化差异对谈判进程所带来的影响。

尽管如此,国家文化的差异仍将继续存在,并继续对国际谈判施加其影响。科恩指出了其中的五项理由:(1)没有一个外交官会彻底抛弃其母国社会的思维定式。文化的烙印是通过长期的社会化进程加诸个人的,后来的职业训练很难将其完全清除。(2)外交官不是自由自在的行为人,他们不能超越公众可忍受的关于道德和自我形象的界限。(3)从整体上说,谈判是一个集体行为,需要与集体规范相一致。(4)外交官还需要接受其不那么受到共同外交文化影响的上级的领导。(5)外交官也不再是外交舞台的唯一主角,许多其他政府部门具有较少外交经验的官员也日益卷入到外交谈判中来②。这些因素都会冲淡国际外交文化的作用。

---

① 参见 Winfried Lang, "A Professional's View", in Guy Olivier Faure and Jeffrey Z. Rubin(eds.), *Culture and Negotiation: The Resolution of Water Disputes*(Newbury Park, Calif: Sage Publications, 1993), pp. 44—45。

② 参见 Raymond Cohen, *Negotiating Across Cultures*(Washington D. C.: The United States Institute of Peace Press, revised edition, 2004), pp. 22—23。

谈判中的国内政治因素

外交谈判虽然是国家之间的谈判,但越来越受到国内政治的影响。国内政治与国际谈判之间日益紧密的相互关系不仅为谈判设定了新的国内纬度,也为谈判提供了新的战略与策略选择。在国际学术界中,建构国内政治和国际政治之间相互作用关系的视角是哈佛大学教授普特南所提出的双层博弈理论(two-level game),用来说明谈判的双面性质,即谈判必须同时在国内层面和国际层面进行[①]。

根据双层博弈理论,国际谈判由两个层次组成:层次一的国际层面,即不同国家谈判者之间的谈判,以达成一项国际协议;层次二的国内层面,即国内各个利害方的国内批准过程,以决定是否批准协定。这里,利害方的概念是比较广泛的,它既包括负责批准该协议的国家机关,如议会,也包括那些对协议的批准具有重大利害关系且对批准具有关键影响的行为者,如利益集团、政府部门或相关政治人物。而一项国际协议要得到国内批准,则谈判两个层面所认为的可接受结果之间应该存在着交集,即对外谈判中双方可接受的一系列可能的协议和国内利害方可接受的一系列协议之间存在交集,或普特南所谓的赢集(win-set)。如果谈判各方认为可以接受的所有可能的协议都不能为国内利害方接受,那么,即使达成了国际协议,它也不能获得国内的批准。反过来说,如果所有国内利害方所能接受的协议都不能为外国谈判方接受,那么,国际协议根本不可能达成。

谈判的这两个层次可以存在顺序,国际谈判后接着便是国内就是否批准展开的谈判。更重要的是,也是双层博弈理论重点要揭示的,国内和国际谈判的过程也可以是交叉的。层次二的对话经常在层次一的谈判进行时就开始了。比如,在美国,国内行为体有足够的影响力在谈判之前设定谈判方针,限定那些直接参与谈判的人员只能在会谈中追求某些特定的方案。举例来说,在里根政府主导下的中程核武器(INF)谈判过程中,美国国内的其他政治参与者,特别是五角大楼,阻止了美国首席谈判代表保罗·尼采(Paul Nitze)将他与苏联谈判者在著名的"林中漫步"(walk in the woods)时达成的君子协定(gentlemen's agreement)变成文字。即便该君子协定规定的总体军力水平允许美国在欧洲的中程核导弹总数上比苏联拥有明显的优势,但尼采无法让

---

① 参见 Peter B. Evans, Harold K. Jacobson, Robert D. Putnam(eds.), *Double-edged Diplomacy: International Bargaining and Domestic Politics* (California, USA: University of California Press, 1993)。

里根政府的鹰派接受这个协定。五角大楼坚持认为,不论美国在最终弹头数量方面优势如何,该协定仍应允许美国部署一些有着快速攻击能力的潘兴(Pershing)II型弹道导弹。"林中漫步"协定只允许美国在欧洲部署飞行速度较慢的地面发射巡航导弹(GLCMs)。在里根政府显然拒绝协议之后,苏联也公开宣称拒绝该协议①。

在谈判的进行阶段,一国的谈判者也需要经常与国内利害方保持经常的磋商,征询他们的意见,以保证在谈判桌上所达成的协议能在国内批准阶段获得同意。比如,美国贸易立法和相关贸易谈判中存在的所谓快车道授权过程,其用意是为了保证在谈判过程中而不是仅仅在谈判的最后阶段行政部门和国会议员能够全程进行协商。假设协商得以进行,协定将快速通过国会批准。

双层博弈除了拓展的谈判的维度外,也催生了新的谈判战略与策略。除了谈判者要时时关注国内利害方的见解和态度外,一国谈判者也可以直接去影响外国的国内利害方,以扩大对方国内利害方所可以接受的协议集合的范围,从而为对方谈判者在层次一的国际谈判中做出更多让步创造条件。同时,除了本国谈判者自己的作为外,本国的国内利害方也可以运用他们的影响渠道和影响资源去影响对方的谈判者和他们的国内利害方,以促使他们扩大可接受协议的集合范围,可以做出更多的让步,达成对本方更为有利的协议。近年来,中国政府加强对美国国会的工作,驻美国大使馆专设了国会工作处,以加强对美国国会议员的工作。另外,全国人大、政府各部、地方政府和对外友好协会等其他行为者,也通过官方和非官方的各种渠道,开展对美国政府和国会的工作,为促进中美关系的健康发展作出了贡献。

---

① 参见〔美〕布里吉特·斯塔奇等:《外交谈判导论》,第99页。

第七章
外交协议

外交谈判如果成功,谈判方将签订协议。外交谈判所达成的协议,一部分仅涉及有关原则和政策的一般表达,另一部分则界定当事方相互权利和义务关系,即国际法意义上的条约。本章将着重讨论这些国际条约的定义、种类、缔结和生效的程序、有关保留和适用的通例,以及条约修订、退出和其他中止实施的规定。

一、国际条约的定义和种类

国际条约的定义

根据1969年《维也纳条约法公约》和1986年《关于国家和国际组织间或国际组织相互间条约法的维也纳公约》的规定,条约是指国际法主体之间按照国际法所缔结的确定其相互间权利和义务关系的书面协议,不论其载于一项单独文书或两项以上相互有关之文书内,亦不论其特定名称为何。具体而言,该定义中有以下几个方面需要予以强调:

(一)条约有广义和狭义两种含义。这里所指的条约取其广义之含义,指符合条约定义的以各种名称出现的国际协议的总称。狭义的条约则特指国际协议中以条约为名称的那种协议。

(二)条约的主体必须都是国家或其他国际法主体。只有具备缔约能力的国际法主体才能缔结条约。《维也纳条约法公约》规定条约是国家间缔结的书面协议,显示国家是最重要的国际法主体,也是条约最主要和最常见的当事方。1986年的公约则将政府间国际组织也列入具有缔约权的国际法主体。此外,根据国际法实践,一些联邦制国家的成员单位,如联邦德国的州、瑞士的省、比利时的地区也根据本国的宪法在某些事务上具有有限的对外缔约权。不具有国际法主体资格的个人或实体,不能成为条约的主体,它们与国际法主体签订的契约也不能被视为条约。

(三)条约应符合国际法。这主要是指条约的缔结程序和条约内容不得与国际法相抵触,这是检验条约是否合法有效的实质性标准。当然,这里所谓的国际法是指一般国际法,如《维也纳条约法公约》和《联合国宪章》的宗旨和原则,不能与特别国际法相混淆[1]。

(四)条约规定缔约方之间在国际法上的权利与义务。"一项国际协议是否依据国际法在当事方间创设、改变或废止权利义务关系,是甄别该协议是否是条约的要件之一。"[2]如果一项国际协议不涉及权利义务关系的创设,而只是原则和政策的一般表达,当事方并无承担法律义务的意愿,那么,该协议就不是条约。《世界人权宣言》就属于此类协议。

(五)条约通常是书面形式的协议,因为书面形式是规定缔约方权利义务关系最常见、最清楚和最可靠的方式。1969年和1986年两个条约法公约都明确规定条约应以书面形式缔结。此外,《联合国宪章》也规定凡合法缔结的条约,应在联合国进行登记,这也要求条约必须是书面形式。不过,照顾到条约缔结的国际实践,《维也纳条约法公约》第三条规定,假如一项协议不以书面形式缔结,这并不影响该协定的法律效力和《公约》规定对其的适用。因此,书面协定以外的协议,以口头形式达成的协议,即口头条约,并没有被排除在"条约"概念之外[3]。

条约的名称

一项文件是否构成条约,不取决于它的名称。只要具备前述条约的各项要件,以任何名称订立的书面文件或口头协议都可称为条约。在具体的缔约实践中,广义的条约可使用诸如公约、条约、协定、议定书、宪章、盟约、规约、

---

[1] 参见万鄂湘等:《国际条约法》,武汉大学出版社1998年版,第5页。
[2] 王铁崖主编:《国际法》,第402页。
[3] 同上。

换文、宣言、公报和声明等各种不同的名称。《奥本海国际法》认为:"这些名称并没有一贯的用途。虽然名称可能表明当事各方对一项文件所给予的重要性,但名称本身并不在国际上影响文件的约束力或其被认定为条约的特性。"①

(一)条约(treaty)。条约是广义条约中最正式的一种,通常以政治性问题为内容,用以规定缔约方之间较为重要的事项,有效期较长。条约有同盟条约,如1949年的《北大西洋公约组织条约》;有和平友好条约,如1976年的《东南亚友好合作条约》;有建立新地区合作机制的条约,如1957年在罗马订立的《欧洲经济共同体条约》;还有和平条约、互不侵犯条约、中立条约、边界条约等。条约通常涉及复杂的缔结程序,特别是需要各国依据本国宪法程序进行批准。

(二)公约(convention)。公约通常是指许多国家发起或者由国际组织主持的国际会议上缔结的多边条约,多为造法性或规范性条约。典型的造法型公约包括1944年的芝加哥《国际民用航空公约》,规定了航空法的一般原则,如一国领土上空飞越空间的排他性主权、飞行器的登记和建立永久性国际民用航空组织的规定等。其他此类的公约包括1961年的《维也纳外交关系公约》、1963年的《维也纳领事关系公约》和1982年联合国主持下缔结的《联合国海洋法公约》。

(三)协定(agreement)。与条约和公约相比,协定和其他形式的条约就相对不那么正式。尽管如此,协定所涵盖的议题却不一定是常规性的日常事务。其使用的目的和范围十分广泛,既可以是确立国家间贸易合作的框架和机制,也可以是领土和领海边界划分、解决债务问题、渔业管理、空中航运安排等②。通常来说,协定是在政府之间达成的,也可以是在不同国家政府的相关部门间达成的。随着国内事务的日益国际化,外交部门以外的各种职能部门订立国际协定已变得十分普遍。相应地,协定一般不需要交付各国议会批准。根据我国宪法,重要协定也需由全国人大常委会批准后方能生效。

(四)换文(exchange of notes)。两国订立协定的一种最灵活的方式是相互交换外交照会,即换文。换文的缔结程序简便,通常不需要立法机关的批准,在所有国际条约中占三分之一的比例③。换文既可以在一国大使与驻在

---
① 〔英〕詹宁斯·瓦茨:《奥本海国际法》第一卷第二分册,第630页。
② 〔英〕R.P.巴斯顿:《现代外交》,第310页。
③ 参见万鄂湘等:《国际条约法》,第10页。

国外交部之间进行,也可以在两国外交部长、其他部长或他们授权的官员之间进行。换文通常用于解决比较次要的事项,但不能武断地认为换文不能用于解决一些重要的问题。1944年英国和巴西两国政府间《关于解决英属圭亚那边界纠纷的换文》就涉及较为重要的边界问题。

(五)议定书(protocol)。议定书是使用较为广泛的一种条约,具有极其多样化的用途。在国际实践中可以发现它的八个主要用途①。归纳起来,议定书既可以用作独立的条约,如1928年的《和平解决国际争端总议定书》,也可作为原有条约的补充性和辅助性法律文件,"用以补充、说明、解释或修改主条约的规定"②。比如,《京都议定书》。这些议定书,如涉及问题重大,同样需要各国立法机关的批准。

(六)文件(act)。文件常指在国际会议上通过的规定一般国际法规则或解决一般国际问题的多边条约,如1987年生效的旨在欧洲共同体内部实现大统一市场的《单一欧洲文件》。最后文件(final act)通常只是正式叙述一个国际会议的程序,列举所通过的条约或公约,有时附以建议或愿望。李浩培认为,这样的最后文件通常不构成条约③。

(七)联合宣言、声明和公报(joint declaration, statement, communiqué)。联合宣言、声明和公报可以是条约,也可以不是条约。许多这样的文件仅仅是各国政策的表达和陈述,不涉及权利义务关系的创设,对各国不具法律约束力。这样的宣言、声明和公报就不构成条约,如1954年6月中国总理周恩来和印度总理尼赫鲁共同发表的倡导和平共处五项原则的联合声明。另一方面,如果这些文件包含双方权利和义务的创设,它们就是具有条约性质的法律文件,如1962年14国签署的《关于老挝中立的宣言》、1984年中国和英国签署的《中英关于香港问题的联合声明》,以及中国和美国在1972年、1979年和1982年分别签署和发表的三个《中美联合公报》。需要注意的是,由于存在着非条约的可能性,联合宣言、声明和公报的条约性质是容易发生歧义的。

(八)宪章、盟约和规约(charter, covenant, statute)。这类名称一般被用于国际组织的组织条例,以显示其庄严,如《联合国宪章》、《国际联盟盟约》和《国际法院规约》。不过,这些名称也可被用于一些重大事项上达成的国际协

---

① 参见〔英〕R. P. 巴斯顿:《现代外交》,第319—321页。
② 鲁毅等:《外交学概论》,第236页。
③ 参见李浩培:《条约法概论》,法律出版社2003年版,第24页。

议,如 1996 年联合国大会采纳的两个人权盟约(普遍被译为公约),即政治与公民权利盟约和经济社会权利盟约。

(九)备忘录(memorandum)。备忘录是处理较小事项的条约。

条约的种类

上述不同名称的条约,根据不同的标准可以分为以下几类:

(一)按照缔约方的数目分类,条约可分为双边条约、有限制的多边条约和开放性多边条约。只有两个缔约方的条约为双边条约,这些条约构成了条约的最大部分。有限制的多边条约是在有限的多个缔约方之间缔结的,且条约不向原缔约方之外的第三方自由开放。其他国际法主体如要加入该条约,需要经过原缔约方和申请加入者之间的加入谈判,缔结加入条约,且须经过原缔约方和申请加入方各自的批准程序。比如,非欧洲联盟成员国要想加入欧盟,就需要向欧盟提出申请,并与欧盟谈判订立入盟条约,该条约并且须得到欧盟各成员国和申请国按照各自的宪法程序进行批准。开放性多边条约,也称为一般性多边条约,它由多个缔约方订立,并向愿意加入该条约的其他任何国家开放,如《联合国海洋法公约》和《维也纳外交关系公约》等。

(二)按照条约的性质,可分为造法性条约和契约性条约。所谓造法性条约通常是指缔约方有创立以后相互间必须遵守的共同行为规则的目的,即创立法律的目的,这类条约一般是确认、改变现有行为规则而签订的条约。这类条约通常是一般性多边条约,如《维也纳条约法公约》、《联合国海洋法公约》;契约性条约指的是缔约方为了解决当前某个或某些具体问题而规定具体行为规则的条约[①]。这类条约一般要在具体事项上确立缔约方之间的一种权利义务关系,如有关边界条约、通商条约等。

(三)按照条约缔结程序,可分为正式条约和简式条约。前者是须经过国内宪法程序正式批准而缔结的条约,后者无须经过此种批准程序,仅由全权代表签署或交换构成条约的文书便生效的条约,且这类条约都是技术性、事务性的协议。

(四)按照条约的内容,条约可分为政治、法律、边界、边境、经济、文化、科技、农林、渔业、卫生保健、邮政电信、交通运输、战争法规和军事等类别。我国外交部编印的《中华人民共和国条约集》就是按条约的内容来进行分类的。

---

① 参见王铁崖主编:《国际法》,第 406 页。

此外，条约还可以依其他标准划分，如依条约缔约方的性质来划分，可分为国家间条约和国家与国际组织间缔结的条约；依缔约国的地理范围划分，可分为区域性和全球性条约；按条约的有效期划分，可分为有期限条约和无期限条约等。

二、条约的缔结和生效

缔结条约的第一个步骤是谈判。这是缔约各方的外交代表为使条约的内容达成一致而进行的交涉过程。通过谈判拟定条约文本后，即进入签署的法律程序。

缔约能力

关于条约的缔结，有两个概念应加以区别，即缔约能力和缔约权。缔约能力是国家和其他国际法主体根据国际法所享有的缔结条约的能力，是国家和其他国际法主体作为国际人格者的一种固有的属性；而缔约权则是指国家和其他国际法主体内部某个机关或个人代表国家行使缔结条约的权限。前者由国际法决定，而后者主要由国家或其他国际法主体的内部法律决定。简而言之，任何国际法主体都理所当然地拥有缔约能力，拥有缔约能力的国际法主体通过内部法律规定内部何种机关和个人可以行使缔约权。

1969年的《维也纳条约法公约》第六条规定，每个国家都有缔约能力。作为基本的国际法主体，国家的缔约能力是国家主权的体现。拥有缔约权的国家通过宪法和其他有关法律规定本国缔约权行使的具体规则。在一般情况下，单一制国家中只有中央政府享有缔约权，在对外事务方面实行中央集权的联邦制国家(如美国)也是如此。在这些国家，地方或次国家政府也常常与外国对应政府签订合作协定，如友好城市或姐妹城市协定。这些协定不能被视为国际法主体间的条约，仅仅是当事方之间的契约。至于在中央政府内部哪些政权机关可以行使缔约权，各国的规定或做法往往有所不同。例如，美国宪法规定，美国总统有权缔结条约，但条约须经参议院三分之二议员的同意才能生效。日本的缔约权由政府内阁行使，但应根据情况事先或事后取得国会的承认，日本天皇则根据内阁的意见认证批准书和公布条约。中国的缔约权由国务院、全国人大常委会和国家主席共同行使。根据我国宪法规定，国务院"管理对外事务，同外国缔结条约和协定"；全国人大常委会"决定同外国缔结的条约和重要协定的批准和废除"；国家主席根据全国人大常委会的决定,"批准和废除同外国缔结的条约和重要协定"①。

有些联邦制国家中的邦或州在涉及本邦或本州的问题上也享有一定的缔约权,如在瑞士、德国和加拿大。在德国,《基本法》第三十二条第三款规定:"各州在其立法权限范围内,可以经联邦政府同意同外国签订条约。"在瑞士,宪法第九条规定:"作为例外,各州保留与外国就公共经济、睦邻关系以及警察事务缔结条约的权利。但这些条约不得含有违背联邦或其他各州权利的规定。"因为宪法规定各州不能和外国中央政府直接联系,各州在订立和外国中央政府的协定或条约时必须由联邦政府出面谈判。这样达成的协定或条约和联邦政府以联邦达成的国际条约性质相似,通常也对联邦政府具有约束力。此外,在德国,《基本法》第五十条规定,各州通过联邦参议院参与联邦立法和行政以及有关欧洲联盟事务。参议院由州政府指派的州政府官员组成。在投票时,每州只能统一投票。《基本法》在关于欧洲联盟事务的第二十三条中第五款中明确规定:"在州立法权、州权威及其行政程序受到影响的地方,参议院的提议在联邦决策中占优势。"这些条款赋予了德国各州通过联邦参议院批准相关欧盟法律的重要权力②。

国际组织的缔约能力和缔约权是在国际组织的发展过程中逐步确立起来的。国际法院1949年在"损害赔偿案"的咨询意见中,对联合国这样的政府间国际组织的国际法律人格做出了肯定的回答。1986年的《关于国家和国际组织间或国际组织相互间条约法的维也纳公约》第六条规定:"国际组织缔结条约的能力依该组织有关规则的规定",从而确认了国际组织可以拥有缔约能力。至于国际组织的缔约权,也主要由该组织的规则而定③。

条约文本

尽管没有统一的格式,较为正式的国际条约通常由五个部分组成:

(一)约名。约名即条约的名称,如《联合国宪章》,它表达缔约方的核心意图。

---

① 香港和澳门特别行政区的缔约权问题。根据我国宪法、《香港特别行政区基本法》和《澳门特别行政区基本法》的有关规定,这两个特别行政区可分别以"中国香港"和"中国澳门"的名义单独地同世界各国、各地区或国际组织缔结经济、贸易、金融、航运、通讯、旅游、文化、体育等方面的协定。这种有限的缔约权是国家通过立法赋予的,不能超越法律所规定的范围。这与国家本身的缔约能力和缔约权是不能相提并论的。
② 参见陈志敏:《次国家政府与对外事务》,时事出版社2001年版,第四章。
③ 参见王铁崖主编:《国际法》,法律出版社1995年版,第411页。

（二）序言。序言叙述缔约方的名称、全权代表的头衔和姓名、缔约的目的和缘由等等。序言可以作为正文条款的解释依据。

（三）正文。正文是条约的主要内容，具体规定各缔约方的权利义务。

（四）最后条款。它规定条约涉及的诸多杂项事宜，如条约的批准和生效程序、有效期、适用范围、第三国加入程序、条约的文字、签字时间和地点等等。

（五）签名。

一些条约还附有附件，即附属于条约正文的文书，如议定书和声明等。附件常常是对条约条款的补充性规定。之所以以附件的形式出现，是为了防止条约的正文过于冗长和结构失衡。就法律效力而言，附件是条约的组成部分，具有同样的法律效力。

关于条约以何种语言订立，国际法上没有统一的规定。一般而言，双边条约使用两国的语言，两个文本具有同样的效力。有时，除了缔约国的语言版本外，条约还使用一种第三国语言版本，作为防止出现释义分歧的对照版本。在缔结多边条约时，如果缔约方数目较多，不可能为每一方准备具有同等法律效力的条约文本时，条约语言的采用在历史上变化较大。在中世纪的欧洲，多边条约一般以拉丁文写就。后来，法语取代了拉丁文的地位。在第一次世界大战后，多边条约开始采用多种主要语言写就。目前在联合国主持下订立的条约有六种语言版本，包括阿拉伯语、英语、法语、俄语、汉语和西班牙语。它们都是联合国的工作语言。

条约的签署

签署在条约法上可产生三种意义：(1) 仅表示对约文的认证；(2) 除认证约文外，还表示签署方同意缔结该条约并受其约束；(3) 除认证约文外，表示签署方初步同意缔结该条约，但需要经过批准程序才受其约束。根据性质的不同，签署可以分为草签和完全签署。

草签仅表示参加谈判的全权代表对条约文本已初步认证，它不具有法律效力，需待本国政府核准；本国政府若对约文有异议，可以要求重新谈判，不受草签约束。草签时，中国人只需签姓，外国人签姓名的第一个字母。

完全签署就是一般意义上的签署，指全权代表把全名签于条约约文的下面。这种签署只有在约文已经确定而不再变更的情况下才能进行。如果缔结的是简式条约，完全签署后，条约就得以成立。如果是缔结程序较为繁复的正式条约，完全签署仅表明对约文的认证，表示签署方初步同意缔结该条约。该条约尚须经过签署国家依据本国宪法程序对条约进行批准，才可对签署国产生法律约束力。

签署双边条约时,为体现主权平等的原则,一国的全权代表通常在本国保存的条约文本上签名于首位,在缔约对方保存的条约文本上签名于次位。在签署多边条约时,除缔约方另有规定,签署的次序通常按照缔约国英文国名的第一个字母依次进行。

条约的批准

如果条约、全权代表的全权证书或者有关国家的国内法有明确的规定,完全签署的条约还需要经过各国权力机关的同意和确认后才能生效。所谓批准,一般是指国家相关权力机关对其全权代表签署的条约的确认,同意接受条约约束的一种法律行为。批准有国内法意义的批准和国际法意义上的批准。前者指缔约国按照其内部宪法规定由相应权力机关对条约进行批准,比如由国家元首批准(如法国);或由立法机关批准(如瑞士);或由国家元首根据立法机关的同意予以批准(如美国)。我国的情况分为三种:一是需要经过国家主席根据全国人大常委会的批准决定予以批准的条约与重要协定[①];二是应由国务院核准的具有条约性质的国际协议;三是不需要经过批准或核准,签署后即可生效的其他国际协议,但签字后应由主管部门向国务院备案。

一国对于已签字的条约,或迟或晚,通常给予批准。当然,基于主权独立原则,一国对那些需要经过批准手续且其全权代表已签署的条约,也可以拒绝批准,或有保留地批准。历史上拒绝批准已签署条约的经典案例是美国参议院拒绝批准当时美国签署的《国际联盟盟约》。带领美国加入并赢得第一次世界大战的威尔逊总统希望建立一个集体安全制度来防止战争的重新爆发。他倡导各国订立了《国际联盟盟约》。其中的第十六条规定,任何违背国联程序的战争都将被看做敌视所有国联成员国的战争,发动战争的国家将立即遭到经济制裁,国联行政院可以进一步建议采取军事行动。在参议员洛奇

---

① 根据我国1990年《缔结条约程序法》第七条规定,应由国家主席根据全国人大常委会的批准决定予以批准的条约和重要协定有以下六项:(1)友好合作条约、和平条约等政治性条约;(2)有关领土和划定边界的条约;(3)有关司法协助、引渡的条约协定;(4)同中华人民共和国法律有不同规定的条约、协定;(5)缔约各方议定须经批准的条约、协定;(6)其他须经批准的条约和协定。这里面,前五项的内容都是相对确定的。至于第六项的内容,哪些属于"其他须经批准的条约和协定",则应由全国人大常委会具体决定。如果全国人大常委会认为国务院签订的某一协定有必要由全国人大常委会决定批准,那么国务院就必须提请批准,因而它也就是重要的。可见我国需经批准的条约的范围是相当广泛的。除了条约和重要协定要经过批准,其他哪些条约应由国务院核准或只需主管部门报国务院备案,一般应由国务院依法规定。

的领导下,反对国际联盟的力量担心该条款会限制美国的主权和宪法赋予参议院的宣战权,并使美国在违反参议院意愿的情况下被拖入欧洲的战争。《国际联盟盟约》最终在美国参议院被否决。其结果是,美国"这个使得第一次世界大战的军事天平发生倾斜的国家,拒绝承担创建战后世界秩序的责任"①。

中国实行人民代表大会制度的政权结构形式,全国人民代表大会及其常委会是最高国家权力机关。全国人大常委会在审查政府所订立的国际条约和重要协定时,也存在不予批准或暂缓批准的情况。这可能是由于政府在订立有关条约或协定时考虑不周,或者因为履行相关国际条约义务的国内立法过程有待完成。比如,中国政府在1998年就签署了《公民和政治权利公约》。但是,由于公约所要求的国内立法准备尚未完成,该公约至今尚未得到全国人大常委会的批准。

除了国内法意义上的批准外,批准在国际法上的意义要求缔约方表示最后同意缔结该条约,并将这种同意的意思以递交批准书的形式通知其他缔约方。否则,批准在国际法上并不成立。

三、条约的保留和适用

条约的保留

条约的保留也是与条约的缔结程序有关的一项重要制度。《维也纳条约法公约》第二条规定,条约的"保留是指一国或一国际组织在签署、批准、正式确认、接受、核准或加入条约时所作的单方面声明,不论其措辞或名称为何,其目的在于排除或更改条约中某些规定对该国或该国际组织适用时的法律效果"②。

双边条约一般不发生保留问题。如果双边条约的任何一方提出保留,则表明双方对条约内容尚未达成合意,需要双方继续谈判以达成协议。在多边条约的谈判中,由于条约涉及多个缔约方,利益矛盾错综复杂,存在着条约内容的完整性和条约适用的普遍性之间的两难:要各缔约方完全同意条约的全部条款,就可能出现部分国家退出条约谈判的可能;而为了尽可能多的缔约方加入多边条约,就可能需要允许一些缔约方不全部接受条约的所有条款,

---

① 〔美〕小约瑟夫·奈:《理解国际冲突》,张小明译,上海人民出版社2002年版,第132页。
② 万鄂湘等:《国际条约法》,第533页。

不至于因为一些个别的分歧而将某些缔约方排除在条约范围之外。条约的保留就是为了要保证条约适用的普遍性而允许免除一缔约方的某项条约义务或变更某项条约义务。

国家对条约提出保留的权利是主权的体现。保留可以在条约签署时提出，或在批准或核准等其他任何表示接受条约约束行为时提出。如果一国在签署须经批准的条约时提出保留，该项保留还须在批准时正式确认。缔约国在签署时未提出保留，并不排除其在批准条约时再作出保留。缔约国在签署时已经提出保留，在批准时可以作出进一步的保留。但是，条约一旦对本国生效，则不能再提出保留①。

中国在参加多边条约时，也曾有使用保留的事例。比如，中国在1956年11月5日决定批准1949年四个《日内瓦公约》时，曾对这些公约的一些条款作出保留。1993年1月26日，中国又对1979年《反对劫持人质国际公约》第十六条第一款关于将争端提交仲裁和国际法院审理的规定作出保留②。

根据1969年的《维也纳条约法公约》第十九条的规定，在三种情况下，多边条约也可以不允许保留：

（一）该项保留为该条约所禁止。比如1982年的《联合国海洋法公约》就禁止缔约方提出保留或例外。

（二）该条约只允许作出一些特定的保留，而缔约方提出的保留不在其内。

（三）该项保留与该条约的目的和宗旨不相容。

条约的遵守

条约依法缔结生效后，在其有效期内，缔约方有依约善意履行的义务，或称条约必须遵守原则。"善意履行条约也就是诚实地和正直地履行条约，从而要求不仅按照条约的文字，而且也按照条约的精神履行条约，要求不仅不以任何行动破坏条约的宗旨和目的，而且不折不扣地履行"③。

条约，作为国际法的主要组成部分，与国内法有着重要的差异。国内法的贯彻执行可以依靠军队、法院、警察等暴力司法和执法机关的支持，可以实行强制实施。在国际社会中，联合国的集体安全制度提供了部分这样的强制

---

① 参见江国清：《国际法与国际条约的几个问题》，《外交学院学报》2000年第3期，第14页。
② 王铁崖主编：《国际法》，第420页。
③ 李浩培：《条约法概论》，法律出版社2003年版，第272页。

手段,但总体上,国际法的实施不能借助国际社会的强制力量,而主要依靠各缔约方的意志。亚历山大·温特将国家接受或内化国际规范划分为三个等级:第一等级的内化指行为体知道规范是什么,但是只是在受到外力胁迫时才服从规范;第二等级的内化是行为体出于利己的考虑而服从规范,认为服从规范符合它们的自我利益;在第三等级的内化下,行为体之所以服从规范是因为他们认为规范具有合法性①。同样,条约必须善意履行也基于上述三类原因。

(一) 条约是各主权国家之间在自愿承担义务的基础上达成的协议。国家之所以自愿地达成协议肯定是由于条约达成时条约符合缔约方的利益,这种利己的考虑始终是国家履行条约的基本理由。如果一个条约不符合国家的利益,那么,要么国家不会去缔结这样的条约;要么这个条约本身就是一个不平等不合理的条约,缔约方并无履行条约的义务。

(二) 即使国家发现违反条约的规定可以获得更大的(短期)利益,由于担心受到其他缔约方的谴责、制裁以至惩罚,而使违约得不偿失,缔约方被迫继续履约。建立司法强制机关来对违法进行惩罚是国内法得以有效实施的重要保证。在当今的地区和全球机制中,欧洲法院的存在,前南问题刑事法庭和联合国安理会都是这样的机制。

(三) 缔约方对条约必须遵守原则的信念。这种信念不是基于履行条约可以获得多少利益或可以避免何种惩罚,而是相信,条约一旦缔结就必须遵守。由于国际强制机关的欠缺,国际法的有效贯彻在很大程度上取决于各国能否善意履行其所承担的国际义务。如果一国可以随意违反已缔结的条约,国际法的整个体系就会发生动摇,正常的国际关系就无法维持和发展。因此,长期以来的外交实践都非常强调条约必须遵守原则的重要性,并通过一系列基础性国际条约对该原则加以确认。比如,《联合国宪章》第二条规定,"各会员国应一秉善意,履行其依宪章所担负之义务";《维也纳条约法公约》第二十六条也明确规定:"凡有效之条约对其各当事国有拘束力,必须由各该国善意履行。"

当然,条约必须遵守原则不是绝对的,而必须受一些限制。首先,遵守条约的一个前提是这个条约本身是有效的。不平等的条约,非法的条约和义务不可能履行的条约不在遵守的范围之内。其次,缔约后情势发生根本改变以

---

① 参见[美]亚历山大·温特:《国际政治的社会理论》,秦亚青译,上海人民出版社2000年版,第338—343页。

致若继续履行将造成对一方显失公平的也不在遵守之列。再次,条约善意履行原则也受国家自保权的限制。最后,缔约一方重大违约,缔约他方有权援引该项重大违约之情势宣布解除条约约束。

中国文化一向注重礼、信、义。孔子特别强调"守信"。所谓守信,就是指信守诺言,约定必须遵守。在这一点上,新中国的几代领导人都特别重视。邓小平同志在谈及中国政府一定会履行中英关于香港问题的联合声明时就指出,中国人在国际上说话是算数的,讲信义是我国的民族传统。

条约的适用

条约的适用可分为条约适用的时间范围和空间范围两个方面

(一)条约适用的时间范围。条约一般自生效之日起开始适用。条约适用的有效期在条约中都有明文规定。许多条约只在一定规定的有效期内有效,如十年、二十年不等;这些条约在有效期届满以前或以后经协议可以延长。普遍性国际公约和国际组织的宪章一般不规定有效期,可以无限期地适用,如《联合国宪章》、《维也纳外交关系公约》和《维也纳条约法公约》等。一般而言,条约没有溯及力,对当事方在条约生效之日以前发生的任何行为或事实均不发挥效力。但是,当事方缔结时同意并在条约作出规定,条约也可以溯及既往。

(二)条约适用的空间范围。条约适用的空间范围通常是条约当事方的全部领土,包括各当事方的领陆、领海和领空,除非条约另有规定或当事方另有协议。《维也纳条约法公约》第二十九条就是这样规定的:"除该条约显示或另经确定有不同意思外,条约对每一个当事国的拘束力及于其全部领土。"

《条约法公约》的规定考虑到了空间适用方面的复杂性。这种复杂性主要产生自联邦制国家和具有高度自治地区的单一制国家。在一些联邦制国家,如德国、瑞士和比利时,联邦各州(邦)可以在联邦政府的同意下或以联邦政府名义同外国缔结一些仅适用于本州(邦)的条约或协定。如出现这种情况,条约就必须以明示或暗示的方式来限制条约的领土适用范围。

中国是单一制国家,条约适用的空间范围理当包括我国全部领土。不过,由于香港特别行政区享有高度自治,施行独立的司法体制,就出现许多条约在中国内地适用,而在香港不适用的情形;反过来也是一样。这一做法的依据是1984年《中英联合声明》和1990年《中华人民共和国香港特别行政区基本法》的有关规定:中央人民政府可根据香港特别行政区的情况和需要,在征询香港特别行政区政府的意见后,决定中华人民共和国缔结的国际协议是否适用于香港特别行政区。澳门特别行政区的情况也是如此。

即使界定了条约适用的时间和空间范围,条约在一国国内的适用还面临许多问题。作为国际法的条约要在国内适用,就需要把这种国际法转变为一国国内可以实施的国内法。在国际上,一般有三种方式可以将条约转变为国内法:

（一）转化式,即一国立法机关通过立法行为将国际条约的内容制定为国内法,才能在国内适用。英国是采用转化式的典型。

（二）并入式,即一些国家在宪法等基础性法律中规定,条约可以被自动纳入国内法,在国内适用,无须通过议会立法程序进行转化,如在法国、日本等。

（三）混合式,即同时采用转化式和并入式进行条约适用。美国是采用混合式的代表。

关于条约在我国国内的效力问题,我国宪法没有明文规定。但我国制定的很多部门法都规定了优先适用国际条约的条款。根据现有的立法和司法实践,条约在我国的适用方式大体有两种形式。第一种形式是在国内法中直接适用国际条约,即将国际条约并入国内法。如《中华人民共和国民法通则》第一百四十二条第二款规定:"中华人民共和国缔结或者参加的国际条约同中华人民共和国的民事法律有不同规定的,适用国际条约的规定,但中华人民共和国声明保留的除外。"这是一种不需要将条约内容转换为国内法而原则上可以直接适用的方式。

第二种形式是既允许直接适用有关国际条约,同时又将有关国际条约的内容在国内法中以明确规定。这是一种直接适用与转化适用相结合的方式。一般也有两种情况:一种是对于有些国际公约,一方面允许直接适用,另一方面又将其内容制定成国内法予以实施。如中国于1975年和1979年分别加入了《维也纳外交关系公约》和《维也纳领事关系公约》,但后来又分别于1986年和1990年制定了《外交特权与豁免条例》和《领事特权与豁免条例》。这种将国际法规则转化为国内法规定的方式,优点是更加清楚、明确,更有利于条约在国内的执行。另一种情况是根据中国缔结或参加的国际条约的规定,及时对国内法作出相应修改和补充。根据中华人民共和国缔结条约程序法,凡缔结同我国法律有不同规定的条约须经全国人大常委会决定批准。作为行使国家立法权的机关,全国人大常委会决定批准同国内法规定不一致的条约时需要对有关内容进行调整。如果没有对条约内容提出保留,就应该对国内法律中与条约内容不一致的地方予以修改或补充,从而使二者相衔接。这种修改或补充,也就是将条约的内容转化为国内法①。

四、条约的修订和终止施行

条约的修订

条约的修订是指条约当事国在缔结条约后于该条约有效期间改变其规定的行为。修订既可以删除原条约的某些条款,也可以增加某些条款,还可以变更某些条款的内容。条约是有关当事国在一定情势下就某个事项作出的权利与义务的规定。因此,如果当事国的意愿、相关情势和条约所管辖的事项发生了重大变化,要求对条约进行修改的呼声就会出现。

在双边条约下,两个缔约国需要就条约的修订达成共识,并经过谈判形成对原条约的修订文本,再经过本国宪法规定的程序进行批准,修改后的条约方可生效。在这种情况下,其程序和适用的法律同缔结新条约没有什么本质上的差别。

在多边条约下,根据条约修订的传统规则,对条约的修订本身也需要得到各缔约方的同意,并经过多边谈判,形成对原条约的修订文本,再经过各国宪法规定的程序进行批准,修改后的条约方才生效。不过,随着多边缔约实践的发展,此种传统规则也存在一个明显的问题,也就是:如果任何一个条约当事国都可以否决对条约的任何修正,多边条约就无法得到及时修订,以适应变化了现实。因此,多边条约修订实践中也出现了所谓修正(amendment)和修改(modification)的区分:修正是原条约全体当事方对原条约规定进行的更改,并对全体当事方具有效力;修改是原条约部分当事方在彼此间对原条约进行的更改,修改只对这部分当事国具有效力,而对那些原条约的当事方但不是该修改协定的当事方没有约束力。在原条约但不是该修改协定的当事方之间,以及在他们和修改协定的当事方之间,仍然适用原条约。根据1969年《条约法公约》第四十一条的规定,多边条约的部分当事方彼此间修改条约,必须满足以下条件:条约内必须有这种修改的规定;或该项修改不为条约所禁止,而且不影响其他当事方的权利和义务;该修改不涉及有效实现整个条约的目的和宗旨;按上述原则对条约进行修改后,应将修改内容通知其

---

① 参见江国清:《国际法与国际条约的几个问题》,《外交学院学报》2000年第3期,第16—17页。

他当事方①。

修改程序的出现是为了弥补修正程序的刚性,允许部分当事国得以对原条约进行修订。不过,修改程序也会带来一个条约几个约文的情形,造成条约适用上的混乱。因此,多边缔约实践又出现了新的发展,出现了原条约当事方以一定多数修订条约,且对所有当事方具有约束力的修订程序。比如,《联合国宪章》第一百零八条规定,本宪章之修正案经大会会员国三分之二表决并由联合国三分之二、包括安全理事会常任理事国、各依其宪法程序批准后,对于联合国所有会员国发挥效力。无疑,对于《联合国宪章》的修订而言,此种修订程序也许是唯一可行的程序。但是,由于这种程序涉及敏感的主权转让,大多数国家都不会在涉及重大国家利益的问题上采用该修订程序。即使是在区域一体化水平最高的欧洲联盟,任何对欧盟基础条约的修订也都需要各国的一致批准方能生效。

条约的退出

一项条约的当事方在条约有效期内自然应该坚持条约必须信守原则。同时,该当事方也可在一定条件下退出条约,终止施行该条约。根据《维也纳条约法公约》第五十六条的规定:

一、条约如无关于其终止之规定,亦无关于废止或退出之规定,不得废止或退出,除非:

(1)经确定当事国原意为容许有废止或退出之可能;或

(2)由条约之性质可认为含有废止或退出之权利。

二、当事国应将其依第一项废止或退出条约之意思至迟于十二个月以前通知之。

基于该规定,一项条约的当事方至少在三种情况下可以合法地退出该条约。第一,条约有关于退出的规定。比如,美国和苏联于1972年签订的《限制反弹道导弹系统条约》(以下简称《反导条约》)第十五条规定:如果一方认定同本条约主题有关的非常事件已经危及本国的最高利益,他有权退出本条约,但需要提前六个月将决定通知另一方。

《反导条约》长期以来被视为全球战略稳定的基石,之后有三十二个裁军和核不扩散国际条约与这一条约挂钩。《反导条约》规定:只允许双方按规定在各自的首都周围和一个洲际弹道导弹地下发射井周围建立有限度的反弹

---

① 参见王铁崖主编:《国际法》,第433—434页。

道导弹系统;双方保证不研制、试验或部署以海洋、空中、空间为基地的以及陆基机动反弹道导弹系统及其组成部分。根据美苏1974年对条约的修改,双方只能在本国首都周围或者在一个洲际导弹发射基地周围,建立一个反导弹系统。由于苏联解体,美国建立绝对安全的呼声日益高涨,在20世纪90年代大力发展反导弹系统和技术,并不断要求俄罗斯同意修改《反弹道导弹条约》。2001年"9·11"事件发生后,布什政府更加强调建立国家导弹防御系统的重要性和迫切性。不顾俄罗斯的强烈反对,2001年12月13日,美国总统布什在白宫正式宣布退出《反导条约》,这是美国在现代史上首次退出一项重要国际协议。

在第二种情形下,有关的条约中没有关于退出的规定,但如果能确认当事国有允许单方解约的原意,亦即当事国在缔约时默示同意单方面解约,则当事国可以单方面要求废止或退出条约。如果此等原意无法确认,那么就会需要出现第三种情形,也就是:当事国可考察条约的性质,并根据条约的性质来决定是否享有单方面的解约权。一旦当事方确定享有解约权,在后两种情形下,它必须提前12个月将退出条约的决定通知其他当事方。

条约的终止施行

条约缔结并生效后,除了退出之外,尚有多种情形可终止条约的施行,也即一项条约不再对条约的所有当事方或某一当事方具有约束力。这些情形包括:

(1)条约有效期限届满。除非规定条约为永久性条约,条约一般有一定的有效期限。如果该期限届满,且当事方不决定延长期限,条约将自然终止并失效。比如,1950年生效的《中苏友好同盟互助条约》有效期为三十年。条约期满后,中苏双方未决定延长,该条约自动终止。

(2)条约规定的条约失效条件成立。如1957年《已婚妇女国籍公约》规定:"本公约在缔约国减至不足六国之退约生效之日起失效。"

(3)全体当事国同意。条约是缔约国基于自由意志而自愿订立。同理,在条约生效后,如果缔约国一致同意终止该条约的效力,该条约即使在有效期内也可以终止施行。

(4)当事国另订条约。如果当事国就同一事项决定另订条约,它们可以在新条约中明文规定,后订条约代替前订条约,原条约就失效。

(5)条约不可能履行。条约缔结后,如果发生意外使条约的履行不可能,如为执行条约所不可少的标的物出现永久消失或毁坏(如条约规定对一岛屿的联合开发,而嗣后该岛屿消失了),当事方可以终止施行条约。

(6)条约长期不适用。条约缔结后,如果当事一方对该条约长期不适用,而其他当事方又不提出异议,这种情形可以被视为当事方默示同意终止该条约。

(7)嗣后出现与条约不相容的国际法强制规律。根据《维也纳条约法公约》第五十三条的规定:"一般国际法强制规律指国家之国际社会全体接受并公认为不许损抑且仅有以后具有同等性质之一般国际法规律始得更改之规律。"该条同时规定,条约缔结时不得与一般国际法强制规律相抵触,否则无效。一般认为,如果条约缔结时,尚不与现行国际法强制规律相抵触,但如果与而后出现的新国际法强制规律相抵触,该条约便成为无效并终止。

(8)外交关系的断绝。如果两国断绝外交关系,那么建立在外交关系之基础上的相关条约将失去效力。

(9)战争发生。战争的发生并不意味着交战国之间的所有条约都终止效力,而需视相关条约的性质和种类而定。万鄂湘等人认为,政治性条约一般因战争而终止,但至少有四种条约不因战争的发生而终止效力:本身明确规定不因战争中止效力的条约;国际战争法条约;规定一般国际法规则的公约;建立客观制度的条约。如1907年英国、法国和西班牙鉴定的直布罗陀海峡非军事化协定[①]。

---

① 参见万鄂湘等:《国际条约法》,第344—345页。

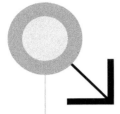

第三编

外交发展

尽管双边职业外交仍然是外交最常见的形式,在第二次世界大战后,外交方式的变化和创新有增无减。很多这些方式,如首脑外交、多边外交、调停外交等,在古代都能够找到其渊源。但是,正是在全球化的时代背景下这些外交方式才得到蓬勃的发展,成为我们时代外交不可或缺的组成部分,且其地位和影响不断上升,大有重新型塑当代外交之势,需要我们加以特别的重视和研究。

本编共分五章:首脑外交、调停外交、多边外交、公众外交、总体外交。首脑外交一章分析国家领导人在外交中日益重要的原因,以及对职业外交的影响。调停外交一章第三个对国际冲突的斡旋和调解活动,中国在解决朝鲜核问题上的调停外交说明这个问题需要得到更为及时的研究。多边外交一章分析多边外交特有的机制和运作规律。公众外交分析一国政府影响他国公众态度的努力,这一外交的新纬度目前已经得到中国外交部门的高度重视。总体外交一章将讨论非官方机构和人员在外交中所起的作用,将讨论政党外交、议会外交、地方外事、第二轨道外交和民间外交诸方面。

第八章
首脑外交

外交是代表国家主权意志的严肃政治行为,在代表主权国家实施外交行为的诸多行为体中,国家元首和政府首脑是地位最高、影响最大的角色。特别是随着信息技术革命带来的整个现代社会的透明化、网络化和便捷化,人们发现国家元首与政府首脑在外交活动乃至整个国际舞台上日益活跃,构成了现代外交实践中一道引人注目的风景线。

在国际学术界,美国学者普利斯科的《首脑外交》是对首脑外交进行全面系统研究的第一本著作。在该书中,普利斯科以美国总统的首脑外交为例,指出:"首脑外交反映出当今世界关系的复杂和国际政治的活力;反映出一种经久地、不知不觉地引人升格参与外交的诱惑,也反映了一种日益增长的倾向,要在政治领域的最高级别上把责任和行动融为一体。"[1]在当今世界,首脑外交不仅具有外交礼仪和政治象征的功能,而且也对各国外交政策、外交实践、国家关系乃至所有国际事务产生极其重大而深远的影响,越来越引起国际学术界和外交界的高度关注。本章的主要任务是在科学界定首脑外交含义、特征以及历史发展基础上,对首脑外交的形式、机制及其内在运行规律进行阐释,以增进对首脑外交理论和实践的认识。

---

[1] Elmer Plischke, *Summit Diplomacy: Personal Diplomacy of the President of the United States* (Westport: Greenwood Press, 1974), pp. 478—492.

一、首脑外交概述

首脑外交的含义与特征

首脑,泛指在特定社会共同体中拥有最高权力并享有特殊地位的人们,如宗教首脑、企业首脑、政党首脑、国家首脑、军事首脑等。政治首脑则一般指掌握着国家最高行政权的行政首长,包括国家元首(如主席、总统、国王等)和政府首脑(如首相、总理等),是国家的最高领袖,也是国家内政外交的最后决策人。在不同的政府体制下,最高行政权往往掌握在不同职位的人手里,有的为国家元首所掌握,有的为政府首脑所掌握,有的为政党领袖、军事领袖或者宗教领袖所掌握,还有的为没有首脑名义的其他人所掌握。

"首脑会议"(summit meeting)这一概念最初是英国前首相丘吉尔20世纪50年代初提出的。在他的一次讲话中,他号召各大国领导人应该举行"首脑会议"。1955年东西方日内瓦四国首脑会议后,西方新闻界开始频频使用"首脑外交"(summit diplomacy)这一术语。在这之后,首脑外交的勃兴成了国际外交的一个新现象。

迄今为止,关于首脑外交(summit diplomacy)的含义,学界的观点主要分为狭义和广义两种观点:

第一种观点将首脑外交视为国家最高领导人之间的面对面的正式或非正式会晤。许多国外的学者持这种观点,他们并使用专门的"峰会"(summitry)概念来指代。比如,拉纳将双边首脑会议定义为国家元首和政府首脑之间的正式或非正式会晤。贝里奇使用了"峰会"的概念,其中包括系列峰会、特别峰会和意见交换会晤等形式。梅里森也持类似看法,并试图将电话通信等非面对面的沟通方式排除在外[①]。国内学者中,也有学者将首脑外交界定为"国家元首、政府首脑或最高外交决策者直接参与双边或多边协商或谈判"[②]。

第二种观点较为广义,将首脑外交界定为具有最高领导人直接从事的外交活动。美国学者埃尔默·普利施科在《首脑外交》(*Diplomat In Chief*)一书

[①] 参见〔印度〕基尚·拉纳:《双边外交》,第161页;〔英〕杰夫·贝里奇:《外交理论与实践》,第十章;Jan Melissen, "Summit Diplomacy Coming of Age", *Discussion Papers in Diplomacy*, University of Nortingham, Issue 86, Vol. 5, 2003。

[②] 参见俞正梁等:《全球化时代的国际关系》,复旦大学出版社2000年版,第111页。

中认为:"当外交超出部长级而达到最高一级时,就被认为是首脑外交了。"①他认为:"首脑外交包括总统参与对外政策的制定和实施的所有方面。这种外交包括由总统制定、发表政策和使之规范化;总统通过信件、电报、电话和热线与其他国家领导人个人的通信;总统任命上百名特使,作为他个人的代表在最高一级别与别国政府打交道;接待对本国进行正式或非正式访问的外国领导人;为参加礼仪大事、协商和谈判而进行的出国周游或短途旅行,以及总统参加在本国或外国召开的国际会议等。"②《外交学概论》也把首脑会晤、首脑通信通话、首脑访问、首脑特使和首脑外交发言视为首脑外交的主要形式③。《新编国际知识手册》中也详细列举了首脑外交所包括的范围:"制定、发表政策和使之规范化;通过信件、电报、电话和热线与其他国家领导人的个人通信;任命特使,作为他个人的代表在最高一级与别国政府打交道;接待对本国进行正式或非正式访问的外国国家领导人;元首出访会见被访国家元首,相互交换意见;为参加礼仪大事、协商和谈判而进行的出国周游或短途旅行;参加在本国或外国召开的国际会议。"④

　　本书的意见是,首脑外交的第一种观点过于狭窄。显然,首脑会议也许是首脑外交中最重要的方面,但是,如果仅仅关注这一方面,我们不能对首脑在外交中的整体作用有一个全面的认识。如果我们从首脑外交这一概念的中文词义来理解,我们需要把首脑所从事的主要外交活动包括在内,而不仅是峰会。因此,本书的定义接近第二种观点,即首脑外交是指国家和国际组织的最高领导人为了实现本国的外交政策目标亲自从事的外交活动,包括通过信件、电报、热线电话等与其他国家领导人进行通信,任命特使,互访和多边会晤,对外政策发言等。具体来说,作为一个严格的学术概念,首脑外交满足以下四个本质特征:

　　一是主体特征。首脑外交的主体必须是具有最高内外政策决策权的中央政府首脑,如英国首相、美国总统、法国的总统和总理、中国的国家主席和总理,以及国际组织的最高级代表,如欧洲联盟委员会主席,欧盟轮值主席国主席等。这一特征把首脑外交和职业外交、非政府外交区分开来,卸任的政

---

① 〔美〕埃尔默·普利施科:《首脑外交》,周启朋、顾德欣、熊志勇、宫少朋译,世界知识出版社1990年版,第14页。
② 同上。
③ 参见鲁毅、黄金祺、王德仁、周启朋、杨闯、谢鹏:《外交学概论》,世界知识出版社1997年版,第147—151页。
④ 马桂琪、黎家勇主编:《新编国际知识手册》,河南人民出版社1998年版,第209—210页。

要、没有政府职务的政党领袖以及其他政府官员开展的对外交往活动,不能看做是首脑外交,只能是首脑外交的补充。

二是内容特征。首脑外交的内容是正式或者非正式的外交活动,首脑外交的所有活动都必须代表着国家主权或者国际组织的意志,首脑的一切行为都必须对整个国家或者国际组织负责。

三是方式特征。首脑外交的方式是决策与执行高度一体化,不像传统外交那样过于注重外交礼仪的繁文缛节,而是直接、迅速、面对面地同对方打交道,寻求高度集中的、有效处理共同关心的国际事务的途径。这一特征把首脑外交与传统的大使外交区别开来,传统的大使外交往往是外交决策和执行相对分离,严格按照外交等级和礼仪开展外交。

四是目的特征。尽管首脑外交看上去十分灵活,但围绕的目标却十分清晰而明确,都是着眼于推动外交战略和政策更好的实施,服务于国家利益的实现,这一点与一切外交活动是一致的。相比之下,首脑外交的目的更集中于国家的战略利益和确立国家间关系的原则和基础,这些战略利益、原则立场和指导方针往往刚性较强,一旦确立就不容易改变,缺乏回旋余地。为此,首脑外交往往不拘泥于细节纷争,利用模糊性概念和语言集中解决大的原则性问题,并以共同宣言、联合公报、外交声明等渠道表达出来,需要较高的政治艺术。这一特征把它与注重讨价还价的一般外交谈判区别开来。

总之,首脑外交是一项由政治首脑亲自参与外交活动,追求实现国家战略利益的独特外交样式,在整个外交实践中具有举足轻重的地位。首脑外交具有政治性、原则性、战略性和相对灵活性的特点,任何国家的政治首脑在开展首脑外交时,都必须切实遵循首脑外交的内在规律,充分发挥首脑外交的特点和优势。

首脑外交的起源与发展

首脑外交萌芽于远古时代,最早可以追溯到原始部落酋长之间的互访和谈判。在中国和世界其他地区,诸如举行峰会这样的首脑外交活动比较普遍。春秋时期的会盟许多是由诸侯国国君亲自参与的。欧洲在近代以后,峰会外交基本为常驻使馆的职业外交官所取代。现代外交制度在近代以来首先在意大利城市共和国时期萌芽,随着现代民族国家的产生而出现的。"外交活动的制度化是文艺复兴的一个发明,此后很长时间也一直是欧洲的一个特征"①。随着职业外交官体制的建立,依靠职业外交官谈判处理外交事务成为现代外交的典型形态。这一趋势首先在法国得到流行,其次蔓延到欧洲外交体系中的其他国家。在此背景下,首脑外交虽然依然进行,但总体上被职业外交盖过了风头。对此,英国外交学家哈罗德·尼科尔森评论道,"作为水彩画般的外交艺术已经更多地从醉心于业余画家的胡涂乱抹中走出来,成为职业画家的艺术"②。只是到1919年的巴黎和会,峰会外交才宣告回归。在第二次世界大战中,为讨论反法西斯战争和战后世界重建等问题,罗斯福、丘吉尔和斯大林"三巨头"几次聚首,比如1943年11月在伊朗举行的德黑兰会议,1945年2月举行的雅尔塔会议,1945年7月举行的波茨坦会议,三次首脑会议协调了反法西斯联盟的军事行动,并为战后的世界安排奠定了基础,成为现代首脑外交发端的一个里程碑。

二战结束后,作为首脑外交基础的战时合作很快烟消云散,但首脑外交并没有因为战争的结束而重归幕后,而是在此后冷战对峙和冷战后发展过程中获得了快速发展,迅速成长为一种相当成熟的外交实践形态。在冷战的两极格局下,首脑外交的动向曾是人们判断国际形势走势的一个重要的"风向标",牵动着各国敏感的神经。首先,东西方阵营之间首脑外交,成为判断国际形势的关键。从1955年开始,美苏首脑外交开始恢复,从1955年到1994年,美苏(俄)两国共举行了二十四次会晤,著名的"戴维营会谈"、"尼克松的莫斯科访问"、"戈尔巴乔夫和布什的冰岛会晤"都曾经是引发国际形势转向的重要征兆。其次,东西方阵营内部首脑外交,成为判断国际关系发展的参考依据。比如法国总统戴高乐和德国总理阿登纳的外交行为,对于欧洲一体化的成长至关重要,社会主义国家在布加勒斯特会议上的纷争成为社会主义阵营产生摩擦的一个直接标志。另外,发展中国家的首脑外交以及南北国家首脑对话也成为20世纪60年代以来的一个重要趋势,尤其是不结盟运动、77国集团、石油输出国组织的首脑外交,对于推动南南合作和南北对话都起到了巨大的作用。

冷战后,随着世界多极化趋势的发展和交通、通信技术的不断进步,政治首脑和国家领导人参与外交活动的情况与日俱增,甚至大有取代职业外交官之势。当今的现实是,大多数国家的政治领导人都是外交事务和国际政治舞

---

① 〔英〕佩里·安德森:《绝对主义国家的系谱》,刘北成等译,上海人民出版社2001年版,第457页。

② Harold Nicolson, *Diplomacy*, New York: Oxford University Press, 1980, p.52.

台上声名显赫的角色，并日益卷入其中。他们纷纷以头号外交家的身份出现，为增进本国的利益，贯彻其政策，亲自同其他国家元首和政府首脑协商与谈判。特别是20世纪80年代以来，整个世界的首脑外交发展速度进一步加快，这一点从欧盟的发展带来的欧洲国家首脑会议的大量增多可以看出。在全球化飞速发展的今天，首脑外交从"垂帘听政"向"赤膊上阵"的转变，集中体现着国家与国家之间的关系已经发展到一种需要高层战略对话的新阶段，单靠外交官的努力已经不能够涵盖外交内容的全部，首脑外交成为全球化时代外交发展的一个重要趋势。

二战后以来，首脑外交大放异彩、日益流行的原因是复杂的，既有外交发展的客观需要，也具有技术变革的现实要求，还有首脑外交权力上升带来的主观动力。归结起来，主要具有以下五个方面的原因：

一是战后两极格局的发展和国际组织的成长，使得首脑外交成为处理国际事务的最佳平台。两极格局和冷战的高压环境，使得各国民众普遍高度关注首脑对外交的言论和主张。同时，国际组织大量产生，在客观上为各国政治首脑召开峰会提供了条件。比如，联合国、北约、华约、共产党和工人党情报局、不结盟运动等众多国际组织、同盟体系的建立，定期召集首脑会议的机制使得首脑会晤备受关注。

二是信息技术革命和交通技术的变革，为首脑外交提供了技术上的可能和现实需要。电报、电话、广播、电视、互联网的发展，在技术上替代了驻外大使作为"诚实的间谍"(honest spy)的角色，首脑可以不必通过职业外交官就能立刻掌握外国首脑的信息。同时，以喷气式飞机为主要代表的交通技术的改善，也大大缩短了首脑长途旅行的时间，使得首脑介入外交可以轻易实现。电话的出现为首脑间的直接热线联系创造了现实的可能。

三是大众传媒的兴起和公共舆论对外交的渗透，使得首脑外交成为公众可视的景观，激发了广大公众对首脑外交的强烈期待。由于有了电视直播，几乎所有上台的首脑很快就会发现首脑外交是引起民众注意并宣传政策的绝佳平台，他们在外交舞台上的精彩表演，不仅会凝聚民心，而且还有助于提高自己的执政威信。

四是外交权力的集中化趋势，将政治首脑置于外交事务的中心地带。由于冷战高压的影响，二战后，无论是西方国家，还是非西方国家，普遍把外交事务交给国家元首或者政府首脑掌控。在美国，二战和冷战巩固了强悍的总统外交权威，总统越来越被神圣化，它似乎"犹如一头雄狮，可以四处漫游，做出伟大的业绩"①。向着"完全不同于开国先贤所设计的革命性的权力转变"②。对于这种情况,连历史学家小阿瑟·施莱辛格也不无感慨地说:到1972年,"总统的权力如此扩张和滥用,以至于威胁到我国的宪政制度"③。在欧洲,外交权力也越来越集中于首相、总理和总统们的手中。政治首脑外交权力的增长,直接推动了首脑外交的日益活跃。

五是区域主义的成长,也是刺激首脑外交扩展的重要推动力量。20世纪70年代以来,区域主义掀起了新的浪潮,包括亚太地区、阿拉伯国家、非洲国家、拉美国家在内的众多发展中国家和欧洲区域主义、北美区域主义一道,形成了区域主义蔓延的趋势,区域首脑会议成为推动首脑外交的动力之一。

首脑外交的功能

在当今世界,首脑外交具有其他外交方式所不具有的独特优势,比如地位特殊、效果直接、关系重大、迅速及时和举世瞩目④。它不仅对于发达国家在发展正常关系,建立信任与合作,应对突发事件和危机,促进一体化进程方面发挥着独特作用,而且在发展中国家推动联合自强,协调重大行动,推动南北对话和南南合作方面扮演着关键角色。尤其是在和平、发展、合作成为历史潮流的时代背景下,首脑外交对解决全球重大问题,加强对话与合作方面起着不可替代的作用。

具体来说,首脑外交承担着四项外交功能。

(一)教育功能。一般而言,大多数政治首脑尽管手握外交大权,但多半缺乏处理国际事务的经验,没有外交和国际事务的专业背景。如何培养首脑的外交素质,是所有国家的一个重要任务。因此,对于那些没有国际经验的领导人来说,首脑外交可以发挥教育功能,帮助他们对国际问题增加感性认识和直接经验。即使有经验的政治家也可以通过首脑外交获得对方国家领导人的直接印象,并利用此机会试探对方的口风。首脑外交是首脑之间私人咨询的理想渠道,它可以越过官僚机构的重重限制,直达问题的核心所在,能够在国际谈判的任何阶段上发生。政治首脑对政府外交的直接介入,既有助于相关国家最高当局澄清是非,消除分歧,达成谅解与共识,又可以与对方迅

---

① [美]詹姆斯·M.伯恩斯:《美国式民主》,陆震纶等译,中国社会科学出版社1993年版,第559页。
② Arthur Schlesinger Jr., *The Imperial Presidency* (Houghton Mifflin, 1973).
③ James M. Burns, *Government by People* (NJ: Prentice Hall, 1987), p. 345.
④ 参见鲁毅、黄金祺、王德仁、周启朋、杨闯、谢鹏:《外交学概论》,第151页。

速而直接地决定重大的外交问题。因此,首脑外交不仅是一个首脑处理国际事务的过程,也是一个培养首脑外交素质的过程。

(二)突破功能。国家元首或政府首脑都是该国外交政策的最高决策者,其所处的地位决定了他们不可能拘泥于细节,更无法做到面面俱到。通常情况下,首脑外交仅仅就大的原则性问题进行"定调",为职业外交官处理具体问题提供指导方针。因此,当外交谈判陷入僵局的时候,首脑外交的开展可能突破僵局,带来较大的外交突破。比如在中俄边界谈判中,每当谈判陷入僵局的时候,就开展双边首脑外交创造良好的氛围,推动着克服种种障碍,最终完成边界划定。1991年5月,国家主席江泽民访俄,两国领导人签署了《中俄国界东段协定》,确定成立两国联合勘界委员会,完成最后勘界工作。2004年10月14日,普京总统访华期间,中俄双方签署了《中华人民共和国和俄罗斯联邦关于中俄国界东段的补充协定》,就黑瞎子岛和阿巴该图洲渚两个未协商一致地段的边界线走向问题达成协议,从而标志着中俄之间长达四千三百公里边界线的走向全部确定。

(三)公关功能。首脑外交往往是一个国家政治生活中的大事,大国首脑外交往往能够引起世界各国民众和舆论的高度关注。在强劲的视听轰炸下,人们对于另一个国家的认知越来越依靠政治领袖、领导人的绝佳表演,完全可以扭转一个国家的形象。"政治如同做秀,政治人物一旦面对摄影机,他其实已经像一位艺人,要在政治秀场中,呈现最好的形象给它的观众"[1]。目前,各国政府都已经逐渐意识到塑造首脑形象对于外交的意义,"各国外交的聚集点已经开始了'从实力政治到形象政治的转移'"[2]。比如1999年4月中国总理朱镕基出访美国时,正值美国国内掀起新的一轮反华寒流,所谓美籍华裔科学家"李文和泄密案"喧闹一时。"中国威胁论"再一次成为少数人用来毒化两国气氛、将中国妖魔化的借口。朱镕基总理在访美中,沉着冷静,机智幽默,以坦诚的胸襟,巧妙的对答,驳斥了谣言、污蔑,澄清了误解,化解了分歧和矛盾,冲淡了毒化两国关系的不利气氛,使中国主张和平,谋求发展,维护中美关系大局的坦诚愿望和形象被美国各阶层人士和普通老百姓所理解和接受,将原则的坚定性和策略的灵活性有机地结合起来,显示了个人魅力

---

[1] 〔英〕布兰登·布鲁斯:《权力形象:如何塑造领袖魅力》,游恒山译,台北:月旦股份有限公司1992年版,第8页。

[2] 金正昆:《塑造外交形象的必要》,《世界知识》2002年第23期,第43页。

和国际公关能力,在美国国内掀起了一股"朱旋风"①。

（四）沟通功能。首脑外交是首脑个人直接参与的外交活动,它可以凭借其显赫的政治地位,对其他政治家和广大民众进行说服,扮演意见领袖的角色。在多数情况下,政治首脑的讲话和发言,往往能够为国家间关系提供一个方向性的指引。一旦两个国家首脑之间形成某种共识和信赖,对于两国民众的彼此理解和两国政府的关系改善都具有十分重要的激励作用。政治首脑作为"社会化的人格",彼此之间的心心相印,对于沟通两国社会和民众之间的友好具有十分重要的作用。因此,促进相关国家首脑的私人关系,加强个人的感情投资,定期不定期的外交活动在客观上促进了国家关系的发展。如果双方本着诚实互信、平等友好原则,可以使国家关系获得突破性进展。

二、首脑外交的形式与机制

首脑外交的形式灵活,不拘一格,几乎所有人际交往的方法都可以被用来服务首脑外交。"就外交活动的方式而言,首脑外交主要是指正式会议、会晤、非正式会晤;还可以包括国事访问、友好访问;首脑之间的通信、电报、电话及热线联络;首脑的私人代表、特使在正式外交渠道之外的特殊使命,以及首脑公开的对外政策声明、讲话等"②。概括起来,首脑外交的形式主要包括以下五种,每一种的运行机制更是十分复杂。

首脑通信与首脑通话

首脑通信是首脑外交最简单的形式,是指首脑以个人的名义代表国家与其他国家首脑或者国际组织最高代表等进行直接和迅速的通信,以表达首脑本人对某一国际事态和本国重大利益的关注,提供各种信息,转达他们的政策构想乃至谈判要点,特别是在处理危机局势中,首脑直接通信是时常被采用的外交手段。首脑通信一般在一段时间内并不公开发表,它往往为重大的外交谈判和首脑会晤铺平道路。第二次世界大战期间罗斯福、丘吉尔和斯大林之间的通信达二千七百多封。这些通信的内容真实生动地反映了反法西斯同盟的建立,盟国之间的合作和斗争,以及三国首脑对盟国战略的指导

---

① 参见李寿源:《国际关系与中国外交》,北京广播学院出版社2001年版,第147—148页。
② 鲁毅、黄金祺、王德仁、周启朋、杨闯、谢鹏:《外交学概论》,第147页。

作用①。

　　首脑通信常用的方法是正式的外交函件和电报。其具体运行机制是：(1)首脑的信件一般是首先用电报发给驻收信国的本国大使，由其正式转交该国外交部，有时也由驻外大使亲自递交该国国家元首或政府首脑，特别紧急和极其重要的信函往往标明"特急"、"绝密"字样，由驻外大使亲手转交。(2)首脑通信也可以由总统或其特使交给外国驻本国外交代表，如不紧要亦可以口信的形式转达，如必要也可建立特别的联系渠道。比如中美建交之前的罗马尼亚渠道、巴基斯坦渠道等。(3)如果时间和形势允许，首脑通信的正式文本可以由信使传送，为表示首脑特别敬意或强调信件内容的重要，也可直接派遣特使面交外国领导人。

　　信件通常都是通过正式的外交渠道传递的，只有在特殊的情况下首脑才亲自发信或收信。不过在当今的外交事务行为中，总统通信已成为一种既定的，有时甚至是经常性的做法。第二次世界大战以来它被用得越来越多，尤其在处理危机和应对紧张局势时，首脑通信更加频繁。这一点在20世纪60年代的古巴导弹危机期间，肯尼迪和赫鲁晓夫之间的频繁通信中得到佐证。

　　总体来看，首脑通信的措辞往往是机智巧妙且彬彬有礼，即便是首脑之间产生严重分歧时，也是如此。就通信内容来看，大多数首脑通信尤其是电报，一般是简明扼要、直截了当、看法坦率，常常还是秘密的；绝无高谈阔论，极少拐弯抹角，罕有官腔官调。

　　由于通信手段的发展，在当今的首脑外交中，又增加了首脑直接对话的新形式，尤其是在紧急的情况下，热线电话成为首脑外交的最重要渠道之一。据报道，早在1940年，罗斯福总统和丘吉尔首相之间就建立了热线电话。20世纪70年代起，美苏热线电话采用先进的电传设备，可以使克里姆林宫与白宫之间迅速澄清事态发展，清醒估计局势的严重性和果断地作出决定，为美苏之间避免战争发挥过一定作用。此种热线电话的沟通只需几秒钟就可实现，而且是高度保密的。由于减少了中间层次的耽搁，首脑通信和通话是高效率的。近年来，世界大国领导人之间利用热线电话的频率越来越高。对此，有专家指出，国家首脑之间屡屡利用热线电话进行沟通，说明各国领导人打交道的形式正在朝多样化的方向发展。

　　和普通人不同，首脑热线电话并不是拿起电话就打。一般情况下要先通过外交途径说明希望通话，双方确定通话时间。通话时一般有两部话机，一

---

① 参见〔美〕埃尔默·普利施科：《首脑外交》，第34页。

部给领导人,一部供译员作同声传译,为了抗干扰,有时还会转换成为密码发送和接收。双方都有助手在场,为领导人提供咨询。近年来,随着中国国际地位的提高,中国先后同俄罗斯和美国等国开通了首脑热线。中俄首脑间的热线利用得最多,两国战略协作伙伴关系的内涵在这条热线上得到了充分体现和发展。中美首脑热线开通后,两国首脑多次就存在的分歧进行沟通,使中美关系虽多次历经风雨,但仍能在正常轨道上运行并向前发展。

当然,使用电话、电话会议、电传和类似的通信设备尽管可以节省传递时间,但保密性差,尤其是此种交流要通过翻译,无意说错或者漏译都是无法避免的,甚至在交流看法时,参与者无法进行必要的思考,以恰当地处理紧张的世界形势问题。尽管如此,首脑通信和首脑通话在近年来依然保持了强劲的发展势头,在外交实践中扮演着日益吃重的角色。

首脑特使外交

在首脑外交的众多形式中,最具有灵活性的莫过于特使外交。"他可以自由地起用政府官员或普通平民。他可以给予他们这样或那样与其任务相称的官衔和职位。……他可以把这些代表派往世界上任何他认为适宜的地方。……他们的作用重可千钧,轻可鸿毛"[①]。自有文字的历史以来,派遣私人特使从事外交一直是政治首脑们的重要选择,现代大使外交也是从特使外交发展而来的。大使外交的发展并没有取代特使外交,在派遣大使的同时,首脑还常派遣特使或私人代表,到别国就两国关系的一些关键性问题代表首脑进行高级对话和传达信息,弥补驻外使节的不足,以排除各种干扰和障碍,突破外交僵局,以便尽快地在高层次取得决定性的谅解,或为了探索首脑直接会晤或互访的可行性。比如1971年1月尼克松派国家安全事务助理基辛格博士秘密访华,标志着中美两国为使中美关系正常化所作努力的重要转折,并为尼克松的访华铺平了道路。

最初首脑只在特殊时刻为了特定目的才委派特使,比如参加外国首脑的加冕典礼、就职仪式、独立庆典、纪念仪式、周年纪念、皇室婚礼等,尽管有时其任命会持续相当时期,后来就逐渐正常化和普遍化了,尤其是参与外交谈判、交流看法、通报情况等。凡是致力于首脑希望越过常规外交渠道加以处理的外交任务,诸如搜集情报、实施总统的观点或政策、进行谈判、充当特别常驻代表、排难解纷、调停斡旋和参加会议等,由首脑委派按照首脑指示行

---

① 〔美〕埃尔默·普利施科:《首脑外交》,第64页。

事,且在执行外交任务时代表首脑讲话并直接向首脑报告的特别代表的活动,都是首脑特使外交。最初,他们被称为"特派员"、"专员"或"全权使节",有些人还被视作"密使"。后来,他们的头衔又包括"执行代表"、"特别使者"、"总统个人代表"、"特别助理"和"特使"。

委派特使的条件十分宽松。特使可以是在职的政府官员、卸任的前政要,也可以企业人士、大学教授、陆海空军军官、社会名流和宗教领袖,甚至是首脑的家庭成员,只要首脑认定可以胜任即可,勿须经过严格的任命审批手续。不过,从许多国家的首脑特使来看,大多数特使具有特别人脉关系,或者具有承担使命的特殊本事,或者具有某种专长等。其中,与首脑具有牢固的政治信任可能是最重要的条件。

首脑宣言与首脑声明

除了通信通话与委派特使之外,首脑宣言和首脑声明也是首脑外交的重要形式。首脑们以个人名义发表对外政策的公开声明或纲领,或利用会见外宾发表对外政策谈话,通过新闻媒介传播到全世界,表明政治首脑对国际形势和外交政策的立场和态度。此种宣言和声明虽以个人名义发表,却是代表整个国家在一定时期对外政策目标或政策的调整,是一种外交行为。如1969年7月25日美国总统尼克松的关岛讲话,标志着"尼克松主义"的提出和"谈判时代"的开始;1986年7月28日戈尔巴乔夫的海参崴讲话及1988年他在克拉斯诺亚尔斯克的讲话,明确表达了他愿意会晤邓小平,以改善中苏关系的愿望;胡锦涛主席在联合国大会上倡导"和谐世界",明确表达中国谋求和平发展和与世界和谐相处的愿望。所有这些讲话,都引起国际社会的高度重视和反响,也是首脑外交的重要实现形式。

近年来,随着大众传媒和网络媒体的发展,首脑接受国际媒体采访也成为首脑外交的重要实现形式,受到各国首脑的重视。近年来,中国政府日益重视由领袖人物出面,塑造国家形象。中国高层领导人频频出访,并乐于接受采访,积极进行宣传,在一些国家采用该国通用的方式进行宣传。比如,在2000年,中国国家主席江泽民接受美国《科学》杂志主编的独家采访,阐释中国的科教兴国战略,接受哥伦比亚广播公司著名的《60分钟》节目主持人迈克·华莱士的采访,就中美关系和中国国内问题回答了提问,播出后受到美国民众的好评。

首脑访问

首脑访问是增进国家之间友好和相互理解的重要形式。通过首脑互访，可以使首脑之间建立信任与协商的关系，可以更从容地、更有权威性地使别国了解本国的政策和实际，也可以更客观地、透彻地了解世界的局势，有助于促进国家间正常关系与合作。

根据首脑访问的重要性程度，可以区分为国事访问、正式访问、非正式访问、友好访问、礼节性访问和"国事停留"等。

国事访问是首脑外交访问的最高形式，是指国家元首应他国元首正式邀请进行的访问，接待规格非常正式，所有程序完全按外交礼仪安排，一般包括铺设红地毯、正式欢迎仪式、检阅仪仗队、鸣礼炮二十一响、公众演讲、议会演讲、新闻记者招待会、参观历史古迹、向纪念物敬献花圈、正式国宴并祝酒、赠送礼品等组成。通常情况下，东道主国家必须派高级礼宾官到机场接机，并且访问期间由政府资深部长全程陪同，尤其是特别重大的国事访问。比如江泽民1997年访美，当时的美国副总统夫妇亲自到机场迎候，可算是最高的礼遇。在国事访问期间，首脑代表团通常都会参观东道国的政治、经济、社会、科技、文化发展情况，首脑还会出席一系列国家合作项目的签字仪式，会见侨民代表和驻外使节，以及其他根据双方确定的事项。国事访问的主要目的在于加深友谊、促进理解、建立信任，故而许多国事访问并不期待能够产生重大外交成果，相反，双方为了营造一个良好的访问氛围，往往将一些分歧和问题暂且搁置，等国事访问结束后再重新提出。由于国事访问头绪繁多，工作量大，除礼仪、交通、人身安全、旅途舒适、服饰、草拟讲话、谈判联合公报和其他重要事项外，甚至连食物偏好或禁忌等细节都要考虑到，并尽可能予以解决，还要为应付偶发事件制订计划，如生病、群众骚乱、地区性危机、运输工具失灵，甚至气候恶劣等，故而多数国家每年最多安排十次左右的国事访问。

工作访问、正式访问、正式友好访问在内涵上存在着较大的重叠。工作访问是指两国首脑以磋商和讨论重大问题为主要目的进行的访问。从形式上来看，工作访问的规格低于国事访问，不需要烦琐的仪式，但就内容而言，与国事访问区别不大。正式访问，也称友好访问或正式友好访问，是指一国领导应某一国家领导的正式邀请，对邀请国进行的访问，在内容上与工作访问上存在重叠，在形式上与国事访问也存在重叠，是介于工作访问和国事访问之间的形态。

非正式访问，是指为了集中讨论问题而将礼仪活动从简的访问。其中，领导人以私人身份进行的访问称为私人访问,由于某种原因不便公开的访问称为秘密访问,途经某国所进行的访问可称为顺道访问。

礼节性访问是一种纯粹出于某种社会活动的礼节性需要进行的访问。比如参加庆典、出席吊唁、发表国际会议演说、接受勋章、出席奥运会仪式等礼节性活动期间进行的访问。礼节性访问如果包含严肃讨论问题和非正式会晤,如果交流了观点,非正式地举行会谈,这就又近似工作访问。

上面对首脑访问进行的区分,只是大概的划分。事实上,具体到每种访问的礼仪和内容,根据实际情况每次都会有所不同,彼此的界限也不是很明确。但是,无论是何种访问,只要是首脑亲自参加的访问,对于改善一国的国际环境,促进经济、社会发展都有十分积极的意义。特别是国事访问和正式访问则标志两国关系的改善或发展,因而同一般的会晤有重大区别,需要一定的条件。比如 1995 年 10 月,中国国家主席江泽民去纽约出席纪念联合国成立五十周年大会,同美国总统克林顿举行会晤,但没有顺道对美进行国事访问,这表明两国关系仍然有麻烦,还没有国事访问的条件。而 1996 年 11 月,江泽民主席和克林顿总统在马尼拉亚太经合组织领导人非正式会晤期间达成了两国首脑在今后两年内相互进行国事访问的协议,标志着中美关系经过一段波折之后开始有了改善。

首脑会晤

首脑会晤是指为了澄清国家的基本政策和战略,由首脑直接会谈和对话,就国家间关系的基本原则达成谅解,以及就外交机构难以解决的分歧和僵持的事态作出统筹安排和寻求解决的意向。首脑会晤不同于一般的外交磋商,需要严格的条件、复杂的程序和相应的支持。比如有关各方要具有解决问题的愿望和诚意;双方应对会谈的议程、会谈所要达成的原则协议及预期的目标进行认真的准备;首脑们应尽可能坦率地、集中地讨论实质问题,而非拘泥于细节的争论和讨价还价。首脑会谈往往要产生具体的结果——原则声明、公报或一系列协定。采用什么方式来通报会谈的结果,由会谈双方决定。

根据参加会晤的首脑所代表的国家数量,可以分为双边首脑会晤和多边首脑会晤。双边首脑会晤是由两个国家的首脑直接见面并对话的会晤。冷战期间的美苏首脑会晤,苏联解体后的中美首脑会晤都是令世界瞩目的双边首脑会晤。这种由首脑直接会谈对话的机制及其产生的结果对于双边及多边国际关系总能起到程度不同的重要影响。

多边首脑会晤,是由三个和三个以上的国家首脑参加的国际会议,共同讨论有关各方所关心的国际形势和重大政策问题,以协调立场,统一行动。比如西方七国首脑会议、阿拉伯国家首脑会议、上海合作组织峰会、亚太经合组织领导人非正式会议等。20世纪80年代以来,多边首脑会晤的形式日益普遍,多边首脑外交更为频繁,讨论的议题既有政治安全问题,更有协调政策、解决经济社会发展的问题。这种多边首脑会议逐步形成定期开会的制度,并且常常通过发表公开的宣言、公报,表明其对国际经济、政治形势的共同观点或政策,成为解决国际公共问题的重要渠道。

三、首脑外交的特殊规律

首脑外交自20世纪40年代在国际舞台上流行开来,经过近六十年的发展已经日益成熟,越来越成为世界各国和国际组织广泛采用的外交形态,在发展正常国家关系,建立、促进国际信任与合作,处理国际危机和冲突,推动裁军和军备控制,促进区域一体化等诸多方面和领域都发挥了十分积极而特殊的重要作用。

从理论上来说,首脑外交也是一种政府外交实践,外交的一般规律在首脑外交中也完全适用。同时,首脑外交又是由各国政治首脑直接出面实施的外交形态,政治首脑一言九鼎,一举一动举世关注,尤其是那些大国的政治首脑,几乎任何一个细微的行动都会导致众多政治意义。因此,首脑外交必须遵循其特殊的运行规律,任何一个国家的政治领导人在实施首脑外交的时候都必须遵循这些规律,决不能心血来潮,随意而为。

最高级别的外交

首脑外交是首脑亲自从事的外交活动。在首脑外交中,首脑既是一国内外政策的最高决策者,也是一国外交的首席外交官。因此,首脑外交是国家之间处理重大问题的最权威途径。由于当今的外交问题要么涉及国家的生死存亡,要么涉及政府多个部门的管辖领域,都不是低一级官员所能最后拍板决定的。此时,首脑作为一国最高决策者,具有最高的权力来在外交交往中与他国谈判决定。

同时,基于首脑外交的权威性,首脑外交也是终极性外交。由于最高领导人介入了外交谈判,他们的定调讲话是刚性的,所作出的承诺一般被认为是代表国家的"最后宣言",是无法改变的,是最终的。一旦发觉政策失误或者判断错误,事后反悔也不可能,或者反悔将产生极高的代价。如果外交承诺只是政府的部长或者其他官员所做出的,一国仍可以事后找到种种理由来反悔,最后由首脑出来澄清,或者直接将某政府官员解除职务。而此种做法显然对首脑是不适用的。当然,如果涉及条约的订立,首脑的决定还需要得到国内立法部门或全民公决的批准,因此,仍存在国内纠错的最后手段。尽管如此,如果首脑的外交决定不能得到国内的批准,首脑及其他所领导的国家的国际声誉也会蒙受不小的损失。

基于首脑外交的权威性和终极性特点,如果国家首脑不是外交的行家里手,缺乏应对国际事务的必备专业背景和经验积累,由他们来亲自主持与其他国家的谈判,有可能给国家带来严重的损失,而且是不可挽回的损失。国家首脑的产生,主要依据政治家在处理国内事务和国内政治中的作为,较少依据其处理国际事务的能力。虽然国家首脑中不乏外交天才,比如丘吉尔、尼克松、周恩来等,大多数国家首脑在上台时对外交没有多少见识,只能依靠在外交实践中从零开始,逐步积累。一旦在学习期间,他们在首脑外交时作出一个错误的决定,国家的信誉和利益就会蒙受损失,其后果将是非常严重的。比如,英国首相张伯伦在慕尼黑和希特勒会晤后,以为已经确定了一个时代的和平,完全为希特勒所蒙骗。

考虑到首脑在外交专长方面的欠缺,首脑外交不能拘泥于细节争论,更不能在乎一城一地之得失,而应集中关注大的原则性问题,着眼全局视野,谋求国家利益和国家形象的总体增值,寻求国家关系的政治信赖基础,形成良好的氛围。一旦首脑外交陷入细节上的争论,其结果往往是失败的、毫无成果的外交。1972年尼克松访华时,毛泽东主席接见尼克松时,表示更喜欢讨论哲学问题,就是这个意思[①]。

最个人化的外交

首脑外交也是最具个人色彩的外交。职业外交强调严谨、规则和纪律,外交活动中不能加入过多的个人情感和色彩。由于首脑为一国决策者,他的行为较少受到约束,可以将更多的个人情感和因素带入其外交活动中。而且,正是这种个人化,使得首脑外交能够在更加放松的情景下进行,便利双方之间的相互认识,从而为外交问题的解决提供润滑剂。如果两个领导人能够惺惺相惜,发展起良好的个人关系,两国之间的许多误解和矛盾就可以迎刃

---

① 参见熊向晖:《我的情报与外交生涯》,中共党史出版社2005年版,第250—275页。

而解。另外,首脑特有的个人风格也可以增强国家在他国民众中的魅力,产生极好的公众外交效果。因此,首脑在外交舞台上可以尽情挥洒,按照人际交往的原则随心所欲,极尽各种智慧和艺术,与对方首脑、官员和公众形成某种默契,博得人格上的尊重和敬佩。

不过,个人化的外交也可能带来明显的负面效果。一旦首脑们之间的会面不欢而散,首脑之间非但没有建立良好的关系,反而相互讨厌,那么,个人之间的好恶会导致国家关系的恶化,而这种恶化也许是不必要的,或是本来可以避免的。因此,法国15世纪的外交官科敏纳就曾指出:"两个想要建立良好私交的大王应该永不见面,但是,应该通过优秀而智慧的大使来交流。"[1]即使首脑们建立了亲密的人际关系,但如果这种关系过于亲密,使得首脑过多考虑他国首脑的感受和利益,也会使本国利益受到损害。英国前首相布莱尔在任期间,基于他和小布什总统的个人关系,在对伊拉克政策的问题上不顾英国民众的强烈反对,坚持出兵伊拉克,就是一个例子。

因此,首脑外交中的首脑需要做到个人外交和国家外交的有机统一。首脑在外交活动中面对的是有思想、有情感的鲜活社会人格,彼此交流和沟通的时候决不能完全按照政治文件的脚本进行,亦不可完全依靠背诵发言稿传达信息,而应按照人际关系互动的社会文化和相关礼仪进行。因此,首脑外交从根本上是一种首脑人格的展现和塑造,借助人格塑造间接建构国家形象,维护国家利益。同时,在首脑的内心深处,必须始终保持政治上的清醒和冷静,时刻把国家利益和国家形象放在首位,并以此作为一切言行的准则。在首脑外交中,首脑的人格互动只是形式,国家利益的博弈和国家形象的塑造才是本质和根本。

个人外交和国家外交的统一性要求首脑在实施外交时必须具备较强的转化能力,将服务国家利益和塑造国家形象的原则转化为活生生的人格互动过程,首脑之间尽管可以在原则问题上针锋相对,在正式场合中可以保持距离,行为拿捏分寸,但在生活交往中仍然可以保持密切的友好关系。此种多重人格对于政治首脑来说是一种政治艺术,此种艺术使得首脑外交看上去近乎影视明星,谁的表演更加精彩,谁的首脑外交艺术就更加高超。当然,此种艺术可以通过专业人士帮助首脑量身定做,精心打造,更主要的是通过众多外交实践的躬身参与而逐渐养成。

---

[1] 〔英〕杰夫·贝里奇:《外交理论与实践》,第179页。

最受关注的外交

　　首脑们处于权力和责任的中心,地位特殊,举世关注。尤其是在大众传媒飞速发展的时代,首脑外交的几乎每一个行动都被置于媒体的聚光灯下,随时随地被即时传播到世界各地,进入千家万户。

　　鉴于首脑外交的高曝光度,首脑外交必须精心策划,不容丝毫闪失。首脑外交必须每一个环节都要认真筹备,犹如电影导演一样将每一个镜头和情节都精心编排,使之将最好的一面呈现给公众。许多国家的外交官员都不得不承认,首脑外交犹如一场环环相扣的外交大戏,台前的每一个步骤都需要花费大量的时间和精力进行沟通和协调,确保不能出现任何问题。当然,首脑外交并非所有的环节都做到公开透明,许多实质性问题的首脑对话和谈判过程就不能对公众公开,而必须关起门来由首脑们进行争论。无论是争论的过程,还是矛盾的焦点,都是不会向社会公开的,作为外交机密封存。有的首脑对话内容甚至不会走出谈判密室的门口。不过,一旦首脑谈判取得了某些具体成果,不管是达成了共同意向,还是就某些问题予以保留,都可以通过联合公报、共同声明、会谈纪要、记者招待会等形式向民众公开。首脑外交是透明外交和秘密外交的统一,关键是如何把握透明外交和秘密外交相结合的度,这是首脑外交的艺术性所在,最终将由国家利益和政治需要所决定。

　　同时,公众和媒体对首脑外交的高度关注,也伴随着公众对首脑外交的高度期待。人们希望首脑外交能够产生重大的外交成果。如果首脑外交能够取得成功,首脑在国内的政治地位就可以得到巩固。但是,这也会促使首脑为了成功而去谋求协议,作出不必要的让步。如果首脑外交不能带来期待中的成果,首脑外交更多是一种象征性和仪式性的外交活动,缺乏实质内容,而在国民中产生失望情绪。为了降低公众对首脑外交,特别是临时性首脑会议的期待,首脑们发明了系列峰会,通过定期召开峰会的方式来处理相互间的问题。

　　系列峰会带来的一个新问题是,首脑外交对首脑自身也形成了巨大的负担。频繁的国际旅行耗费了首脑大量的时间和精力,多数首脑饱受长途旅行导致的时差之苦,耗费宝贵的时间用于迎来送往和各种仪式活动,没有时间为国家思考正确的发展方向。不少学者认为,国家首脑是政治家,其主要任务不是迎来送往,而是思考如何确立整个国家的大政方针。如果首脑荒废了主业而疲于应付外交事务,造成的后果将是致命的。特别是那些选举产生的首脑,过分把精力投放于外交事务,疏于同民众沟通,可能会造成国内选民对首脑的不满,最终失去执政地位。

系列峰会带来的另一个新问题是,频繁的首脑外交需要耗费大量人力和财力。且不说庞大代表团的衣食住行,更大的花费在于为了营造良好的外交氛围,凝聚人气,首脑外交不得不拿出贸易订单、合作意向、援助项目、政策调整等"红包",以获取东道国社会各界的支持和欢迎,这是一笔相当庞大的开支。一些拉美国家的首脑一年之内至少相互会晤四次,欧盟国家的首脑聚首的机会则更多,但是首脑外交取得的实际进展与付出的成本相比却十分难堪[①]。因此,如何在首脑外交爆炸性发展的今天保证首脑外交的有效性将是各国外交面临的一大挑战。

最需要周密准备的外交

全球化和全球公共问题的兴起,为当代首脑外交确立了涵盖范围更广、具有众多面向的日程,要求首脑外交的日程要与公众所能认知的国际议题更加接近。从近年来各国首脑外交所设定的议题来看,与首脑外交传统上关注的战争与和平问题、国际战略问题以及宏观经济管理问题相比,改进的首脑外交更加注重与公众日常生活密切相关的议题,比如牛排质量、环境污染、跨国犯罪、社会福利等。这些问题日益跨越职业外交层次而直达首脑外交的议事日程,成为首脑谈判和会晤的重要议题。在全球化时代,首脑外交议题的多元化将是一个长期的趋势。尽管首脑外交的独特地位决定了首脑不能就某些具体问题争论不休,但完全可以把这些议题纳入讨论范围,通过对话和谈判确定一个共同接受的指导原则和基本立场,这些原则和立场作为职业外交进一步讨论协商的基础和依据。一旦首脑外交就某些议题达成共识,职业外交就成为涵盖众多政府部门和非政府部门协同努力的大合唱。除了职业外交部门外,包括经贸部门、财税部门、执法部门、教科文卫部门在内的其他政府部门也将委派高级代表参与外交事务,甚至非政府部门、思想库和专家学者也会扮演日益重要的角色。首脑外交的变化将进一步推动整个现代外交形态的转型。

由此可见,首脑的发展和兴起并非完全排除了传统职业外交,恰恰相反,首脑外交在很大程度上离不开职业外交,它以职业外交为前提和必要条件。

---

① 参见 Jan Melissen, "Summit at Price? A Commentary on the Study and Practice of Diplomacy", paper presented at the "summit conference", Department of International Relations, Boston University, 19—20, March 2002。

诚如一位西方学者所比喻的那样："首脑外交就像一项谨慎的登山行动计划，首先要征服外交山腰的缓坡，要有坚实的后勤支援，最后才能登顶。"[1]首脑外交必须由职业官外交作为后勤和协助达到"水到渠成"，而不能包办一切。

从实践中来看，首脑外交和职业外交在整个外交棋盘中是"相辅相成"的关系。首先，一切职业外交最终都要上升到首脑外交。外交是国家主权意志的体现，外交权力高度集中，无论是集权国家，还是分权国家，一切外交问题在确定政策立场时，都必须获得作为最高领导人的首脑同意，以首脑讲话或者首脑签署的外交政策文件的形式表达出来。尽管并非所有问题都由首脑拍板定论，但职业外交作出的决定不得与首脑的外交决定相违背。一旦进入首脑决定并由首脑实施的外交行为，职业外交就转化为首脑外交。其次，一切首脑外交必须以职业外交作为必要条件。外交事务技术性强，涉及政治、经济、文化、社会、法律等诸多学科，十分复杂，政治首脑由于受到专业、时间、精力等诸多限制，不可能事必躬亲，许多技术性、协调性和事务性工作，必须仰仗职业外交进行处理，首脑外交只有在职业外交的坚实基础上才能顺利进行。

首脑外交和职业外交相辅相成的关系在不同国家有不同的体现。在总统制国家，职业外交往往扮演"政治顾问"和"技术专家"的角色，职业外交完全按照首脑外交的意志行事，首脑外交的权力更加集中。在议会内阁制国家，职业外交则独当一面，扮演"副首脑"的角色，不少内阁制国家的外交部长往往兼任副总理、副首相的职务，在一定程度上职业外交和首脑外交界限十分模糊，首脑外交的权力更多授权或者全权委托职业外交处理。无论是总统制国家，还是议会制国家，在首脑外交和职业外交相辅相成和彼此为用上是共同的，这是任何国家在现代社会处理外交事务共同遵循的规律。

毋庸置疑，随着首脑外交的活跃，对传统职业外交产生了复杂而深刻的影响。此种影响既有有利的一面，也有不利的一面。从有利的方面来说，首脑外交的兴起，为政府外交注入了强大的动力。首脑之间的直接交往不仅可以避开一些纠缠不清的技术细节，直面问题的核心，而且在很多情况下还可以避开外交上的繁文缛节，以个人之间的情谊化解看似不可调和的利益冲突，有利于外交向纵深发展并克服或者抑制一些外交谈判过程中出现的分歧和矛盾的爆发，创造一个有利的外交环境。从对其不利的方面来说，首脑外

---

[1] Elmer Plischke(ed.), *Modern Diplomacy: The Art and The Artisans* (Washington DC: American Enterprise Institute Studies, 1979), pp.169—187.

交的兴起,对职业外交官的外交资源形成了一定程度的"挤占"和"挪用",职业外交官花费越来越多的时间用于筹备首脑外交,几乎每一次首脑外交的成功,都离不开外交官大量的先遣筹备和安排工作。比如最简单的首脑外交形式——首脑热线电话也需要外交官的大量努力,一定程度上导致外交官的独立角色被侵蚀,转变成为首脑外交的助手和工作人员。

尽管学术界对首脑外交的批评已经次第出现,八国集团、北约、欧盟、北美、拉美和亚太地区的首脑外交实践也产生了诸多问题,但首脑外交特别是多边首脑外交的实践在可见的未来是绝对不会消失的。首脑外交所面临的不是取消的问题,而是调整和改革的问题。首脑外交在今后相当长的一段时期内的发展趋势将是"重塑首脑外交",比如外交议题多元化,外交对象社会化,外交实施制度化,外交运行透明化等①。可以预见,在全球化时代,首脑外交是一种具有强劲生命力和远大前途的外交形态,必须引起高度重视,并根据社会发展的客观规律,不断发展首脑外交。

---

① 参见赵可金:《首脑外交及其未来趋势》,《教学与研究》2007年第12期,第52—58页。

第九章
调停外交

《联合国宪章》曾载明:"任何争端之当事国,于争端之继续存在足以危及国际和平与安全之维持时,应尽先以谈判(negotiation)、调查(enquiry)、调停(mediation)、和解(conciliation)、公断(arbitration)、司法解决(judicial settelements)、区域机关或区域办法之利用,或各该国自行选择之其他和平方法,求得解决。"[①]本章将重点讨论第三方对国家间和国内冲突的调停,也将关注冷战后方兴未艾的预防性外交。

一、对调停的需求

什么是调停

作为一项和平解决争端的办法,调停在中西外交史上古已有之。在当代外交实践中,调停作为解决国际争端的有效方法得到国际社会的高度重视。在各种重大国际争端的解决过程中,我们都能发现调停外交的身影。普林岑(T. Princen)在1992年的一项研究中指出,在1945年至1974年期间的310次冲突中,有255次有至少某种形式的调停[②]。

---

① 《联合国宪章》第六章第三十六条第一款。
② 转引自〔英〕杰夫·贝里奇:《外交理论与实践》,第198页。在该书中,Mediation译作调解。

那么，什么是调停呢？贝里奇和詹姆斯的《外交辞典》对调停给出了两个定义：一、"中立的第三方为国际或国内冲突积极寻求谈判解决方案"；二、"在更新、更宽泛的用法上"，它也指"调停者的外交活动，无论其质量与程度如何，其目的都是旨在通过谈判解决冲突"[①]。小弗利曼的《外交官辞典》则认为，调停是指"一个或一群其利益受到一项争端的无限延长或特定结果之影响的第三方，协助和参与争端直接相关方之间的谈判，以帮助它们认知到共同利益并基于这些利益达成解决方案的过程"[②]。我国著名国际法专家王铁崖则认为，调停是指"在争端当事国之间不能通过直接谈判或协商的方法解决争端时，第三国根据自己的好意主动进行有助于促成争端当事国直接谈判，协助争端当事国解决争端的方法"[③]。

基于这些定义，本书将调停定义为一个或多个第三方通过协助、参与以至于干预争端直接相关各方的谈判，以帮助国际或国内冲突各方通过谈判解决争端的政治性活动。在实践中，由于调停者事实上已不仅仅局限于第三国，进行调停的第三方可以是第三方国家、国际组织、非政府组织、专设的调停机构或个人。而且，许多国内冲突也常常接受国际调停，因此，调停中的争端各方可以是国际冲突的各方，也可以是国内冲突的各方。另外，我们也必须特别强调，调停是一种政治性活动，是解决争端的政治方法，而与运用第三方仲裁等法律性方法和行动区别开来。

在一定的意义上，调停是一种特殊的谈判。如果一般意义上的谈判是指争端当事方通过直接协商解决分歧的活动和过程，那么，调停是在一般意义上的谈判不能展开或不能取得谈判解决的背景下发生的特殊谈判。在调停中，第三方不是严格意义上的争端当事方，它的特殊作用在于通过采取各种方法帮助争端各方重新展开谈判，并促使该谈判能够导向争端的解决。因此，尽管第三方可能参与了争端方之间的谈判，但任何争端解决方案的达成取决于争端当事方的决定和意愿。

斡旋（good office）是调停的初级形式。斡旋与调停关系密切，常常为人们交替使用，甚至在一些多边条约和国际实践中也不做严格区分。比如，王铁崖就把上述调停的定义同样应用于斡旋，并认为两者具有下列共同点：不论

---

① 〔英〕杰夫·贝里奇、艾伦·詹姆斯：《外交辞典》，高飞译，北京大学出版社2008年版，第181页。
② Chas W. Freeman, Jr., *The Diplomat's Dictionary*（Washington, D. C.：The United States Institute of Peace, second edition, 1997, fourth printing 2003），p. 163.
③ 王铁崖主编：《国际法》，法律出版社1995年版，第578页。

斡旋还是调停,争端当事国均对争端的解决保持完全的自由,不因斡旋或调停的进行而承担任何义务;进行斡旋或调停的第三方不能把自己的意见和建议强加于争端当事国,无论斡旋或调停是否成功,第三方都不承担任何法律义务①。不过,王铁崖和萨道义都指出,两者事实上还是有所区别。萨道义称之为"明显的然而是微妙的区别";调停者似乎有某种义务提出可能的解决方案,而斡旋者可以说他的义务是提供一切可能的便利条件,包括在程序上提出意见,但一切建议必须来自当事者各方②。在本书看来,斡旋是调停的初级形式,仅涉及为争端当事方创造直接谈判和进行沟通的条件,而调停除了这些活动之外,还有调停者更深入介入当事国争端解决的其他方式,如以提出建议的方式参与谈判,以及运用调停者的权力来干预谈判,改变争端各方的利益盘算,以促成争端的解决。

和解也称为调解,也可以视为运用专门调停机构的一种调停的特殊形式。2005 年联合国在布隆迪设立"真相与和解委员会"。委员会的任务是确定历史事实,确认布隆迪种族冲突的起因和真实情况等。根据王铁崖的定义,和解是指争端当事国通过条约或其他形式商定把它们之间的争端提交一个由若干人组成的委员会,由委员会通过对争端事实的调查和评价,向争端当事国澄清事实并在听取争端当事国意见和做出使它们达成协议的努力后,提出包括解决争端建议在内的报告的争端解决方法③。关于和解的特点,比利时法学家亨利·罗兰曾指出:"和解的基本要点是进行实质上的审议,这一点区别于斡旋;常伴有非强制性的建议(这一点区别于仲裁)。"④《外交官辞典》将和解看做是第三方试图帮助争端各方达成谈判解决的过程。但它同时指出,和解与调停不同的是,和解者是不偏不倚的,在争端中没有直接的本方利益牵涉其中,而且,和解者不会直接干预来改变当事方的利益盘算⑤。本书认为,尽管和解有这种特定的专门含义,但是,总体上而言,我们仍然可以把和解视为调停的一种特定形式。其中,专门的和解委员会是调停者;该委员会需进行事实调查,并提出争端解决建议,从而扮演了超越斡旋的调停角色。

---

① 参见王铁崖主编:《国际法》,第 578 页。
② 参见〔英〕戈尔-布思主编:《萨道义外交实践指南》,杨立义等译,上海译文出版社 1984 年版,第 498 页。
③ 参见王铁崖主编:《国际法》,第 579 页。
④ 〔英〕戈尔-布思主编:《萨道义外交实践指南》,第 501 页。
⑤ 参见 Chas W. Freeman, Jr., *The Diplomat's Dictionary*(Washington, D.C.: The United States Institute of Peace, second edition, 1997, fourth printing 2003), p.51。

但是,和解不涉及运用第三方的强力来改变争端当事方的利益盘算,而高层次的调停则涉及调停者的强力干预,以改变当事方的利益盘算,从而操控谈判解决的结果。

仲裁和司法解决与调停的共同点是都涉及当事方邀请或接受第三方的介入,以解决争端当事方之间的冲突。但两者的区别更为明显。调停本质上是一种政治方法,而仲裁和司法解决则是法律方法。仲裁是指争端当事方一致同意把它们之间的争端交给自己选任的仲裁人来裁判并承诺服从其裁决的一种解决争端的方法,其仲裁裁决对争端各方具有约束力。司法解决则是指争端当事国把争端提交给一个已经成立的、有独立法官组成的国际法院或国际法庭,根据国际法对争端当事国作出具有法律约束力的判决。尽管两者之间有许多不同,两者都是解决争端的法律方法,仲裁裁决和司法判决依据的是法律规则,仲裁庭和法院有比较完善的组织机构和相对固定的程序规则,仲裁裁决和司法判决对争端当事国有约束力。由于法律方法的约束力性质,仲裁和司法解决可以是争端解决的一种有效形式。但是,这些法律手段的使用建立在争端当事方主动寻求仲裁裁决或司法判决的基础之上。如果任何一方不愿意诉诸仲裁或司法解决,这类法律手段就无法称为解决争端的实际方法。在现代外交史上,由于涉及的争端常常对当事方利害关系重大,当事方常常不愿意诉诸这类法律手段。比如,1900 年在荷兰海牙设立的常设仲裁法院自成立之日到 1993 年,总共才受理了二十七个案件,其中二十四个案件作出了裁决。同样,1946 年在海牙设立的国际法院自成立到 1994 年,也只收案八十六件[①]。可见,法律手段在当今国际争端的解决中并不受到各国的重视。

调停发生的条件

那么,何种情形下需要外交调停?分析历史上各种调停发生的背景,我们可以归纳出调停发生的三个前提条件。

第一,争端双方因为冲突利益而陷入僵局。在外交谈判一章中,我们谈到,各个谈判者之间必定同时存在共同利益和冲突利益,只是两者的比重常有不同。在冲突利益较为凸现,而共同利益较少之时,谈判者常常试图将谈判视为零和游戏,竭力争取本方的利益,导致陷入冲突和对抗的境地。鲁宾在谈到这种情形时指出:"当双方的竞争倾向居于主导,以至争端各方无力或

---

① 参见王铁崖主编:《国际法》,第 587、589 页。

不愿意相互妥协。每一方都要求太多,都只愿意作出微小的让步,从而形成一种冲突的僵局。"①比如,在 2002 年以后重新爆发的朝鲜核危机中,美国要求朝鲜废止一切核计划,而朝鲜则宣称自己拥有和平利用核能的合法权利,并希望发展核武器以遏制美国的侵略意图。这些对立的主张使双方再次陷入外交僵局和战争边缘的境地。

第二,双方仍然对解决争端拥有至少是消极的共同利益。如果争端双方没有任何积极的抑或消极的共同利益需要保护或促进,那么冲突利益显然将促使双方陷入完全的对立之中。在这种情况下,不可能存在通过谈判解决争端的问题。但是,在当代世界中,由于相互依赖的发展,福利国家理念的普及,更由于大规模杀伤性武器的出现,使得具有重大冲突利益的双方也常常有不少积极的或消极的共同利益需要维护和促进,从而对争端的解决心存向往。

即使是非常对立的冲突双方,相互之间鲜有积极的共同利益,它们之间也常常具有所谓消极的共同利益,即防止冲突的持续或升级给双方既有的利益造成进一步不可忍受的损害。在上述朝鲜核危机中,危机的持续将可能导致朝鲜有时间掌握核技术,促使美国进行更严厉的制裁,以致升级为军事冲突。这种危机的持续,特别是升级显然不会服务于任何一方的利益。因此,双方都希望或至少愿意接受第三方的调停。

第三,因为多种原因,争端各方无力或不愿意通过直接谈判来打破僵局。尽管出现了如托佛尔和扎特曼所谓的"伤害性僵局"(hurting stalemate),即僵局已经给双方都带来很大的伤害,但争端双方可能因为三方面的原因而不能通过直接谈判来自行打破僵局。第一个原因是沟通障碍。争端各方由于相互之间的对抗行为和敌意使相互信任完全或基本丧失。互不信任的争端各方要么拒绝直接谈判和沟通,要么在直接谈判和沟通中不能正确理解对方传递的信息,无法开展有效的沟通,妨碍了对共同利益的认知。第二个原因是立场僵硬。对立各方为了在对抗中不示弱,通常不愿做出有吸引力的让步。在这种情况下,争端各方时常不能提出有创意的和平衡的解决方案,来突破僵局。第三个原因是利益制约。在一些困难的谈判中,如果协议的达成必须要求各方做出重大的让步,争端各方光靠自己确实存在不能达成协议的难处。任何重大的让步都会在本方内部遭到严重的反对。而没有足够的内部

---

① Jeffrey Z. Rubin, "Introduction", in Rubin(ed.), *Dynamics of Third Party Intervention: Kissinger in the Middle East*(New York: Praeger, 1981), p. 5.

支持,任何这样的让步也是不能持久的。在这种情形下,即使双方能够进行有效的沟通,并且找到了解决的办法,它们仍然因为利益格局的制约而不能真正解决争端。

总之,争端各方陷入僵局会影响有关国际行为体的利益,也会对国际稳定带来负面影响,从而会引起第三方的关切。争端各方在争端解决问题上具有的共同利益基础是第三方进行介入的前提,如果双方不具有这样的利益,争端各方就不会希望通过谈判或第三方调停来解决问题。

二、调停的方法

调停的方法就是调停者用来帮助争端各方达成谈判解决的各种途径,其根本是要消除妨碍争端各方不能自行谈判解决的各种障碍。谈判学专家莱法指出了第三方介入的几种方式:将争端各方召集在一起;创造建设性的谈判气氛;收集并明智地传递有选择的秘密信息;帮助各方界定自己的利益;说服放弃不合理的主张;寻求共赢;保持谈判的延续;阐明协议的合理性等[1]。豪普曼则列出了调停者扮演的五种角色:过程协助者角色;沟通、妥协和趋同的协助者角色;认知变化协助者角色;规划创意者角色;操纵者角色[2]。

本书基于前文对导致争端各方不能自行解决争端的三个主要原因的分析,倾向于将调停者的调停方法分为斡旋或协助型(facilitative)调停、规划型调停(fomulative)和操控型调停(manipulative)[3]。三种调停方式分别试图针对性解决争端各方间面临的沟通障碍、立场僵硬和利益制约问题。

斡旋或协助型调停

在斡旋与协助型调停中,调停者扮演了虽然重要但仅为辅助性的角色。调停者的作用主要体现在撮合相互对立的争端当事方,提供间接谈判的渠道,或提供场所以促成直接谈判。调停者自己不直接介入基本的谈判过程,而是采取行动以帮助争端各方开始或继续它们之间的直接接触。调停者实

---

[1] 参见 Howard Raiffa, *The Art and Science of Negotiation* (Cambridge, Mass.: Harvard University Press, 1982), pp. 108—109。

[2] 参见 P. Terrence Hopmann, *The Negotiation Process and the Resolution of International Conflicts* (Columbia, South Carolina: University of South Carolina Press, 1998), pp. 231—241。

[3] 参见〔美〕布里吉特·斯塔奇等:《外交谈判导论》,第 127—128 页。

际上是在履行"斡旋者"的职能。一方面，他为使争端各方开始正式的谈判在谈判地点、时间、程序等细节问题上提供良好的条件，另一方面，为使开始了的谈判继续深入下去，在利用本身优越条件收集与了解信息和事实的基础上提请争端各方注意它们可能忽视的信息和事实。

处于极端冲突中当事方常常不愿进行直接谈判，特别不愿意在公开场合进行谈判。他们相互之间没有基本的信任，倾向于将让步视为示弱。作为协助者的调停者在这种冲突的解决中可以发挥不可或缺的作用。他们提供直接的渠道，在争端各方之间传递信息，或为争端各方提供秘密谈判的场所，便于他们展开实质性的正式谈判。他们可以创造良好的气氛，帮助谈判者发展相互信任。他们可以与争端各方一起或分别地就这些观点进行讨论以期达成共识。总之，调停者的协助可以帮助争端各方克服阻碍他们达成协议的一些重要障碍。

挪威在1993年巴以奥斯陆谈判中就很好地扮演了协助者的角色。1992年，在美国的调停下，巴勒斯坦和以色列已经在华盛顿进行了一年的谈判，试图为解决巴以冲突找到解决方案。但是，由于是公开谈判，以色列坚决拒绝巴勒斯坦解放组织的代表加入巴方代表团，而阿拉法特领导的巴解组织是巴勒斯坦的实际领导，这明显削弱了巴方代表团的权威性。而且，谈判的公开性也妨碍各方作出实质让步，使谈判沦为双方进行宣传战的场合。在这种情况下，阿拉法特寻求一向比较中立的挪威政府出面调停。

挪威的调停首先从协助巴以双方开展非正式秘密谈判进行。1993年5月，谈判转为正式谈判，以方由外交部办公厅主任萨维尔主谈，巴方团长是阿拉法特的财政顾问阿布·阿拉。挪威方面由挪威国际研究所所长索耶·拉森和其担任挪威外交部高级官员的夫人出面。拉森夫妇为巴以之间的十多轮谈判进行了周密的安排。他们将谈判地点设在小城萨斯伯格的一座独立别墅中，一手操办为两方代表团预订机票、秘密接送、安排食宿到制定议事日程，而其间严格保密，没有让外界察觉任何风声。

作为协助者，拉森夫妇经常在每天晚饭后离开别墅，留下双方代表团面对面喝着浓浓的咖啡交流看法，双方经常谈到凌晨三四点钟。当谈判陷入僵局，比如巴方代表宣称要中断谈判打道回府时，拉森夫妇多次好心相劝，苦口婆心地说服他们留下来继续谈判[①]。经过三方的共同努力。巴以双方终于取

[①] 参见梁建生编译：《巴以和平条约的幕后秘密外交》，《国际展望》1995年第4期，第21—24页。

得重大的历史性突破。1993年9月9日和10日,拉宾和阿拉法特互致函件,宣布双方相互承认。9月13日,巴以在华盛顿签署《临时自治安排原则宣言》,这就是著名的《奥斯陆协议》。

规划性调停

协助性调停如果未能带来解决问题的协议,调停者就需要更进一步,进行规划性调停。也就是说,调停者需要根据自身对冲突的理解,找出问题的症结所在,并提出能够照顾双方利益的公平解决方案,帮助谈判者达成协议。谈判者即使在调停者的帮助下能够进行间接或直接谈判,由于巨大的利害关系和相互缺乏信任,双方要么不能正确地理解对方的利益,从而提出比较对等互惠的妥协方案,要么担心单方面的让步会被对方视为软弱,而在谈判中处于不利地位。基于这些考虑,冲突当事方常常无法或不愿在谈判中作出让步。

规划性调停者的出现可以帮助当事方克服上述难题。规划性调停者提出的全面解决方案,可以比较客观地分析当事方的利益矛盾,提出公平的妥协方案。而且,由于这一方案是调停者提出的,同时包括了当事各方需要作出的让步,当事方就无须担心谁先让步的问题。当然,调停者提出的解决方案不是凭空想象出来的。调停者要提出一个双方能够接受的方案,本身需要对冲突问题和冲突当事方有充分的了解,有极好的判断分析能力和公正的立场。为此,他需要得到本国外交部门的支持,也需要能够与当事各方有充分和准确的沟通,能够了解各方的核心利益和谈判底线。在实践中,调停者需要提出协议草案后,继续征询当事方的意见,提出修改方案,如此反复进行,直到找到令当事各方都能够满意的协议文本。

1976年美国总统卡特主持的埃及—以色列戴维营谈判就是运用规划性调停方法的一个典型事例。1978年9月6日,应美国总统卡特的邀请,埃及总统萨达特和以色列总理贝京来到美国总统的休假地戴维营就中东问题进行谈判。此前,两国的外长在美国国务卿的调停下已经举行过多次会谈,但是由于以色列坚持拒绝撤出它在1967年侵占的阿拉伯领土并拒绝承认巴勒斯坦人民的民族权利,这些会谈都没有取得什么进展。在戴维营,卡特根据对双方的利益判断,提出了自己的协议文本,并逐字逐句和以色列总理及埃及总统分别协商,最后形成了双方都认可的协议文本①。

经过11天的会议,9月17日晚在卡特在场的情况下,萨达特和贝京在白宫签署了两项文件:《关于实现中东和平的纲要》、《关于签订一项埃及同以色列之间的和平条约的纲要》,即《戴维营协议》。《关于实现中东和平的纲要》的序言说:"和平解决以色列和它的邻国之间的冲突时所遵循的共同商定的基础是联合国安全理事会第242号决议的全文。"《纲要》就约旦河西岸和加沙地带的问题提出了一项计划,规定由"埃及、以色列、约旦和巴勒斯坦人民的代表"参加,分三个阶段进行谈判,以解决这两个地区的"最后地位"。《关于签订一项埃及同以色列之间的和平条约的纲要》说,埃及同以色列将进行谈判,"其目标是在本纲要签字后的三个月内缔结一项和平条约","这项和约的各项条款将在条约签订后的两年至三年之间执行","联合国的242号决议的各项原则将适用于解决以色列和埃及之间的争端"。双方商定:"埃及在国际上承认的埃及和受托管的巴勒斯坦之间的边界内行使充分的主权";"以色列的武装部队撤出西奈"。

操控性调停

在实践中,冲突当事方已经能够实现充分的沟通,而且全面了解各种可能的妥协方案,但是他们仍然会无法达成妥协。出现这种情形的主要原因在于,冲突涉及双方极其重大的利益,双方都无法因对方可能的让步作出相应的妥协,而放弃其重大利益。在这种情况下,利益格局的制约成为冲突双方无法解决冲突的根本制约。第三方的协助性或规划性调停也无法打破此利益格局。对于调停者来说,如果要促使冲突的解决,他必须更进一步,采取操控性调停方法来进行干预,通过提供额外的激励或制裁来改变一方或双方的利益格局,建立双方妥协的利益基础。

操控性调停的手法无非两种:外部激励或外部惩罚,也就是"胡萝卜"或"大棒"政策。如果当事一方或各方都认为,来自对方的让步不足以弥补本方让步所付出的代价,调停者可以提供额外的相应补偿,让当事方可以从让步中获得对应的收益。这种额外的补偿可以是经济和军事援助,也可以是安全保障的承诺。调停者也可以运用制裁的手段,通过威胁剥夺当事方的重大利益,来促使当事方就范。两种手段都能够起到改变当事方利益格局和盘算的

---

① 参见"Camp David Accords: Jimmy Carter Reflects 25 Years Later", September 17, 2003. http://www.cartercenter.org/news/documents/doc1482.html。

作用。

由于激励和制裁都需要调停者本身拥有足够的实力,操控性调停通常是大国的专属手段,一般的中小国家无力承担。而且,即使对大国而言,操控性调停的代价也不是经常可以承受的,只有涉及自己重大利害关系的冲突中才会全力以赴。而且,在激励和制裁两种手段上,一般的大国会尽量避免使用制裁的手段,因为任何的制裁都会在被制裁的当事国中制造怨恨。即使这种制裁和压力在当时能够迫使当事国让步妥协,但这种积怨将恶化双边关系,并在未来给自己国家的利益带来损害。更糟糕的是,制裁更可能激怒冲突当事方,使得冲突更加难以解决。因此,在操控性调停中,激励是调停者的主要手段。

三、调 停 者

形形色色的调停者

一般而言,调停者须具备一定的特质。首先,他必须在争端当事方之间保持一定的中立。许多调停者确实与争端当事方中的任何一方必须没有任何特殊关系,与争议中的问题没有牵连。不过有时,调停者也可以与争端当事一方有更密切的关系,且与争端有牵连。在这种情况下,调停者至少要在解决争端的立场方面有一定的中立。其次,调停者必须有丰富的谈判经验,有良好的沟通技巧,收集情报和传递信息的能力,善于在复杂的情况下打破僵局。再次,调停者须通晓争端事项涉及的各个方面,并对所有可能帮助争端得以解决的方案和政治过程有透彻的了解。

能够扮演上述调停角色的行为者不计其数。这里,我们可以将它们分为两大类。

一类是传统意义上的调停者,即国家行为体,包括主权国家和国家联合体,如各种国际政府间组织。

大国在过去垄断了世界上的调停活动,在今天它们也是关键的调停者。贝里奇谈到了大国介入调停活动的三个目标:化解威胁全球稳定、包括威胁全球经济稳定在内的危机,在这些方面,它们有重要的利益;对联盟成员间的冲突进行调停,以保持大国所主导的联盟的内部团结;通过调停,大国也可以扩展依附网络或势力范围①。大国在世界上各种争端中所具有的利害关系使它们有动力参与调停，而且，大国拥有的各种影响手段也是它们能够进行调停的资本。在冷战后的主要地区冲突中，我们都能见证大国调停者的作用。比如，在朝鲜的核危机中，中国起了核心调停者的作用。在伊朗核危机中，欧盟是主要的调停者，另外，俄罗斯和中国的作用也不能忽视。在巴以问题上，美国是主要的调停者，另外，欧盟和俄罗斯也发挥了重要作用。

中小国家的调停外交在第二次世界大战后非常活跃。加拿大、澳大利亚、埃及、南非、挪威、瑞典、芬兰等许多中小国家在地区和国内冲突中纷纷扮演调停者的角色，在解决一些冲突中甚至发挥了关键性作用。中小国家在调停外交舞台上的出现可以举出三项理由。第一，中小国家无法依靠其硬权力左右国际事务，但是，它们可以利用其弱小的地位扮演中间人的角色来化解各种国际和国内争端，以营造有利于自己的和平稳定的国际环境。在冷战期间，许多中小国家就在美苏之间发挥斡旋作用。第二，中小国家也希望利用积极的调停外交，通过解决国际国内争端，来提高自己的国际显示度，扩大国际影响。比如，挪威虽是一个只有450万人口的小国，但在1993年挪威成功地促成巴勒斯坦和以色列的代表在挪威展开了十四轮秘密会谈，最终于1993年8月20日在挪威外交部大楼内，以巴双方代表草签了举世闻名的《奥斯陆协议》，阿拉法特和拉宾、佩雷斯荣获当年的诺贝尔和平奖。挪威也受邀调停了斯里兰卡政府和反政府的泰米尔猛虎组织之间自1983年开始的长期血腥冲突。经过挪威外交大臣扬·彼得森和和平特使索尔海姆的艰苦调解，斯里兰卡政府军和猛虎组织于2002年2月达成了无限期停火协议。通过这些积极的调停外交，挪威的国际地位得到很大提升。挪威第一位女首相布伦特兰夫人1998年至2003年出任世界卫生组织总干事；图瓦尔·斯图尔滕贝格曾担任联合国难民事务高级专员；拉尔森自1999年以来担任联合国秘书长中东事务特使；杨·艾格兰是主管协调人道主义事务和人道主义援助的联合国副秘书长。此外，挪威人还从2003年起担任联合国人口基金会（UNFPA）的副主席。第三，一些中小国家具有经济实力来支持其活跃的调停外交。同样以挪威为例，2003年挪威人均GDP近5万美元，2004年，挪威的官方发展援助额为19亿欧元，约占其国民总收入的0.94%，是世界上五个官方发展援助额

---

① 〔英〕杰夫·贝里奇：《外交理论与实践》，第202页。

超过年国民总收入0.7%的国家之一①。依靠其一定的经济实力,中小国家也能负担起不那么廉价的调停外交成本。

对于联合国和许多区域性国际组织来说,和平解决国际争端是它们的基本目标和宗旨之一。因此,作为这些组织或机构的代表,联合国秘书长和区域性组织的国际官员常常对各种国际争端进行斡旋和调停。国际组织在当今国际争端的调停解决中越来越发挥着重大的作用。

另一类调停者在当今的全球化世界中日趋活跃,它们就是所谓的非国家行为体。这些非国家行为体包括非政府组织、跨国公司、劳工组织、反对派政治家、宗教领袖和学者等所谓的公民外交官(citizen diplmats)。另外,已经卸任的前政府官员也是这类调停者中的重要组成部分。美国前总统卡特卸任后组建了"卡特中心",在调停国际和国内冲突中取得了罕见的成就。非国家行为者的调停可以使调停过程更加灵活,它不受固定程式的制约,省时,省力,并且在失败的情况下不影响任何政府的声誉。不过,这里必须指出,如果个人代表国家行使调停者的职能,那么这样的"个人调停者"就应视为"国家调停者了"②。

调停者的公正性

早期的调停研究认为,理想的调停者应该是一个公正或中立的第三者,对争端各方不偏不倚。对这种信条,费雪曾形象地表示:"理想的调停者被看做是难得一遇的来自火星的太监。"③虽然在现实世界中,绝对中立或公正的调停者很少存在,但人们通常认为,公正和中立对调停的成功具有重要的价值。调停者的公正和中立能够建立争端各方对调停者的信心,因为这种信心使得争端各方愿意接受该第三方的调停,并在调停的过程中愿意通过调停者传递真实的意图,并认真考虑调停者没有私心的建议,并带来调停的成功。

在外交史上的许多调停中,许多近似公正和中立的第三方在调停中成功地发挥了作用。在冷战时期和以后,欧洲的一些中立国家,如瑞士、奥地利和瑞典,都在东西方冲突中发挥了一定的调停作用。联合国秘书长代表联合国大会和安理会的总体意志,在大多数情况下是国际社会的代表,其公正性和

---

① 关于挪威的资料,引自孔寒冰:《以和平、人道的方式提升自己的国际地位:挪威现象》,中国日报网站,2005年3月18日,http://www.chinadaily.com.cn/gb/doc/2005-03/18/content_426232.htm。
② 叶兴平:《国际争端解决中的调停与调停剖析》,《武汉大学学报》1997年第2期。
③ P. Terrence Hopmann, *The Negotiation Process and the Resolution of International Conflicts* (Columbia, South Carolina: University of South Carolina Press, 1998), p. 330.

中立性被大多数国家所认同。因此,秘书长在许多国际和国内冲突中是受欢迎的调停者。1988年,当时的联合国秘书长德奎利亚尔就在安理会598号决议的基础上促成伊朗和伊拉克结束持续八年的两伊战争。另外,对于为了比格尔海峡中岛屿归属发生冲突的阿根廷和智利两个天主教国家来说,当时的教皇保罗二世可以被视为一个理想的公正调停者。

但是,在调停实践中,也存在另外的情形:调停者并不是对争端各方不偏不倚的第三方,而是有偏向的调停者,与争端的某一方关系要比它与其他各方的关系要更为密切。比如,和印度关系密切的苏联调停了1972年印度和巴基斯坦的冲突,美国长期在中东调停以色列和阿拉伯国家的冲突,与伊朗关系密切的阿尔及利亚调停了美国和伊朗在1979—1980年的人质事件。周恩来在1954年日内瓦会议上调停了越南民主共和国和法国的冲突也可以被认为是这类调停之一。有偏向的调停者之所以出现,主要出于两个原因。首先是调停的有效性考虑。有偏向的调停者通常对与其关系密切的争端一方具有较大的影响,因此,其偏向性可以为其影响力所抵消。与调停者没有多少关系的争端方可以希望调停者能够运用其偏向性来影响其争端对手。对于那些需要调停者运用其影响力干预谈判的调停来说,有偏向的大国调停者的出现是受人欢迎的,因为,正是这类大国才具有足够的影响力来促使其盟友或伙伴来作出必要的让步,促使争端的解决。其次,有偏向的调停者常常具有强大的动机来进行调停。除了那些国际组织、非政府组织和中立国家,许多调停者是大国。如前所述,大国往往具有广泛的全球和地区利益。如果一个涉及其盟友或伙伴的冲突危及全球和地区秩序,大国就会具有一般的动机去进行干预。此外,为了防止其盟友或伙伴在冲突中受到削弱,进而损害大国在那一地区的影响力,大国也具有特殊的干预动机。美国对中东和谈的持续兴趣便是一例。

当然,有偏向的调停者也需要具有公正性,才能发挥成功的调停。否则,"这一概念会是一种自相矛盾的说法"[①]。这里,调停者的公正性可以从两个方面体现出来:调停者与争端各方关系中的无偏向性;调停者在争端事项立场上的无偏向性。理想的调停者最好在两个方面同时保证中立和公正。对于有偏向的调停者而言,他已经与争端某一方有更为密切的关系,就必须在有关争端事项的立场上具有一定的公正性或中立性,而不能完全站在某一方的立场上。否则,争端的其他方就不会接受这个第三方作为调停者,调停者

---

① 〔英〕杰夫·贝里奇:《外交理论与实践》,第204页。

也无法推动其盟友或伙伴朝着妥协的方向前进。卡特在《戴维营协议》的谈判中促使以色列将占领的西奈半岛归还了埃及,而周恩来在1954年说服越南接受靠近北纬17度的停火线,而不是越南原先坚持的16度线。

调停者的权力

从调停者所扮演的角色出发,我们可以看到,如果冲突或争端主要是因为沟通障碍或立场僵硬带来的创意缺失,那么调停者并不一定需要拥有强大的硬权力。只要具有争端各方可以信任的公正地位,具有良好的国际信用或精神权威,拥有娴熟外交技巧的调停人员,中小国家、有关国际组织、非政府组织甚至个人都可以充当有效的调停者。也就是说,在调停上述争端时,调停仅需要软权力的运用。

而且,调停者仅仅拥有软权力的事实从另外一个角度也能帮助调停的成功。由于调停者不具有强大的硬权力,调停者在冲突争端上很少具有自己的利益。调停者在调停中也就较少具有私利的目标。这样的调停者容易让争端各方信任和接受,而不是怀疑、戒备或排斥。如此,调停者能够较好地完成沟通争端各方,帮助各方找到解决争端的创意方案的任务。

当然,必须指出的是,这样的调停者也需要有一定的经济实力,能够支持其不那么廉价的调停活动,如调停人员的穿梭外交,如邀请争端各方在本国进行旷日持久的谈判,负担大多数或全部相关费用,并提供各种尽可能舒适的设施。正是这经济方面的因素,是欧洲富裕小国们,如瑞士、奥地利、瑞典、挪威和芬兰,在国际调停外交中非常活跃的原因之一。

克莱伯尔曾归纳说,"一个中立的调停者缺少影响手段是重要的,那么,有偏向的调停者需要掌握影响手段来创造成功的结果"[①]。中立的调停者可以依靠其软权力,并因为仅仅拥有软权力而取得调停中的有利地位。但是,对于那些由于利益格局制约而无法解决的争端中,中立的调停者可以起到沟通和创意者的角色,而对争端的缓解有某些作用。但是,如果争端各方的利益结构不被改变,各方仍然不能在一个好的协议下妥协。在这种情况下,由大国或由大国支持的机构和个人来进行调停就成为势所必然。因为只有大国才能提供影响和改变争端一方或各方的利益结构的硬权力手段。如同在外交谈判中所述,这些硬权力手段主要包括强制性手段和诱导性手段。这些手段有时是单个使用,有时是同时使用。强制性手段涉及威胁或实际剥夺一

[①] Marieke Kleiboer, "Understanding Success and Failure of International Mediation", p. 372.

方或各方的既有利益,而诱导性手段则涉及提供或允诺提供各种额外的新的利益。两种方法都可以重构一方或各方的利益结构,从而保证争端各方能在原先无法企及的层次上达到新的利益平衡,从而为达成协议奠定基础。另外,任何这样的协议如果需要持续,大国调停者的后续支持和保证也是相当重要的。因此,在那些持久性的重大争端的解决过程中,总能找到大国调停者的身影。遗憾的是,大国由于它们在全球和地区事务中拥有广泛的利益,它们常常与争端中的一方具有特殊的关系,而使它们成为有偏向的调停者。

因此,对于复杂争端的调停,我们经常会看到多个调停者的介入。他们运用各自掌握的影响资源,发挥各自的长处,帮助争端各方谈判寻求解决方案。他们的介入可以是分头进行的,也可以是集体进行的。只要能够保持相互配合和协调,多方调停能增加调停的成功概率。

四、成功的调停

争端的性质

早在 1972 年,美国国家战争学院的奥特教授就指出:"调停的成功或失败主要决定于争端的性质。"[①]如果一项争端涉及一国的核心利益,已经旷日持久,且给双方带来重大伤害,这种争端就会造成冲突当事方之间的严重敌意,形成沟通障碍,导致立场僵硬,并在利益格局上制约争端的解决。反之,如果一项争端不涉及一国的核心利益,持续时间尚短,且尚未带来重大的伤害,调停调停成功的可能性相对较大。

雅各布·布科维奇和他的研究团队将冷战期间发生的 284 项国际调停分为五大类:涉及不可调和领土主张的主权争端,涉及政治体制冲突的意识形态争端,包括边界争议在内的安全争端,涉及殖民地人民争取独立的独立争端,以及其他争端。根据他们的研究结论,五类争端的调停成功率分别是 23%、10%、27%、11% 和 50%[②]。显然,涉及较不重要利害关系的其他争端有明显较高的调停成功率,而前四类涉及重大利害关系的争端具有较低的调停

---

① Marvin C. Ott, "Mediation as a Method of Conflict Resolution", *International Organization*, Vol. 26. (1972), p. 597.
② 参见 Jacob Bercovitch, J. Theodore Anagnoson, Donnette L. Wille, "Some Conceptual Issues and Empirical Trends in the Study of Successful Mediation in International Relations", *Journal of Peace Research*, Vol. 28, No. 1, p. 14。

成功率。其中,意识形态争端和独立争端的调停成功率最低。布科维奇等人的研究当然不是没有问题的。关于主权和安全争端的划分似乎不那么科学,而且,所有调停案例都发生在冷战期间。但是,这一实证研究的基本研究结果仍然支持我们的上述观点,即如果争端涉及重大利益,那么调停的成功率就会下降。反之,则会提高。

此外,争端是否能够得到成功调停,与争端的烈度存在明显关系。如果争端导致双方人员大量伤亡,争端得到成功调停的可能性就会明显下降。布科维奇等人的另一组数据显示了争端死亡人数与调停成功率之间的关系变化:争端死亡人数在100—500人之内的成功率42%,500—1000人之内的成功率为24%,1000—10万人之内为17%,10万人以上的为14%[1]。这一现象说明,如果争端造成的伤害上升,争端当事方之间的敌意相应强化,相互之间的沟通障碍扩大,更不容易相互妥协。

另外,争端的持续时间也具有同样的效应。一项争端如果持续时间较长,通常显示争端涉及的利害关系较大,并可能已经给争端当事国造成较大的伤害。

调停者的特性

调停人自身的特性当然也相当重要。任何成功的调停需要调停人具备两个基本的特质:可信度和调停专长。如果争端涉及当事国的核心利益,成功的调停还需要调停人具有较高的执着度和较大的国力。

可信度是任何调停得以启动和成功的先决条件。杰克逊曾指出:"如果一个调停者为当事一方不信任,他很难发挥任何有益的作用,如果不是完全不可能的话。"[2]一个为双方信任的调停者才能完成诚实的中间人的角色,掌握并帮助双方传达真实的意图,从而消除双方间的沟通障碍。调停人的可信度一方面源自其个人特质,如诚实、可靠、信守诺言、保密;同时也仰赖调停人及其国家在争端事项上的公正立场。要么他所代表的是一个置身事外的中立国家或国际组织,要么尽管他代表的国家与当事一方关系特殊,但他至少在争端事项上有比较公正的立场。比如,中国在美朝核问题争端上虽然与朝

---

[1] 参见 Jacob Bercovitch, J. Theodore Anagnoson, Donnette L. Wille, "Some Conceptual Issues and Empirical Trends in the Study of Successful Mediation in International Relations", *Journal of Peace Research*, Vol. 28, No. 1, p. 13。

[2] E. Jackson, *Meeting of Minds* (New York: McGraw-Hill, 1952), p. 129.

鲜有着传统的友好关系,但在朝鲜半岛无核化问题上与美国意见一致。

调停人一般需要有很好的调停专长。这些专长包括对争端事项和当事国的深入了解,对争端当事方利益动机的准确把握,优秀的倾听和沟通技巧,恰当的时机把握,熟练运用调停的各种程序和手法,提出解决方案的创意能力以及危机管理能力。这些调停专长能够帮助调停者在调停启动后较好地进行协助性和规划性调停。如果一项争端不涉及核心利益,也许仅具备上述特质的调停者,比如一些北欧国家和退休后的卡特总统,就能帮助当事方达成协议。

不过,大多数不能靠自己解决的争端往往涉及当事方的核心利益。因此,要成功地调停这些争端,调停者还必须能够对争端保持持续的关注,执着地进行不间断的调停,并能够运用自身所掌握的权力进行操控性调停。如果调停者对旷日持久的冲突失去耐心,调停无法继续,当然不能成功。如果调停者无力运用权力和资源去改变当事方的利益格局,那么,那些受利益格局制约的争端也不可能得到解决。因此,大国的参与是解决高难度争端的必需。比如,挪威在巴以《奥斯陆协议》的订立中发挥了关键的作用。但是,如果没有美国的强力介入,以及所提供的激励和制裁措施,仅靠挪威是无法促成巴以当年的和解。这也是为什么巴以协议最后还要跑到美国去签的原因。

很显然,不同的国家和其他行为体都有自己的特质,因而在调停中可以发挥各自独有的优势。这种现象带来了实践中常见的多方或集体调停。不同的调停者参与同一争端的调停会带来协同性问题,但更多地可以增加调停的成功率。比如巴以《奥斯陆协议》谈判过程中,美国和挪威的调停交替进行,发挥挪威的可信度和调停专长优势,又加入了美国影响力优势,共同促进了协议的达成。在朝鲜核问题的六方会谈中,美朝之外的其他四方可以汇集他们各自的外交、经济、人际关系影响力,合力对争端进行调停。

调停的时机

调停的成功与否也取决于调停是否是在成熟的时机进行。冲突在一定程度上可以被视为具有自己的生命周期,可分为若干个阶段。只有在时机成熟时开始调停,调停才能达到其目的。反之,调停的努力会付之流水。

如果从冲突本身的发展演变来看,扎特曼等人就认为,调停的成熟时机就是争端各方都陷入一种"伤害性僵局"的时候。此时,单边行动无法带来目标的实现,而在争端中所付出的日益高昂的代价会鼓励争端各方改变策略,去寻求争端的解决①。也就是说,争端各方此时意识到原先的策略得不偿失,并准备尝试改变策略。这为调停者有效地进行调停创造了条件。

不过,在对成熟时机的界定上,格雷格指出,除了像上面一样从时间上来界定之外,也存在另外的观点,即认为也要关注国际国内形势和争端各方间的相互关系②。从国内来看,如果争端一方或各方出现了新政府之后,争端各方改变以往政策的可能性明显增大,为第三方调停提供机遇。国际形势同样非常关键。国际形势的改变会带来完全不同的外部环境,改变争端各方的外部支持者的力量对比,从而影响到各方的利益盘算。如果一方或各方的单边路线因国际形势的改变而失去了重要的外部支持,有关争端方就可能会转而寻求更为妥协的立场。同时,争端各方之间的相互力量消长也是影响调停成熟时机的因素。力量较强的一方通常会倾向于采取单边路线,以自己的力量优势来压迫对方屈服于自己的要求。但是,如果力量较小的一方取得了力量的显著增长,而抵消了对方的力量优势,那么,因原来的力量优势而追求单边路线的一方也会转而采取妥协的立场。

因此,对于调停成熟时机的确定,不光要看冲突本身的发展阶段是否进入"伤害性僵局",也要把握争端各方国内政治的变化,国际形势的转变以及相互力量对比的消长。比如,在1954年关于解决印度支那问题的日内瓦和谈时,就出现了一个相当成熟的调停时机。首先,法国在印度支那损兵折将,在遭遇奠边府惨败后,国内民众已难以接受继续战争的代价,"伤害性僵局"已经成型。其次,在这种形势下,法国社会党人孟戴斯—弗朗斯于6月17日受命组阁,宣布要在四个星期内结束法国在印度支那的卷入,显示法国决心进行妥协,结束战争。再次,当时的国际形势有所缓和。朝鲜战争已经停战,中国和斯大林去世后的苏联都希望印度支那的局势能够稳定下来,以免美国军事介入。因此,中国和苏联在法国和越南之间积极进行调停。最后,在奠边府战役后,法国的有生军事力量受到重创,原来力量弱小的越南军队在军事上可以抗衡法国的军事力量。法国已不能指望通过军事优势来支持其在越南全境的殖民地位。可以说,各种因素的结合为中国和其他国家的调停创造了非常有利的时机。而周恩来总理凭其非凡的外交艺术充分把握了这些机会,

---

① 参见 William Zartman, *Ripe for Resolution: Conflict and Intervention in Africa*(New York: Oxford University Press, 1985)。

② 参见 Michael Greig, "Moments of Opportunity: Recognizing Conditions of Ripeness for International Mediation Between Enduring Rivals", *The Journal of Conflict Resolution*, Vol. 45, No. 6(Dec., 2001), p. 692。

为达成印支停战作出了关键性的贡献。

五、预防性外交

调停外交的功能是要为已发生的冲突找到解决途径。它体现了国际社会对消除国际和国内冲突的热切希望。但是，如果我们的认识更进一步，调停外交的缺陷也表露无遗。那就是，国际社会为什么要等到冲突爆发才去介入，而不是在冲突爆发之前就采取预防性行动来防止冲突的爆发，从而避免不必要的生命和财产损失？无疑，冲突解决的理性逻辑要求采取预防性外交行动。

预防性外交概念的提出

预防性外交的理念其实早已蕴含在《联合国宪章》中。根据《宪章》第一章第一条的规定，联合国的"宗旨及原则"是："维持国际和平及安全；并为此目的，采取有效集体办法，以防止且消除对于和平之威胁，制止侵略行为或其他和平之破坏；并以和平方法且依正义及国际法之原则，调整或解决足以破坏和平之争端或情势。"此外，《宪章》第六章第三十四条和第十五章第九十九条，则对安理会和秘书长在和平解决国际争端中的作用作出规定："安理会得以调查任何争端或可能引起国际摩擦或惹起争端之任何情势，以断定该项争端或情势之继续存在是否足以危及国际和平与安全之维持"；"秘书长得将其所认为可能威胁国际和平及安全之任何事件提请安理会注意"。

基于此，联合国前秘书长哈马舍尔德在一份报告中首次提出了防御性外交的概念。他指出，联合国"必须关注集团势力分歧之外的新发生的冲突，在这种情况下，预防性行动必须首先填补这个真空，使其不致引起来自任何主要大国一方的行动，联合国在不对任何大国集团承担义务基础上的参与，可以提供一种关系到所有各方的保障，反对来自任何一方的先发制人。对这一特殊需要的特殊可能性，可称之为预防性的外交"。但是，由于冷战时期美苏两极争霸，国际社会无法就预防性外交的理念和机制达成共识，预防性外交无法得到有效的开展。

美苏对抗的缓解和冷战的结束为预防性外交的大规模展开创造了条件。一方面，20世纪80年代中期后美苏之间的新缓和缓解了两大超级大国在世界范围内争夺势力范围的斗争，为联合国和区域组织真正发挥作用创造了条件。另一方面，在东西方对抗缓和以至结束的同时，新的国际和国内局部冲突层出不穷,要求国际社会出面解决。1988年12月5日,联合国大会分别通过了《关于预防和消除可能威胁国际和平与安全的争端和局势以及关于联合国在该领域的作用的宣言》,大大扩展了联合国安理会以及秘书长在冲突预防中的角色,从而促进了预防性外交在冷战格局结束后的复兴。《宣言》鼓励联合国秘书长与争议当事国接触,以防止争议威胁到国际和平和安全的维持;如果当事国提出要求,秘书长应及时斡旋;充分利用秘书长的事实认定能力;尽早运用其权力提请安理会关注有关事态。

1992年6月17日,联合国秘书长加利向安理会提交题为《和平纲领:预防性外交,建立和平与维持和平》的报告。加利在报告中重新界定了预防性外交概念:"防止争端在有关各方之间出现、防止现有争端升级为冲突,以及当后者发生时限制其蔓延的行动"。这些"行动"包括早期预警系统、事实调查使命、建立信任措施,以及维和部队的预防性部署和设立非军事区[1]。加利的定义提出后,围绕预防性外交的主体、手段和原则也曾出现很多的争议,加利本人后来也进行过修正[2]。不过,人们普遍认同其定义中对预防性外交目标的界定。

本书认为,预防性外交是公正的第三方在得到(潜在)争议当事方许可的前提下,借助和平手段进行介入,防止争端在有关各方之间出现、防止现有争端升级为冲突,以及当后者发生时限制其蔓延的行动。

和调停一样,预防性外交的主体主要是联合国、区域性组织和有关国家,同时,一些非政府组织甚至有关个人也积极参与国际和国内冲突的预防工作。预防性外交主体的公正性主要体现在这些主体要么与争端当事国具有不偏不倚的关系,要么至少在争端议题上具有不偏不倚的主张或立场。预防性外交的对象既包括国家之间的争端和冲突,也包括国内争端和冲突。预防性外交的展开也需要得到"冲突各方同意",而不能强加。和调停不同的是,预防性外交强调在冲突发生前防止冲突的发生,而不是冲突发生后寻找解决途径。基于预防性外交的"预防"特性,预防性外交需要采取一些新的手段,其中,特别重要的早期预警和信任建立,也包括维和部队的预防性部署,如1992年底,联合国向尚未发生冲突和战争的马其顿派出预防性维和部队,遏制了周边国家的战火向马其顿蔓延。

---

[1] 参见 B. Boutros-Ghali, *An Agenda for Peace*, June 17, 1992, UN Document A/47277-S/24111。
[2] 参见李莉:《冷战后预防性外交的发展及影响》,《现代国际关系》2001年第10期,第39—40页。

预防性外交的双轨途径

预防性外交的重点和价值在于"预防"。如果一项争端或冲突能够得到预防，不仅冲突爆发后必然导致的人员和财产损失可以得到保全，避免了不必要的损失，而且，在争端或冲突的孕育阶段其解决相对容易，能够起到事半功倍的效果。如果大规模流血冲突已经发生，人们的理智往往让位于相互仇恨和敌视，无法理性地进行相互妥协。而在争端或冲突孕育阶段，矛盾尚不那么突出，人们较少冲动而不乏理智，接受外部调解而达成的妥协的可能性相对较大。

预防性外交包括两个轨道，既需要治标的短期应急性预防外交，又需要治本的长期结构性预防外交。预防性外交的第一轨道是应急性预防，即预见到争端与冲突行将发生，国际社会采取具体的行动来防止争端或冲突的爆发。其手段包括事实认定、早期预警、外交干预和预防性部署维和部队等等。

任何争端或冲突的爆发都有其前兆。如果国际社会能够发展出一套事实认定和早期预警系统，就很可能发现这些前兆，并尽早地采取行动，以达到化解争端或冲突于无形之中。这些前兆，在国内冲突方面，可以从一国内部政治稳定的程度，从种族、地区、劳资、宗教、政府和民众之间关系的紧张程度中找到；在国际冲突中，可以从双边关系的紧张程度、军事准备和国防政策的意图中发现蛛丝马迹。在中东、非洲之角、南亚地区这些国际社会重点关注地区，各种行为者，从联合国、地区性组织到非政府组织和CNN之类的商业媒体，都会对那里的事态保持高度的关注，并向决策者提供充足的信息，作为分析诊断的依据。不过，在各方关注较少的地区，国际社会有必要建立制度化的早期预警系统，以提升对潜在争端或冲突的预警能力。

基于事实认定和早期预警，国际社会进而需要采取行动，进行介入，促使国际和国内争端或冲突各方化解争端或冲突。和调停一样，国际社会可以促进争端或冲突当事方相互沟通，建立相互信任，提出化解争端或冲突的方案。如果需要的话，则提供外部激励或实行制裁，改变争端或冲突当事方的利益格局。在武装冲突可能爆发的情况下，预防性部署维和部队也证明是必要的手段，尽管不是万能的。

预防性外交的第二轨道是结构性预防，旨在消除引发争端或冲突的根源，从根本上防止争端或冲突的爆发。应急性预防如果成功，能够暂时化解争端或冲突，或防止冲突的蔓延。但是，对于国际社会而言，最理想的目标是能够消除导致争端与冲突的根源，从而持久地消除争端与冲突的可能性。在当今世界上,恐怖主义、极端主义、内战和人道危机的出现有着各种深刻的根源,比如国际政治经济秩序的不公正、殖民历史的遗产、普遍的不发达和政治腐败等等。要持久地解决那些表面的争端和冲突,国际社会必须帮助发展中国家消除贫困,建立负责任的政府,消除强权政治现象。在这方面,国际社会,特别是发达国家,具有重大的责任,但作出的努力仍是远远不够的。

预防性外交的两个轨道是相辅相成的,需要同时展开。如果仅有应急性预防,而不重视结构性预防,被暂时化解的争端或冲突仍会在条件成熟时爆发出来,国际社会因而会陷入疲于奔命的被动境地。另一方面,结构性预防是一项长期战略,在其初期也许无法防止争端或冲突的爆发,因而需要应急性预防外交的补充。

预防性外交的理想与现实

预防性外交的理念和实践是冷战后联合国秘书长加利推动的一个宏伟计划,不仅为人类社会走向一个更美好世界设定了方向,而且也在实践中化解了不少争端与冲突。与此同时,必须承认的是,预防性外交所带来的问题至少与它所解决的问题一样多,如果不是更多的话。这些问题包括:

(一)政治意愿问题。预防性外交要求国际社会对各种有可能威胁到国际和平与安全的国际和国内冲突进行介入。在实践中,国家往往根据自己的利益来决定是否在国外进行干预。即使是提出人道主义干预主张的前英国首相托尼·布莱尔,在其"布莱尔主义"中,将是否涉及国家利益列为进行人道主义干预的五项原则之一[1]。因此,西方国家军事干预了前南斯拉夫的冲突,因为冲突发生在欧洲,但没有干预卢旺达的种族屠杀。显然,如果不能改变有关国家根据国家利益进行干预的传统,那么,预防性外交将永远是选择性的。

(二)能力问题。联合国和区域组织是预防性外交的主体,但是它们进行预防性外交的能力和资源主要依靠成员国的支持和捐助,如联合国的维和部队的兵员和经费。加利任联合国秘书长期间,由于各国的支持,联合国总共进行了 25 次维和行动,超过了冷战时期 40 年 13 次维和行动的总数,加利时期参加维和行动的人员也从 20 世纪 80 年代的每年约 1 万多人,发展到 90 年代中期的 7.8 万多人,同期维和预算经费从每年的 2.3 亿美元增加到 36 亿美元[2]。由于美国对维和兴趣大减,拖欠维和摊款,联合国的维和规模不得不大

---

[1] 参见 Tony Blair, "The Blair Doctrine", Public Broadcasting Service, April 22, 1999。
[2] 参见王杏芳:《冷战后联合国的维和行动》,《当代世界》2002 年第 9 期,第 24 页。

大缩减。目前,联合国维和行动的规模再次达到历史高峰水平,但离全球预防性外交的需求仍有很大差距。

(三)有效性问题。预防性外交是否能够有效地化解潜在的争端或冲突爆发,主要看预防性外交是否有足够的手段。预防性外交依靠的是和平手段,其中包括维和部队的预防性部署,以防止冲突的蔓延和升级。但是维和部队如果依据维和行动的一般原则,如中立、当事方同意和除自卫外不得使用武力,国际社会能够预防冲突的手段是有限的,经常无法阻止一些冲突的爆发和升级。比如,在1994年卢旺达大屠杀发生之际,联合国在当地就驻扎了数千人的维和部队,却因为授权和人数有限只能眼睁睁看着一百万人被屠杀。因此,预防性外交的有效性肯定是有限的,并引出是否需要使用武力强制建立和平的问题。

(四)强权干涉问题。在预防国际冲突时,如果联合国安理会认为该冲突威胁到国际安平和安全,安理会可以采取各种和平的或非和平的强制措施,不经相关当事国同意可以对它们采取各种制裁以及军事干预。然而,冷战后发生的绝大多数冲突出现在一国内部,而《联合国宪章》对此缺乏相关规定。一般而言,对一国内部的冲突,联合国和区域组织缺乏法理基础对其进行强制性干预。这当然限制了国际社会对国内冲突进行有效干预的能力。为填补这一法理空白,2005年联合国峰会通过的成果文件申明,如果一国政府不愿或无力承担保护的责任,国际社会具有保护其人民免遭种族灭绝、战争罪、族裔清洗和反人类罪的责任,并允许安理会根据具体情况采取各种措施,包括武力的使用。在实践中,一些发达国家往往超越这一规定,通过夸大某些国家内部的人道主义危机状况,为自己进行强制干预寻找借口,以服务于本国的利益。

总之,预防性外交理念的提出,反映了国际社会观念上的进步,是各国主动建立更美好世界的一种努力。同时,预防性外交的概念仍然存在许多的不清之处,其实践也在发展之中,需要国际社会的共同努力,既提升预防国际国内争端和冲突的能力,同时又要防止国家主权受到侵蚀,避免预防性外交成为大国进行强权干涉的工具。

第十章
多边外交

多边外交的兴盛主要是二战结束以来的新现象。随着区域性和全球性问题的日益繁多且更为重要,多边外交已经成为当代外交的重要舞台。就中国而言,过去我们对多边外交参与不多或不积极。如今,作为一个负责任的大国,作为一个全球化进程和现行体系的受益者,积极参与多边外交既是中国自身的利益使然,也是众望所归的。目前,中国的多边外交现在参与度逐步提高了,但多数还是应对性的。我们必须要提高多边问题议程设置能力,建设性地提出新议题、新主张和新方案,要有长远利益的计算,也要有细节上的谋划。要改变在国际多边场合讲一些大而无当的话,总是提出几条原则、主张,缺乏具体和可操作性的建议的状况。再好的原则主张只有转变为具体建议才能落实,才能发挥作用,最终为人重视并接受[①]。

一、多边外交的缘起与发展

多边外交的界定

关于多边外交,学者们曾提出多种定义:三个或三个以上国家所参与的

---

① 参见沈国放:《新形势下看中国的多边外交》,《世界知识》2006年第16期,第36页。

外交行为或活动①；两个以上的国家进行磋商、协调及举行国际会议进行讨论以解决彼此关心的问题②。为了更加精确起见，本书将多边外交定义为三个或更多国家通过举行国际会议而展开的外交活动，以便协调相互间关系，解决彼此关心的问题。这里的国际会议可以是正式的国际会议，也可以只是非正式的磋商性会议。

多边外交是双边外交的发展。由于各国间交往的增多，一国关注的问题无法通过双边外交解决时，多边外交便应运而生。如果按"三个或三个以上"的标准去衡量，多边外交古已有之。中国春秋战国时代的盟会、古希腊城邦之间的同盟会议等都是多边外交的经典实践。但是，如果我们需要对多边外交进行更为细致的分析，从多边外交的地域范围、其经常性和制度化的程度、其在国际关系中的重要性、其功能性的纬度和层次的复杂性等多个方面加以综合考查，我们可以将多边外交的演变划分为以下四个发展阶段：拿破仑战争前阶段(1815年前)、19世纪的大国协调阶段(1815年后)、一战后阶段和二战后阶段(见下表)。

	1815年前	1815年后	一战后	二战后
地域性	地区性	地区性	全球性	全球性和地区性
经常性	低	中低	中	高
功能性	单一	单一	单一	一般性和专业性
层次性	单层	单层	单层	多层
重要性	不重要	比较重要	比较不重要	重要
典型事例	中国古代盟会	大国协调	国际联盟	联合国

在拿破仑战争前，在世界的各个地区，我们也都发现过多边外交的事例。但是，由于交通技术的阻碍，以及常驻外交代表的缺位，古代的多边外交常常是地区性的，只在地理上相邻的国家之间发生；是偶然的，不经常性的，频率较低。总体而言，相对于双边外交和战争，是不那么重要的外交活动。

拿破仑战争后，主要欧洲大国为了防止战争的重起，也为了防止各国内部的资产阶级和民族革命冲击现有的国际秩序，俄国、奥地利、普鲁士、英国以及后来的法国形成了欧洲协调机制。虽然不是一个正式的国际组织，但欧洲协调已经形成了比较经常性的多边会晤机制。根据各国间的非正式协定，

---

① 参见楚树龙：《多边外交：范畴、背景及中国的应对》，《世界经济与政治》2001年第10期，第42页。
② 参见鲁毅等：《外交学概论》，世界知识出版社2005年版，第151页。

任何一个成员可以提议召开五国代表会议。这样的会议在 19 世纪共举行了 30 次①。这一机制建立在均势和共同的保守价值观的基础上:权力均衡降低诉诸武力的机会;共同的价值观则减低诉诸武力的欲望②。可以说,秩序和稳定是这一机制的主旨。由于该机制包括了当时欧洲的主要大国,且在梅特涅和俾斯麦老练的均势外交操控下,欧洲经历了有史以来最持久的和平。众强国之间有四十年未开启战端,而 1854 年克里米亚战争后,又有六十年未曾发生重大战事。因此,五国代表会议虽然不是一个正式的国际组织,且成员很少,但这一机制对欧洲稳定确实起了重要的作用。当然,这是一个维护保守的国内和国际秩序的机制,不光在日后受到各国新兴政治力量和受压迫民族的挑战,也为五大国间力量的不平衡发展所冲破,最终导致了第一次世界大战。

一战后,在凡尔赛和会上,各国希望吸取以往失败的教训,并在美国总统充满理想的威尔逊主义的鼓舞下,各国订立了《凡尔赛和约》,并决定建立历史上第一个普遍性的正式国际组织,即国际联盟,简称国联。国联的成员国数目在 1934 年达到顶峰,有 59 国。尽管如此,国联并没有成为一个真正的包容性的全球性组织。由于参议院的反对,美国虽然发起了国联,但没有加入国联。苏联直到 1934 年才加入国联。日本、德国和意大利则先后退出了国联。国联通过其体制安排使多边外交得以制度化和经常化。国联每年举行一次成员国代表大会;由核心成员组成的理事会每年至少举行一次会议,还可根据形势需要随时开会。国联的主旨涉及和平、经济和社会等多个领域。在实践中,除了在维护世界和平方面受人瞩目外,在其他方面鲜有成就,因此,它是形式上的多功能性组织,而实际上的单一功能性组织。即便在维护世界和平这一核心功能上,国联也遭遇了彻底的失败。它未能制止日本对中国的侵略,也未能制止意大利对埃塞俄比亚的侵略,这种绥靖政策最后导致了第二次世界大战的全面爆发。国联最后也为联合国所取代。

第二次世界大战期间,反法西斯联盟的各国举行了多次多边峰会来讨论对轴心国的战争问题和战后世界的安排。美英苏三国领导人的多次会晤所确立的雅尔塔体系成为战后世界安排的基础。二战结束后,随着联合国和各

---

① 参见 JoAnn Fagot Aviel, "The Evolution of Multilateral Diplomacy", in James P. Muldoon, Jr., Joann Fagot Aviel, Richard Reitano, Earl Sullivan(eds.), *Multilateral Diplomacy and the United Nations Today* (Cambridge, MA.:Westview Press, 2005), p. 15.

② 参见〔美〕亨利·基辛格:《大外交》,顾淑馨、林添贵译,海南出版社 1998 年版,第 60 页。

种功能性或地区性国际组织的建立,多边外交在全球和地区层面齐头并进,成为当代外交的一种常态和核心组成部分。多边外交的议题也日益广泛,不光有讨论综合性议题的联合国多边外交和欧盟多边外交,也有仅仅以某个议题为主的专业性多边外交,如关于气候变化、禁止地雷的多边外交。在层次上,多边外交也形成了次区域多边外交、地区多边外交、跨地区多边外交和全球多边外交的多层体系。在重要性方面,多边外交成为国际社会处理重大问题的关键场合,具有前所未有的重要性。总之,二战以来多边外交的兴旺发达,反映了国际社会日益相互依存和日益组织化的现实,需要我们给予充分的关注和研究。

多边外交上升为指导国家对外政策的思想和理论,则称为多边主义。罗伯特·基欧汉认为:"所谓多边主义,指的是多个国家组成的集团内部,通过某些安排制度,协调各国政策的一种实践。第二次世界大战以后,多边主义在世界政治中逐渐变得重要,它不仅表现为日益增多的多边会议和议题,也体现在多边性的国际组织之数量的扩展上。"①约翰·鲁杰则进一步强调了多边主义中的规范要素。他认为:"多边主义是一种在广义的行动原则基础上协调三个或者更多国家之间关系的制度形式,也就是说,这些原则是规定合适行动的,它们并不考虑在任何特定时间下各方的特殊利益或战略紧急情况。"②冷战后时代多边外交的蓬勃发展反映了多边主义理念在国际关系和各国外交中的地位有了明显上升。不过,多边外交并不一定以多边主义为指导思想,也不一定服务于多边主义的目标。美国近年来的单边主义多边外交就是一个例证。

国际组织和多边外交

多边外交首先是从临时的、不定期的国际会议发展起来的。这类非制度化的会议外交基于有关国家当时特别的需要,如结成针对外部共同强敌的联盟,如安排战后世界的秩序,如应对影响到有关各国的共同危机等等。我们在第二次世界大战前看到的多数多边外交都是这类非制度化的会议外交。这类外交的展开,一是出于交通和通信技术的制约,在早期国际关系中,各国

---

① Robert O. Keohane, "Multilateralism: An Agenda for Research", *International Journal*, Autumn 1990, No. 45, p. 731.
② 〔美〕约翰·鲁杰:《对作为制度的多边主义的剖析》,载约翰·鲁杰主编:《多边主义》,苏长和等译,浙江人民出版社2003年版,第12页。

无法保持经常和定期的多边交往;二是因为外交目标的有限,由于国家间的联系尚不密切,除了少量的事例,国家间并不需要维持定期的多边会议制度来实现自己的政策目标,而完全可以通过临时的国际会议来达到其有限的外交政策目标。而且,这种外交方式比较灵活,参加方因事而异,无须受制于国际组织的成员资格,且会议目标达成后就可以散会,无须承担额外的义务和责任。

在第二次世界大战后,我们仍然可以发现临时性国际会议的存在,如1954年解决印度支那问题的日内瓦会议、1992年的里约热内卢世界环境与发展大会。这反映了临时国际会议本身具有的许多优点。贝里奇曾概括了以下九种优点:(1)会议主题集中,能够集中精力对付一个或一系列问题;(2)相关各方都参与其中,每一方的参与对问题的解决不可或缺;(3)不拘泥于正式的礼节,许多非正式的场合能培养参与各方的小团体精神;(4)会议主席具有既得利益来推动会议成功;(5)临时性会议具有时间压力,其闭会日期对各方会形成压力,迫使各方为防止会议失败而相互妥协;(6)国际会议可以彰显一国的地位;(7)是对立国家表达相互敬意的微妙工具;(8)是公开外交的实践,满足公众对外交进行监督的民主需要;(9)共同公开地签署协议,从而令达成的协议严肃化等等①。

当然,二战后多边外交的总趋势是不断定期化和制度化,其标志是大量政府间国际组织的建立。多边外交日益经常地在政府间组织的框架内有序、定期和制度化地展开。从临时的国际会议外交到制度化的国际会议外交并不是偶然的。这一演变是过去六十年来国际体系所发生的巨大变化的要求和结果。二战后的国际体系经历了国际化、地区化和全球化的全面发展。各国间密切和持续的相互联系迫切要求建立新的国际机制来调节、调整相互间关系,保障和平、繁荣和正义的普遍实现。具体而言,就是要在重要的功能领域在地区、跨地区和全球层面创建各类国际组织,既充分地发挥多边临时会议外交的主要优点,又能克服其缺陷。

首先,临时国际会议也许能够带来解决问题的国际协议,但如果没有有关国家参与的国际组织的保证,协议的贯彻就缺乏外部监督和保障。具有常设机构和使命的国际组织能够组织后续的多边外交,来协调和保障协议的贯彻,促使有关国家履行国际义务。

其次,临时国际会议也许能够在特定时空下找到问题的暂时解决方案,

---

① 参见〔英〕杰夫·贝里奇:《外交理论与实践》,第158—159页。

但是,在时空转换之后,同样的问题会发生新的变化,需要各国继续寻找针对性的解决方案。常设国际组织能够对特定问题领域保持持续的关注,能够不断地针对出现的新问题形成新的解决方案,并加以落实。

再次,临时国际会议没有常设机构来处理特定的问题领域,一切仰赖各国的能力来落实协议。而常设国际机构能够汇集各国的知识、经验和技术,加以保存、梳理、发展,并由成员国来加以分享,从而有助于问题的持续解决。

最后,临时国际会议由于很难预期下次会议的召开时间,容易引发公众的过高期待,希求在一次会议达成协议,这带来临时国际会议的两难处境:即如果受制于时间压力,匆忙做出妥协,协议的可接受性和可执行性在未来就可能受到削弱;但如果坚持不妥协立场,而使会议失败,则外交代表容易受到本国公众和国际舆论的责难。常设国际组织所建立的定期会议机制既可以为每次会议设定时间限度,从而保留了部分时间压力,与此同时,会议的定期召开机制也可防止公众对某次会议的过高期望。毕竟,后续的会议将提供讨论和解决问题的固定场所。在此框架下,多边外交将持续展开,相关谈判也可从容有序地推进。

从国际组织成员的地域范围来看,多边外交有全球多边外交、区域间多边外交、区域多边外交之分。全球性质的多边外交,包括如联合国、世界贸易组织、世界银行等全球性多边国际组织内所开展的多边外交。区域间多边外交,包括北大西洋公约组织、亚太经济合作组织和亚欧峰会框架下开展的多边外交;地区多边外交,如欧盟、东南亚国家联盟以及"东盟10+3"等地区性多边合作机制下开展的多边外交。从国际组织成员的特性来看,有发达国家组成的"八国集团"多边外交,有发展中国家组成的"七十七国集团"多边外交,有石油输出国组织多边外交等等。从国际组织的功能来看,有国际基金组织下展开的金融多边外交,有世界贸易组织下展开的贸易多边外交,由联合国安全理事会内开展的安全多边外交,有联合国人权理事会下展开的人权多边外交等等。从国际组织的决策程序来分,有具有欧洲联盟共同体事项下的超国家多边外交,有东盟内部的共识型多边外交等等。

总之,国际组织在过去六十年中的大发展为各国提供了一个广泛的多边舞台,为处理国际关系和全球问题提供了不断完善的制度化机制。

多边外交与双边外交

多边外交是从双边外交发展而来。随着多边主义的兴盛,多边外交的重要性与日俱增。纳西蒙特·席尔瓦曾认为:"不断发展的多边外交已在促使传统意义上的双边外交日趋衰落。因为,毋庸置疑,纯粹的双边外交再也不能胜任试图解决与当今国际关系密切联系的问题的重任。"①本书认为,多边外交和双边外交之间并不存在着严格意义上的零和关系,多边外交的发展并不必然导致双边外交的衰落。多边外交的兴起肯定占据了双边外交的一部分舞台,双边外交已经无法构成外交的全部,而是形成了多边和双边外交并存的复杂共生局面。

第一,多边外交与双边外交共生并存。当今的世界既存在大量的双边问题,也存在许多崭新的多边问题。因此,国际间的外交不仅继续需要传统的双边外交,也需要发展各种适当的多边外交方式。从各国外交部门的机构和人力资源配置来看,设在各建交国家的驻外使馆仍然占用了大部分的外交人员,负责处理与各建交国的双边关系。负责多边外交的机构和外交人员数目也迅速增加,地位明显上升,但还不足以成为各国外交的核心。可以说,只要这个由主权国家为主组成的国际体系不发生重大的改变,双边外交的重要地位是不会失去的。

第二,多边外交规范双边外交。成功的多边外交往往确立规范各国行为的多边规则,建立新的多边机制。这些多边规则和机制对国家间的双边外交起着规范和调节的作用。比如,维也纳外交关系公约就规定了双边外交关系发展的一般原则和细则;世界贸易组织的非歧视原则和自由化等原则规定了成员方双边贸易关系的一般原则,其各轮多边贸易谈判的成果文件则规定了成员方双边贸易关系的具体规则,如关税税率的水平。因此,多边外交的兴盛在一定意义上使得双边外交日益在多边外交制订的框架甚至细则下进行,从而受到多边外交的规范。当然,多边外交的规范能力目前仍是有限的。一方面,除了贸易等少数领域外,多边规制多为一般性原则,从而为双边外交保留着广阔的活动空间;另一方面,即使在贸易这类严格实行多边管理的领域,贸易争端仍首先要通过双边外交来解决。只有在双边外交不能解决时,才可以诉诸世界贸易组织的争端解决机制。

第三,多边外交支持双边外交。如果我们观察每一次的多边外交实践,我们将会发现,其实任何一次的多边外交活动都穿插着许多双边外交活动。而且,一些多边外交事件的出现,其实为不愿意进行直接双边会面的两国外交代表提供了双边外交的机会和借口。1993年11月,克林顿总统在西雅图

---

① 〔荷〕纳西蒙特·席尔瓦:《多边外交》,载周启朋、杨闯等编译:《国外外交学》,中国人民公安大学出版社1990年版,第122页。

发起了亚太经济合作领导人非正式会晤,从而实现了中国国家主席江泽民在1989年之后对美国的首次访问和中国两国首脑的首次会晤。近年来,中国发起的北京六方会谈机制也使美国和朝鲜有了双边对话的场合。因此,在一定意义上说,多边外交为双边外交提供了新的舞台、场合和机会,使得双边外交得以更容易和更经常地展开。

第四,多边外交依靠双边外交。多边外交旨在寻求各国或国际社会共同关注问题的解决。问题涉及各方的参与当然是问题解决的最佳途径。然而,在一个主要是主权国家所组成的国际社会中,主要国家的意见一致仍然是问题解决的关键。而这种意见的一致常常是主要国家双边一致的基础上形成的。因此,寻求多边一致的关键是获得主要国家的双边一致。在这个意义上,多边外交的成功仰赖其间成功的双边外交。在欧洲一体化的长期进程中,正是法国和德国之间的密切合作和协调为欧洲一体化的不断深化提供了强大的驱动力,形成所谓的"法德轴心"。

第五,多边外交比双边外交远为复杂。因此,我们需要对多边外交的机制进行特别的研究。多边外交的复杂性源于三个方面:行为体增多带来的复杂性,比如多边外交的决策机制就比双边外交远为复杂;议题增多带来的复杂性,多个行为者将各自的议题带入多边外交,形成议题成堆和复杂的议题联系政治局面;行为体角色增多带来的复杂性,在多边外交中,一个国家的多重身份,如中国的大国身份和发展中国家身份,将给中国处理与其他大国和发展中国家的关系带来困难。

二、多边外交的运作

参与者

多边外交都是通过多边会议来进行的。依照参与方数目的多少,我们可以将多边会议分为小型会议(最多20个与会国),如安理会会议,六方会谈;中型会议(20—60个与会国),如联合国经社理事会和人权理事会会议;大型会议(超过60个与会国),如联合国大会。

在五十年前,有60个与会国参与国际会议已经是一个很大的规模。如今,由于联合国会员国数目的急剧增加,联合国大会的与会国已经达到192个。此外,联合国组织的会议,如1992年的里约热内卢环境发展大会、1993年的维也纳人权大会、1994年的开罗人口与发展大会、1995年的哥本哈根社会峰会和1996年的北京妇女大会,参加国都超过100个国家。

如前所述,当今的许多多边外交都是在国际组织内进行的,所以,参与成员的问题已经由该组织的会员资格所解决。任何这样的会议,该组织的正式成员都有权参加。此外,发起会议的国际组织也可邀请非正式成员以观察员的身份与会。比如,非洲统一组织、阿拉伯国家联盟、欧洲联盟,就通过联大决议取得了联大的观察员地位。

国际组织内进行的多边外交当然也存在参与问题,这主要涉及会员的扩大问题。在1950年至1955年间,由于美苏两个超级大国交叉反对对方的盟国参与联合国,联合国在五年当中无法就吸收任何新成员达成共识。只是到1955年双方关系有所缓和,联合国才得以一下子接纳十六个新成员国,两个德国和两个朝鲜都是在此时加入联合国。近年来,联合国安理会的扩大问题成为国际关注的焦点。从60年代安理会第一次扩大以来,联合国会员国已经增加了一百多个,但安理会没有进行过任何扩大;新增加的会员国绝大多数是发展中国家,但发展中国家在安理会特别是常任理事国中没有新增相应的代表。可以说,安理会的扩大是势在必行。但是,围绕如何扩大,哪些国家可以进入安理会,是否需要增加常任理事国,是否需要赋予新增常任理事国否决权,国际社会至今无法达成共识。

多边外交如果是通过特别国际会议进行,参与成员的确定就更无章可循。在20世纪前,常规的做法是,受邀者应限于在会议的主题上有直接利益的重要国家。其他国家最多被赋予观察员地位[①]。从当代多边外交的实践来看,特别国际会议的参与方,一般是那些会议发起国认定在会议议题上具有直接利益或对问题解决关系重大的重要国家。在这里,衡量的标准关键在于会议发起国的判断,而不存在明确的客观标准。比如,解决朝鲜核问题的六方会谈在之前经历了三方和四方会谈的不同形式,最后稳定下来,并取得了重要进展,显示六方会谈包括了在朝鲜核问题上有直接利益并有能力帮助解决问题的重要国家。

特别国际会议面临的最困难的参与问题是如何对待哪些在问题解决上至关重要但当事方尚不承认的国家或非国家主体。比如,在1954年在日内瓦召开的解决朝鲜和印度支那问题的国际会议上,美国就面临这一困境。中国的态度对两个问题的解决都至关重要,不邀请中国与会将无法解决问题;但美国仍然拒绝承认中国,邀请中国则挑战美国的中国政策。结果,美国只得

---

① 〔英〕杰夫·贝里奇:《外交理论与实践》,第163页。

默认中国参与,在一定程度上是对新中国的一种事实承认,同时,严令美国外交官不许与中国代表团成员握手。70年代初期美国和越南民主共和国就结束越南战争进行谈判。谈判未开始就因为南越民族解放阵线的参与和地位问题陷入僵局。美方起初建议使用两张长桌子,美国和南越一边,越南和南越民族解放阵线一边,这样,南越民族解放阵线的与会可看做是越南代表团的一部分,而不是平等的另一方。这一建议遭到越南的拒绝。越南提议用一张方桌子,每个代表团分坐一边,以显示民族解放阵线是一个平等的伙伴。美国后来建议使用一张圆桌子,得到越南的同意,但南越不同意。最后在对圆桌子方案进行了一些小的改动后达成了妥协:在桌子相对的两头放上两个长桌子①。

时间与地点

多边外交的会期可以根据会期长短分为:短会,在一周以内;中会,在三周之内;长会,超过三周。按照国际组织的章程,各个国际组织都会在固定的时间召开会期固定的会议,且会议的频率和会期是相连的。不经常召开会议的国际组织的会期较长,反之则较短。世界卫生组织每年开会两周。世界劳工组织每年开会三周。世界气象组织四年举行一次大会,但为期三周。作为世界最大的国际组织,联合国大会每年9月第三个周二开始,会期长达三个月。特别国际会议一般没有固定的开会日期,常常在条件成熟时开会。而且,特别国际会议的时间一般较短,鲜有超过两周的事例。

在会议地点方面,大型国际组织举办的会议一般在该组织所在地举行。这自然会省去不少商定会议地点的时间,而且,代表们都熟悉该会议地点和会议场所,不需要做很多后勤上的准备,便利多边外交的展开。这种惯例对国际组织的东道国带来很多优势,可以通过签证的发放、雇员和各种服务的提供来影响国际组织的议程和决策,并因为大量外国政要的到来而增加本国的世界影响。因此,围绕国际组织总部的设点问题常常引发许多国际外交较量。比如,在一战结束后,国际外交的重心仍然在欧洲大陆,所以,第一个国际组织,即国际联盟,就设在欧洲的日内瓦。而二战结束后,美国崛起为世界超强,战后建立的联合国就将总部设在美国。因为欧洲尚有诸多列强,所以总部设在大西洋沿岸的纽约,而不是像许多中东和亚洲国家希望地设在太平洋沿岸的旧金山;另外,日内瓦继续成为许多联合国专门组织的驻地。

---

① 参见〔英〕R.P.巴斯顿:《现代外交》(第二版),第五章注42,第123页。

国际组织举办的国际会议则主要在该组织成员国之间轮流举办。东南亚国家联盟、上海合作组织和非洲联盟等都是如此。不过,如果该区域组织的一体化的水平越高,则国际会议在总部举办的频率也会越高。欧洲联盟过去经常由各成员国轮流举办首脑峰会和部长理事会会议。目前,越来越多的这些会议在欧盟总部布鲁塞尔举行,且准备在未来将绝大多数会议移至布鲁塞尔。

另外,一些国际组织也将会议放在与议题密切相关的国家举行,如联合国发起的各种专题大会,以及世界银行和国际基金组织的年度财长和央行行长会议。当然,每次开会都去一个新地点,对会议代表也有好处:可以观赏世界各地风情。对于会议而言,则不免产生代表分心的消极后果。

特别国际会议的会议地点比较没有定规,需要考虑诸多因素,包括中立性、与议题的就近性、会议设施、东道国的意愿。会议参与方如果存在对立的双方,会议的地点显然不可能设在对立双方国家或其盟友。解决朝鲜核问题的六方会谈涉及尚未正式结束战争状态的美国和朝鲜,因此会议不能在朝美两国举行,而需要寻找相对中立的第三国。俄罗斯和中国是满足这一条件的仅有的两个国家。进一步综合考虑其他的几个因素,中国看来成为唯一的选择。中国与朝鲜半岛很近,北京有很好的会议设施(钓鱼台国宾馆),朝美各方都设有使馆,且中国政府愿意投入人力财力来促进六方会谈进程。而俄罗斯首都莫斯科离得太远,其远东城市没有北京所能提供的便利条件。

会议议程

和双边外交一样,多边外交的议程涉及对议题的预先评判,或设定各方利益交换的领域,对后续谈判关系重大。由于特别国际会议不具有制度化的会议机制,各方的与会取决于各方就程序性问题达成一致。因此,各方就特别国际会议的议程达成共识具有特别的重要性,是会议能够启动的前提。就朝鲜核问题的六方会谈而言,如果美国仅仅坚持会议的目的是朝鲜非核化,那么朝鲜就会拒绝参加。而如果六方会谈能够包括美朝关系正常化和提供经济和能源援助,朝鲜的参与就能够得到基本的保证。而如果日本将朝鲜所谓的"绑架"日本人事项纳入六方会谈议程,朝鲜也会拒绝与会。所以,中方在设定议程时需要妥善照顾到有关各方的关切。

在国际组织举行的多边外交中,国际会议有根据该组织章程制定的一般性议事日程。因此,在该一般议程下,国际组织的会议可以讨论相关的各种问题。对于许多中小国家而言,尽管它们不喜欢既定的会议议程,但也只能基于会员身份参与会议,除非它们认为会议议题侵犯其核心利益,有必要退出会议,甚至该国际组织。对于有关大国而言,它们在确定这些国际会议具体议程的过程中有更大的影响力。它们或者可以将自己偏好的议程置入会议议程,如美国的反恐议程,欧盟的防止全球变暖议程等等。这些大国也可以阻止将不利于自身的议程列入会议议程。对于中国而言,任何国际组织如果将台湾海峡两岸关系列入会议议程,中国都将抵制该会议。在联合国总务委员会内,台湾常常利用少数几个其所谓的"邦交国"提出支持台湾加入联合国的动议。在此情况下,中国则提出程序性动议要求总务委员会不讨论该事项,多年以来成功地阻止把台湾加入联合国问题纳入总务委员会议程。在1993年世界人权大会召开前,筹委会为确定大会的议程争执不下。发达国家主张讨论"人权与民主",发展中国家则主张"人权和发展"。担任筹委会副主席的中国代表对发展中国家的主张给予了大力支持,并提出大会可将人权、民主和发展三者都列为大会的议程,最后为筹委会所接受①。

三、多边外交的决策

多边外交中的动议

动议是提案国就某一事项提出的供与会国作出决定的草案。动议有程序性动议和实质性动议之分。前者同讨论事项本身无直接关系,仅涉及会议方式和议事规则。实质性动议是就议题本身提出的提案和修正案。动议可由一个提案国(sponsor)提出,也可以由多个共同提案国(co-sponsor)提出。最初提出动议的国家是主导提案国,势必在该议题上有重要的利害关系,需要争取国际社会采取行动。主导提案国常常需要争取尽可能多的国家连署成为共同提案国。连署越多,可以显示动议获得支持的广泛程度,从而吸引更多的支持者。

如果提案国尚不确定一项动议是否能够得到其他国家的响应,可以散发不注明提案国名字的"非正式文件"(non-paper)进行试探。"非正式文件"可以不透露提案国的身份,就如同在地上拣到一样②。如果该文件得到其他国家的支持,提案国可以正式提出该动议,并让相关支持国连署,成为共同提

---

① 参见范国祥:《当国际会议主席的体会》,《外交学院学报》2002年第1期,第80页。
② 参见 Johan Kaufmann, *Conference Diplomacy: An Introductory Analysis* (London: Macmillan Press Ltd., 1996, third edition), p.18。

案国。

关于动议的提出,国际会议并无多少的限制。比如,在联合国大会,联大议事规则规定,各代表团必须在表决前一天收到相关动议,否则不能进行表决。国际劳工组织规定,各代表团只能两年一次提出与规定议程无关的动议,且各国提出的动议必须在大会召开15天前送达其秘书处。

提案国将在大会上就提案本身的要旨进行简洁明了的介绍,澄清有可能误解的措辞。在随后的辩论中,支持该提案的国家发言表示支持,而对提案有不同意见的国家则会发言提出质疑。提案国在正式表决前可以将修改意见纳入其提案。与此同时,其他国家可以就该提案提出修正案,即仅对一项提案加以增删或部分修改的动议,或提出修正案的修正案。根据联大议事规则第九十条:"如对某项提案有修正案时,修正案应先付表决。当对某项提案有两个或两个以上修正案时,大会应先就实质内容距离原提案最远的修正案进行表决,然后就次远的修正案进行表决,直至所有修正案均经表决为止。……一个或数个修正案如被通过,应将修正后的提案付诸表决。"①如果认识到原来的提案遭遇强烈的反对意见,提案国可以及时撤回。但如果对该提案的修正案被采纳,原提案就不能撤回。

全体一致

全体一致(unanimity)是主权国家体制下双边和多边外交决策的最自然和最基本的方式。双边外交的决策需以双方的一致同意为前提。在双边外交基础上发展起来的多边外交也广泛采用该决策方式。在主权独立和平等原则的指导下,非经有关各国的一致同意,国际协议将不能达成并发生效力。比如,在第一次世界大战前,按照国际实践,各国会议代表在国际会议上议定约文,须经全体同意。如1830年和1831年关于比利时问题的国际会议,1860年至1861年关于叙利亚问题的国际会议,1864年关于丹麦问题的国际会议等等。采用全体一致进行多边外交决策的基本理由有二:(1) 独立国家既然享有主权,未经它同意的决议就不能对它发生约束力;(2) 全体同意原则是维护国家平等的一种保证②。

即使在一战后,全体一致方式仍然是一种基本的决策方式。根据一战后建立的国际联盟的《盟约》规定,国联大会由国联成员国代表组成,每个国家

---

① http://www.un.org/chinese/ga/rule/rule12.htm.
② 参见李浩培:《条约法概论》,法律出版社2003年版,第98页。

享有一个投票权,除盟约特别规定者外,大会决议均需全体一致通过;国联行政院是国联最重要的决策机关,最初由五个常任理事国和四个非常任理事国的代表组成,行政院的决议,除盟约特别规定者外,也均需一致通过。

全体一致的决策要求,即意味着每一个国家都拥有对全体决策的否决权。每一个国家的正式反对都将阻止有关国家做出任何能约束本国的集体多边决定,也将阻止有关国家以集体的名义做出任何决定。无疑,否决权的存在,保障了一国的主权独立和主权平等。然而,否决权对一国主权的绝对保障也常常妨碍了国际社会做出必要的集体决定,以解决面临的共同问题。

全体一致可以分为积极的全体一致、消极的全体一致和全体一致减一三种形式。积极的全体一致要求所有各国都赞成某项集体多边决定。这是严格意义上的全体一致,也是一战前的外交实践。消极的全体一致指多数明确赞成,少数弃权或缺席,且不存在一国动用否决权的情况。联合国的绝大多数决策实行多数决策方式。但是,在联合国安理会,仍然保留了美国、俄罗斯、中国、英国和法国五大常任理事国的全体一致原则。也就是说,五大常任理事国都享有否决权。任何一国的反对,都可以阻止安理会做出集体决定。不过,这种全体一致是消极的全体一致,也就是说,如果五大常任理事国之一或几个缺席或弃权,而安理会十五国中有九国或九国以上国家赞成,安理会也可以决策。

另外,在欧洲联盟1993年推出共同外交与安全政策之后,其决策一开始依据积极的全体一致决策方式。欧盟的共同外交与安全政策是以政府间合作为基础发展起来。对于成员国来说,外交政策涉及国家的核心主权,成员国在欧盟层次实施一项共同外交政策的主要动机是为了以联盟的集体力量来增进本国的利益。这种"规模政治效应"催生了共同外交政策机制。同时,成员国也高度警惕这种共同外交机制对本国的外交自主可能带来的损害。作为一项防范机制,以英国为首的一些成员国一直坚持保留成员国的否决权,要求外交政策方面的共同决定应坚持严格的全体一致的决策程序。也就是说,每个成员国不仅享有本国的否决权,而且,联盟的所有决定必须得到所有成员国的同意方可作出。显然,欧盟成员国的主权在这种严格的全体一致的决策程序下得到了牢固的保护。但是,如果欧盟希望提升联盟在国际上的影响力,提高决策的效率,欧盟必须对这种严格的全体一致决策程序进行改革。1997年的《阿姆斯特丹条约》对此进行了微调,允许欧盟部长理事会实行"建设性弃权"(constructive abstention)。根据《阿约》的规定:"本篇下的决定由理事会依据全体一致作出。亲自出席或由他人代表的成员的弃权将不能阻止这些决定的采纳。"这意味着如果一个或少数成员国对某项决议并不反对也不支持的情况下,其他成员国可以以联盟的名义作出决定。显然,与过去相比,这项规定将使联盟的决定更加容易作出。对于弃权国来说,它可以通过发表一份正式的声明来确认其弃权。在这种情况下,弃权国将免除实施该决定的义务。但是,它也必须接受,该决定是联盟的决定,弃权国也有消极的义务来遵守该决定,应避免采取"与联盟立场相冲突或损害联盟立场的行动"①。

全体一致减一是全体一致决策程序的灵活形成,主要是为了排除当事国的否决权,以方便做出集体决策。目前的欧洲安全与合作组织实行此一决策方式。欧洲安全与合作组织简称"欧安组织"(Organization for Security and Co-operation in Europe—OSCE),其前身是 1975 年成立的欧洲安全与合作会议(欧安会)。其成员包括欧洲国家、苏联解体后的国家以及美国和加拿大,是唯一一个包括所有欧洲国家在内并将它们与北美洲联系到一起的安全机构,主要使命是为成员国就欧洲事务,特别是安全事务进行磋商提供讲坛。1992 年 1 月欧安会部长理事会第二次会议通过的《布拉格文件》,把欧安会决议需协商一致通过的原则修改为"一致减一"原则,即在某一成员国发生所谓严重违背欧安会有关精神的事件时,可在不征得该国同意的情况下做出有关决定。

多数决策

多数决策是第二次世界大战后大多数国际组织和国际会议的决策方式。在这里,我们确实可以发现存在着一个从奉行全体一致原则到多数决策的一般趋势。产生这种现象的原因,一方面是全体一致方式的内在缺陷,它允许一国或少数国家阻止多数国家形成集体决定;一方面是二战后的世界普遍希望多边外交能够有效地运作,以解决各国面临的共同问题。

从国际联盟到联合国的更替极好地说明了这一变化。《国际联盟盟约》第五条规定的大会和行政院作出决议的程序规则是:除少数明文规定的例外以外,以须得到出席会议各国代表的全体一致同意为原则。而按照《联合国宪章》第十八条,联合国大会对于重要问题的决议以到会和投票的会员国三分之二多数决定,关于其他问题的决议,包括哪些事项应以三分之二多数决

---

① 参见陈志敏、古斯塔夫·盖拉茨:《欧洲联盟对外政策一体化:不可能的使命?》,时事出版社 2003 年版,第 221—223 页。

定的问题,只以到会和投票的会员国过半数决定。

多数投票有其自身的技术问题。这些问题主要包括两个方面:票数的分配和多数的界定。在票数的分配方面,在实践中存在两种主要的方法,即一国一票和一国加权计票。一国一票反映了主权平等的联合国基本原则,因而得到广为应用。但是,一国一票也使小国和大国拥有相等的投票权,有可能让人口较少的中小国在多边外交中形成多数,左右多边决策。对于大国而言,如果这种决策涉及自身的利益,一国一票制度令自己陷入不利的境地。因此,大国一般总是希望采用加权计票制度,根据各国的人口、对国际组织的资金贡献率等指标而获得相对于小国更多的投票权,形成各国规模、贡献与决策权之间的平衡。国际货币基金组织各成员国的投票份额依据各国缴纳的基金份额决定。其中,美国的份额虽从成立之初的 36.32% 下降到 2007 年的 16.79%,美国仍然占据着最大的投票份额。中国在 1980 年 4 月恢复代表权,并拥有 2.28% 的投票份额。到 2007 年 11 月,中国的投票份额增加到了 3.66%。[①]

尽管有这些实践,加权计票的方法存在其重大的问题。贝里奇指出了主要的三个问题:(1) 它在政治上是敏感的,因为当所有国家被认为是平等的时候,它促使人们注意到国家在身份上真正的区别。(2) 不采用加权表决制要冒疏远强大少数派的危险,而采用了加权表决制则冒相反的危险,即疏远弱小的多数派。(3) 它提出了有关使用什么标准来计算国家间差别的复杂的实际问题[②]。鉴于上述难题,只有在那些专门性的经济组织或高度一体化的地区中,加权表决制才被接受。比如,在欧盟理事会运用多数表决制时,27 个国家根据国家大小不等分别有 29 票到 3 票不等的投票数:法国、德国、英国、意大利各有 29 票;马耳他 3 票;其他国家的票数介于其中。27 国的总票数为 345 票。由于该制度在票数分配上并不完全依照各国的人口,因此,为了简化投票数的分配原则,在 2007 年 12 月签订的欧盟里斯本条约中,各国同意从 2014 年起改按成员国人口在欧盟总人口中的比重计算其投票数。作为第一人口大国的德国从改革中获益最大,英国、法国和意大利也增加了其投票数。

关于多数的界定,基本而言,有两种方式。一是简单多数,即赞成票超过全部票数的一半,决议便可以达成。在多边外交中,使用简单多数来决定的大多是程序性问题或相对次要的问题。比如,在联合国大会中,有关程序性

[①] http://www.imf.org/external/np/sec/memdir/members.htm.
[②] 参见〔英〕杰夫·贝里奇:《外交理论与实践》,第 171 页。

或次要问题的议决运用简单多数决策方式。二是特定多数,即规定一项决定需要赞成票达到超过半数以上的某一个特定的数目。比如,在联合国安理会进行议决时,程序问题的议决需要十五国中的九国赞成(在其他事项上,则额外要求五大国不行使否决权)。在联合国大会上,关于重要事项的议决要求有三分之二的多数票。在欧洲联盟,除外交、安全、税收和移民政策之外,大部分欧盟事务的决定采用特定多数议决制:(1) 就欧盟委员会提出动议投票时,部长理事会需要在345票中至少获得255票的赞同;(2) 就其他动议决策时,在最少获得255票赞同之外,赞同票需来自三分之二以上的成员国。在两种情况下,任何一个成员国都可以要求赞同国家的人口超过欧盟人口的62%。而如果新的欧盟里斯本条约未来生效,欧盟理事会从2014年将举行双重多数表决制,通过某项决定只需得到55%(即至少15个)的成员国赞同,且这些国家代表65%以上的欧盟人口。在国际货币基金组织中,重要事项的决定需要85%以上的投票权赞同,使得美国一国拥有对任何重要决定的否决权。鉴于中国等其他国家在国际经济中的地位日益上升,且拥有巨额的外汇储备,国际基金组织现有的决策体制已经日益脱离现实,要求改革决策体制的呼声正在不断升高。

共识决策

多数决策能够弥补全体一致决策所内含的缺陷:全体一致妨碍多边决定的做出。但是多数决定也会带来矫枉过正,即多边决定能够容易做出,但少数国家的意见和利益不能得到尊重,从而妨碍多边决定的普遍实施。如果处于少数的国家力量强大,对问题的解决关系重大,这些国家对于多边决定的抵触将阻碍多边决定得到有效的贯彻实施。

为了克服多数决策的这一弊病,多边外交实践中又发展了共识决策(也称协商一致,consensus)这种新的决策方式。根据1974年世界人口会议内部规则的一个附录所给予的定义,共识决策是:"按照联合国的实践,指不经表决的一般的但并非必须是一致的同意。"归纳有关共识决策的实践,我们可以将共识决策定义为:在存在多数表决的正式规则下,有关国家通过协商形成最大限度的一致意见,且不存在来自任何一国的正式异议,决策便形成。

共识决策因此具有以下特点:(1) 存在着正式的多数决策规则。比如采用共识决策的1974年世界人口大会规定:"本会议对一切实质问题的决定,以出席和投票的代表的三分之二多数作出。"70年代联合国第三次海洋法会议的议事规则也规定,实质问题的决定,需要三分之二多数作出;程序问题的决定,可由简单多数作出①。(2)但各方避免运用正式的表决规则,而尽量运用协商来形成普遍一致,或至少没有一个国家表示公开的正式反对。共识决策因而要求各国努力调和各自的立场,使各国的利益都能在最后决议中得到体现,从而使所有国家成为多边决定的积极支持者,至少是消极的支持者,而排除了积极的反对派。因此,共识决策寻求的是接近全体一致,而不是全体一致。全体一致意味着每一国拥有否决权,共识决策允许少数国家拒绝参加协商,或对最后决议有不同的理解和解释,只要这些国家不提出正式的反对意见,且不要求进行表决,一项共识便已达成。(3)在共识决策中,会议主席的作用相当重要。在推动协商和取得共识的过程中,会议主席扮演了相当关键的角色。比如,在联合国第三次海洋法会议中,协商取得基本一致,是在各主要委员会所属各小组主席的主持下,由各国家集团进行的。这些国家集团的代表们在陈述其相互矛盾的观点和立场后,进行讨论和谈判,并在小组主席的帮助下,尽力折中,以期就一个具体的解决方案取得基本一致。当主席认为这样讨论、谈判和折中的结果,就解决方案已有基本一致时,即将这个已取得基本一致的方案以书面形式作出,然后在小组公开的会议上宣读,而在该小组的全体组成人员对于这个以书面作出的解决方案并无正式异议提出时,就认为这个解决方案已经取得基本一致,因此作出记录,报告其主要委员会作为取得基本一致的约文向全体会议提出②。在各方谈判较为顺利时,会议主席需要准确地将各方的共识形成多边的决议。在各方谈判不那么顺利时,会议主席常常需要准确分析各方利益的结合点,提出供各方参考的一揽子解决方案。(4)尽管共识决策尽量避免进行正式的多数表决,但是,这不等于完全放弃多数表决的正式规则。如果放弃了多数表决的正式规则,少数国家就失去了接受共识的动力。

四、多边外交的驾驭

多边外交的集团政治

考夫曼将多边外交中的集团(BLOC)定义为"定期集会并事先同意如何投票的一组国家"③。在冷战时期,两个主要的集团,即北约集团和华约集团

---

① 参见李浩培:《条约法概论》,第102、103页。
② 同上书,第103页。
③ Johan Kaufmann, *Conference Diplomacy: An Introductionary Analysis*, p.129.

通常如此。不过,在冷战之后,大多数集团的内部团结程度没有达到如此紧密的程度,因此,集团成员并不一定事先就决定如何投票。考虑到这一点,我们可以把集团宽松地定义为定期集会并事先就共同立场进行协调的一组国家。共同立场可以是关于某个大会主席的推选,有关会议议题的一般立场,或者就某项动议的投票立场。

集团的存在是多边外交,特别是大型国际会议中的必然现象。集团通过实现协调集团成员的立场而在实际上缩减了多边外交的参与方,从而减轻了因大量参与方的出现而带来的多边外交复杂性。同时,对于单个国家而言,参与某个集团也可以利用集体的力量去追求或捍卫本国的利益,而没有这样的集团的支持,一国很可能会势单力薄,无法对多边外交施加影响。此外,集团也为成员了解各国的态度,把握多边外交的发展提供一个平台。因此,不管人们喜欢与否,集团已经成为多边外交的基本特征。

多边外交中的集团林林总总。地区类集团的产生主要是因应联合国等国际组织中选举会议主席、副主席和委员会主席的需要。比如,在联合国中,联合国大会每年选举1位主席和21位副主席。根据联大议事规则,大会主席和副主席按下列名额选出:非洲国家代表6名;亚洲国家代表5名;东欧国家代表1名;拉丁美洲国家代表3名;西欧及其他国家代表2名;安全理事会常任理事国代表5名[1]。如此,上述非洲、亚洲、东欧、拉丁美洲和西欧及其他国家构成联合国内的法定地区类集团,其成员完全由地理范围界定,并需要承担相关职位的人员遴选工作。

在政治、外交和安全问题上试图形成共同立场的国家组成政治类集团,如北约、不结盟运动、美洲国家组织、英联邦、欧盟、伊斯兰国家组织、阿拉伯国家联盟和非洲联盟等。此外,多边外交中也拥有许多基于国际经济协定形成的经济类集团,如欧盟、经济合作与发展组织、石油输出国组织、亚太经济合作组织等等。从1964年联合国贸易与发展会议开始,在经济发展问题上又形成了以经济发展水平划分的国家集团,如发达国家集团(内分为市场经济国家集团和苏联东欧国家集团),以及七十七国集团(Group of 77)。1964年,在日内瓦召开的联合国贸易和发展会议上,七十七个发展中国家发表了《七十七国联合宣言》,宣告该集团的形成。七十七国集团不设总部、秘书处等常设机构,也没有章程或预算。该集团起初的目标,是要为扭转发展中国家在国际贸易中被动地位。如今,七十七国集团的协调领域已经扩展至联合

---

[1] 《联合国大会议事规则》,http://www. un. org/chinese/ga/rule/rule5. htm。

国大会和联合国贸发会议的所有议程,其成员也发展成133个,成为发展中国家在国际事务上用一个声音说话的主要渠道,其影响也大大超过冷战时期声名显赫的不结盟运动。七十七国集团在每次联大或贸发会议前都要举行部长会议,以研究对策,统一步调。另外,在各种专门议题举行的国际会议中,由于有关国家在该议题上存在相同的利益,也常常出现各种临时性集团。如在1973—1982年举行的第三届海洋法大会上,内陆国家和沿岸国家就形成两个主要集团;在京都议定书谈判期间,受全球变暖、海平面升高影响最大的小岛国家组成了小岛国家联盟,并在京都议定书谈判过程中发挥了很重要的推动作用。

  集团的存在无疑简化了多边外交,大大减少了实际卷入多边外交的参与方,从而提高了多边外交的效率。不过,集团现象至少带来两个新问题,使得多边外交难度增大。首先,集团现象的出现意味着"谈判中嵌套着谈判"①。也就是说,在集团和集团之间的谈判之外,存在着集团内部成员之间的谈判。这两类谈判可以是顺序进行的,即集团内部先进行谈判,形成共同立场后,展开集团间谈判。不过,在实际的多边外交中,集团内部谈判和集团之间的谈判还是同时进行的,因为其他集团总是会竞相争取对方集团的成员,而每个特定集团的成员总是在寻求其利益得到更大实现的途径,包括转换集团。因此,贝莱说,"国家在联合国大会中的联合方式之最突出的特点是国家因不同目的而转换联盟的趋势"②。其次,集团现象带来多边外交中的刚性问题,因为集团立场的僵硬,而更不容易达成相互妥协。比如在联合国贸发会议上,一些发展中国家原本愿意接受来自发达国家的温和让步,但出于集团团结的愿望而支持相对激进的本集团国家的立场,向发达国家提出最大限度的要求。发达国家这边也出现同样的情况,但方向相反,共同立场倾向于最低限度的让步。而一旦集团共同立场形成并在大会上公开阐述,很难对该立场进行调整,从而出现最大限度的要求和最低限度的让步相互对立的情形,阻碍了大型国际会议中建设性解决方案的寻求。

组建获胜联盟

  多边外交中争取获胜联盟的策略取决于两个要素,一是该多边外交的决策方式,二是一国的具体目标。不同的决策方式,如多数决定、全体一致或共识决策,会影响一国的获胜联盟策略。在多数决策程序下,一国只需获得相

---

① 〔美〕布里吉特·斯塔奇等:《外交谈判导论》,第40页。
② S. D Bailey, *The General Assembly of the United Nations*(London: Stevens,1960), p. 155.

应的多数支持即可。在全体一致和共识决策下,一国则需要争取所有国家的支持或至少不反对。另外,一国如果要寻求各国支持去达成一项各国追求的决议,那么他就需要去争取更可能多的国家支持;反之,如果一国是要寻求阻止一项本国不喜欢的决议,其获胜策略就是要保证能够得到在特定决策程序下足够的反对票;在多数决策下拥有否决少数;在全体一致下,本国否决即可,无须寻找支持;在共识决策下,需要几个有分量国家支持自己的反对立场。

无论如何,在多边外交中,一国最经常要做的是寻求足够多的支持国家。如何去获得支持,沃克列举了16种策略[1]。综合而言,我们可以将基本的获胜策略总结为以下五项:

(一)广泛结交朋友。广交朋友,可谓多边外交官的职业要求。多边外交的成功开展,仰赖多边外交官能否获得尽可能多的外国同僚的支持。这种支持当然主要基于各自国家的利益相同或类似,但是,也不能否认外交官本身的个人作用。特别是许多外交决策通过秘密投票进行,外交官本人的个人好恶完全决定其投票行为,而不为本国政府和他国代表知晓。因此,平时积累起来的个人友谊不仅可以保证有一个其利益与本国相同的他国代表在投票中支持本国,也可能促使一个其利益与本国不同的他国代表在投票中支持本国,或至少不反对本国。

(二)研判结盟对象。在一项具体的多边外交开展时,一国首先要根据利益分析将其他参与方分成三类:支持国、动摇国和反对国。支持国和本国的利益相同或相似,基于利益,这些国家会在决策中支持本国。当然,即使该国根据利益应该支持本国,一国仍然需要争取和不断巩固来自该国的支持,需要保证该国的利益能够转换为该国的政策,并且这种政策得到该国代表的执行。动摇国是那些因同时具有共同利益和冲突利益而犹疑不定的国家,是可争取的对象。反对国具有明显的冲突利益,因而会反对本国的动议。针对这些国家,如果根据决策程序必须要全部或部分争取的,就需要采取额外的努力来争取。如果在多数表决下,这部分国家不够阻止决议通过的数目,则无须作出特别的努力。

(三)说理循循善诱。说服是双边外交的重要手段,但它在多边外交中的作用特别重要。在多边外交中,一个国家的代表不仅需要与尽可能多的外国同僚见面,进行私下游说,同样重要的是,他还需要在公开的会议场合,将本

---

[1] 参见 Ronald A. Walker, *Multilateral Conferences: Purposeful International Negotiation*(New York: Palgrave, 2004), pp. 171—191。

国的立场进行简明、清晰、令人信服的阐述。这确实非常考验多边外交官的语言技巧、口头表达能力和急中生智的临场反应能力。一个有说服力的多边外交官可以坚定支持国的立场，也能帮助动摇国理清其利害关系，强化其对共同利益认知，提升这种利益在其国家利益中的地位，从而将这些动摇国转化为支持国。

（四）尝试利益交换。如果人际关系和说服工作仍不能奏效，一国需要尝试与那些动摇国甚至反对国进行利益交换，通过给予对方某些利益来换取对方对本国核心目标的支持。在多边外交的行话中，这就是所谓的"换马"（horse-trading）。这些利益或让步可以在多边外交讨论的议题范围之内的，如决议或协定中措辞的修改以照顾对方的关注，或增加新的条款来照顾对方的利益。利益交换可以是额外提供的，比如承诺提供新的双边援助。利益交换也可以是在多边外交的其他或未来议题上的相互支持，比如一国承诺支持他国在其他议题上的立场来交换他国在当下议题上本国的立场。由于国际多边外交的繁荣，国家之间确实存在着太多的相互需要之处，这为大量的利益交换行为提供了广大的可能空间。

（五）实现重点突破。一国要组建获胜联盟，首先要争取与本国利益相同的国家或国家集团。因此，中国在多边外交中，总是强调与发展中国家的相互支持。在联合国大会和贸发会议上，中国一直和七十七国集团保持密切的合作关系，在许多问题上和七十七国集团用一个声音说话，以"七十七国集团加中国"的名义发表发展中国家的共同立场。在联合国人权委员会内，非洲国家也长期是中国人权外交的坚定支持者。如果来自支持国的支持还不易达到多数，一国就需要从动摇国，甚至反对国中争取支持。这一工作的关键是重点争取指标国家或国家集团，通过将他们争取过来，从而产生滚雪球效应，带动其他中小国家放弃犹豫，参加到获胜联盟中来。1996年，在发展中国家的支持下，联合国人权委员会再次通过程序性决议，不就西方国家提出的反华人权提案采取行动。之后，通过加强中国与欧盟大国法国和德国的关系，法国和德国在1997年的联合国人权委员会退出反华提案的共同提案国行列，使该提案的共同提案国从1996年的26国一下子剧减到15国。在发达国家再次失败后，1998年，所有的欧盟国家不再提出反华人权提案，导致1998年联合国人权委员会内没有一个发达国家提出类似的提案[①]。

[①] 到1999年，美国只好自己出面，并拉上了波兰。2000年和2001年，波兰也宣告退出，只有美国一个提案国。参见《联合国人权委员会十次反华提案表决情况》，《人权》2002年第2期，第56—58页。

在多边外交中,一些国家还会运用一些负面手段,如威胁和欺骗,这些手段无疑仍然具有作用。不过,对于这些负面手段的使用将损害他国对一国的信任,增加他国的敌意,往往在日后的多边外交中给本国带来不利。

会议主席和分委员会

多边外交不仅仅是个别国家代表目标的汇总,它也具有一个集体目标,体现在会议的宗旨并为各参与方所接受①。为了会议成功,不出现"群龙无首"的情况,必须有人扮演促进集体目标的角色。而这个人就是会议主席。在大型的国际会议中,会议主席通常由选举产生。而在小型国际会议中,会议的东道国是当然的会议主席。在联合国安理会中,会议主席有安理会成员轮流担任,任期一个月。另外,在北约和经合组织中,会议主席由常任秘书长担任。

会议主席的职责包括两个部分:保证会议有序进行的程序性职责和促使会议取得成功的实质性职责。就程序性职责而言,杨冠群列举了九个方面:宣布开会、复会、休会和闭会;给予代表发言权;引导讨论;将问题付诸表决;就程序问题作出裁决;调节代表发言;决定程序事项;澄清问题;维持会场秩序②。理想的会议主席一般拥有丰富的多边外交经验和睿智,对程序规则理解透彻并能灵活运用,能够发扬大会主席团、秘书处和分委员会的团队协作精神,熟悉会议主题,并能秉公办事。他能够有效控制代表的发言时间,确保"有序的辩论",并能促使代表们不偏离会议主题。他对发言进行总结。在程序问题上能够作出快速而正确的裁决。在会议前后都能与代表们保持联系。

值得关注的一个问题是会议主席的公正性问题。在沃克看来,"纯粹的中立是不现实的理想"③。无论通过选举产生,或按规则轮流担任还是由东道国担任,会议主席一般从各国家代表团团长中产生。在选举产生的情况下,会议主席不能继续代表本国发言或投票,其代表团团长职责由代表团副职代行。尽管如此,会议主席实际上仍然来自一国,仍需要对本国政府负责。任何一个主席所在国的政府都不会让本国代表担任主席而损害其重要利益。同时,主席所在国也希望主席能够取得成功,提升本国的威望,从而给予主席一定的自由空间。所以,主席总是需要在保持公正的情况下照顾到本国的利益。如何能够恰当地处理两者之间的关系,是对任何一个主席的重大考验。

---

① 参见 Ronald A. Walker, *Multilateral Conferences: Purposeful International Negotiation*, p. 210。
② 参见杨冠群:《国际会议:策划、举办、参与》,世界知识出版社1998年版,第199—203页。
③ Ronald A. Walker, *Multilateral Conferences: Purposeful International Negotiation*, p. 211.

主席的另一个重要职责是保证会议成功结束,完成会议的使命,如达成协议。主席履行好其程序性职责是保证会议成功的基础。有时,主席还会利用其对会议程序的控制,来促使各代表团达成协议。比如,在1992年国际原子能机构大会上,秘书长汉斯·布列克斯为了要代表们在最后时刻达成协议,将晚宴一再推迟,希望代表们为了肚子能够达成协议。他还关掉了大厅的空调,来迫使代表们相互让步[1]。除了这些程序性手段的运用外,主席也需要利用其特殊的地位,来加入和推动关于会议主题的实质性谈判。主席可以利用与各代表团的广泛接触来掌握谈判的动向,了解形成中的点滴共识。他可以把形成中的共识汇总,提出一份总体的协议草案交给大会讨论并议决,从而将会议导向成功。如果在一些关键的问题上,各代表团分歧严重,无法自行解决,主席可以根据其对会议议题的透彻了解,对各代表团利益的准确把握,提出一揽子的主席文本,针对相关争议提出一个相互让步方案,从而推动各方完成谈判。

如果一个国际会议涉及众多复杂分议题,国际会议可以设立在主席团领导下的分委员会或工作组,就特定分议题进行磋商和谈判。比如,联合国大会就下属数十个委员会、管理委员会、专门委员会和工作组。其六个主要委员会分别是:第一委员会,裁军和国际安全委员会;第二委员会,经济和财政委员会;第三委员会,社会、人道主义和文化委员会;第四委员会,特别政治和非殖民化委员会;第五委员会,行政和预算委员会;第六委员会,法律委员会。在解决朝鲜核问题的六方会谈中,六方也建立了六个工作组:由中国主持的朝鲜半岛无核化工作组,韩国主持的经济合作与能源合作工作组,俄罗斯主持的东北亚和平和安全机制工作组,美朝和日朝负责分别共同主持的美朝、日朝关系正常化工作组。分委员会和工作组的任务可以分为两项:一是为了在分议题下达成单独的国际协议;一是为了将复杂问题分为几个分议题,在吸收分委员会或工作组提出的分议题解决方案的基础上形成一个总体协议。这种被称为"学院式谈判"的方法在联合国海洋法和乌拉圭回合谈判中得到有效运用[2]。

---

[1] Ronald A. Walker, *Multilateral Conferences*: *Purposeful International Negotiation*, p. 219.
[2] 参见〔英〕R. P. 巴斯顿:《现代外交》(第二版),第117页。

第十一章
公众外交

在人们传统的概念体系中,外交是国家间政府对政府的纵横捭阖,与普通公众没有关系。然而,第一次世界大战以来,外交公开化和民主化成为不可遏止的历史趋势,公共舆论和社会大众对一个国家对外政策的影响越来越大。在今天,任何国家政府领导都不可能置强烈的民意于不顾,无论在政策制定、政策执行,还是在重大危机时期,都充分考虑行动可能引起的社会后果,不仅考虑本国民众的可能反应,也要尽可能地照顾其他国家民众的反应。如何在做好同其他国家政府处理关系的同时,积极开展同他国民众的交流和沟通,越来越成为新时期一个国家外交日程中的重要问题。在当代外交中,公众外交越来越成为一道重要风景线。

一、公众外交的兴起和意义

随着全球化的发展和现代通信技术和信息传递手段的改进,不少国家开始加强对其他国家民众的信息交流和说服工作,即所谓的"公众外交",有时也被称为"文化外交"。比如美国的"美国之音",就以 52 种语言向全世界进行高密度的播音,每周在全球拥有大约八千六百万听众[①],在许多国际热点问

---

① 参见 Hans N. Tuch, *Communicating with the World* (New York: St. Martin's Press, 1990)。

题上试图影响外国公众的态度。

对外传播的发展

宣传能够影响外国民众的态度和观念,这在历史上就已经受到人们的重视。中国古代的孙子兵法就强调"攻心为上,攻城为下"。三十六计中的反间计,其根本目的就是通过制造对方国家内部的矛盾,离间政府部门官员之间的关系,创造有利于自己的局面,这种做法已经具备了公众外交的萌芽。当然,在大众传媒尚未出现之前,一国对外国公众的宣传主要依靠人际传播,即通过使节或代理人在外国公众中进行信息传播,以期影响外国公众的态度。在大众传媒出现后,对外国公众的宣传除了原有的人际传播之外,也日益依靠大众传媒的中介。

大众传媒最早是以印刷媒体,特别是报纸的形式出现的,后来随着技术的发展出现了广播、电视和互联网等多种形式。最早的报纸据说是1609年在德国出版的《通告—报道或新闻报》周报和1660年出版的德国《莱比锡新闻》日报。最早的国际广播始于1927年荷兰政府对其海外殖民地东印度等地的荷兰语广播。1964年8月19日,第一颗同步通信卫星"行空"3号被送上轨道,为卫星直播电视奠定了基础。1969年,美国国防部启动一项名为阿帕计算机网的工程,用四台计算机实行互连,是为因特网的发端。在此后的二十年时间中,美国和欧洲的一些部门和大学研究机构纷纷建立局域网,然后通过区域性网络,互联成全国性的广域网,并在此基础上互联成为因特网[①]。传播技术的发展使对外宣传具有多样的大众传播手段,从报纸、广播、卫星电视到最新的因特网手段。

上述几种大众传媒都具有传递信息、影响舆论的功能。在印刷报纸阶段,由于报纸读者的阅读面主要是国内民众,因此,外国政府通常利用资助别国报纸的方式来影响该国的舆论。比如,在1904年到1908年间,几乎法国所有的报纸都收到了来自俄国政府的广告资金。法国报纸因而对俄国的政治腐败和经济落后保持沉默[②]。

第二次世界大战前后,国际广播的出现为对外宣传提供了崭新且高效的手段。和报纸相比,国际广播具有很多更优越的特点,比如传播更快,只要有了语音和节目,依靠简单的发射设备,就可以快捷地进行传播;受众更广,国

---

① 参见刘继南主编:《大众传播与国际关系》,北京广播学院出版社1999年版。
② 曾文经:《传媒的魔力》,时事出版社2001年版,第121页。

际广播不受空间限制,也不受受众的教育水平限制,只要拥有一个短波收音机,就可以收听,其覆盖面远远超过报纸;可信度更高,国际广播以声音为传播介质,可以表达更为丰富的感情色彩和现场气氛,使传播内容更加具有可信性。国际广播的上述特点在第二次世界大战中被德国法西斯利用到了极致。在纳粹宣传部长戈培尔的领导下,德国在1943年初共拥有23座短波电台和110座中长波电台,使用53种语言进行对外广播。面对德国的电波宣传战,同盟国也纷纷发展国际广播,进行反击。英国广播公司的国际广播在战前只有7个语种,到1944年,共使用39种语言每周对外广播763小时,居世界首位,有力对抗了纳粹德国的法西斯宣传[1]。

国际广播在冷战时期又有了大规模的发展,很多研究表明,针对苏联和东欧国家广播的"美国之音"和"自由欧洲"电台,在相当程度上削弱了东欧社会主义的根基,争取了相当部分的东欧民众,为冷战后东欧国家的亲美倾向奠定了一定的基础[2]。在波兰团结工会推翻了波兰共产党政权后,其领导人瓦文萨对美国之音和自由欧洲电台的作用做了高度评价,认为"它们给予波兰的贡献、影响如同太阳对地球一样重要"[3]。与此同时,卫星电视的出现,令国际传播进入一个新阶段。

1980年特纳成立有线电视网络(CNN),通过卫星向有线电视网和卫星电视用户提供全天候的电视新闻。从此,卫星电视开始成为国际传播的新渠道。CNN在1990年的海湾战争中大显身手,其实况报道不仅成为各国外交决策者的信息来源,而且也让全世界的观众身临其境。卫星电视的出现,使大众传播手段的传播范围从跨国走向全球;卫星电视的声音和视觉效果提供了更强的临场感,具有更大的渲染力,因而也更容易激起观众的情绪,影响他们对相关问题的态度;卫星电视由于资金投入大,技术要求高,商业化色彩浓,进一步强化了传播主体的集中化,特别是向美国和欧洲大国集中。通过西方主导的卫星电视频道以及主要是来自美国的信息和娱乐节目,卫星电视成为西方国家传播其价值观念、生活方式和政策理念的主要工具。

正当卫星通信大行其道之时,因特网的兴起,特别是从20世纪90年初起在全世界迅速普及,对国际传播正在产生深远的革命性影响。报纸、广播和电视这些以往的国际大众传媒都具有垄断性,是单向传播工具,使得掌握了

---

[1] 参见刘继南主编:《大众传播与国际关系》,第35—36页。
[2] 参见杨友孙、胡淑慧:《美国公众外交与东欧剧变》,《俄罗斯研究》2005年第3期,第42页。
[3] 参见毕波:《美国之音透视》,青岛出版社1991年版,第40页。

这些传媒的国家政府和西方私人大传媒集团可以向国内外受众进行单向传播。因特网从本质上说不具备这样的垄断性,并因而消解了传统国际大众传媒的垄断性权力。进入因特网的每一个个人都可以成为信息的发布者,可以通过群发电子邮件,在讨论区上发表意见或推出个人博客来发布信息。因特网是双向或多向传播工具,在这里,本质上不存在传播者和受众之间的严格区分,传播者和接受者常常互为一体。因特网的这些特点为原来被动的全球受众提供了获取信息和发送信息的自由。同时,它也带来了真真假假的海量信息,令广大受众难辨真伪,不知所措。这样的因特网为各国政府进行国际传播提供了全新的机遇,也带来了巨大挑战。目前,各国政府都纷纷设立政府网站,增强其通过因特网进行国际传播的能力。

从对外宣传到公众外交

公众外交的概念最早在美国出现。美国塔夫茨大学弗莱彻法律外交学院院长埃德蒙·格里恩(Edmund Gullion)早在1965年就提出了公众外交的概念,用来指美国新闻署所从事的一些非传统性外交活动,如教育文化交流和提供信息的活动。该概念后来成为美国的官方用语,并被美国公众外交咨询委员会1985年年度报告定义为:"公众外交通过向外国民众解释美国的政策、向他们提供有关美国社会和文化的情况,使他们许多人亲身体验我们国家的多样性以及为美国驻外大使和美国对外政策决策者预测外国公众舆论,来补充和加强传统外交。"[1]

显然,公众外交的概念晚于公众外交的实践。早在一战期间,美国总统威尔逊就于1917年4月成立了公共信息委员会,其宗旨是向外国公民宣传美国外交政策目的的"神圣性"。二战期间,美国总统罗斯福又下令成立了对外信息服务局,于1942年成立了"美国之音",负责向欧洲和日本进行新闻广播,并以此对德、日法西斯进行反宣传。此外,促进教育文化交流的富布赖特项目源于1946年国会通过的《富布赖特法案》,主管公众外交活动的美国新闻署也于1953年8月正式成立。早期从事美国公众外交的工作人员曾直言不讳地用"宣传"(propaganda)一词指美国所从事的上述活动。1955年奥伦·斯蒂芬斯(Oren Stephens)在其著作中就将美国政府的这些项目称为对外"宣传",称为这些项目工作的人为"宣传人员"(propaganda personnel)。威尔

---

[1] 转引自韩召颖:《输出美国:美国新闻署与美国公众外交》,天津人民出版社2000年版,第33页。

逊·迪扎德(Wilson Dizard)1961年在第一本专门写美国新闻署的书中写道:"美国断断续续地进行国际宣传活动已经有很长时间,宣传在独立战争中曾起到十分重要的作用。"①

公众外交概念后来的日渐流行主要源于两个理由。首先,由于纳粹宣传部长戈培尔一贯视宣传的唯一目的就是"征服民众",信奉"谎言重复一千遍就是真理","宣传"这个词语在英语里具有明显的贬义,因而需要更为中性或褒义的词语来替代。其次,公众外交的理念也在相当程度上与戈培尔式的宣传存在差异。如果说戈培尔式的宣传可以为了达到目标不惜弄虚作假,欺骗民众,公众外交的理念则强调信息传播的真实性和可信性。前美国国际交流署署长约翰·赖因哈特在1979年4月的一次讲话很好地阐述了上述两大理由。他表示:"试图'控制'其他国家的公众舆论本身并不是一个新想法,早已被人们称之为'宣传'。令人遗憾的是,该词由于为狡猾的戈培尔等人所用,而带上贬义的色彩。""宣传"一词其含义无论如何"不适合用来界定大多数美国人所承认的外交"。他接着说道:"公众外交包含了宣传的某些方面———如为一种制度或一项事业传播思想和信息。当然,这只是今天我们所知道的国际交流过程的一部分;显然,我们需要向别人传播思想———对我们来说,思想意味着塑造真实而不是虚假的形象。"②

随着公众外交概念在美国的流行,一些西方国家,如英国和加拿大,也都纷纷采纳了这一概念。新中国成立以来,中国政府一直使用对外宣传的概念来形容中国政府所从事的各类对外信息传播和文化交流活动。意识到宣传的传统英译"propaganda"在国外的贬义性质,1991年1月,中国政府成立了国务院新闻办公室,其职能是向外国介绍和说明中国,不再提对外宣传中国。到了1997年,中共中央宣传部发出通知,将"宣传"一词的英译由"propaganda"改为"publicity"。这两大变化标志着中国的公众外交实践日渐摆脱传统的"宣传"观念的影响,愈来愈认同、接近现代公共外交理念③。进入21世纪,随着一些中国学者将公众外交(或公共外交)的概念和理论不断引入,以2004年外交部新闻司成立公众外交处为标志,公众外交的概念也为我国官方所接纳。

---

① 转引自韩召颖:《美国公众外交与美国对外政策》,《太平洋学报》2001年第4期,第30页。
② 转引自 Allen C. Hansen, *USIA: Public Diplomacy in the Computer Age* (New York: Praeger, 1989), p. 10。
③ 参见钟龙彪、王俊:《中国公共外交的演进:内容与形式》,《外交评论》2006年第3期,第67—68页。

公众外交的定义

一般而言,公众外交是由一国政府部门和官员或在其主导下由其他非政府部门所从事的主要针对外国公众的资讯传播和人员交流活动,其目的是增进外国公众对本国以及本国追求的价值和政策的了解以至好感,并进而影响外国政府的内外政策,以实现本国的外交政策目标。广义而言,公众外交包含对内和对外两个维度。除了一般意义上理解的对外维度,公众外交也指本国政府和官员通过对国内民众的资讯传播活动来满足本国公众对外交的知情权,并促进本国民众对本国外交政策和行动的理解和支持。考虑到对外维度更为重要的性质,本书将主要讨论影响外国公众态度的行动和方式,但也会涉及对内维度的公众外交。

基于公众外交的一般定义,公众外交具有下列特点:

(一)公众外交是政府或政府主导的对外活动。公众外交是政府行为。这体现在两个方面:一是政府直接的作为,即政府的官员进行的对外国公众的资讯传播和人员交流活动,如一国领导人和外交官员直接或通过媒体间接与外国公众进行交流;在第二种情况下,政府的这些任务可以被分包出去,交由政府控制的其他公共机构或挑选出的民间机构去负责执行,但政府负责提供政策指导和活动资金。

(二)公众外交主要是针对外国公众的活动。公众外交的主要对象是外国公众,而不是外国政府。公众外交的目标是争取影响外国公众的态度,促进外国公众对本国历史、文化、政治、经济、社会、价值体系和内外政策等各方面的了解,培育好感。考虑到他国公众中不同构成部分在他国内外政策中的影响力存在差别,我们可以粗略地将外国公众分为一般公众和精英人士,后者由于在他国的文化知识界、媒体、经济社会领域中占据重要的位置,虽然人数不多,却能够对他国政策决定具有比一般公众更大更直接的影响。因此,公众外交的主要工作对象是他国的精英群体。

(三)公众外交的内容主要是资讯传播和人员交流活动。要影响外国公众的态度,公众外交主要依靠向外国公众提供反映本国各个方面、价值体系和政策内容的各种资讯,以及通过有选择性的人员交流促进这类信息在外国公众中的有效传播。资讯传播活动能够为外国公众了解本国各个方面的情况创造条件,它可以弥补非官方媒体在提供本国资讯方面的不足,保证资讯传播的全面性、系统性、及时性和准确性。而人员交流项目可以使有选择参与的外国公众人士能够在本国亲身经验本国社会生活的各个方面,通过亲身体验,强化对本国的认识和好感,并在这些人士归国后可以更为可信和有效地传播至更大范围的公众,产生更为长远的影响。

(四)公众外交的直接目的是要影响外国公众的态度。提供资讯和推动人员交流的用意是为了让外国公众对本国有全面和准确的认识,并争取在了解的基础上进一步发展外国公众对本国的好感。因此,公众外交中的资讯传播和人员交流活动不同于非官方的资讯传播和人员交流活动,总是要以消除外国公众对本国存在的误解和敌意为出发点,根据不同国家国内公众对本国的认知来制定公众外交的政策和策略,尽可能有针对性地消除这种误解,增进理解以至好感。因此,汉斯·N.塔奇认为,公众外交是为了更好地推行美国外交政策,减少美国同其他国家的误解和猜疑,由官方政府开展的塑造海外国家形象的努力。

(五)公众外交的最终目的是要推进本国外交政策目标的实现。在美国人眼里,公众外交主要指美国新闻署所从事的非传统性外交活动,包括信息活动(包括国际广播)、教育文化交流活动(如富布赖特项目、公民交流项目等),其目的在于帮助美国政府澄清美国外交政策的立场和观点,解释美国政府为什么采取特定的外交政策以及为什么该政策不仅对美国有利,对其他国家也有利[1]。根据美国新闻署2002年的最新界定,公众外交旨在通过理解、告知和影响外国公众的方式来促进美国国家利益的实现[2]。

公众外交与相关概念

(一)公众外交与政府间外交。公众外交的对象是外国的公众,而政府间外交的对象是外国的政府。政府间外交是外交的传统形式,也是当今外交的主要渠道。随着公众在影响本国内外政策的作用上升,影响他国内外政策的途径除了与外国政府交涉外,也可以通过影响外国公众的态度来间接实现。

(二)公众外交与公开外交。公众外交当然是一种公开外交(open diplomacy)。从美国威尔逊总统提出"十四点计划"以来,外交的公开性成为各国民众的一种要求。外交的公开性和透明性成为各国外交努力的方向。公众外交由于其特殊的外交对象,需要通过公开的资讯传播和人员交流活动来实现,因而是公开外交的绝好范例。不过,公开外交要求外交的一切方式都要

---

[1] 参见 Report of the Overseas Presence Advisory Panel, *America's Overseas Presence in the 21th Century*, November, 1999, p.32。

[2] 参见 http://www.publicdiplomacy.org/1.htm。

公开,包括政府外交,因而其内涵与公众外交并不等同。

（三）公众外交与公共事务。公众外交主要针对外国公众,这不等于说一国外交不需要关注本国的公众。基于同样的道理,一国外交也日益重视本国的公众。如果本国公众能够理解政府外交的政策以及政策背景,这种政策就能够得到本国公众的充分理解和支持。反之,政府的外交政策将遭到来自公众的反对、怀疑和误解,无法为其外交政策营造强大的国内支持。因此,各国外交部门也在努力做本国民众的工作,增进本国民众对本国外交政策的理解和支持。但是,在如何界定这类工作方面,有关国家的政府和学者意见不一。美国政府曾经试图将影响外国公众和本国民众态度的工作进行区分,将前者定义为公众外交,将后者定义为公共事务。也有学者指出,针对本国民众的工作因为不能视为外交,所以不能列入公众外交的一部分。但是,从另一方面,针对本国民众的工作也是为了增强本国外交的有效性,所以和外交仍然相关,因而也可以纳入广义公众外交的范畴。正是在这一意义上,中国外交部2003年3月在其新闻司内,设立了公众外交处,专门负责争取包括中国公众在内的国内外民众对中国外交政策的理解与支持①。

（四）公众外交与民间外交。公众外交和民间外交存在着部分的重叠:即通过民间机构和个人在本国外交部门领导或鼓励支持下进行的旨在增进相互理解的国际交往活动。这部分活动既可以被视为民间外交,也是公众外交的表现形式。两者不同的方面在于:公众外交也包括重要的由政府机构和官员从事的针对外国公众的沟通交往活动,而民间外交都是民间团体或公民个人参与的对外交往活动;同时,公众外交具有明确的目的性,除了追求各国民众相互理解和友谊外,公众外交更加注重针对性地影响外国公众对外交政策问题的看法和立场;此外,民间外交的交往对象除了外国公众外,也可以是外国的政府,而公众外交是针对外国公众的交往活动,与外国政府的交往属于政府间外交的范畴。

（五）公众外交与对外宣传。公众外交是从对外宣传发展过来的。西方国家认为,虽然两者都试图对外国公众进行影响,但其理念有明显不同:对外宣传常常较为进攻性、欺骗性、广播性,公众外交则更强调合作性、真实性和

---

① 据外交部新闻司公众外交处副处长卫真表述,公众外交处成立的初衷,便在于向海内外公众介绍中国的外交政策,以赢得公众的理解和支持,用软性的外交手段来树立中国良好的国际形象。其主要职能包括:1. 负责外交部和驻外使领馆的公众外交活动;2. 外交部和驻外的网站的建设;3. 调研公众对外交和重大国际事件的反映,并且提出相应建议。刘超:《李肇星:外交部是全国人民的外交部》,2005年8月15日,http://politics.people.com.cn/GB/1026/3614273.html。

窄播性。在中国,对外宣传的概念不如在西方国家那样具有贬义性,"公众外交"和"对外宣传"两个概念经常混合使用。不过,为了国际交流的便利,近年来,公众外交概念的使用频率在逐步加强。

二、公众外交的运作形式

公众外交的目标细分

一国要实现外交政策的目的是需要外国政府执行本国所希望实行的政策。但是,在实践中,外国政府出于各种各样的原因常常执行与本国希望相悖的政策。造成这种情况的原因至少有三类:一是外国政府出于制度和意识形态不同,而执行与本国意愿相背或相反的政策;二是外国政府因为有公众的支持而可以坚持执行与本国意愿相背或相反的政策;三是由于外国公众中存在着的针对本国的普遍误解或敌意而导致政府实行本国所不希望实行的政策。因此,为促进本国外交政策的实现,公众外交担负的任务可以分为:

(一)消解外国公众对其国家制度和价值体系的认同,增强外国公众对本国制度和价值体系的认知与认同。在两国意识形态、社会制度存在较大差异的情况下,如冷战时期东西方两大阵营对抗期间,美苏两国都试图通过公众外交来宣传本方制度或意识形态的优越性,动摇对方民众对其国家制度和价值体系的信心,增强对本方制度和价值体系的认同。

(二)消解外国公众对其政府实行与本国愿望相悖的政策的支持,增强外国公众对其政府实行与本国愿望相一致的政策的支持。在具体的政策方面,一国政府的特定政策在国内都会有支持者和反对者。公众外交就是要在外国民众中塑造更强大的民意,通过设定政策议程和在决策过程施加影响,来推动外国政府实行本国希望实行的政策,牵制外国政府实行与本国愿望相悖的政策。

(三)消除外国公众对本国的误解或敌意,增进其对本国的理解和好感。由于各种各样的原因,一国民众对外国的态度往往受消极成见的影响,对外国产生误解以至敌意。消极的民意自然无助于其政府推行明智的外交政策。因此,对于任何一个国家而言,如果其外交政策要寻求和其他国家的合作,消除外国民众中对本国的这些误解以至敌意是必不可少的工作。公众外交通过向外国公众提供关于本国的全面和准确的信息,通过人员往来的教育文化交流,将有助于改变外国民众对本国的消极成见、误解和敌意,从而为建立两国关系间健康持久的合作关系打下基础。

从公众外交的这些作用出发,我们可以进一步将其分为争夺型公众外交与合作型公众外交两类。争夺型公众外交是要和外国政府争夺其国民的民心,其最高目标是要颠覆对方国家的政权,其最低目标是要改变对方国家的特定政策。争夺型公众外交的作用本质上是要控制对方国家的民意,达到或者颠覆其政权,或者改变其政策的目的。这自然会招致反对这种外部影响和控制的外国政府或民众的反弹或抵制。合作型公众外交不试图控制对方国家的民意,而是力图通过公众外交活动来增进对方国家民众对本国的了解,通过增信释疑来为国际合作创造有利的民意基础。

在冷战时期,美苏之间的公众外交以争夺型公众外交为主,辅之以合作型公众外交。前者力图实现对方政权的和平演变,后者旨在维持双方之间现时的和平关系。苏联东欧国家政权的垮台在一定程度上是西方公众外交成功的结果。冷战之后,西方国家对实行不同制度的非西方国家的公众外交同样包含了争夺型公众外交和合作性公众外交的两个部分。中国的公众外交从总体上而言属于合作性公众外交。在和谐世界外交理念指导下的中国公众外交,坚持合作性公众外交的原则,以增信释疑为唯一宗旨,力图为中国的和平发展营造客观友善的国际舆论环境。

公众外交的组织方式

公众外交的执行主体涉及一国政府的多个部门,而且,近来的趋势是非政府部门也日益卷入到公众外交中来。

在政府机构中,外交部门常常是一国公众外交的核心主体。这与公众外交的目的密不可分。既然公众外交的目的是要影响外国公众,进而影响外国政府的外交政策,那么,外交部门在公众外交中扮演核心作用自然是顺理成章的。外交部门承担了对外进行外交政策说明的任务,这些政策主要是外交部门决定和实行的,外交部门也经常有面对外国公众的机会和渠道。比如国家领导人在出国访问时与外国公众的交流互动,比如驻外使领馆官员与外国公众的交流互动,外交部门的新闻发布和外交部因特网主页的对外信息发布等。

除了外交政策的解释说明之外,外交部是否应该承担其他的信息传播活动和文化交流活动呢?根据各国公众外交的实践,我们可以将公众外交的组织体制分为外交部主导型体制、外交部与半官方机构协同型体制和多部门协同型体制。美国是外交部主导型体制的典型代表。作为公众外交理念的发源地,美国在第二次世界大战后在国务院内成立专门从事公众外交活动的国际新闻局。1953年,国际新闻局和其他从事对外宣传活动的部分从国务院独立出来,成立了美国新闻署。新闻署署长由美国总统任命,并通过国家安全委员会直接对总统负责,但国务卿负责指导美国对外宣传活动的政策并对其内容进行监控。在有关美国对外政策的问题上,国务卿也有权进行指导。1999年10月,美国新闻署的大部分机构再次并入国务院,国务院成为承担美国公众外交的主要决策和执行机构。只有美国新闻署原来下属的国际广播局仍然保留相对独立的地位,未并入国务院,但也需接受国务院的政策指导。法国外交部也是法国公众外交主要决策和实施机构。法国外交部下设的国际合作与发展总司,也称文化事务管理总司,具体负责对外文化工作,代表政府与其他国家签署文化协定和文化交流计划,领导各驻外使馆文化处工作,指导和协助在国外的法国文化中心、法语联盟、社会科学研究所等文化传播机构的工作。法国外交部还提供了法国国际广播电台的大部分运营资金,从事对外国际广播。

  外交部领导下的半官方机构参与型体制在其他西方国家中较为多见。在这种体制下,外交部负责制定本国的公众外交政策,并承担了部分公众外交任务,如与外交政策直接相关的对外传播活动和部分文化交流活动,但大多数的对外信息传播和文化交流活动则通过其他半官方的公营机构来具体推进。比如,英国和德国的体制大致可归入此类。在英国,外交部的公众外交活动由新闻办公室和战略与信息司负责,负责向国内外媒体提供信息,并积极加以影响。同时,英国外交部通过向英国文化协会和英国广播公司国际台提供资助和进行政策指导,借助这两个半官方的公营机构推进国际文化交流和进行对外信息传播。英国文化协会是英国促进文化教育和国际关系的重要组织,成立于1934年。作为一个在英国注册的非营利性组织,在全球109个国家的223个城市设有办事处,雇有七千五百名员工[①]。在德国,联邦外交部同样负责制定德国的对外公众外交政策,也直接运作"欧洲—伊斯兰跨文化对话"项目,以加强西方和伊斯兰世界之间的相互了解,推动与欧盟其他成员国之间的文化和教育合作项目,以加深欧盟一体化。此外,德国外交部对公众外交非常重视,其下设的11个总司中有文化和教育总司及传播、公众外交和媒体总司两个总司来负责公众外交事务。此外,外交部也通过提供拨款和政策领导的方式寻求与其他半官方伙伴的合作,比如借助独立运作的

---

① 参见 http://www.britishcouncil.org/zh/china-about-us-who-we-are.htm。

德国之声电台和电视台对外从事信息传播,借助歌德学院在海外推广德语学习,德意志学术交流中心(DAAD)发放奖学金来鼓励外国学者和学生到德国进修和学习。其他机构有联邦文化基金会、教育交流基金、洪堡基金会、柏林世界文化之家等。

  中国目前的情况属于多部门协同型体制,多个政府部门或公共实体共同从事公众外交工作。为强化对外宣工作的领导,中央于1990年3月批准恢复中央对外宣传小组,建立起了独立的外宣实体,直属中央书记处领导。1991年组建中共中央宣传办公室、国务院新闻办公室。中央媒体、外交部、教育部等部门都是中国公众外交的重要执行单位。在国际广播方面,现在中国国际广播电台每天能用43种语言播出211个小时的广播节目,覆盖全球近200个国家和地区。2001年,听众来信突破九十万封左右,已进入世界对外广播三强之列,成为世界上最有影响力的国家广播电台之一。在对外电视宣传方面,1992年10月1日,以海外华侨、华人以及台、港、澳同胞为主要对象的中央电视台第四套节目正式开播。2000年9月25日,面向外国主流社会观众的中央电视台第九套节目(英语国际频道)正式开播。到2000年底,两个对外电视频道的节目信号已覆盖全球98%的陆地和海洋,有26个国家和地区的48家电视机构转播国际频道的节目,节目落地范围涉及119个国家和地区。随着互联网日益成为第四媒体,网络也很快应用到我国的公众外交上来。先后建立了中国国际广播电台网站、中央电视台的英语网站、新华网、人民日报网站、中国网等。国务院新闻办公室负责向外国介绍和说明中国,就国际关心的中国热点问题发表了一系列政府白皮书,组织了诸如中法文化年等大型民间交流活动。外交部新闻司负责就外交政策问题对外国公众和中国民众进行解释说明。教育部近年来大力在国际上推广"孔子学院",在外国公众中掀起了一股学习中国文化的热潮。多部门参与的体制可以发挥各部门的优势,如能分工协作,能够发挥各部门的综合优势。当然,多部门参与体制也带来整体协调的挑战,需要在实践中针对出现的问题对现有体制进行优化改进。

公众外交的对象细分

  公众外交的对象是外国公众,公众外交的直接目的是要影响外国公众的态度。从公众外交的目的出发,一国必须对外国公众加以细分,并进行针对性分众化公众外交。

  就对外交政策的关注度和影响力而言,一国公众可以细分为普通公众、专注公众、舆论精英和舆论领袖①。为简便起见,我们可以将一国公众分为普通公众、精英群体和舆论领袖。普通公众构成一国公众的大多数,他们在一国各行各业中不处于权势地位,对国际事务和外交政策较不关心,对外国的了解主要来自大众传媒,因此,他们没有固定的看法或意见,往往容易受权势集团、媒体和舆论领袖的影响。精英群体是一国各行业中现在或未来的权势群体,他们通常受过良好的教育,国际化意识较强,基于自身利益往往对外交政策较为关注,参与外交政策的讨论。他们中的一些人则有可能进入政府,成为外交的实际决策者和执行者。同时,鉴于他们在一国社会中的权势地位,他们的态度和倾向也往往会通过人际传播途径对普通公众产生影响。舆论领袖则是一国内部那些有能力塑造舆论方向的人士,这部分人群人数很少,往往是主流媒体的主持人、专栏作家、编辑、著名的专家学者,或大企业和非政府组织的领袖。由于他们在公众中巨大的影响力,以及他们公认的学识见解,舆论领袖通过大众传媒传达的看法常常会得到公众的共鸣和响应。因此,舆论领袖是一国公众舆论的发起者和塑造者。

直接针对普通公众的公众外交一般主要依靠信息传播项目。由于普通公众为数众多,受规模限制的文化交流项目不可能涵盖大多数的普通公众,因此,公众外交需要借助覆盖面较大的大众传媒,即各种对外广播、印刷媒体、卫星电视、因特网。当然,这不是说直接针对普通公众的人际传播没有重要性。国家领导人、外交官和外国普通公众的直接交流,针对普通公众的文化交流项目,虽然人际传播的受众较小,但可以通过这些受众的二次人际传播,将公众外交的意图扩散到更大的普通公众人群中。

针对精英群体和舆论领袖的公众外交则需依靠信息传播和文化交流项目两者并举。由于这部分人群是影响一国外交决策的有效公众,他们的态度和立场至关重要。信息传播项目能够为这部分公众提供关于本国的各种准确信息,有助于消除这部分公众对本国的误解和疑虑。而文化交流项目则可以培植这部分人群对本国的亲近感,建立人际关系。针对这部分公众,有效的公众外交不仅可以通过他们在国内塑造友善的舆论环境,而且,一旦某些个人未来成为国家和外交部门的领导人,可以推进一国和另一国未来的友善关系。

就外国公众对本国的态度而言,可以将公众划分为五类:(1)亲我公众;(2)态度倾向友好的公众;(3)中间游离公众;(4)态度倾向反对公众;

---

① 参见 Bernard C. Cohen, *The Press and Foreign Policy* (Princeton University Press, 1963)。

(5)敌视的公众。对于不同区隔下的公众,公众外交往往采取不同的行动路线,比如对于第一类与第二类公众,只需发挥强化效果(reinforcement effect),鼓励他们坚定立场继续支持。对于第三类公众的游离分子,公众外交往往发挥催化效果(activation effect),引发动机,促动隐藏的兴趣,促使他们偏向友好。对于第四类公众,公众外交只能希望发挥改变效果(conversion effect),期待他们能改变态度。而对于第五类公众,公众外交对他们很难发挥作用,但也需要尽力争取。

信息传播活动

在当今时代,公众外交的主要形式是信息传播活动和文化交流活动。信息传播活动主要通过媒体外交来进行。在这里,媒体外交指政府运用新闻、出版、无线电广播、电视、电影、录像带以及新兴的电子通信手段,宣传对外政策。一般来说,根据媒体外交管道的先后顺序,主要有以下三个部分:

(一)政府公共声明。政府声明是政策信息的起点,也是媒体外交管道的开端。政府官员或者政府发言人所说的话是社会讨论的"原始材料",对公众舆论产生巨大的影响。政府的公共声明往往要求反映多方政治力量的利益和看法,能够在其中做出妥协,政府的级别越高,越要重视发表意见的政治后果。一些政府官员在公布某个消息之前,为了避免犯错误,都尝试采用一种非正式的"检查目录"(the check list),有十个左右的问题始终在脑际盘旋:(1)我们对事情的了解程度如何?(2)我们需要对此问题表态吗?(3)如果需要表态,我们应该表态到什么程度?(4)这种表态在政治上意味着什么?(5)我们所说的话对我们的官僚组织和个人职位有什么影响?(6)我们有没有激怒听众?(7)我们的声明是否算得上足够充分而肯定?(8)我们的表态是否有连贯性?(9)我们有没有选用正确的用语?(10)最后,我们有没有对我们的行动具有令人信服的逻辑依据?[1] 试想一个顾虑重重的外交官,怎么会有棱角分明的政策表达呢?正如《华盛顿邮报》的一篇报道中所说的那样,"不管克林顿总统今天晚上谈论的主题是什么,每天的新闻发布会大同小异。"[2]其实,这是由媒体外交的特点决定的,媒体具有极强的新闻爆炸效应,一个在媒体的聚光灯下表演的外交官,不能不考虑政府在民众中的形象。

---

[1] 参见 David D. Newsom, *The Public Dimension of Foreign Policy* (Indiana University Press, 1996), pp. 23—41。

[2] Howard Kurtz, "At Briefing, No News Is Old News," *Washington Post*, February 17, 1993, A17.

政府的公共声明往往通过多种渠道进行发布，比如政府记者招待会，各部门的吹风会，政府官员在一些重要场合的演讲、参加电视脱口秀的节目、接受记者的采访等等。无论政府部门的公开发表声明，还是政府官员关于某一问题的评论，都在不同程度上被看做是公共声明。由于政府的公共声明具有很强的权威性和指导性，一旦确立口径，驻外使领馆、政府各部门以及其他延伸机构都必须按照该口径在全世界解释本国的政策，容不得半点马虎。特别是在对外政策上，公开表达对某一问题的立场，直接影响本国同世界各国的关系，尤其是像美国、中国、俄罗斯等在世界问题上具有重要影响的国家，更是如此。

（二）公共信息活动。在信息社会，诚如罗伯特·基欧汉和约瑟夫·奈所言，一个国家"在世界上自由散布信息的能力能够增加该国在世界政治中的劝诱潜力"[①]。随着以互联网为代表的现代通信技术的发展，公共信息的传播速度越来越快，一个国家的政府必须充分把握技术发展带来的资源，逐步通过加强领导，配套体制，把公共信息的散播纳入媒体外交轨道。

美国的主要做法最初是由美国新闻署利用数据传输和电传打字设备向125个国外站点发布5个地区版本的无线信息，以便提供给记者和新闻机构。1987年，创办了"特快信息管道"，由合众国际社和国际外国记者协会出租有限服务设备供其传送，不必通过美国新闻署的国外站点就可以直接发往欧洲、土耳其、以色列的新闻机构。后来，适应互联网技术的发展，美国把国际信息办公室分割为地区服务办公室、专题项目办公室和技术服务办公室，利用互联网、数字传输、卫星电视等渠道直接把信息传递给世界各地区中心。其主要产品是"华盛顿文件"（Washington File），包括官方文本、副本、政策声明、解释性文本以及意见备忘录等，可以迅速地把相关信息直接传递到各个地区办公室。然后，由地区办公室根据华盛顿的口径对相关的信息进行战略规划，根据政策需要剪辑和编辑，围绕政策需要进行信息传播。美国公众外交咨询委员会2000年的评估报告表明：自从国际信息项目并入国务院之后，它几乎变成了一个"政策驱动"的机构，借引其内部一名官员的说法，"国际信息办公室的目标几乎被简化为纯粹在一系列问题上为美国政府的立场做宣传，希望能够得到更多国家和社会对美国的好感，或者至少更好地理解美国

[①] Robert O. Keohane, and Joseph S. Nye Jr., "Power and Interdependence in the Information Age", *Foreign Affairs*, Sep./Oct., 1998, Vol. 77, Issue 5, p. 94.

的政策"①。可见,美国政府对媒体外交控制已经达到一个十分严格的程度。然而,颇具讽刺意味的是,美国的这一切控制都是在幕后进行的,是一种利用先进传播工具散布经过编辑加工过的信息的活动,表面上看完全是新闻自由,实际上是在新闻自由的旗号下散布的是"政府有意识删改的信息"。

(三) 国际广播活动。国际广播又叫做对外广播,是专门以外国听众为对象的广播,是媒体外交极为重要的组成部分。国际广播最早发轫于20世纪20年代。1927年的10月24日,荷兰正式开始了对其海外殖民地东印度等地的荷兰语广播,成为世界公认的最早开展国际广播的国家②。国际广播对国际关系影响深远。在战争期间,国际广播往往会成为交战双方进行心理战的重要工具。比如在二战期间,美苏英等国家的对外广播对瓦解法西斯主义国家的士气,鼓舞世界反法西斯人民的信心都作出了重大贡献;在和平时期,国际广播成为向世界各国人民解释本国有关情况,增进了解以及塑造国家形象的重要途径。在当今世界,美国、英国、法国、德国、俄罗斯、中国等大国都有国际广播电台,对其他国家进行广播。

一个国家开展国际广播,尽管承担着向国际社会全面介绍本国政治、经济、社会和文化价值观念的任务,但最主要的还是服务于政府外交政策的需要。美国政府在冷战期间,依托这些国际广播机构对社会主义国家,特别是苏联展开了猛烈的宣传攻势,在意识形态上展开持久的论战。在冷战初期,美国国会为杜鲁门总统的"真理运动"拨款1.21亿美元(这在当时是很大的数额,相当于1991年的10亿美元),后来基本上没有多大变化,一直维持着比较高的数额③。尽管这些广播机构一直宣称它们并不受到政府官员和国会的操纵,但是政府的幕后操纵是显而易见的。"美国之音"的前台长马克·霍普金斯(Mark Hopkins)坦言,"从美国媒体对科索沃的报道来看,它们的立场和美国政府的立场是如此惊人的一致"。"在冷战以后,美国的对外广播电台和电视台所刻画的敌人及其理由,比如萨达姆和伊拉克战争、米洛舍维奇和科索沃战争、朝鲜和核武器、中国和持不同政见者、俄罗斯和民主建设工程,更不必说世界恐怖主义、部族屠杀、大规模饥荒以及拯救儿童等,统统与美国政

---

① United States Advisory Commission on Public Diplomacy, *Annual Report*, 2000, p.11.
② 参见刘继南主编:《大众传播与国际关系》,北京广播学院出版社1999年版,第34页。
③ 参见〔美〕罗伯特·福特纳:《国际传播:国际都市的历史、冲突及控制》,刘利群译,华夏出版社2000年版,第161—162页。

府一个腔调"①。

文化交流活动

公众外交除了由政府直接出面开展外交公关,运作大众传媒开展媒体外交之外,还可以依托公民个人、私营部门、社会组织等社会行为体开展教育文化交流和友好往来。在美国公众外交咨询委员会看来,"美国新闻署的教育文化交流活动同媒体外交一样,都是有效实施公众外交不可缺少的一个组成部分"②。从性质上来说,国家之间的教育文化交流和社会领域的友好往来并不带有官方的背景,不存在外交内涵。但是,随着市民社会的壮大和全球化带来的社会交往规模的膨胀,其对外交的意义和价值却不容低估。特别是,社会领域中的相互交流往往传递着大量的社会信息,承载着不同的文化价值观念,长期的接触和交流必然对外交领域产生有力的辐射和渗透。因此,人们不能否认教育文化交流所蕴含的"文化外交"在国际关系中的重要意义,它是公众外交的重要内容。在美国前国务卿奥尔布赖特的眼里,文化外交是被看作是"外交政策的中心环节"③。这不仅是出自一个受到基督教洗礼的犹太人对文化的忠诚,更重要的是看到了文化交流在全球化时代国际关系中的重要地位。从约瑟夫·奈的塑造"软权力优势",到塞缪尔·亨廷顿的"文明的冲突",都极力凸现文化在全球社会中的关键意义。事实上,在经济高度一体化的时代里,人们的群体认同和文化规范在国际关系中越来越重要,这的确是不争的事实,也正是公众外交之所以日益重要的原因之一。

开展文化外交存在一个"困境",即如果政府过分积极推行文化外交,必然会被其他国家解读为文化侵略或者文化帝国主义,如果政府放松对文化交流的介入,国际文化交流必然失去统一协调的步调,不利于实现本国的外交意图。因此,如何领导和运作文化外交,长期以来一直是一个令人为难的问题。产生这一"困境"的主要原因在于,文化外交本身是一种最好的宣传的奥秘在于文化外交并不是宣传④。如何协调两者之间的关系,隐含了文化外交

---

① Mark Hopkins, "A Babel of Broadcasts, Columbia Journalism Review", July/August, 1999, from the internet on 3 November 2000 at〈http://www.cjr.org/year/99/4/voa.asp〉.

② U.S. Advisory Commission on Public Diplomacy, *Annual Report*, 2002, p.22.

③ 美国前国务卿奥尔布赖特于2000年11月28日在白宫"文化与外交研讨会"上的发言。网络资料来源参见:http://usembassy.state.gov/islamabad/wwwh00112901.html。

④ 参见 Kevin V. Mulcahy, "Cutural Diplomacy and the Exchange Programs: 1938—1978", *Journal of Arts Management, Law & Society*, Vol.29, Issue 1 (Spring 1999), pp.7—28。

领导和运作的基本规律和具体艺术。研究文化外交,一个重要的理论任务就是抓住文化外交运作过程中的一些确定性因素,特别是任何国家都必须牢记在心的基本操作机制,通过这些机制可以确定文化外交的运作框架。

既然如此,政府在处理同文化外交部门的关系时,要注意通过机制建设,有效地进行引导和协调。具体来说,主要包括以下五个方面的机制建设。

第一,规划机制。政府要把主要的精力集中在文化外交项目的总体规划上。文化外交做哪些工作,重点是什么,在特定时期应该关注哪些领域? 都需要政府进行宏观规划。换句话说,政府对文化外交的规划是一种"开辟战场"的工作,准确的判断、正确的定位,是项目规划的关键,具体的"战役实施"则交给公众外交的实施部门负责。为此,政府内部应该专门设立项目规划部门,履行调查研究和项目确定的职能,每年提供分析报告和项目规划方案,提请立法部门批准,并落实执行部门具体实施。

第二,资助机制。文化外交是一项花销颇巨的工作,作为追求利润的民间部门是不会提供"免费午餐"的。因此,政府不仅要规划项目,而且还必须提供经费支持。2000年,在美国白宫文化与外交研讨会上,不少政府官员和学者认为,最好是一个由公共和私人两方面组成的基金,像处理保护生物多样化一样来处理文化多样化问题,为文化外交提供足够的资金供应[①]。政府不仅要从财政上列支,提供一笔数量可观的经费支持,而且还要牵头设立各种类型的基金会,广泛吸收民间资金。

第三,联络机制。其实,民间部门也有从事国际文化交流的积极性,比如福特基金会、洛克菲勒基金会、一个国家的海外族裔组织(同乡会、同学会)等民间机构,就对加强国际文化交流十分感兴趣。问题是,这些民间部门之间由于存在时间、成本、竞争等因素,彼此协调和联络的机制不健全,影响了整体效力的发挥。政府要切实承担起"联络员"的角色,通过带头设立协调委员会、联络委员会、协会等组织形式,居中协调,提供支持,把各个社会组织有机联结在一起,形成文化外交的强大合力。

第四,整合机制。文化外交同政府公关、媒体外交都是公众外交的组成部门,尽管三者分别由第三部门、政府部门和私营部门(大多是私营的,也不排除一些政府所有的公共媒体部门)负责,但在实践中往往是密切联系在一起的。就三个部门的权限和职能来说,政府是进行整合的最佳部门,也是公

---

① 参见阎世训:《美国"文化与外交"研讨会值得关注》,http://arts.tom.com/Archive/2001/4/13-40528.html。

众外交的内在要求。政府尽量通过年度计划、经费支持、战略管理、工作导向等杠杆进行协调,努力整合三驾马车的能力,共同形成公众外交的合力。

第五,评估机制。由于文化外交是一种着眼长远的工作,短期内很难看出工作效果。因此,更要特别重视效能评估工作,及时发现问题,并进行矫正,使之回归正确轨道。在美国,专门设立了公众外交咨询委员会(The U.S. Advisory Commission on Public Diplomacy),专门负责公众外交的评估。该组织成立于1948年,是一个由国会创建的跨政党组织,成员由总统任命,专门负责评估美国政府(包括国务院和其他驻外机构)组织的公众外交活动,其主要任务包括五个方面:(1)向总统、国务卿、国会议员提供建议,以确立国务院、广播董事委员会以及其他政府和私营部门的公众外交项目;(2)评估政府或者其他部门实施公众外交政策的有效性;(3)向国会、总统和国务卿提交关于公众外交项目及其活动的报告;(4)向国会提交其他需要批准的报告;(5)制定报告,增进美国国内民众和国外民众对公众外交项目的更好理解和支持[1]。从五十多年的运作情况来看,成立该机构是十分重要的,各国都应该从本国的政府机构及其运作过程的实际出发,建立相应的评估机构,提高公众外交的效能。

值得指出的是,把文化纳入外交管理的轨道也有可能带有一定的副作用。不少国家已经开始担心美国的文化外交制造了某种程度的"文化帝国主义",认为全球化(globalization)意味着"美国化"(americanization),认为西方(尤其是美国)大众文化的跨国性、全球性的传播导致非西方或第三世界国家文化传统的丧失,导致全球文化的"美国化"。以形象的语言说就是整个世界的"麦当劳化"或"可口可乐化"[2]。冷战后的世界也受到了大量种族和部落冲突的威胁,塞缪尔·亨廷顿称之为"文明的冲突"。为了消除其他国家的疑虑,美国克林顿政府在白宫召开了"文化与外交"研讨会,公开表明美国支持维持世界文化的多样性,并宣称美国希望建立国际协调机制保护全球文化的多样性。因此,文化外交是一个复杂的过程,必须环环相扣,在开展文化外交的时候还要注意此消除因此而带来的负面效应,只有做到有始有终,积极沟通,真正将文化、传播和认同等方面统一起来,才能最终实现跨越文明鸿沟的崇高目的。

---

[1] 参见 Charter of the United States Advisory Commission on Public Diplomacy, http://www.state.gov/r/adcompd/c2439.htm。

[2] 〔美〕马尔考尔姆·瓦特斯:《全球化》,徐伟杰译,弘智文化事业有限公司2002年版。

三、公众外交的特殊规律

从实践中来看,不同国家在公众外交上的理念和做法差异很大,存在着众多公众外交的实践模式。比如美国的战略外交模式、英法的文化外交模式、以色列的族裔外交模式、日本的经贸外交模式、加拿大和挪威的联盟构建模式、沙特阿拉伯的宗教外交模式等,表明每一个国家都必须从自身实际出发,从国家目标和利益出发确定独特的公众外交模式①。尽管如此,不同国家在推行公众外交时也必须遵循一些基本规律,任何国家都不能违背这些规律。这是由全球化和信息化发展的客观趋势所决定的。通过比较不同国家的公众外交实践,可以初步得出公众外交要遵循的一般规律。

过程的双向性

公众外交是一国政府开展的针对国际公众的外交活动,外交的对象是海外公众,外交的目的是影响海外公众的态度,其途径是公众外交机关和人员为外国公众提供新的了解本国的信息和渠道,而外国公众基于获得的新信息而作出自己的判断,形成对另一国的新的看法和态度。因此,公众外交具有突出的双向性特点,是通过平等的双向交流寻求共识的过程,这是任何一种公众外交真正产生效果的前提。

公众外交和西方传统的宣传(propaganda)不同,这种宣传是一个单向的过程,是宣传者通过对信息流动的垄断和对信息内容的操纵对受众实行单向控制,具有单向性、垄断性和操纵性的特点。为了达到宣传目的,左右受众的思想,宣传者常常要对信息的流动进行严格控制,保证宣传者处于垄断性信息传播者的地位。宣传者也千方百计对传播的信息进行人为的加工,常常以假乱真,真假不分,从而对受众进行误导和操纵。其目的,就是要将宣传者的意图单方面强加到受众身上。不过,在当今的信息社会里,政治宣传已经日益难以为继。广大公众完全可以通过大众传媒、互联网、电子邮件和手机短信获得广泛的信息,而且在速度上更加快捷,从而使宣传者和受众之间长期存在的不对称信息垄断格局被打破。具有更多信息来源的受众有能力更为独立地作出自己的判断,很难继续受宣传者的单向控制。

此种变化直接决定公众外交的实施者在影响受众的时候再也无法实行

---

① 参阅赵可金:《公众外交的理论与实践》,辞书出版社2007年版,第494页。

单向控制的战略,他们必须把自己和受众放在平等的位置,为现代国家和海外公众、全球公民社会之间的对话创造平台,提供通过对话和交流达成共识,实现政治价值观的塑造和政治行为的引导。为此,公众外交需要重视以下几方面的工作:

(一)提高信息传播的时效性。在一个信息社会,新闻的概念已经发生了重大变化,它不再是已经发生的事件,更多是正在发生的事件。基于受众对于第一时间了解正在发生的事件的心理需求,公众外交实施者必须在第一时间将准确和权威的信息传播出去。赵启正曾经有过一个比喻:一个突发事件发生了,就好像一块石头突然从天而降,如果我们反应迅速,在第一时间把石头拿到手里,就可以率先说明,我们就占据主动。如果我们抓不住,视而不见,就等于把猜测和求解的机会让给了别人[1]。在2003年中国"非典"事件发生初期,由于没有准确及时地发布信息,造成了极大的被动。但经过政策调整,建立向国内外及时发布信息的制度,国际社会对中国政府控制非典蔓延的信心得到重新确立。鉴于政府对于权威信息的掌握,建立政府各部门定期和不定期的新闻发布制度是提高传播时效性的最佳途径。

(二)加强信息传播的针对性。公众外交需要结合对象公众的文化背景、思维方式和价值观念等因素,用对象公众所希望、所习惯和所喜欢的方式传播信息。不同的国家具有不同的文化背景、思想观念和价值体系,不能将适合本国文化背景的传播方式和传播内容照搬到公众外交中。新华社"对外宣传有效性调研"课题组就指出,我国外宣工作中在针对性方面存在有三大缺陷:一是用内宣的思路、方式和口号去搞外宣,意识形态色彩太重、观点太直白、语气太生硬,让国外受众难以产生兴趣,更不用说接纳这些观点。二是报道中往往"以领导为本",而不是"以民众为本",如在灾难报道中突出领导活动而淡化民众伤亡,在国外受众中形成政府官员漠视生命的负面印象,变成实际上的反面宣传。三是不懂境外受众的新闻需求特性,引发境外人士的误解和对抗情绪[2]。英国在确定其公众外交理念的时候,首先考察了英国在海外面临的"老大帝国"形象问题,然后确立了"创意英国"和"重塑不列颠"的理念,就是公众取向的典型例证。

---

[1] 参见中国外文局对外传播研究中心编:《向世界说明中国(续编):赵启正的沟通艺术》,世界知识出版社2006年版,第21页。
[2] 参见新华社"对外宣传有效性调研"课题组:《进一步提高我国媒体对外宣传的有效性之二:对外宣传报道存在的主要问题及成因》,《中国记者》2004年第2期。

（三）增加信息传播的互动性。思想观念的转变经常需要经过一个过程，需要对相关的信息和观点进行反复交流后才可能发生。因此，文化教育交流项目是一个广大的互动平台，可以让各国民众有一定的时间访问对方国家，与对方人民进行面对面的双方交流，是公众外交的有效途径。此外，国家领导人和政府官员通过接受外国媒体采访，与外国民众进行直接对话和交流，也是公众外交实施者必需从事的工作。

目标的层次性

公众外交追求的目标有其层次性。其中，知晓度是公众外交的起始目标，美誉度是核心目标，而支持度是理想目标。一个国家在开展公众外交的时候，必须首先从最基本的澄清误解和信息交流做起，逐步打开知名度，打热美誉度，赢得支持度。

知晓度或者知名度是公众外交首先追求的目标，也是实现其他目标的前提和基础。公众外交实施者的第一项工作就是要提高外国受众对本国的知晓度，也就是外国受众对本国知晓和了解的程度。没有必要的认知度、知晓度，就谈不上喜欢不喜欢，满意不满意。知名度有两个向度，一个是广度，一个是深度。广度是一个空间概念，它主要指知晓本国的外国公众的数量和分布范围。深度是外国公众对本国了解的程度，需要时间的累积，无法一蹴而就。在当今这个信息爆炸和受众注意力分散的时代，公众外交实施者就必须首先促使广大的外国公众对本国产生持久的兴趣，具有进一步了解的意愿。因此，一国需要发展有吸引力的文化教育交流项目，发展本国的对外信息传播渠道，将有吸引力的信息传播给外国受众。如果一国自身的传播能力还受到局限，公众外交实施者还需要借助国际主流传媒传播信息，以扩大信息传播的广度和深度。

美誉度是公众外交追求的重要目标。美誉度是外国公众对本国评价的程度，如理解的程度、好感的程度、满意的程度、信任的程度等等。知晓度是一国树立良好国际形象的前提，而美誉度是确立良好国际形象的基础。如果没有美誉度作基础，一国的知名度越高可能给自己带来更多的麻烦。一旦发生负面事件，就容易成为媒体事件，产生大范围的负面影响，形成形象危机。

要塑造良好的国际形象，一国需要强化外国公众对本国的积极评价，减少对本国的消极和负面评价。任何一个国家都有其积极和负面的地方。如果一个国家本身发展良好，各方面都在取得进步，但在国际舆论中是负面形象占主导，那么它的公众外交就一定存在问题，需要加以改进。形成负面形象的原因很多,最主要的是发达国家和它们控制的国际主流媒体基于政治原因专门报道该国的负面新闻,从而影响到西方公众对该国的负面看法。另一方面是这个国家没有很好地展示其积极的方面,或者对负面新闻没有加以有力澄清或者引导。无疑,在后一方面,一国具有较大的自主性来加以改进,如通过有效的新闻发布机制和危机管理机制来引导本国和外国媒体报道本国的积极面,防止出现无中生有或夸大其词的负面报道。对于中国来说,目前西方主流媒体的强势地位一时无法改变,所以,就需要在搞好与这些主流媒体的关系的同时,着力打造中国的强势媒体。这将是一项长期的工作,但也是必须做的工作。

支持度是公众外交追求的理想目标。相比知晓度和美誉度,支持度是公众外交的最高追求。支持度是指外国公众基于对本国的知晓度和美誉度而在行动上对本国给予支持的程度,比如在议员和政府领导人的选举中支持对本国友好的候选人,参与游说他们国家的政府发展对本国的友好关系,支持各种促进两国关系的民间活动,在媒体上发表对本国的友善言论,或在将来进入政府后执行对本国友好的政策等。在争夺型公众外交中,外国民众还可能参与推翻他们的政府,建立对本国友好的政府。

任何一国的公众外交都在追求其本国的支持度目标,通过影响外国公众来对该国的政策施加影响。不过,这种软权力的行使也有其道义和国际法的界限。如果公众外交的这一目标仅限于促进国家之间的和平和合作关系,那么追求支持度目标的公众外交是无可非议的。但是,如果公众外交的目的是为了颠覆其他国家的政权,实现本国对其他国家的支配,那么这种软权力的行使是不道德的,是文化帝国主义的表现,是必然会遭到对象国抵制的。

组织的协同性

在今天,一个国家政府在处理对外关系的时候,已经形成为"一体两翼"的格局,不仅要重视与其他国家之间的政府对政府的官方关系,也要重视一国政府与其他国家民众之间的沟通和交往。

因此,在开展公众外交时,需要进行两方面的协同工作:一是公众外交和政府外交之间的协同;二是政府与半官方、非官方机构和个人在公众外交中的协同。在明确公众外交和政府外交共同作为现代外交理念的"两翼"之后,我们必须看到,政府外交和公众外交之间存在一定的张力,两者相互影响,相互制约,但是这种张力是可以调和的,如果能够合理调整,必然会形成相互补充的合力。我们在理论研究和外交实践中,都应该正确看待两者的价值和缺陷,扬长避短,不能过于偏重某一方面,而应该相互补充,共同释放外交能量。

公众外交除了依靠政府渠道外,需要与国内外的民间机构和公众建立广泛的公众外交伙伴体系,通过官方和非官方的协同努力,来达到公众外交的理想目标。公众外交的这一特点要求政府打破包办外交的传统思维定式,通过创新制度形式来吸纳非政府部门参与公众外交,并鼓励它们拓展外交思路,担当公众外交生力军角色。因此,政府不能包办公众外交,而更多通过授权和委托的方式,吸收非政府组织和普通民众广泛参与,形成全民外交的大格局。

构建全民外交的大格局,最关键的是要构建公众外交的全国政治支援体系,将一切有利于推动民间交流的资源集中起来,使之成为公众外交项目的可靠依托。为此,任何国家要想开展公众外交,都必须通过体制改革,将非外交机构的涉外政府部门、地方政府的外事机构、人民团体的外事机构、从事对外经贸文化交流的社会机构以及民间知名人士用一定的机制整合起来,建立对公众外交的"政治支援网络",为公众外交工作提供物质、信息、人员等方面的支持和保证。特别是在信息方面,加强全国各部门和各行业的信息沟通,对于一些相近的社会资源合并起来,化零为整,增强对公众的影响力。比如中国驻美国大使馆经常举办中国文化表演,邀请中外宾客共同欣赏,有一次著名华裔社会知名人士陈香梅女士在欣赏北京青年女子民乐团的演奏后,赞不绝口,认为这些艺术家是中国的"音乐大使",对于沟通中美友好关系的发展帮助很大[①]。其实,就是这样一个小小的周末演出,在当时得到了文化部对外文化联络局的支持,以及北京市文化局、北京市归国华侨联合会和北京市对外文化交流公司的协助。因此,最大限度地发动国内资源,建立资源开发的"国内政治支援网络"是公众外交工作取得成功的重要保障。

在多数情况下,借助于其他社会力量与海外公众交往要比政府直接出面和外交官亲自操作更有助于实现目的。不少国家开展公众外交都尽量保持一副"民间面孔",由负责公众外交的部门根据外交关系发展的需要按年度确定项目议题,通过项目招标的方式发包给基层部门或者社会组织,按照市场的机制或者社会规则进行运作。政府和公司采取"整体发包"的方式,将有关的公众外交问题及其目标通过市场运作的手段,整体发包给公关公司或者代理人,由他们出面进行运作。由于国家形象不仅仅是政府形象,并且形象形

---

① 参见陈香梅:《掌声——记北京青年版女子民乐团演奏会》,2002年4月11日《人民日报(海外版)》。

成的内在规律决定了民众不大接受政府的运作方式,以民间机构或者社会组织的身份出面运作可以令受众产生一种平等感和安全感。如此方式塑造的国家形象,对国际公众的影响更有利,更持久。

作用的有限性

公众外交尽管反映了社会领域的客观变化,对国家形象、外交运行和国家形态都具有深远的政治影响。但公众外交也并非一副万能药,它存在有难以逾越的局限性,对于公众外交的作用切不可估计过高,它存在着几个方面因素的限制。

第一,公众外交提供的信息,不一定会成为外国公众的主流意见。舆论市场是多元的,这是由社会利益的多样性和社会价值的多元性所决定的。每一种意见都会有自己的相反意见,公众外交必然会面对来自四面八方的抵消舆论。在此种多元的意见市场中,公众外交所释放的舆论信息只是其中一种声音,要想成为具有左右东道国外交事务的公共舆论,则十分困难。同时,公众的表现形式也是非常多样的。比如,存在着不同类型的公众,有精英群体和大众群体的区别;公众成员持有不同类型的信念,比如意见、意识形态和文化价值观;公众是通过不同的行为对外交事务发生影响的,诸如民意测验、参加选举和团体政治等直接手段和政治社会化的间接行为等[1]。因此,公众舆论本身也并非众口一词,而是出于激烈的相互争论之中,公众外交要想真正影响公众舆论,就必须依托东道国特定的公众表现形式,比如意见领袖、社会组织、利益集团等,由他们在前台同其他舆论进行争论,效果更好。即便如此,也非常难以保证能够改变公众舆论的风向。

第二,外国政府对本国公众舆论的塑造有明显的优势。正如关于舆论的"五个水潭理论"那样,舆论是从经济和社会的精英流下来的,它经过政治和社会精英的水潭、大众传播的水潭、舆论领袖的水潭,最后是人民大众的水潭[2]。虽然各个水潭之间也有相互的作用,但是舆论毕竟是从上流下来的。由于语言、文化、社会、资源等因素的制约,公共舆论归根到底是东道国政府和社会精英操控的舆论,政府操纵着一个国家公共舆论的导向。

相比东道国政府的舆论优势,公众外交所创造的舆论声音很可能仅仅处

---

[1] 参见〔美〕杰里尔·罗赛蒂:《美国对外政策的政治学》,周启朋等译,世界知识出版社1997年版,第284页。

[2] 参见邵志择:《新闻媒介与公共舆论》,《新闻与传播》1999年第4期,第11页。

于边缘地带，无法产生立竿见影的效果。因此，公众外交是一副"慢效药"，需要长期的积累和潜移默化的影响。公众外交是针对外国公众的外交，是在草根层次一点一滴的积累，逐步形成国家合法性的软权力，不能强求毕其功于一役。同时，东道国政府也会对公众外交在草根层次和社会舆论市场的行动进行反控制，甚至鼓噪舆论加以利用，稍有差池，便会陷入极为被动的处境。

第三，公众外交的对象仅仅是外交政策制定圈的最外圈，对外交政策的影响力既不直接，也非常有限。公众外交的对象涵盖了一切非政府行为体领域。从各国外交体制和决策过程的制度安排来看，非政府行为体大多处于外交政策制定的最外圈，对一个国家外交的影响力十分有限。越是高级政治问题，越是一个国家处于危急的关头，非政府行为体对政府外交的影响力越小。此种制约使得公众外交在相当长的一段时期内表现为效果不明显的公关活动，一系列资源投放下去之后，犹如泥牛入海，无声无息。为了能够最大限度地发挥公众外交的影响力，大多数国家都采取选择东道国公众关心的议题，进入公众关心的焦点地带，以借力打力的方式，将本国的外交意图贯彻其中。比如以色列对美国的公众外交就是往往以普通美国民众关注中东问题为切入点，借助大众传媒的舆论平台，贯彻美国应该给予以色列军事援助的意图，塑造强大的舆论氛围，令美国的政治家都不得不做出相应的行动。

第四，公众舆论更主要地受到一国外交政策及其行动的影响。事实胜于雄辩，公众外交归根结底还是靠事实讲话。开展公众外交，不可能颠倒黑白，混淆视听。如果一个国家在外交政策上不作任何调整，对一些国际热点问题仍然坚持僵硬立场，无论作出多么大的公众外交努力，其效果必然会适得其反。因此，一个国家开展公众外交不能脱离传统外交的配合和协同，只有将传统外交的指导理念和公众外交的指导理念结合在一起，公众外交才能如虎添翼。比如美国在阿富汗战争和伊拉克战争期间尽管在公众外交上作出了巨大努力，但美国傲慢的单边主义政策对国际公众所传递的信息是非常明确的，除非外交政策作出调整，否则完全依靠各种公众外交的手段，无助于公众舆论的变化，无助于反美主义的化解。

总之，公众外交的实施及其政治效应的释放是需要一定条件的，任何国家在开展公众外交时，都必须遵循公众外交的规律，并提供实施公众外交的条件。唯有如此，公众外交才具有强大的生命力和光明的前途。

第十二章
总体外交

　　本书对外交提出了一个相对广义的定义，其实也可以被视为对总体外交的定义。将外交定义为总体外交的最基本思路是：全球化时代的外交已经超出了政府外交的范畴，已经把大量新的外交参与主体带进外交过程。这些新的外交参与主体不是一国中央政府的组成部分，不具有正式代表国家的权限。但是，它们在外交过程中的参与已经对当代外交的形式和结果具有不可忽视的影响。如果我们按照对外交的传统定义来理解外交，我们将忽视这些新外交参与主体为外交所带来的新的机会和途径，而妨碍一国外交政策目标的实现。而要将这些新的外交参与主体纳入外交的范畴，我们必须确立总体外交的思路，来考察这些新外交参与主体在总体外交中所扮演的角色，以及它们与政府外交之间的关系。

　　在外交理论和实践中，总体外交其实并不是一个新事物。早在1952年周恩来总理就意识到："现在的外交不一定先由政府和政府之间建立，而是可以先由人民之间建立，来推动国家之间的外交的建立"。"两国人民之间的关系不能单靠职业外交家来进行，更多地应该依赖两国人民直接进行"[1]。在国外，威廉·戴维森和美国国务院外交官约瑟夫·蒙特维利在1981年率先提出了"第二轨道外交"这一概念，认为政府与政府、官方对官方的第一轨道外交

---

[1] 中华人民共和国外交部外交史研究室编：《周恩来外交活动大事记(1949—1975)》，世界知识出版社1993年版，第148、166页。

已经不足以解决当今世界的各种难题,而需要"非官方的和非结构化互动"的第二轨道外交来加以补充。这两人对第二轨道外交并没有提出一个完整的定义,但把科学与文化交流视为二轨外交的实例①。可以说,在第二轨道外交概念提出之初,其含义是非常广义的,包括了政府外交之外的各种对国际关系产生积极影响的非官方活动。1992年,美国学者约翰·麦克唐纳和路易丝·戴蒙德建立了多轨外交研究所,将二轨外交的概念发展为多轨外交。他们所著的《多轨外交》一书将外交分为九个轨道,除了政府外交为第一轨之外,他们把早先的第二轨道外交扩展为非官方性质的八个轨道,包括非政府/专业人士的第二轨道,商业第三轨道,平民第四轨道,研究、培训和教育第五轨道,社会行动第六轨道,宗教第七轨道,资助第八轨道,传播和媒体第九轨道②。

本章将重点讨论总体外交中重要的五种形式:议会外交、政党外交、地方外事、第二轨道外交和民间外交,并分析它们在总体外交中扮演的角色。

一、议会外交

议会的外交权能

议会制最早起源于西方。其雏形出现于两千多年前的古希腊时代。比如,雅典的最高权力机关是全体公民大会,它每年举行10次会议就有关政治会议的提案进行讨论和批准。议事会是公民全体大会的常设机关,它在形式上类似于近现代的代议机关,在决定战争与和平等国家大事上具有重要的影响。古罗马的政治制度包括执政官、元老院和平民会议三个机构。其中,"元老院是主要的议政机关,法律必须由元老院提出或经其通过,重要官员的任命也必须经其同意,并且它还控制着国家的财政与外交政策"③。

当代西方议会制度源起于英国。1688年的"光荣革命"在英国确立了君主立宪制,令议会的权力凌驾于王权之上,而成为国家政治生活的核心。18世纪末的法国大革命建立了英国式的国民会议,独立战争后的美国也建立了

---

① William D. Davidson; Joseph V. Montville, "Foreign Policy According to Freud", *Foreign Policy*, No. 45 (Winter 1981—1982), pp. 145—157.

② 参见〔美〕约翰·麦克唐纳、路易丝·戴蒙德:《多轨外交》,李永辉等译,北京大学出版社2006年版。

③ 王邦佐等主编:《新政治学概要》,复旦大学出版社1998年版,第126页。

国会,随后其他各国群起仿效。

无论作为国家最高的权力机关或立法机关,议会或多或少地掌握着国家的部分外交权。根据各国的法律,议会一般拥有下述几个方面的权力,使自己介入本国外交的决策过程:宣战权、条约与人事同意权、预算权、监督权、倒阁权等。

中国的全国人民代表大会是我国最高国家权力机关,其他一切国家机关都由它产生,对它负责、受它监督。它的权力具有至高性、无限性和全权性,它凌驾于行政、审判和检察机关之上,"掌握着国家的统治权,在全国范围内独立地行使国家的主权,并决定国家的重大事项"[①]。《中华人民共和国宪法》第五十七条规定:"中华人民共和国全国人民代表大会是最高国家权力机关。它的常设机关是全国人民代表大会常务委员会。"宪法第六十二条规定,全国人民代表大会选举中华人民共和国主席、副主席;根据中华人民共和国主席的提名,决定国务院总理的人选;根据国务院总理的提名,决定国务院副总理、国务委员、各部部长、各委员会主任、审计长、秘书长的人选;选举中央军事委员会主席;根据中央军事委员会主席的提名,决定中央军事委员会其他组成人员的人选。同时,该条也赋予全国人大"决定战争和和平的问题"和"审查和批准国家的预算和预算执行情况的报告"的权力。

根据宪法第六十七条的规定,全国人民代表大会常务委员会有权"决定同外国缔结的条约和重要协定的批准和废除";"决定驻外全权代表的任免"。在全国人大闭会期间,全国人大常委会有权"根据国务院总理的提名,决定部长、委员会主任、审计长、秘书长的人选";"根据中央军事委员会主席的提名,决定中央军事委员会其他组成人员的人选";"如果遇到国家遭受武装侵犯或者必须履行国际间共同防止侵略的条约的情况,决定战争状态的宣布";"审查和批准国民经济和社会发展计划、国家预算在执行过程中所必须作的部分调整方案"等。

鉴于议会在一国外交决策过程中具有的上述权能和发挥的相应作用,议会本身是一国外交决策的重要参与者,其作用是本国行政部门和外国政府所不能忽略的。

议会的国际交往

除了在国内参与外交决策之外,各国议会也广泛开展对外交往,成为一

---

① 王清秀:《人大制度学》,中国人民公安大学出版社2003年版,第161页。

国总体外交中的重要组成部分。以中国全国人大的对外交往为例,议会外交的形式有如下几个方面:

(一)全国人大及其常委会与外国议会之间的互访。由全国人大常委会委员长、副委员长率领全国人大代表团出访外国议会,接待外国议会代表团的来访,就我国与外国议会之间的关系问题进行会谈和商讨。议会高层人士之间的交往,实际上是各国政治决策层的交往,将会对各国的政治和对外关系产生重要的影响。外国议会领导人大都是各国的政要,在政治舞台上有着举足轻重的作用,其国内政局的变化,往往会使他们在一夜之间成为国家的实际领导人。与外国议会领导人的交往,可使一国同有关国家的关系保持连续性和稳定性,不因外国政局的变化而受影响。议会领导人的交往一般不处理国家关系中的具体事务,比较超脱,更注重思想上、政治上的交流,又不受外交礼仪的限制,便于就共同关心的问题交换意见,沟通思想,解除疑虑,增进了解。这种无拘束的对话,往往能收到好的效果。

(二)专门委员会之间的互访。各国议会一般均下设多个专门委员会,负责专项事务的立法工作,在本专项事务上拥有决定性的发言权。中国的全国人大也设有九个专门委员会,包括民族委员会(1979年)、外事委员会(1983年)、财政经济委员会(1983年)、华侨委员会(1983年)、法律委员会(1983年)、教育科学文化卫生委员会(1983年)、内务司法委员会(1988年)、环境与资源保护委员会(1993年)以及农业和农村委员会(1998年)。

这些委员会大都与外国议会的专门委员会相对应。专门委员会之间的交往可就一些专门问题进行深入细致的交流,并可就一些专项立法情况进行深入的探讨,也可相互学习和借鉴各国立法工作经验,加速和改进本国立法工作。

在第九届全国人民代表大会期间,外事委员会以外事委名义共邀请接待了60个国家的79个代表团963人;会见其他部门邀请访华的各国议员、政府官员、各界人士及驻华使节共400余次2300余人;组派了14个代表团分别出访了40个国家[①]。

(三)对外双边友好小组及议员间的互访。各国议会外交的另一种重要形式是设立与特定国家的友好关系小组,以表明议员们对某一特定国家的重视,并在议会中推动与此一国家的关系。1985年,第六届全国人大常委会第

---

① 参见《第九届全国人民代表大会外事委员会工作报告》,2003年1月27日第九届全国人民代表大会外事委员会第四十九次全体会议通过,http://china.com.cn。

九次会议通过了在全国人大设立16个对外双边友好小组的决定。目前,全国人大内已经设立了八十多个这样的小组。由于各种各样的原因,"大部分友好小组设立后因无任何活动而形同虚设"①。尽管如此,在全国人大与欧洲议会的交往中,作为双方交流主渠道的全国人大—欧洲议会关系小组与欧洲议会对华关系代表团,对增进相互理解起到了积极的推动作用。到2005年,双方共进行了21次工作会晤,形成了隔年互访的定期交流机制。通过工作会晤的形式,双方对共同感兴趣的国际形势、地区问题、中国的政治、经济和社会发展、欧盟一体化和双边关系、环保和教科文卫等领域里的问题进行了广泛、深入和开诚布公的交换意见。这对消除误解、求同存异、增进友谊、扩大合作起到了积极的作用②。

(四)参加地区性、国际性议会组织和活动。目前,各国已经成立了许多全球性、区域性和专题性议会组织或论坛,如各国议会联盟、欧洲议会、拉美议会、亚太议会论坛。这些地区性、国际性的议会组织是各国议会领域开展双边和多边交往的广阔舞台。

中国的全国人大已经是各国议会联盟、拉美议会、东盟议会联盟、亚太议会论坛、上海合作组织议长会议、亚洲议员人口与发展论坛等多个国际议会组织和论坛。2004年1月,中国作为东道主在北京支持召开了亚太议会论坛第12届年会。在三天的会议中,与会代表围绕着政治与安全问题、经济问题、以合作促进地区稳定与繁荣以及论坛今后的工作进行了深入探讨。年会通过的25个决议涉及反恐、国际合作、经济全球化和新一轮多边贸易谈判、可持续发展、应对跨国犯罪、不同文化和文明的平等对话等问题③。

总体外交中的议会外交

议会外交是国家总体外交的重要组成部分。鉴于各国议会在本国政治体制和外交体制中的关键地位,议会外交可在四个方面对国家的总体外交作出贡献。

(一)议会外交是一国外交的一个重要平台。各国议会之间的交往具有相当的官方性质。因此,要在国际议会外交中维护中国的主权,反对台湾当

---

① 参见钟荣来:《如何积极发挥议会外交独特作用的思考》,《人大研究》1998年第6期。
② 参见钟荣来:《加强全国人大和欧洲议会的交往:写在中国欧盟建交三十周年》,《中国人大》2005年第8期。
③ 2004年1月15日《人民日报》。

局的分裂图谋,需要全国人大的积极参与和工作。拉美地区是台湾拥有"邦交国"较集中的地区。经过全国人大多年的努力,2004 年,全国人大终于成为拉美议会的观察员,从根本上挫败了台湾当局试图挤入该组织的图谋。同样在 2004 年,太平洋岛国论坛议长会议在图卢瓦(台湾"邦交国")召开。与会的全国人大代表团经过努力,促使会议公报未出现违反一个中国原则的措辞和称谓,遏制了台湾当局借会议制造"两个中国"、"一中一台"的意图[①]。

（二）议会外交可以提升议会在本国外交决策中的参与质量。各国议会在不同程度上分享本国的外交权。其负责外交和国防事务的专门委员会则在本国相关法律的起草,在审核本国订立的国际条约和重要协定方面扮演关键的角色。议会议员能够通过国际交往,对本国的相关外交决策事项以及审议中的国际条约和协定有深入全面的了解,对一国议会更好地行使其分享的外交权至关重要。考虑到许多国家的议会议员在进入议会前都不具有外交工作的经验,议会外交更是他们熟悉外交事务不可或缺的途径。比如,美国国会议员大多不熟悉外交事务,因此,为了提升国会议员对涉华事项的了解度,中国在驻美大使馆专门设立了国会工作处。

（三）议会外交可以支持一国政府外交。议会外交可以比政府外交更加灵活、自由,形式上也较随便,更容易展开各国政要间的意见交流,以达到更好的沟通。这一方面可以为政府外交带来必需的议会支持,同时也可以广交朋友,在政权经常更迭的背景下构筑两国关系长期稳定的基础。另外,议会外交也可以促成相关国家的议会协同一致,通过各自的国内立法工作贯彻落实两国关系中取得了成果。比如,议会合作已是上海合作组织的重要组成部分。2006 年 5 月 30 日,中国全国人大常委会委员长吴邦国在上海合作组织成员国议长会晤中表示,应当充分发挥各国议会的职能作用,及时批准并督促各成员国政府认真落实达成的有关协议,为上海合作组织的交流与合作提供有力的法律保障。在促进各成员国的务实合作上,各成员国议会应当根据上海合作组织的需要,及时修改国内相应的法律和有关规定,为安全和经贸等领域的合作创造良好的法治环境[②]。

（四）议会外交可以补充一国政府外交。议会外交也可以承担一些政府

---

① 参见任国际:《对外交往谱新篇:全国人大 2004 年外事工作回顾》,《中国人大》2005 年第 5 期。
② 参见《吴邦国委员长在上海合作组织成员国议长会晤时的讲话》,2006 年 5 月 30 日,http://www.fmprc.gov.cn/chn/wjdt/zyjh/t255582.htm。

外交所不能承担的任务。议会可官可民的性质便于议会以非官方的身份与未建交国家的议会发展关系。在实践中,中国的全国人大就接待了未建交国的议会领导人,也组织代表团访问了一些未建交国家。通过这些交往,中国人大可以面对面地向未建交国家的议会领袖介绍中国政府在台湾问题上的立场,帮助这些人士更好地认识中国以及两岸关系的现状和发展趋势,从而为实现未来的外交关系突破进行铺垫。

二、政党外交

政党作为外交参与主体

政党是指"代表一定阶级、阶层或集团的利益,旨在执掌或参与国家政权以实现其政纲的政治组织"[①]。它通常具有一定的组织形式,具有一套治国方案,并进行为取得政权和行使权力而展开的活动。

从1679年英国出现托利党和辉格党这类近代意义上的政党以来,到20世纪初,世界多数国家建立了各种类型的政党。据统计,到21世纪初,全世界有影响的政党大约有5790个,较冷战时期增加了35%以上。在当今二百多个国家和地区中,除二十多个国家无政党外,其他国家都实行不同形式的政党制度[②]。

政党是一国政治的主导力量。政党是现代国家中利益综合、表达、确定和实现的核心政治组织。在利益综合方面,每一个政党都代表一定社会阶层或团体的意志和利益,政党的任务就是把各种要求转变为重大政策选择,完成利益综合。在利益表达方面,政党需要将经过综合的利益在政治过程中表达出来,比如通过竞选纲领的提出,在议会中议政。在利益确定方面,政党要通过在立法机构中获得多数,将政党的纲领和意志上升为整个政治共同体的意志,主导整个国家的利益确定过程。在利益实现方面,政党还需要控制国家行政权力,从而实施其政党纲领,实现其界定的国家利益。因为政党扮演的这些重要政治职能,在当代世界绝大多数国家,政治舞台上的主角都非政党莫属,政党是国家政治的核心和主体。我国学者王沪宁曾指出:"政治时代,可以说,政党是政治过程中最活跃、最有能量的主体。"[③]

[①] 《中国大百科全书(政治学)》,中国大百科全书出版社1992年版。
[②] 参见唐海军:《国外政党政治的发展演进特点与走势》,载《当代世界》2006年第7期。
[③] 王沪宁:《比较政治分析》,上海人民出版社1987年版,第115页。

政党在各国政治中的核心地位也赋予政党在制定和实施一国外交政策中的重要地位。执政党掌握着行政部门的权力,在实行一党制或议会多党制的国家中,执政党也是立法机关中的多数派。对国家机器的控制,使得执政党可以将其包括外交政策在内的政治纲领付诸实施,它们是外交政策的领导力量。在实行总统制的国家中,控制国家行政机关的政党不一定同时控制立法机关,如克林顿总统时期的美国,民主党占据白宫,而共和国长期控制国会。但控制行政部门的执政党往往能够主导该国的外交政策。在野党虽然不掌握国家的行政机关,但是,通过在议会中扮演反对派的角色,或者通过控制议会,它们能够对行政部门的外交政策施加程度不等的牵制和制约作用。而且,由于几年一度的选举常常带来政府更迭,今天的在野党往往成为明天的执政党,从而掌握国家的外交大权。

在一国外交政策过程扮演重要作用的政党也成为一国外交的参与主体。一方面,各国政党纷纷与他国的政党发展双边党际交往,从而成为政府双边外交之外的另一渠道。中国共产党从20世纪70年代末起,就逐步恢复了与一些国家共产党的党际关系,并同发展中国家的民族民主政党建立起各种交流合作关系。到20世纪80年代,又逐步与发达国家的社会党和传统中右政党发展交流。到21世纪初,中国共产党已经与140个国家和地区的400个政党和组织保持着不同形式的联系和交往[①]。

另一方面,各国政党也发展政党之间的多边交往,成为一国多边外交的参与主体。一些意识形态相同、目标接近的政党,为了协调关系,根据协商确定的宗旨组成了国际性、地区性的跨国政党组织。如国际性的有社会党国际、基民党国际、自由党国际等;地区性的有拉美政党常设大会、美洲基民组织及欧洲议会中的跨国议会党团等。这些政党组织活跃在国际和地区的政治舞台上,其政策纲领影响了国际意识形态的风向。如社会党国际自1951年重建以来,组织不断壮大,从欧洲"白人俱乐部"扩展到"小联合国",成员多达143个,涵盖了发达国家和发展中国家的许多执政党和重要在野党,仅欧盟15国中就有13个成员党在执政,它的专门委员会(如勃兰特委员会、帕尔梅委员会)提出的报告对西方国家政府的对外政策产生了一定影响[②]。

[①] 参见戴秉国:《发展政党外交优势,服务全党全国工作大局》,《当代世界》2001年第2期,第5页。

[②] 参见周庆余:《论政党外交》,《世界经济与政治》2001年第7期,第17页。

政党外交的实践

（一）政党外交的对象。政党外交的对象主要是外国的执政党、在野党和国际政党联盟。

一国的大政方针通常由执政党提出或主导，因此，发展与执政党的交往是政党外交的重点。在实行一党制和议会多党制的国家中，议会多数派必然是执政党（或联盟）。比如，在英国和德国，议会多数派同时控制行政部门，执掌外交大权。而且，这类国家中，政党纪律较严，党对议会党团的控制较强。和此类执政党的党际关系和政府间关系可谓相辅相成，可起相互促进的作用。当然，在某些实行总统制的国家中，如美国，执政党不一定是国会的多数党，而且，即使执政党同时是多数党，执政党由于纪律松懈，议员的自主性较大，不容易受执政党领导机关的节制，因而，发展与这类执政党的党际关系不仅更为必要，而且还要同时加强与党组织和党籍议员的关系。

政党外交的另一个重要对象是各国的在野党。在野党虽不控制国家行政部门，不掌握主要的外交大权，但在野党可以通过议会对政府外交进行监督和进行牵制。比如，在自民党政府与中国建交之前，日本的许多在野党与中国共产党的交流，既缓和了作为西方阵营一员的日本与中国的关系，也为日本与中国后来正式建交提供了中介渠道。而且，在野党可以通过选举上升为执政党，掌握未来的国家外交大权，从而调整国家的外交政策方向。因此，要保持国家关系持续稳定发展，对在野党的工作是不可或缺的。

此外，政党外交也包括与跨国政党组织的交往。如前所述，社会党国际已经成为一个成员党众多，且影响较大的跨国政党组织。它在推广全球治理和"人道主义干涉"理念方面起了较大的作用。在欧洲议会内建立起来的各个党派议员党团则在欧洲议会的运作中发挥着不容忽视的作用。因此，发展与这些跨国政党组织的交往与合作，对增进各国政党间的相互理解，交流政党理念，促进有关国家间的相互关系，也有明显的益处。

（二）政党外交的内容。政党的内容包括：(1)就两国双边关系和国际问题深入交换意见。执政党和外国执政党和在野党之间关于外交事务的交流，能够增进两国政治家在双边和国际问题上的相互理解，化解两国关系中的误解，增进相互合作。在一些国家间，如中国、朝鲜和越南等社会主义国家的关系中，政党外交还涉及对一些双边事务的具体处理。在朝鲜核问题上，中国共产党中央联络部就通过政党外交的渠道扮演了部分调停者的角色。(2)深入探讨治国理政的经验。在一个全球相互依赖的世界里，各国的社会经济发展日益相互依赖,需要相互借鉴社会经济制度和政策的经验教训。就中国的政党外交经验而言,许多社会主义国家和第三世界国家都对学习借鉴中国共产党的治国经验具有强烈的愿望。而我党在与外国政党交往中也努力借鉴外国党积累的有益于我国的经验教训。(3)促进国际经济合作。各国政党通过对外交往,也努力为本国和地方拓展国际经济合作的渠道和机会。比如,中国共产党就通过政党渠道,为经济部门推荐伙伴,提供信息,促成一批经贸项目。为配合"西部大开发",除为西部地区招商引资,争取有关国际组织的资金和项目外,近年来还安排几百批外国政党、团体和友好人士到西部参观考察,并请十几个西部省区的党委负责同志率领近三十批中共代表团出国访问、考察。中国一些省区市委负责同志率党的代表团出访时,贯彻中央"走出去"的方针,偕经贸团组随访,把一批有实力的企业和项目推向国外。(4)交流党建经验。对中国而言,执政党建设是当前党建工作的关键,广泛吸收外国的经验教训关系重大。党的各级领导人通过参与党的对外工作,不仅直接地了解到外国政党治党治国的理念与方法、一些政党兴衰成败的经验教训,还可以切身感受到当今世界政治、经济、文化、科技等各个领域的深刻变化,正确把握世界发展脉搏,准确判断国际形势和时代特征,在理论和实践中推进中国执政党建设。(5)增进政党高层和新生代政治家之间的相互了解和友谊。政党外交的一个重要功能是做人的工作。无论是执政党还是在野党,政党扮演着关键的政治录用和向国家输送政治精英的角色。政党高层和新生代政治家是一国现在和未来的政治领导人。通过和他们建立人际关系,培育相互了解和友谊,对两国关系的长远发展意义重大。

(三)政党外交的性质。政党虽然在一国政治中扮演关键的角色,但它不是严格意义上政府的一部分,因而其对外活动具有灵活多变的性质。一国执政党和外国执政党之间的交流具有亦官亦民的性质。作为执政党,它们都是本国政府的领导力量,它们之间的交流一定程度上是两国政府间关系的组成部分,具有官方性质。同时,如果参与政党外交的人士不具有正式的政府职位,他们的对外交往也具有民间交往的性质,可以比政府官方交往更加灵活自由地交换意思。一国执政党与外国在野党之间的交流是具有官方背景的一方与无官背景的一方进行的交流,具有半官半民的性质。而一国执政党在与未建交国政党的交往中,则可以强调自己的民间性质,而摆脱官方关系的限制,发展相互交流。

总体外交中的政党外交

首先,政党外交是一国政府外交的有益补充。政党在一国内政外交中的重要地位,以及其亦官亦民的性质,使政党成为一种新型的外交参与主体,在各国外交中发挥着独特和灵活的作用。成功的政党外交是政府外交的有益补充。它可以政党的民间身份,比政府外交更加灵活地开展对外交往,就双边关系和国际问题更为深入地交换意见,来影响外国的执政党和在野党在外交立场。

在历史上,在共产党执政的国家间关系中,曾出现党际关系高于甚至取代国家关系的现象。政党外交常常取代政府外交,而成为决定国家间关系的最重要因素。这种状况常常因为政党之间的意识形态分歧而使国家关系严重受损。今天,各国政党已经认识到党际关系不能高于国家关系,政党外交也不能高于政府外交,而应该服务于国家总体外交需要,支持政府外交。

其次,政党外交可促进国家关系健康发展。无论是执政党和在野党,它们都具有影响一国外交政策方向的权限和能力。执政党当然应该是政党外交的主要对象,和外国执政党的交往可以为政府外交提供额外的交流渠道,便利政府外交的有效运作。在野党对政府外交起着不可忽视的牵制、监督,甚至通过议会起着参与决策的作用。政党加强与外国在野党的交往,更可以发挥政党的民间角色所带来的独特优势,增进各国在野党对本国的了解和好感,防止它们成为发展国家关系的障碍。

再次,政党外交可支持国家关系长期稳定。国家关系的发展需要一代又一代政治领袖的支持和维护。执政党即使长期执政,其政治领袖也会推陈出新。如果一国实行多党制度,各政党常常轮流执政。因此,要保持国家关系的长期稳定,就需要建立和保持与在野党领袖和新生代政治家的密切关系。政党外交通过各种形式的人员交往活动,在培育党际关系和人际关系方面具有独特的优势,可以为国家关系的长期发展培育基础。

最后,政党外交可帮助国家关系实现突破。政党可利用其可官可民的灵活身份,发展与未建交国政党的交往。这种政党外交可以建立和保持双方联系渠道,为国家关系的发展起铺垫和推动作用。在中国与玻利维亚、以色列和南非等国的建交过程中,中国共产党坚持做这些国家主要政党的工作,为双方建交起了一定的推动和舆论准备工作。

当然,政党外交并不总是能够成为国家外交的有益成分。我国在改革开放之前,常常将党际关系置于国家关系之上,以党际关系取代国家关系,曾给中国带来沉痛的教训。直到改革开放后,中国共产党才形成了正确的政党外交观,从而使政党外交和政府外交形成相辅相成的良好局面。另外,在实行多党制的国家,在野党为了夺取执政地位,也常常利用政党外交来争取外国的支持,阻碍执政党外交政策的有效实施。

三、地方外事

国际舞台上的新角色

广义上的地方政府,按照中国学者的观点,指"中央政府以外的所有各级政府"[①],它们只在一国局部领土上行使管辖权,包括了单一制国家中的各级地方政府、联邦制国家中的联邦成员政府(如美国的 states、加拿大的 provinces、德国的 lander、瑞士的 cantons 等)以及州省以下的各级地方政府。从上世纪70年代早期开始,许多国家的地方政府开始参与对外事务。美国的州、加拿大及中国的省、德国和瑞士的州、日本的府县已经逐渐成为国际舞台的成员。

地方政府参与国际事务基于其宪法规定的外事权限或中央政府授予的外事权限。在联邦制国家,尽管各国宪法将主要外交权授予联邦政府是一项通则,但地方政府仍保留一些次要的外事权力。比如,联邦德国《基本法》第32条规定:(1)联邦负责处理与外国的关系;(2)在缔结对某一州的特殊情况有影响的条约前,必须充分与该州进行协商;(3)各州在其立法权范围内,得经联邦政府同意,与外国缔结条约[②]。瑞士宪法第54条规定"对外关系是联邦事务",并在第56条中界定了各省在对外关系中的地位:各省可在其权限范围内与外国签订条约;这些条约不能违背联邦法律和利益,也不得违背其他各省的法律。在缔结条约前,各省必须通报联邦;各省可与外国低一级当局直接交往;在其他情形下,各省与外国的关系由联邦代理进行。比利时宪法也有类似的规定。在单一制国家,各国宪法都明确将外交权授予中央政府。但是,基于实际的需要也会通过相关法律下放一些外事权给各级地方政府。当然,与联邦制国家不同,这种权力的下放仰赖中央政府的意愿,并且是可以被中央政府重新收回的。

推动地方政府介入国际事务的第二个因素,是全球化导致的地方事务的

---

① 杨逢春主编:《中外政治制度大辞典》,人民日报出版社1994年版,第48页。
② 参见姜士林等主编:《世界宪法全书》,青岛出版社1997年版,第794页。

国际化。地方政府的主要职责是领导和促进本地的社会经济文化发展,基本属于传统的国内事务。然而,全球化的发展打破了内外事务的区隔,带来地方事务的国际化和国际事务的地方化。地方发展需要促进本地产品出口,需要争取外来投资,需要关注国际规章制度的建立和演变,需要与形形色色的国际非政府组织发生主动和被动的交往。所有这些都促使地方政府到国际上去寻找本地发展的资源和机会,要求地方介入国际事务,特别是国际经济事务。1989年,美国全国州长联合会曾出版一份专题报告《转变中的美国:国际边疆》,分析正在发生巨大转变的国际市场和美国在其中地位的变化。弗吉尼亚前州长白里莱斯为报告所写的引言反映了州长们全新的国际视野。他写道:"20年前,在国际事件改变整个经济面貌之际,州仅仅充当旁观者的角色。这一点,也发生了变化。我们的边界不再只是我们的边界,而是世界的每个角落。作为州长,这是我们必须面对的现实挑战。"①同时,许多国家的中央政府也认识到,要发展本国社会经济,推进本国的外交政策目标,必须调动地方政府的积极性和主动性,因此,也乐意下放一定的外事权给地方政府。事实上,中国改革开放的进程在一开始就是权力下放的进程,使地方政府有权管理部分本地的对外经济交往,发展地方层面的国际民间交流等。

此外,地方公众、社会团体和地方政府在国际问题上要求采取行动的愿望不断上升,带来了豪布斯所谓的"地方行动主义"②(local activism)。地方行动主义的一句流传甚广的口号就是:"从全球着眼,在地方行动"(Thinking Globally, Acting Locally)。在许多西方国家中,地方行动主义不仅推动地方政府在关系到本地人民福利的国际问题上采取行动,也在与本地实际利益没有直接关联的国际问题上积极介入。

地方政府的国际活动

地方政府的国际活动主要限于所谓的低级政治领域,即与本地相关的经济、社会、文化、科技、环保等领域。通过国际交流与合作,地方政府可以帮助本地企业扩大出口,引进技术;通过招商引资活动,地方政府可以帮助本地获

---

① 转引自 Brian Hocking, *Localizing Foreign Policy: Non-Central Governments and Multilayered Diplomacy* (New York: St. Martin's Press, 1993), p. 72。

② Heidi H. Hobbs, *City Hall Goes Abroad: the Foreign Policy of Local Politics* (California: Sage Publications, Inc., 1994), p. 17.

得外国投资,提升本地的产业结构,扩大就业;通过举办各种国际文化教育体育活动,可以扩大本地的国际知名度,也可促进本地居民的国际化意识。同时,地方政府在高级政治中也有一定的参与。这种参与有时是中央政府鼓励的结果,比如在地方代理中央政府处理外国领事馆事务,通过地方对外交往渠道加强国家间关系等等。地方政府也有时采取中央政府不好采取或不愿采取的对外行动,以地方的对外行动来影响本国中央政府的政策或其他国家的事态。比如,20世纪90年代美国马萨诸塞州政府基于人权理由对缅甸军政权实施的州一级经济制裁。2005年3月16日,日本岛根县议会审议通过了《"竹岛日"法案》,宣称韩国实际控制下的"竹岛"(韩国称"独岛")为日本领土。这一地方政府的行动遭到了韩国各级政府和民众的强烈抗议,导致韩日关系恶化。

在推进地方国际活动时,地方政府可以采取多种多样的形式。

(一)国际出访和接待。地方政府官员的组团出访,其目的主要是为了进行实地考察,促进本地产品的出口,吸引外国投资,推销旅游业和发展文化交流等。比如,1987年,美国40个州的州长进行了87次出国访问,足迹遍布世界的各个大洲[①]。2006年10月29日至11月12日,广东省长黄华华带领广东省政府代表团访问了瑞士、芬兰和法国,期间会见了芬兰总理万哈宁、贸工部部长毛里·佩卡里宁、瑞士联邦副主席兼外交部长米舍利娜·卡米尔-雷伊、瑞士联邦委员兼经济部长多丽斯·卢斯哈特等政府要员和法国工业部部长洛斯等政府要员,并在法国举办的经贸洽谈会上促成了55亿美元的经贸合同[②]。在官员出访的同时,地方政府也成为被访问的对象。来访的外国领导人对地方进行顺道访问;跨国公司前来发现投资机会;外国的地方政府来寻求合作与交流的伙伴;功能性国际组织也试图寻求地方合作以推进各自组织的目标(如经济发展、人权、环保等等)。2006年,上海市政府外事办公室接待的外国政府首脑就有31位。

(二)发展友好城市(省州)关系。友好城市或姐妹城市关系是地方政府开展国际活动的最初形式。从20世纪50年代开始,在一些国家的中央政府的鼓励下,其地方政府开始发展与国外地方政府之间的伙伴关系,以此来加

---

① 参见 Dag Ryen,"From Indiana to India", *Foreign Service Journal*, April,1997, p. 47。
② 参见广东省人民政府外事办公室网站,http://www.gdfao.gov.cn/gdws/gdws/200611060002.htm。

强基层人民之间的相互交流和理解,推动国家间关系的和睦发展①。结成姐妹城市的两个城市(省州)之间一般具有某些共同之处,如两个城市之间的历史和民族渊源、经济结构的相似性或者地理环境的相似性等。

中国从 1973 年开始发展友好城市后,到 1993 年已经建立起 520 对友好城市关系。1993 年成立的中国国际友好城市联合会,以及该会颁布的《友好城市工作管理规定》,大大推动了全国各省市的友好城市工作。到 2006 年,全国的友城数达到 1315 对,并计划到 2010 年达到 2000 对②。

(三) 订立国际协定。地方政府和外国各级政府及国际组织之间不断扩大的合作要求以书面的形式来确立合作的内容、方式、时间跨度、各方应承担的义务等。这些协定对协定双方的中央政府并不具有约束力。在出现一方未能履行其义务时,解决纠纷所采用的法律则是私法性质的国际合同法③,而不受国际公法的管辖。比如,从 1960 年到 1985 年,魁北克省和外国各级政府共签订了 230 项正式的国际协定。在中国,与内地各省不同的是,回归后的香港特别行政区可以在相当广泛的领域与各类国际行为主体自主订立国际协议。《中华人民共和国香港特别行政区基本法》第 151 条规定,特区政府"在经济、贸易、金融、航运、通讯、旅游、文化、体育等领域以'中国香港'的名义,单独地同世界各国、各地区及其有关国际组织保持和发展关系,签订和履行有关协议"。

(四) 设立海外常驻机构。为了支持其国际活动,许多国家的地方政府在本国政府的同意或默认下在海外设立了常驻机构。据日本国际交流基金的统计,截止到 2002 年 4 月 1 日,日本有 32 个府县在国外设立了 90 个海外办事处。每个事务所聘用 1 到 2 位日本雇员。最多的是岐阜县,共有 11 个海外办事处④。在中国,上海市在 1999 年成立了旨在吸引外国直接投资的上海市外国投资促进中心(FID),并在海外设立了隶属该中心的 6 家海外办事处,分别位于美国洛杉矶、日本大阪、英国伦敦、德国法兰克福和汉堡以及荷兰鹿特丹。2000 年,为了配合地方企业投资海外,FID 也被命名为上海对外投资促

---

① 加拿大总督勒布朗在艾伯塔省的卡尔加里市致辞欢迎江泽民主席对加拿大进行国事访问时,提到几个加拿大省与中国省市结为友好城市关系,如安大略省与江泽民故乡的江苏省之间的友好省关系,"为发展两国之间的友好关系作出了重要贡献"。见 1997 年 11 月 29 日《人民日报(海外版)》。
② 参见陈昊苏:《统一认识,形成合力,共创佳绩》,2006 年 5 月 22 日,http://www.cifca.org.cn/detail.asp?sid=385。
③ 参见 Yves Lejeune, "Belgium", in *Federalism and International Relations*, p.147.
④ 参见日本国际交流基金:《地方自治体的国际化:国际交流政策的现状》,2002 年 2 月,第 176—177 页。

进中心(OID),负责为地方企业在国外投资提供免费的咨询服务①。

(五)参与国际组织的活动。随着形形色色的国际组织在国际舞台上的地位和作用日益显著,地方政府与那些非政治性国际组织之间的交流和合作也在普遍加强。在个别情况下,少数几个国家的地方政府还成为一些重要国际组织的非主权成员。比如,加拿大的魁北克省从1986年第一届法语国家和政府首脑会议开始就成为"参与政府",有独立的代表团。不过,加拿大政府让新不伦瑞克省在法语国家和政府首脑会议中享有和魁北克同等的地位,从而将魁北克的特殊地位淡化了②。中国的香港特别行政区也是亚太经济合作组织、世界贸易组织等国际组织的成员。

总体外交中的地方外事

地方外事或地方外交的发展,在一些学者看来是出现了平行于中央外交并具有自主性的小外交,显示新的相对独立的"对外政策行为体"已经登上舞台。帕纳耀惕·索尔达托(Panayotos Soldatos)指出,从质和量两方面来看,联邦国家中州省政府的对外活动具有"对外政策的各种组成元素,包括目标、战略、手段、机构、决策程序、工具和政策输出"③。白里安·豪京(Brian Hocking)则认为,次国家或地方政府不应该被看作是独立行动的自主行为体。它们参与国际事务,或带来豪京所谓的"对外政策地方化"(localization of foreign policy),"代表着对外政策的扩展而不是对它的拒绝"④。对于豪京而言,更有意义的是接受这样的观点:一个包含从地方到国家再到国际的所有层面的多层次政治结构和过程已经出现;这些层次以多种方式相互联结,要求决策者能同时在多个层次上进行运作⑤。"多层外交"说倾向于把地方政府在对外事务中越来越多的参与看做是国家对外政策过程的拓展,更加注重强调地方政府和国家政府之间在外交事务上的合作,而非冲突。这也是本书作者的基本

---

① 参见 FID 网站,http://www.fid.org.cn。
② 参见 Kim Richard Nossal, *The Politics of Canadian Foreign Policy*, third edition (Ontario: Prentice Hall Canada Inc., 1997), pp. 326—328。
③ Panayotos Soldatos, "An Explanatory Framework for the Study of Federated States as a Foreign-policy actors", in *Federalism and International Relations: the Role of Subnational Units* (Oxford, UK: Clarendon Press, 1990), p. 35。
④ Brian Hocking, *Localizing Foreign Policy: Non-central Governments and Multilayered Diplomacy* (London, UK: The MacMillan Press Limited, 1993), p. 26。
⑤ 参见 Brian Hocking, *Localizing Foreign Policy*, p. 11。

观点①。据此,地方外事与中央外交的关系可以这样来理解:

(一)地方政府是中央外交的代理人。在改革开放时期,中央政府发现了地方政府在实施中国对外政策方面的作用。首先,中央政府把许多外事权交给地方政府。在外国领馆事务、境外媒体事务、华侨事务、接待外国政府首脑等方面,中央政府在拥有政策指导权的情况下,依靠地方政府去具体执行管理和操作工作。虽然地方外事机关依靠本地财政和公务员队伍,但是在上述领域,它们扮演着中央政府的地方代理人角色。

此外,地方作为国际关系的非主权行为体,在发展与未建交国家的关系时或在高层交往受挫不能正常开展的情况下,可以作为中央政府的代理人开展"非正式外交"②(informal diplomacy)。在1990年,作为对中国制裁措施的一部分,美国政府暂停了与中国的高层交往。为了改善两国关系,位于华盛顿的非政府组织——美国美中关系协会邀请以上海市长朱镕基为首的中国市长代表团访问美国。这个代表团的秘书长是中国外交部美大司司长。代表团会晤了基辛格以及美国前总统尼克松,随后与美国副国务卿会面,还会见了参议院多数党领袖和其他国会领导人。在为期三个星期的访问中,朱镕基利用每个机会呼吁两国加深相互理解,并强调稳定中美关系的重要性③。

(二)地方政府是中央外交的合作伙伴。地方政府为中国对外政策的执行实施提供物质支持。过去25年中,沿海省份变得越来越富有,拥有可观的财政资源。地方政府在本地经济和社会中的巨大影响,也使它们得以支配许多其他的人力和物力资源。所有这些资源都可以用来支持中央的外交行动。例如,上海五国(包括中国、俄罗斯和中亚三国)峰会和2001年APEC上海领导人非正式会议的举行、海南博鳌亚洲论坛的建立,都得到了当地政府的财政支持。为了提升中国的国际地位和形象,最近几年,北京、上海和广州分别被确定为奥运会、世博会及亚运会的举办城市,可以预料这些城市会为场馆建设和运营支出大部分花费。此外,如中央政府在教育、体育、文化、环境保护、健康、农业、知识产权等领域与其他国家进行合作,或者在这些领域设立对外援助项目,地方政府的参与常常是实施这些合作或援助计划所不可或缺的。再次,沿海省份已经建立起了广阔的全球网络。通过它们的友好城市网

---

① 参见陈志敏:《次国家政府与对外事务》,时事出版社2001年版,第169—171页。
② Peter T. Y. Cheung and James T. H. Tang, "The External Relations of China's Provinces", in David M. Lampton (ed.), *The Making of Chinese Foreign and Security Policy in the Ear of Reform*, 1978—2000 (Stanford: Stanford University Press, 2001), p.105.
③ 参见1990年7月9日、12日、14日《人民日报》。

络和在该地区投资的跨国公司网络,沿海省份也拥有自己的渠道,可在一定程度上对外国的对外政策制定过程施加影响。通过这些有价值的渠道,中央政府可以要求地方领导人协助对外国施加影响。

(三)地方政府可以是中央政府的竞争性伙伴。在实行地方自治或宪法分权的国家,地方政府的有些对外行动并不与中央政府保持一致。比如美国马萨诸塞州对缅甸的经济制裁措施明显超越了美国联邦政府对缅甸实行的制裁。日本岛根县在竹岛(独岛)问题上的立场也比日本中央政府更为强硬。这种地方和中央政策的不一致虽然会给中央政府带来外交麻烦,但是在另一方面,这些行动也支持了中央政府的立场,表达了中央政府不能充分表达的意愿。

当然,如果地方对外行动完全违背中央政府的政策,损害国家的核心利益,如魁北克人党主政时期推行的魁北克分离外交,中央政府也会全力加以压制。

四、二轨外交

二轨外交的概念

约翰·麦克唐纳和路易丝·戴蒙德在把广义的第二轨道细化为八个轨道的同时,两人也定义了狭义上的第二轨道,即由冲突双方的非官方、非政府的专业人士之间进行的若干交往活动,这些活动通常有第三方在场或得到第三方协助,但也并非总是如此。这些活动的最终目的在于通过鼓励冲突双方之间的交流、理解和协作,寻求共同解决问题的途径,协助解决冲突[①]。在《外交辞典》中,贝里奇和詹姆斯将二轨外交定义为非政府组织在国际或国内冲突中所进行的调停。它可以是单独进行的,也可以和第一轨道协同进行,从而构成双轨外交中的一个组成部分[②]。一位中国学者在研究中将亚太地区的第二轨道外交定义如下:和各国政府有密切联系的研究机构和个人,以非官方、半官方的名义,定期或者不定期组织各种多边国际研讨会,其目的是就亚太安全问题交换思想,为政府间多边安全合作提供具体的政策建议[③]。

在实践中,一系列非政府组织已经建立起来,并致力于开展第二轨道外

[①] 参见〔美〕约翰·麦克唐纳和路易丝·戴蒙德:《多轨外交》,第37—39页。
[②] 参见 G. R. Berridge and Alan James, *A Dictionary of Diplomacy*, second edition, p. 260.
[③] 陈寒溪:《第二轨道外交:CSCAP 对 ARF 的影响》,《当代亚太》2005年第4期,第37页。

交活动。比如,在中东地区,加州大学全球合作与冲突研究所在20世纪90年代初期举行了一系列由阿拉伯国家和以色列学者参加的第二轨道研讨会,就军控与地区安全合作、水资源、环境难民和经济发展进行专题讨论。1991年,一个名为寻求共同基础的非政府组织发起了中东和平与合作倡议,设立多个工作小组分别研讨安全、民间社会、冲突解决、经济和媒体。其中的安全小组在1992年—1999年间共举行了17次会议。另外,斯德哥尔摩国际和平研究所、联合国裁军研究所、合作监控中心等非政府组织也举办了许多第二轨道研讨会。在亚太地区,第二轨道外交极其活跃。在东盟内部,成立于1988年的东盟战略与国际研究所(ASEAN-ISIS),由印度尼西亚战略与国际研究中心、马来西亚战略与国际研究所、菲律宾战略与发展研究所、新加坡国际事务研究所和泰国安全与国际研究所共同发起组建。目前,已有9个成员单位的东盟战略与国际研究所是东盟内部二轨外交最重要的组织者。在亚太范围,1993年6月,来自亚太国家的10个研究机构在马来西亚首都吉隆坡正式宣布成立"亚太安全合作理事会"(Council for Security Cooperation in the Asia Pacific,简称CSCAP)。CSCAP目前已经扩大到代表20个国家的20个成员委员会。除了俄罗斯外,其他国别委员会都是本国的某一重要民间研究机构或团体。此外,在"东盟加三"的机制下,由东盟10国和中日韩3国民间思想库联合成立的东亚思想库网络也于2003年成立,为"东盟加三"对话机制出谋划策[1]。

综合以上定义以及第二轨道外交的相关实践,我们可以将第二轨道外交定义为由非官方或半官方机构发起组织的,由与各国政府有一定联系的专业人士甚或以个人身份参与的政府官员参加的各种形式的交往活动,其目的是为了就相关政策问题交流思想,寻求问题的共同解决方案,从而为推进政府之间的官方关系产生直接或间接的影响。基于该定义,第二轨道外交具有四方面的主要特征:

一是组织和参与的非官方性。第二轨道外交的组织者肯定不是官方机构,而主要是非官方的或半官方的非政府组织或个人,如各种非政府性质的协会、论坛、基金会、研究机构、大学等等。在中国的第二轨道外交中,受政府直属领导的研究教学交流机构,如中国社会科学院、现代国际关系研究院、外交学院、中国国际问题研究中心、中国人民对外友好协会、上海国际问题研究所等等,都起到了重要的作用。这些机构具有明显的半官方色彩。此外,北

---

[1] 参见吴建民:《东亚区域合作与第二轨道外交》,《外交学院学报》2004年第4期,第6—7页。

京大学和复旦大学等国内国际关系研究重镇也发起组织了不少第二轨道外交活动。第二轨道外交的参与主体也主要是非官方的专业人士,如学者、社会活动者、前政府官员,有时也包括以个人身份参与的现政府官员。

二是关注政策问题的专业性。当今更为狭义的第二轨道外交不包括那些旨在加强各国人民间友谊的民间外交活动。它是专业人士之间就相关各国面临的政策问题进行的对话活动。非官方的专业人士对国家间的问题具有自己的认识和见解,他们之间的国际对话有助于在各国专业精英中消除误解,建立信任,形成对政策问题的共同理解。关于东亚思想库网络的功能,吴建民就曾经指出,为了促进东亚共同体的建立,该网络的作用就是要认清共同利益,分享信息,激活思想,提出政策建议[1]。

三是寻求问题解决的变革性。第二轨道外交追求问题的解决,而促进国家间关系的改善。因此,其基本的假设前提是,国家间关系具有改善的可能性,专业人士的介入能够探索和发现这些的潜在可能性,从而帮助国家间关系能够得到真正的改善,共同应对各国面临的共同问题。

四是与政府外交的相关性。第二轨道可以与第一轨道并行进行,通过自己的途径对第一轨道外交产生间接的影响。同时,第二轨道外交可以与第一轨道外交协同进行,密切合作,相辅相成,对第一轨道外交产生直接的积极影响。

二轨外交的特殊价值

二轨外交作为非官方的专业人士对话渠道,具有第一轨道外交所不具备的特殊价值。

第一,允许对立各方进行直接对话。由于是非官方的场合,互不承认的冲突各方可以通过专业人士进行直接对话。而在正式的场合,这种直接接触和对话会被理解为相互承认。因此,在1993年的奥斯陆巴以谈判的第一阶段,双方的代表都不是巴以政府的正式成员。

第二,便利各方畅所欲言,增进互信。一国政策一般包含宣示性政策和操作性政策两个部分。前者通常公开宣示,其对本国战略和政策的阐述重在塑造国家良好影响,有一定的宣传性成分。后者为指导一国外交政策的实际方针,并常常不对外公开。一种可信的外交政策要求宣示性和操作性政策能够有机结合,相互一致。但是,在现实世界中,操作性和宣示性政策之间的脱

---

[1] 参见吴建民:《东亚区域合作与第二轨道外交》,《外交学院学报》2004年第4期,第6—7页。

节总是存在,从而在其他国家中引发疑虑。因此,第二轨道外交可以让各国的政策专业人士较少顾虑地阐明各自国家的战略意图、外交政策的真实目标和谈判立场,而无须担心官方表达对国家间关系可能带来的冲击。在亚太地区,虽然政府间渠道完全畅通,但是,鉴于亚太地区国家历史上和现实中存在着不少敌对或对立情绪,相互之间的安全关系还很脆弱,可塑性很大等原因,相互交流的渠道仍然缺乏。借用非正式的第二轨道外交,各国可以进行更直率的沟通,表达相互关注,提高互信程度。

第三,提升各方对相关问题的认识水平和专长。第二轨道外交汇集了来自各国的专家学者,从而也汇聚了各国对讨论议题的研究成果,如此帮助各国学者相互学习,加深对议题的认识。在此过程中,寻求对议题的更深入和更全面的共同理解。通过与会的政府官员,或者通过会后向各国政府提交的报告,第二轨道中形成的共同理解还可以帮助各方重新审视本国的利益和政策,对新的解决方案采取更开放的态度。

第四,为第一轨道外交进行有益的谈判准备工作。参与第二轨道外交的专业人士在相关国际问题上具有专业学识,或丰富的实践经验,或两者兼备。因而,他们可以对相关问题进行解剖,找到问题解决的可能方案,并就此达成共识。这种在非官方层面进行的谈判努力可以扮演官方谈判的"谈判前阶段",为官方谈判提供思路,甚至具体方案。比如,在建立信任措施方面,1994年CSCAP向东盟地区论坛(ARF)外长会议提出了20条发展地区安全合作的政策建议,被1995年的《ARF概念文件》所采纳。在透明度问题上,CSCAP建议ARF成员国加强国防信息交流,并为ARF成员提供了一个国防白皮书的通用模板,被ARF建立信任措施会间辅助组和部分ARF成员国接受。在预防性外交方面,1996年预防性外交被提上ARF的议程之后,CSCAP专门组织了三次专题研讨会,这些研讨会最终形成了CSCAP的共有知识,在提交ARF后基本上被全部采纳,构成了《ARF预防性外交概念和原则》的核心内容[①]。

第五,为国家间关系提供前瞻性规划。政府外交因为忙于应付各种日常事务和突发事件,不一定有足够精力去规划未来,应对各种层出不穷的国际新问题,去建立新的国际机制。因此,第二轨道外交可以发挥其前瞻性对话和研究的优势,探讨解决新问题的新方法,为政府外交提供政策蓝本。

---

① 参见陈寒溪:《第二轨道外交:CSCAP对ARF的影响》,《当代亚太》2005年第4期,第39页。

二轨外交与一轨外交

二轨外交的主要工作方式是举行研讨会,提出研究报告和政策建议。二轨外交如果要发挥作用,就需要对一轨外交产生影响。我们可以从两个方向来理解其影响的途径和效应。

任何一种二轨外交都对一轨外交具有一定的间接影响。无论是完全非官方的还是半官方的二轨外交,它们首先可以在参与者之间建立私人关系,培养合作的习惯,建立相互认同意识。比如,《东盟地区论坛概念文件》就提到:"从长远来看,第二轨道活动可以在参与者之间创造出一种共同体意识。"①此外,参与第二轨道的学者可以通过公开发表研究报告和政策建议来影响公众对相关问题的看法和态度,影响一国内部关于相关问题的政策辩论,可从外部对政策决策施加影响。如果该政策报告得到政府官员的关注,还可以通过这些官员从内部对政府的政策产生影响。

二轨外交对一轨外交也能够产生直接的影响。这需要高级政府官员以非官方身份在第二轨道外交中直接参与,以及在第二轨道和第一轨道建立制度化的联系。亚太地区的第二轨道外交之所以能够取得比较明显的成果,上述两个方面是主要的原因。在1994年—1995年,在印尼、韩国、美国、马来西亚、澳大利亚的CSCAP国家委员会中,官员平均占了总人数的41%。而俄罗斯则完全由外交部负责主导俄方的参与,其外交部副部长还代表俄罗斯出席了CSCAP指导委员会会议②。另外,CSCAP与东盟地区论坛还建立了正式的合作机制。东盟地区论坛在1995年的《主席声明》中指出:"考虑到东盟地区论坛所涉及议题的敏感性和复杂性,有必要通过双轨道推进东盟地区论坛进程。第一轨道的活动由东盟地区论坛各国政府进行,而第二轨道的活动则由本地区的战略研究所和非政府组织进行,如东盟战略与国际研究所和亚太安全合作理事会。同时,为了保证第二轨道活动的针对性和成果,第二轨道的活动应尽量集中在东盟地区论坛当前所面临的各项问题上。"③强烈的官方背景和联系渠道,为CSCAP影响政府外交创造了直接的途径。

不过,在讨论两个轨道的相互关系时,也需要关注内在的"独立性和有效性之间的两难"。第二轨道如果能够独立于第一轨道,有助于民间人士和学

---

① ASEAN Regional Forum: A Concept Paper, March 18, 1995.
② 参见陈寒溪:《第二轨道外交:CSCAP对ARF的影响》,清华大学2004年博士论文,第82页。
③ 转引自陈建荣:《"第二轨道外交"与东盟地区论坛》,《东南亚研究》2004年第4期,第45页。

者更加自由地交换看法,开阔各自的思路,提出更具创意的政策方案。但是,独立也带来有效性的损失。与政府没有关系的民间学者往往只是一家之言,对政府决策意图的理解往往存在偏差,不能准确地传达信息和把握立场,给他国参会者传递错误信息,给本国外交带来不必要的麻烦。各国政府自然也不会参与其中,并给予支持和资助。反过来,如果和政府的关系过密,虽然其最后成果能够对第一轨道外交产生实在的影响,但在有效性增强的同时,失去独立性的第二轨道往往受制于政府,其发言必须符合政府口径,从而减弱了第二轨道因为独立性所可能带来的创意价值。因此,如何平衡独立性和影响力之间的关系,是最大限度发挥第二轨道外交特殊价值的关键。

五、民间外交

民间外交的概念

民间外交的英文对应概念是"citizen diplomacy"或"people-to-people diplomacy",是相对于政府外交的一个概念。中国人民对外友协会会长陈昊苏在其《民间外交论》中认为,民间外交是指区别于官方外交的民间国际交往,是一种非官方的外交。中国民间外交的光荣使命,概括起来就是:以世界各国人民为对象广泛交友,为中国革命(在当前就是中国特色社会主义事业)争取国际同情,为中国与世界各国建立良好关系奠定巩固的社会基础[1]。《多轨外交》将第四轨界定为公民外交,即平民百姓通过许多类型的组织和协会进行工作,对国际关系产生直接影响。这种草根方式旨在与其他国家和文化的人民建立个人关系,并且通过这种关系解决共同关心的问题,消除成见,增进友谊,提供稀缺资源,对公众和决策者进行国际和平和发展问题的教育[2]。美国公民外交联合会认为,公民外交基于这样一种概念,即每个个人都有权利甚至责任来帮助塑造对外关系[3]。此外,赵丕涛关于民间外交的概念则特别强调民间外交与政府外交的相关性。他指出:"民间外交是指民间往来中有官方背景和支持,自觉的、有意识的代表国家的利益,实现国家政策的民间友好

---

[1] 参见陈昊苏:《民间外交论》,http://www.cpaffc.org.cn/llts/detail.php?id=177。
[2] 参见〔美〕约翰·麦克唐纳、路易丝·戴蒙德:《多轨外交》,李永辉等译,第62页。
[3] 参见 Coalition for Citizen Diplomacy, "What is Citizen Diplomacy?", http://www.citizen-diplomacy.org/。

活动。实际上,民间外交是'半官半民'的外事活动。"①

本书认为,民间外交是在政府的领导、支持或鼓励下主要由民众和民间机构发起和参与的国际交往活动,旨在增进各国人民之间的相互理解和友谊,改善和巩固国家之间的关系。民间外交主要是由民间机构发起组织的对外交往活动。比如,类似的民间机构在美国有公民外交联合会、和平队、社会责任医生联合会、全国国际访问者协会等等;在中国有中国人民对外友好协会、中国人民外交学会、中国国际友好联络会、中国国际交流协会、中国国际友谊促进会、中国国际文化交流中心,以及各领域各行业、各省市地方的团体。民间外交的参与者是各国民众。参与民间外交的主体是一国的民众,他们可以是各行各业的非政府精英人士,但大多数是一国的一般民众。民间外交的交往对象主要也是其他国家的民众,也可包括其他国家的官方人士。民间外交的交往方式是面对面的交流,如举行各种研讨会,进行文化体育交流活动,邀请国际访问者访问本国,派出国际志愿者等等。此外,民间外交要服务于国家的总体外交目标。因此,民间外交或多或少有一定的政府背景,反映一定的政府外交政策意图。

关于民间外交的特征,陈昊苏谈到了稳定性、包容性和灵活性三点;蔡拓等人指出了人民性、稳定性、广泛性、灵活性和双重性五点。综合各方观点,我们把民间外交的特征归纳为以下四点:

(一)群众性。民间外交的参与主体是一国的民众。要达到促进各国人民之间的相互理解和友谊的目的,民间外交需要将尽可能多的民众参与进来。有组织的民间外交由于人员和资金有限,因此特别重视当下各行各业的精英人士和作为未来精英人士的青年在民间外交中的参与。但是,理想的民间外交因尽可能促使每一个公民能够发挥作用。美国负责公共事务和公众外交的副国务卿卡伦·休斯就表示,"我们必须利用我们最重要的国际资产:即每一个美国公民"②。中国政府近来颁布的《中国公民出境旅游行为指南》以及北京市为迎接2008年奥运会而提升市民文明素质的运动,也是基于同样的认识,即每一个中国公民在外国人面前的文明素质将帮助营造外国公众对中国的良好印象,他们都是中国民间外交的大使。

---

① 赵丕涛编:《外事概说》,上海社会科学院出版社1995年版,第73页。
② 参见 Remarks With Under Secretary for Public Diplomacy and Public Affairs Karen Hughes at Town Hall for Public Diplomacy, Washington, DC, September 8, 2005, www.state.gov/secretary/rm/2005/52748. htm。

(二)稳定性。官方外交由于复杂的国际关系原因具有不确定性。而民间外交注重从各国人民之间的相互信任和理解开展沟通工作,强调超越现实的政治经济利益而建立某种互动式的友谊,从而也就为国家间关系的发展注入了稳定性的因素,它能够为总体外交提供稳定的基础。比如,由美国国际新闻署资助建立的国际访问者项目,在成立以后的65年中邀请了超过15万名外国优秀人士访问美国,其中有超过200名后来出任其他国家的政府首脑或国家元首①。

　　(三)灵活性。民间外交因为其非官方的性质,可以不受官方关系的状态限制,也不需要拘泥于正式的外交礼仪。因此,民间外交可以是全天候的,不受国家间外交关系是否建立的影响;也可以全方向的,其交往对象不光是其他国家的民众,也可以是其他国家的官方人士。

　　(四)目的性。民间的国际交流活动要具备外交的性质,那么这种活动需要有助于促进各国人民的相互理解,增进友谊,从而促进国家间关系的改善。因此,仅仅服务于民间机构的或个人的自我利益,而与国家外交总体目标没有关系,或干扰国家总体外交目标实现的活动,就不能纳入民间外交的范畴,而是广义的民间国际活动。

民间外交的特殊意义

　　民间外交具有不可或缺的特殊价值,具有基础性、先行性、巩固性三大作用。

　　(一)基础性作用。民间关系是国家关系的基础。美国前总统艾森豪威尔是美国民间外交的创导者。他在1956年推动成立了姐妹城市国际和民间国际两个组织,来推动美国和其他国家的民间交往。他的理念就是,"要是人民能够相知相交,国家之间最终也会如此"。新中国各代领导人都高度重视民间外交的基础性作用。周恩来总理在1952年就曾指出:"我们要团结世界各国人民,不仅兄弟国家的人民,就是原殖民地半殖民地国家和资本主义国家的人民我们也都要争取。"他还表示:"外交是通过国家和国家的关系这个形式来进行的。但落脚点还是在影响和争取人民,这是辩证的。"②

---

　　① 参见 R. Nicholas Burns, Under Secretary for Political Affairs, "International Understanding Through Citizen Diplomacy", Keynote Address at the National Council For International Visitors Annual Meeting Washington, DC, February 17, 2006. http://www.state.gov/p/us/rm/2006/61953.htm。

　　② 《周恩来文选》下卷,人民出版社1984年版,第88页。

（二）先行性作用。基于民间外交的特殊性质，民间外交可以在政府外交无法展开时发挥先行性作用，为政府外交的发展创造条件，铺平道路。在新中国早期的外交实践中，民间外交的先行性作用被周恩来等老一辈领导人发挥到极致，并取得了辉煌的外交成果。新中国成立之初，与中国建交的国家到1954年才有19个。为了打开外交局面，老一代领导人提出了"民间先行，以民促官"的外交策略，充分发挥民间外交的作用，通过我国民间团体和人士直接地做外国民间团体和人士的工作，并通过他们做其国家上层和政界的工作，以此促进我国与未建交国官方关系的发展。关于中日建交过程中民间外交所发挥的关键作用，已经有大量的文献记载。1971年4月，中美乒乓球运动员在日本名古屋参加第31届世乒赛期间的良好互动促使中国政府邀请美国乒乓球队访问中国，结束了中美两国二十多年来人员交往隔绝的局面，使中美和解，随即取得历史性突破。这就是举世瞩目的"小球推动大球"的"乒乓外交"。

（三）巩固性作用。在官方关系已经确立，政府外交渠道已经建立的情况下，民间外交可以起到巩固国家间关系的重要作用，防止国家关系中经常出现的起起伏伏。此外，有了官方关系的依托，民间外交可以去除未建交时受到的诸多限制，而具有更为广阔的发展空间。所谓"以官带民、官民并举"就揭示了民间外交的这种巩固性作用。比如1984年10月1日晚上，在北京天安门广场举行的中日青年大联欢上，三千名应胡耀邦总书记和全国青联邀请访华的日本青年和首都人民一起载歌载舞，欢庆国庆，友好的气氛让许多收看电视直播的观众为之感动，成为中日交往史上的一段佳话。2007年4月，在中日关系经历多年冷却之后，温家宝总理在访问日本时又和日本政府商定扩大中日青年学生互访的计划。中国篮球明星姚明在2002年加入美国全国篮球联盟（NBA）打球后，以他少有的身高、精湛的球艺、谦和的为人，善良和厚道、诙谐和幽默，在美国公众当中树立了当代中国优秀青年的精神风貌和中国文化的亲和魅力，成为促进两国人民相互理解的亲善大使。就像NBA主席大卫·斯特恩所言，姚明"已经确实拉近了两国之间的距离。我们通过姚明更多地了解中国，同样，中国通过姚明也可以更多地了解我们"。

政府与民间外交

鉴于民间外交的重要性，各国政府都在大力推动民间外交的发展。为此，政府要支持民间外交的能力建设。民间外交是民间机构组织和民众参与的活动。因此，能力建设涉及民间机构在数量和规模上的增加，经费上更多的支持,人员素质和技能得到提高,公众参与水平获得提升。在中国,以往的主要民间外交机构都是各级政府直接领导下建立起来的。这些机构,如中国人民对外友好协会以及在各地的分会,在推动中国的民间外交过程中发挥了主力军的作用。这些机构在经费上也大多依靠各级政府的财政拨款,有专职的人员,且通过政府的动员系统能够广泛动员民众的参与。所有这些都是中国过去民间外交得以成功的经验。尽管如此,要更好地完成民间外交的使命,仅仅依靠政府直接资助和领导的民间外交机构是不够的。中国也需要培育更多由自发建立的民间机构,吸收更多的民间资金,调动更广泛的民众来组织和参与民间外交。

到 2006 年,根据民政部的统计,中国已有社会团体 191946 个,民办非企业单位 161303 个,基金会 1144 个。收入 620 亿元,支出 436 亿元[①]。由此,中国各类民间组织的总数从 1988 年的 4446 个增加到 1992 年的 154502,再到 2006 年 354393 个,呈现出飞速发展的趋势。此外,没有在民政部门登记注册的所谓"草根组织"的数目可能多达三百万个。这些民间组织的出现,为进一步发展民间外交创造了条件。

当然,无政府背景的民间组织的迅速发展,也是一把双刃剑。这些组织有时在经费上依靠外国基金会的资助,其政策导向并非总是与国家外交目标保持一致。因此,对于政府而言,在加强能力建设的同时,也需要对民间组织的民间外交活动进行有效的管理和引导,但不应仅仅是控制。关于这一点,王逸舟在 2002 年就曾表示"官方外交应调整其定位,对民间外交的控制也要转向以引导为主"[②]。

事实上,大多数其他国家的民间外交都是通过不受政府直接领导但和政府确立伙伴关系的民间机构来进行的。这种伙伴关系或者基于目标的一致,在这种情况下,民间机构的任何国际活动都与政府外交相辅相成,政府也无须投入资金;或者基于在民间外交项目上的分工合作关系,比如,由政府设定交流项目,并提供资金,发包给有能力的民间组织来具体完成。因此,通过目标设定、资金支持、事后评估,政府可以充分发挥民间组织的主动性、创造性和资源,更好地推动一国的民间外交事业。

---

① 参见中国民间组织网站:《2006 年度民间组织统计》,http://www.chinanpo.gov.cn/web/show-Bulltetin.do? id=27550&dictionid=2201。
② 李楠、孙亚菲:《民间外交推动外交民主化》,载《中国新闻》2002 年 9 月 30 日。

结语
中国外交与中国外交学

中国的外交具有久远的历史。早在春秋战国时,中国各邦国之间纵横捭阖的外交曾经达到登峰造极的程度。管仲之尊王攘夷,苏秦、张仪之合纵连横,范雎之远交近攻,都在中国历史上留下了辉煌的篇章。自秦汉以降,中央集权的华夏王朝得以巩固,中国对外关系被纳入了独特的朝贡体系,在长期的统一王朝下,中国与周边政权之间曾建立起特殊形态的交往模式,史称华夷秩序①。然而,19世纪以降,随着西方殖民主义列强在全球的扩张,东西方文明体系发生正面碰撞。鸦片战争的失败,标志着中国外交步入了"跪在地上办外交"的屈辱境地②。新中国是结束1840年以来一个世纪屈辱外交的全新开始。在历经各种磨难和曲折经历之后,中国共产党人在总结近代以来的失败教训和世界各国,特别是苏联成功经验的基础上,通过革命建立了新中国,独立自主地处理一切外交事务,使中国重新成为国际舞台上的一个举足轻重的角色。新中国外交的丰富实践是我们发展具有中国特色外交学的巨

---

① 参见李云泉:《朝贡制度史论》,新华出版社2004年版;〔日〕滨下武志:《近代中国的国际契机——朝贡贸易体系与近代亚洲经济圈》,朱荫贵、欧阳菲译,中国社会科学出版社1999年版;黄枝连主编:《天朝礼治体系研究》(上、中、下),中国人民大学出版社1992年版、1994年版、1995年版。

② 周恩来在外交部成立大会上指出:"中国的反动分子在外交上一贯是神经衰弱怕帝国主义的。清朝的西太后,北洋政府的袁世凯,国民党的蒋介石,哪一个不是跪在地上办外交呢?中国100多年的外交史是一部屈辱史。"参见周溢潢:《学习毛泽东关于独立自主的外交思想与实践》,载《毛泽东外交思想研究》,世界知识出版社1994年版,第140页。

大宝藏,需要我们加以大力发掘。

当然,中国早期的国家形态与《威斯特伐利亚和约》后兴起的现代国家有诸多不同,外交的形态自然也有明显差别,由此注定从一开始中国外交就具有与众不同的中国特色。但这不是我们否定中国早期外交的存在理由①。事实上,早期外交和现代外交仍然具有很多的延续性之处。在外交转型的今天,重新回顾和研究早期外交的实践可以帮助我们对外交的未来发展有更好的理解。

一、新中国外交实践的变迁

新中国外交的五十年,是历经坎坷但又不断取得辉煌成就的五十年。五十多年以来,中国外交在中国共产党的领导下,坚持独立自主的和平外交政策,坚决维护自己的独立和主权,为中国发展谋求有利的国际和平环境,取得了重大成就。同时,针对国内外形势的变化,中国外交也是与时俱进的外交。从改革开放以来,为适应冷战后国际形势的变化和全球化时代的要求,中国外交进行了较大幅度的调整,被学术界称之为中国外交新思维或者中国新外交。美国学者埃温·米德罗斯和弗莱沃尔·泰勒教授在《中国新外交》一文中,探讨了中国参与国际社会后外交发生的一些新变化,包括中国扩大了双边关系的数量和深度,深化了对各重要国际组织的参与度,外交决策减少了人为因素的左右,变得更加制度化。他们认为中国已经摆脱了受害者的心态,将自己视为一个有着各种利益诉求和责任感的、正在崛起的大国②。

从革命外交转向发展外交

新中国成立以来,中国外交在较长的一段时期内具有较强的意识形态革命色彩。新中国成立之后,革命赋予以毛泽东为代表的新中国第一代领导人一种强烈的革命救国的意识。"反映在外交思想上就是在道德上同西方资产阶级的'反动国际理论'和国际体系彻底决裂,同传统封建王朝的理论和做法彻底决裂,在道德上重新塑造新中国外交:'反帝、反殖、反封建'一直是中国

---

① 梁启超先生曾认为,"做外交史,应从很晚的时代起,从前的外交与近代的外交不同。如欲做上下千古的外交史,把春秋的朝聘、汉以后的蛮夷朝服都叙上去,则失去外交的本质了"。梁启超:《中国历史研究法》,上海古籍出版社1998年版,第319页。

② 参见 Evan S. Medeiros, M. Taylor Fravel, "China's New Diplomacy", *Foreign Affairs*, Nov/Dec 2003, pp. 22—35。

外交的原则之一"①。从外交价值上来看,新中国的外交完全是"另起炉灶",把服务中国社会主义革命和建设事业,反对帝国主义国家的侵略政策和战争政策作为外交价值的根本指南,以此为标准确立国际上的敌、我、友,进而建立起国际统一战线,积极支持世界革命的伟大事业。从新中国成立伊始一直到20世纪70年代,新中国外交洋溢着强烈的革命豪情,外交服务社会主义革命成为最高的指导原则。在"文化大革命"时期,由于受到极左思潮的干扰,还一度提出了"外交服务世界革命"的口号。

改革开放后,中国外交开始从革命外交迅速转为发展外交,为中国后来三十年的改革开放和社会经济高速发展作出了巨大的贡献。此种转变具体表现为:在国际形势判断上逐步修改了1977年十一大报告中关于"战争(世界大战)不可避免"的观点,认为"世界和平是有可能维护的";在外交任务上逐渐从"准备打仗"、推进世界革命的外交转变为以国内经济建设为中心目标的和平与发展外交;在外交旗帜上从服务国际共产主义运动转变为服务中国特色社会主义建设,高举和平、发展、合作的旗帜,坚持走和平发展的道路,坚定不移地奉行独立自主的和平外交政策。

以发展外交为指引,中国外交在改革开放的三十年中取得了辉煌的成就。中国外交的局面更加宽阔,中国的国际地位和影响不断凸显,与当今世界绝大多数国家建交了外交关系,加入了几乎所有重要的国际组织,中国的朋友遍及五洲四海,中国外交的目的更加明确,坚持走和平发展道路的信念更加坚定。在21世纪初,中共十七大明确指出:"当代中国同世界的关系发生了历史性变化,中国的前途命运日益紧密地同世界的前途命运联系在一起。不管国际风云如何变幻,中国政府和人民都将高举和平、发展、合作旗帜,奉行独立自主的和平外交政策,维护国家主权、安全、发展利益,恪守维护世界和平、促进共同发展的外交政策宗旨。"②

从结盟外交转向不结盟伙伴外交

从结盟外交向不结盟外交的转变,是新中国成立以来中国外交的一个重大变化。具体表现为在外交立场上从以意识形态画线转变为全方位外交;在

---

① 洪停杓、张植荣:《当代中国外交新论》,励志出版社2004年版,第12页。
② 胡锦涛:《高举中国特色社会主义伟大旗帜,为夺取全面建设小康社会新胜利而奋斗——在中国共产党第十七次全国代表大会上的报告(2007年10月15日)》,人民出版社2007年版,第46—47页。

外交策略上从敌、我、友国际统一战线的结盟策略转变为不结盟策略；在外交指导方针上坚持以冷静观察、沉着应对的方针和相互尊重、求同存异的精神处理国际事务，与许多国家建立了新型的伙伴关系。

从新中国成立到20世纪70年代，无论是50年代的"一边倒"，60年代的"两个拳头打人"，70年代的"一条线、一大片"，在处理国际关系时基本上是以意识形态画线，"以美画线"或"以苏画线"，这是由当时中国所处的严峻国际形势与国家主权和安全处于严重威胁的国际背景所决定的。在具体做法上，中国主要通过与某些其他大国结盟或建立战略关系等维护国家利益，习惯于通过划分敌我友，构建国际统一战线，通过最大限度地分化和瓦解敌对力量，维护国家的主权和安全。

然而，随着20世纪70年代以来国际形势和时代主题的变化，中国提出"不与任何大国或国家集团结盟或建立战略关系"，"不以意识形态定亲疏"，推行全方位外交和不结盟政策。邓小平明确指出：中国不参加任何集团，不支持任何一国或一个集团去反对另一国或集团，不把自己绑到别人的战车上；我们同谁都来往，同谁都交朋友，全面改善和发展与世界各国的关系；中国实行完全独立自主的和平外交政策，坚决反对霸权主义，决不依附任何大国或国家集团[①]。

在国家间关系定位上，中国努力构筑"伙伴关系"战略的对外关系框架，同世界上许多国家建立了各种类型的战略伙伴关系。比如1996年中国与俄罗斯建立了"平等信任,面向21世纪的战略协作伙伴关系"；1997年与法国建立"全面伙伴关系"，与美国确立了"致力于面向21世纪的建设性战略伙伴关系"，与东盟建立"面向21世纪的睦邻友好互信伙伴关系"，与非统组织建立"面向21世纪长期友好、全面合作的伙伴关系"，与加拿大、墨西哥建立"跨世纪的全面合作伙伴关系"；1998年与欧盟确立"面向21世纪的长期稳定的建设性伙伴关系"，与日本确立"面向21世纪,建立致力于和平与发展的友好合作伙伴关系"，与南非建立"面向21世纪的建设性伙伴关系"，与韩国建立"面向21世纪的合作伙伴关系"。这种伙伴关系不同于过去的结盟关系，是一种新型的国家关系，其主要特征是不结盟、不对抗、不针对第三国[②]。根据一些学者的划分，中国建立的伙伴关系有全面合作型的战略伙伴关系(比如中俄伙伴关系)、友好合作型的伙伴关系(比如中国和东盟国家)、协调型的伙伴关

---

① 参见《邓小平文选》第三卷，第57页。
② 参见杨福昌主编：《跨世纪的中国外交》，世界知识出版社2000年版，第213页。

系(中国和欧盟)、实用主义型的建设性伙伴关系(比如中美伙伴关系)①。建立伙伴关系,是新时期中国外交新思维的重要体现,这些伙伴关系的建立在外交实践中取得了巨大进展,推动了中国与国际社会的良性互动,拓宽了中国外交的新局面。

从双边外交转向双边和多边并重的外交

新中国成立以来相当长的一段时期内,新中国外交实行"一边倒",更强调与社会主义阵营或者广大发展中国家发展友好关系。在外交方式上,除了参加日内瓦会议、亚非会议以及国际共产党和工人党会议等活动外,中国的多边外交在中国外交中的地位不如双边外交重要。中国长期被排斥在全球或区域性国际组织之外,多边外交的机会不多,固然是中国偏重双边外交的一个重要原因。同时,中国也认为大多数的国际组织为美国和苏联所控制,中国的参与没有太大意义。比如,在中国于1971年恢复在联合国的合法席位后,中国国内还就是否参加当年联合国大会进行了讨论。一些人认为联合国是资产阶级政客的讲坛,是美苏两霸御用的工具;一些人主张观察一年,准备一下,第二年再去。最后,经过毛泽东主席拍板,中国才派出了以乔冠华为团长的代表团②。

党的十一届三中全会以后,中国把工作重心转移到社会主义现代化建设上来,对多边组织和多边国际制度的态度实现了从谨慎观望、有限参与到主动参与和积极创制转变。

中国对联合国的认识发生了深刻的变化,逐渐意识到中国作为联合国安理会常任理事国的重要影响力,认识到现存国际政治经济旧秩序是一个积极因素和消极因素共在的混合物,不能轻言"砸掉一个旧秩序"而单枪匹马与之作对,应该在参与联合国的实践中逐步改造联合国。中国领导人开始认识到,"尽管联合国走过了曲折的历程,现在也还有它的弱点,但联合国所肩负的历史使命和它对世界的影响是不可代替的";"世界需要联合国的存在,正如联合国需要世界的支持一样","中国支持联合国在维护世界和平、促进国际合作方面的活动,主张加强联合国在世界事务中的职能和地位"③。对联合

---

① 参见杨福昌主编:《跨世纪的中国外交》,第245页。
② 翁明:《临行点将》,李同成主编:《中国外交官在联合国》,山西人民出版社2003年版,第25页。
③ 《中国总理在联大举行纪念联合国成立50周年特别会议上的讲话》,1985年10月25日《人民日报》。

国的新评价表明中国在联合国外交方面的理念转变。中国采取了"积极主动,逐步深入"的方针,从80年代开始全面参与了联合国几乎所有政府间组织,并积极参加了联合国安理会的在柬埔寨、西撒哈拉、莫桑比克、塞拉利昂、东帝汶等地区的维和行动、参与了《联合国海洋法公约》的起草和制定以及联合国在裁军、人权、防扩散、环境与发展等若干领域的国际谈判并予以积极支持。可以说,从80年代开始,中国在联合国外交的实践中已经开始逐步确立了多边主义的外交思维。

90年代以来,中国的多边主义外交思维进一步蓬勃发展,一方面中国全面参与了大量的全球性和区域性国际组织与国际制度,包括加入世界贸易组织,并在其中扮演积极推动者的角色。另一方面中国也开始主动倡导和培育多边外交舞台,在推动上海合作组织、博鳌亚洲论坛、朝核六方会谈、中国—东盟地区自由贸易区等方面表现积极,行为果断。可以说,多边主义越来越成为中国外交新思维的重要标志之一。2001年6月15日成立的上海合作组织,是第一个由中国主动倡导创建的多边国家间组织,是新世纪中国外交的里程碑。它不仅表明中国外交在营造本国安全环境方面开始了创造新机制的阶段,也标志着中国开始了积极开展多边外交的新阶段。2001年11月,中国与东盟10国就10年内建立自由贸易区达成共识;2003年10月中日韩三国领导人会晤期间,中国总理提出研究建立东亚自由贸易区的可行性建议;2003年10月,中国政府发表了《中国对欧盟政策文件》,对与欧盟的合作进行了全面规划;2007年10月,中国—非洲合作论坛在北京举行,48个非洲国家的元首和政府首脑参加了峰会,将中国和非洲的关系推上了一个全新的高度。

随着中国融入世界程度的日益加深,中国领导人又提出建设持久和平、共同繁荣的和谐世界的主张。和谐世界主张是在和平、发展、合作成为时代主旋律的特定历史背景下提出的,具有复杂而深刻的内涵,为中国多边外交的发展开辟了一个更加广阔的空间,成为新时期中国外交新思维的一个重要组成部分。

从国家本位转向国民并重的外交

国家本位是中国外交的传统特色。这体现在,国家利益是外交决策者思考外交战略和政策的基本出发点,国家政府部门是外交的全面执行者,而对普通民众在外交中的地位重视不足。随着中国公民在海外人数日益增加,民众对外交事务的关注度明显上升,中国政府近年来及时在"外交为国"原则的基础上提出了"外交为民"的方针。一方面,外交的出发点不仅要维护代表全体中国人民根本利益的国家利益,而且也要维护作为每一个公民的合法利益。2004年5月,中国外交部长李肇星在接受《人民日报》专访时指出:"执政为民"、"外交为民"是中国外交工作宗旨。李肇星说,我们时刻把人民的利益放在心上,千方百计地维护境外中国公民和法人合法权益①。党和国家领导人关心海外中国公民,包括港澳台同胞的安危冷暖,并多次作出具体指示。在有关部门的配合下,中国外交部和中国驻外使领馆及时开展工作,较好地处理了在伊拉克、巴基斯坦、阿富汗、南非、美国、英国等地发生的危及中国公民人身和财产安全的事件;另外,在外交运行机制上也提高了外交为民的能力,比如建立了境外中国公民和机构安全保护工作部际联席会议制度和国外应急协调处理机制,在外交经费上也拨专款用于依法保护中国公民和华侨的权利等等。

同时,在"外交为民"理念的指导下,近年来中国政府越来越重视针对国内外公众和有关部门的公众外交,外交工作也要提高透明度,使民众能够了解我国的外交政策和外交运作,从而在实际的外交工作中能够得到普通公众的理解和支持。中国外交部把公众外交纳入外交事务的一个重要方面。从2002年开始,外交学院举办的外交干部培训班开始把公众外交作为一项必要的培训内容。2003年外交部新闻司内部设立了公众外交处,全面负责公众外交事宜。外交部专门设立外交部开放日,由部长等领导亲自接待青年学生和社会各界人士;外交部领导在网上与网民进行外交话题对话;逐步开放外交历史档案等。此外,国务院新闻办公室、外交部新闻司、新华社、国际广播电台和《中国日报》等机构和媒体,用各种传播手段介绍中国的发展以及中国的政策,使世界人民了解中国,并在此基础上争取国际舆论的支持和理解②。

全方位和总体外交不断深化

改革开放前,中国的外交格局受到东西方对抗和南北矛盾的制约,开始只能与社会主义国家联合对抗资本主义国家。在与苏联关系恶化后,中国一度只能从发展中国家那里寻找合作伙伴。经过改革开放三十多年的发展,中国外交也从传统的"三个世界"战略指导思想下的一维外交棋局转变为现在统摄大国、周边、发展中国家、多边舞台的全方位外交棋局。面对变幻不定的

---

① 参见李肇星:《"执政为民、外交为民"是外交工作宗旨》,http://news.enorth.com.cn/system/2004/12/15/000924664.shtml。
② 参见俞正梁等:《全球化时代的国际关系》,复旦大学出版社2000年版,第111页。

国际局势,中国领导人越来越认识到,必须从全球化时代的新形势和中国发展大局的需要,重新设计外交大棋局。在中共十六大上,中国外交明确了周边是首要、大国是关键、发展中国家是基础、多边是舞台的外交棋局,形成了主导中国外交发展的重要纲领。在中共十七大上,明确提出"五个继续":继续同发达国家加强战略对话;继续贯彻与邻为善、以邻为伴的周边外交方针;继续加强同广大发展中国家的团结合作;继续积极参与多边事务;继续开展同各国政党和政治组织的交流合作。

与此同时,中国的总体外交也在不断深化。改革开放前,中国的外交权力高度集中。这种体制有助于中国调集有限的外交资源,集中力量搞好外交工作。改革开放后,随着各个中央部门以及人大、政协、军队、地方、民间团体纷纷介入对外交往活动,当代中国外交呈现为多层次、宽领域的总体外交大格局。以政府外交为主渠道,其他半官方和非官方的行为角色也在外交部门的领导和支持下,通过各自的对外交往活动为国家外交的整体目标服务。

总之,中国外交新思维因应了当今世界全球化的发展趋势,符合中国社会历史发展的需要,对于中国外交的发展和和平发展的道路意义深远,应在外交实践中进一步总结、完善、提高。特别是随着中国逐步融入世界,综合国力将进一步提升,国际影响也不断扩大,与国际社会的共同利益越来越多,中国应该充分考虑这一大局,进一步确立和强化新的外交思维,以更好地适应全球社会发展的需要,为中国的和平发展和中华民族的伟大复兴创造良好的国际环境。

二、新中国外交特色

按照中国辞典的解释,"特色"一词一般的解释是"独特"、"特质"、"杰出",主要是指事物所表现出来的独特色彩、风格等,是一事物有别于其他同类事物的某些显著的征象或标志。任何事物都是有特色的,从不同角度观察,事物特色还会有不同的体现。外交强调中国特色,既意味着中国外交具有独特的民族色彩、历史传统、语言风格、思维方式,也意味着民族(国家)的现实和长远利益的核心问题、独特认识和基本观点。当代中国外交在长期的实践中,逐渐形成了自己的鲜明特色。

总体来看,当代中国外交既具有鲜明的民族色彩和语言风格,也形成了关于国家利益的基本观点和独特认识。从民族特色和语言风格来看,从新中国成立伊始,中国外交的最高领导人毛泽东、周恩来、邓小平等人既是饱读马列经典的马克思主义者,也是中国传统文化的继承者。不仅中国外交政策的语言表述带有强烈的中国特色,比如"一边倒"、"一条线"、"三个世界"、"和平共处五项原则"、"中间地带"等,而且中国外交政策的执行过程和行动风格也带有鲜明的传统文化色彩,比如"退避三舍"、"韬光养晦"、"永不当头儿"、"不轻然诺"、"讲公道话,办公道事"、"不亢不卑"等。从关于国家利益的基本观点和独特认识来看,新中国成立以来,尤其是改革开放以来,中国外交逐渐形成了高举和平、发展、合作的旗帜,坚持走和平发展道路,坚持独立自主的和平外交政策,坚持和平共处五项原则,永远不称霸等基本观点,并形成了对国际事务的一系列独特认识,比如新安全观、新发展观、新文明观、新秩序观、和谐世界等。这些基本观点和独特认识都带有鲜明的中国特色,构成了世界外交舞台上的一道独特风景线。

统筹国际责任和国家利益

外交为国家利益服务,这是世界各国外交的普遍规律,中国外交也不例外。与此同时,中国也时时不忘自己的国际责任,力图实现爱国主义和国际主义的有机结合。毛泽东多次强调:"已经获得革命胜利的中国,应该援助正在争取解放的其他国家人民的斗争,这是我们的国际主义义务。"[①]为此,毛泽东要求全党必须将爱国主义与国际主义结合起来,并将其作为处理对外关系的根本出发点。在国际主义原则指导下,中国对朝鲜、越南等社会主义国家和广大发展中国家给予了强有力的支持和援助。例如,1973年的对外援助支出就占了中国国家预算的6.9%。这些支持,一方面支援了这些国家的民族解放事业,另一方面也稳定了中国的周边局势,为国内建设创造了条件。另外,慷慨的对外援助帮助中国赢得了发展中国家的政治同情与支持,从而能够重返联合国,恢复了安理会常任理事国的席位。

改革开放以后,面对新形势和新任务,中国的对外政策变得更加务实。邓小平明确指出:"切不可打旗,不要去干涉别国的事情。关键是自己要搞好,自己搞好了,本身就是对国际共运的贡献,是对马列主义的贡献。"[②]中国调整了国际主义的思路,重塑了对外政策的责任维度,主要着力于国内的发展,促进与主要经济伙伴,尤其是西方国家及周边邻国的合作关系。对于发

---

① 毛泽东:《接见非洲朋友时的讲话》,1963年8月19日《人民日报》。
② 中共中央文献研究室编:《邓小平年谱(1975—1997)》,中央文献出版社2004年版,第1286页。

展中国家,中国仍然抱有很大的同情,但主要通过外交形式给予它们支持,坚决支持他们争取民族独立和维护国家主权的斗争。反对一切形式的霸权主义和强权政治,主张在和平共处五项原则的基础上建立国际政治、经济新秩序,维护联合国宪章的宗旨和公认的国际关系准则。呼吁建立国际政治经济新秩序。正如邓小平所说,我们"同谁都来往,同谁都交朋友,谁搞霸权主义我们就反对谁,谁侵略别人我们就反对谁。我们讲公道话,办公道事"①。可以说,中国外交坚持正义,主持公道,不信邪,的确做到了讲公道话,办公道事,受到了广大发展中国家的尊重和信赖。

三十年的改革开放极大地增强了中国的国家实力和国际地位。在新的历史条件下,中国将继续有机地将国家利益和国际责任结合起来,进一步发展本国经济②,处理与世界各国的关系,承担一个新兴大国应尽的国际责任,并根据联合国宪章的规定,担负起安理会常任理事国的特殊责任,在国际事务中扮演好"负责任大国"的角色。

主张和而不同的自主外交

自主外交是新中国历代领导人的一贯主张。在1949年6月新中国成立前夕,毛泽东在新政协筹备会上豪情满怀地说:"中国人民将会看见,中国的命运已经操在人民自己的手里,中国就将如太阳升起在东方那样,以自己的辉煌的光焰普照大地,迅速地荡涤反动政府留下来的污泥浊水,治好战争的创伤,建设起一个崭新的强盛的名副其实的人民共和国。"③其雄视百代、革故鼎新的气势可见一斑。自此之后,实现中华民族的伟大复兴,蔚然屹立于世界民族之林,成为历代新中国领导人的使命。

自主外交最重要的一个体现就是确立独立自主的基本立场。中国一贯奉行独立自主的原则,即使是在新中国成立后奉行"一边倒"方针的时期,也是以独立自主为基础的,"战略上是要联合,但战术上不能没有批评"④。在事关主权的原则性问题上,无论以毛泽东为代表的第一代领导集体,还是以邓小平为代表的第二代领导集体,都坚持寸步不让。周恩来明确指出:"我们对

---

① 《邓小平文选》第三卷,人民出版社1993年版,第162页。
② 邓小平认为,中国经济发展本身,如果可以达到的话,将"是真正对人类作出了贡献"。参见《邓小平文选》第三卷,第162页。
③ 《毛泽东选集》第四卷,人民出版社1991年版,第467页。
④ 《周恩来外交文选》,中央文献出版社1990年版,第1—7页。

外交问题有一个基本的立场,即中华民族独立的立场,独立自主、自力更生的立场。"①1989年,面对西方国家集体制裁中国的严峻局面,邓小平气壮山河地指出:"世界上最不怕孤立、最不怕封锁、最不怕制裁的就是中国。新中国成立以后,我们处于被孤立、被封锁、被制裁的地位有几十年之久。但归根结底,没有损害我们多少。为什么?因为中国块头这么大,人口这么多,中国共产党有志气,中国人民有志气。"②中国在独立自主外交上的坚定态度,成为中国外交的鲜明特色。

自主外交的另一面是求同存异的"和合外交"。中国是一个有着悠久历史和文明体验的古老国家,在处理国际关系问题上,信奉"己所不欲,勿施于人"的原则,不大习惯于对其他国家的内部事务说三道四,在外交上更是强调不卷入对方的内部矛盾,在处理国际争端和分歧的时候,往往追求"求同存异"、"和而不同"。

中国的和合外交首先体现在中国外交坚持"后发制人"与中庸之道上。早在20世纪50年代,周恩来就强调中国外交应当"弯弓不发"、"后发制人"、"互谅互让"等原则。在外交中,中国政府从不强加于人,倾向于以平等的身份、协商的口吻同别人磋商,不强加于人,在很多国际场合中表现出大忍大谦的高姿态风格。在中印边界领土争端问题上,中国政府一再呼吁双方互谅互让,等待时机,维持现状。后来中印边界爆发冲突,中国也是坚持不开第一枪以及自卫反击的原则,甚至等到时机对我有利可乘胜收复全部印占地区时,还是发表声明主动撤退到原来的边界现状,呼吁以和为贵。

和合外交的另外一个体现就是确立了"求同存异"的外交方针。早在20世纪50年代,周恩来在万隆会议上就提出了著名的"求同存异"方针,他说:"求大同,存小异,国际上朝这一方面解决问题,那就行了。"③中国外交五十多年来,"求同存异"的精神一直贯彻始终,中美建交后的若干重大外交问题的解决都是本着这一原则进行的。2002年10月,国家主席江泽民在布什图书馆发表演讲时引用《论语》"君子和而不同"的思想,指出:"中美之间、国家之间应和谐而又不千篇一律,不同而又不相互冲突;和谐以共生共长,不同以相辅相成。"江主席指出:"中华民族自古就有以诚为本、以和为贵、以信为先的优良传统。"他说:"国家之间、民族之间、地区之间,存在这样那样的不同

---

① 《周恩来选集》上卷,人民出版社1980年版,第322页。
② 《邓小平文选》第三卷,第329页。
③ 《周恩来外交文选》,第356页。

和差别是正常的,也可以说是必然的。我们主张,世界各种文明、社会制度和发展模式应相互交流和相互借鉴,在和平竞争中取长补短,在求同存异中共同发展。"① 可以说,江主席的这段论述是中国政府在处理中美关系问题上的指导思想,充分体现了中国外交注重原则,强调道义,着眼长远,追求和谐的理念。

兼顾原则性和务实性

在外交中强调原则性,在原则问题上不妥协,不退让,敢于在原则问题上与对手针锋相对,是新中国外交的鲜明特点。在原则问题得以解决的情况下,中国外交在具体外交执行工作中,也是相当务实的。这在中国外交的用语是"原则的坚定性和策略的灵活性相结合"。中国在处理外交关系时,总是根据当时的实际情况,考虑到有关方面的实际需要和可能,统筹兼顾,提出能够为各方接受的切实可行的方案,以求得问题的解决或者取得进展。

中国不仅有明确的战略策略以及实施此种基本战略的规划,而且还针对个案制定具体的策略,将原则坚定性与策略灵活性结合起来,能够根据国际形势的发展变化及时调整自己的外交政策,顺应时代潮流,把原则性和灵活性巧妙地结合起来。比如在新中国成立后,在与其他国家建交问题上,总的原则是"另起炉灶","关于帝国主义对我国的承认问题,不但现在不应急于解决,而且就是在全国胜利以后的一个相当时期内也不必急于去解决",只要帝国主义国家一天不改变敌视中国革命的态度,"就一天不给帝国主义国家在中国以合法的地位"②。但是,在具体建交问题上,中国政府事实上采取了务实的办法,采取了完全建交、代办建交、人民外交等几种方式③。70年代初,为打开中美关系,中国得到美国认同一个中国的原则的同时,毛泽东主席提出"台湾为小,世界为大",着眼当时的国际格局决定在中美不正式建交的情况下发展与美国的实质性合作。在80年代初中国和英国就香港前途进行谈判时,中国坚持必须收回香港主权并在香港驻军,与此同时,提出了"一国两制,港人治港"的构想,允许香港保留现有的经济社会制度,成为中国外交原则性和灵活性有机结合的经典案例。

---

① 《国家主席江泽民在布什图书馆发表演讲全文》,2002年10月25日《人民日报》。
② 《毛泽东选集》第四卷,第435页。
③ 参见《周恩来外交文选》,第155—157页。

重情守信

当代中国外交受到传统文化的极大影响,中国传统处世哲学讲究"关系"的亲疏远近。此种哲学使得中国外交特别重视"老关系"和"老朋友",具有浓厚的人情味。比如新中国成立后,在很长一段时间内,苏联被称为"老大哥",甚至在苏联后来单方面撤回专家和中止合同后,中国政府依然不计前嫌,热情欢送苏联专家。陈毅在欢送晚会的致辞中指出:"苏联专家在中国工作期间和我们朝夕相处,亲密合作,彼此之间建立了深厚的友谊和感情,中国人民一向把苏联专家当作自己的良师益友,苏联专家给予中国的帮助,中国人民是永远不会忘的。"[①]从陈毅的讲话中不难看出,在当时极端紧张的外交关系下,中国仍然显示出重感情、重友谊、重亲情的行动,不失为谦谦君子风范。

周恩来总理就明确指出:"外交工作首先是做人的工作",凡是单独来华访问的皇室成员乃至总理夫人及其子女,一般都受到高规格的接待,这是其他各国所不及的,它更富感情色彩,为外交注入了以人文为主体的内容。据一批老外交官回忆,周恩来对外交细节十分重视,从迎送、签署公报、晚会、礼品一直到参观访问、起居饮食都会一一检查[②]。关于中国外交注重建立友谊的做法,美国前总统尼克松和前国务卿基辛格都深有体会,尼克松在1972年访问中国时,在欢迎国宴上,军乐队演奏起由周恩来总理精心周密选定的《美丽的亚美利加》。尼克松听呆了,他没想到在中国的北京能听到平生最喜爱的,并指定在他的就职典礼上演奏的家乡乐曲。敬酒时尼克松特地走到乐队前表示感谢[③]。多年以后,亨利·基辛格在回忆对周恩来的印象时,认为他具有超凡的人格魅力,极其体贴别人,考虑周到[④]。尼克松和基辛格联手突破了中美关系的冰层,此后在中国的媒体上经常会出现"尼克松总统是中国人民的老朋友","基辛格博士是中国人民熟悉的朋友"等用语。一旦国家元首或者外交官被称为中国人民的"老朋友",就将意味着两国外交关系建立了一条可靠的渠道。在邓小平、江泽民、胡锦涛等领导人的外交实践中,也经常使用"朋友"来称呼那些与中国外交关系比较密切的国家领导人或者对中国持友

---

① 南京军区《陈毅传》编写组:《陈毅传》,当代中国出版社2001年版,第350页。
② 参见王殊:《学习周总理细致的工作作风》,载《老外交官回忆周恩来》,世界知识出版社1998年版,第106—107页。
③ 参见〔美〕理查德·尼克松:《周恩来是我生平所遇到的给我印象最深刻的人之一》,载《周恩来印象》,中央文献出版社2005年版,第92—105页。
④ 参见〔美〕亨利·基辛格著:《白宫岁月》,陈瑶华等译,世界知识出版社2003年版,第19章。

好态度的政治家,以朋友关系来界定外交关系成为中国外交的一个重要风格,充分体现了中国外交注重人情和人文主义的精神境界。

中国是一个历史悠久和文化底蕴深厚的国家,浓厚的中国传统文化也为中国外交赋予了鲜明的诚信外交特色。众所周知,在中国的传统文化中,信是一个基本的价值观念,它要求人们守信用,言出必行①。信,是做人的根本,是兴业之道、治世之道。守信用、讲信义是中华民族公认的价值标准和基本美德。新中国成立后,周恩来总理所领导的外交历来以信为本,做到言必信,行必果,光明磊落,不搞阴谋诡计,在国际社会中树立了中国政府说话算话的形象。周恩来本人经常以朝鲜战争为例,说明"中国人是说话算数的"。在中国出兵之前,中国政府一再通过各种渠道告诉美国,如果美国越过三八线,中国一定会出兵援助朝鲜。美国方面却听不进去,结果当美国扩大战争后,中国毅然派出志愿军。另外,在参加亚非会议、访问柬埔寨、出访加纳等外交事务上,即使面临爆炸、破坏以及各种形式的阻挠,周总理都会如约访问,做到了言出必行。

改革开放以来,中国外交始终恪守坚持原则、说话算数的外交传统。邓小平同志多次强调,外交要实事求是,求同存异,不怕鬼,不信邪,立场坚定,旗帜鲜明,决不拿原则做交易。"对于国际上的霸权主义和强权政治,对于大国沙文主义,他敢于批评,敢于伸张正义,主持公道。同大国打交道,他落落大方,不亢不卑;同小国打交道,他尊重对方,以理服人。对外表态时,他深思熟虑,分寸恰当,信守承诺,说话算数,在国际上为中国树立了良好的信誉。"②改革开放以来,中国外交始终重视履行同别国达成的各项协议。最具代表性的是中国加入WTO以来,在降低关税和非关税壁垒、开放服务业市场以及推进政府改革方面做了大量工作,在国务院领导下,中央政府的外经贸法律、法规得到了全面清理,商务部对自身的涉外经贸法规和部门规章也进行了修改、废止和修订工作。全国外经贸系统还对地方涉外经贸法规进行全面清理,使之与世贸组织有关规则一致。据不完全统计,国务院各部门共清理了与外经贸业务有关的法律法规2300件,地方清理相关法规文件的工作还在积极推进③。经过近十年的努力,高达83%的受访美国企业认为,中国在兑现承

---

① 战国时期,孟子提出"仁、义、礼、智",董仲舒扩充为"仁、义、礼、智、信",后称"五常"。这"五常"贯穿于中华伦理的发展中,成为中国价值体系中的最核心因素。
② 《邓小平外交思想学习纲要》,世界知识出版社2000年版,第205页。
③ 参见王逸舟主编:《磨合中的建构:中国与国际组织关系的多视角透视》,中国发展出版社2003年版,第193页。

诺方面成绩"合格"或"良好",另有4%的受访企业认为"优异",只有约5%的受访企业认为"较差"①。中国外交履约能力和水平已经受到世界各国的称赞,充分展示了礼仪之邦办外交重诚信的特色。

三、构建中国特色的外交学

进入21世纪之后,中国外交存在的历史方位已经进入了一个全新的阶段,无论国内环境还是国际环境都发生了很大的变化。中国不再是一个与世隔绝和封闭落后的国家,而是在政治、经济、社会、文化等各个领域广泛参与国际主流社会的国家。这样的客观情境为中国外交学的研究设定了特定的理论课题。同时,新中国成立五十多年的外交实践为中国外交积累了丰富的经验,也留下了许多教训。中国政府和领导人在总结历史经验教训的基础上,不断解放思想,与时俱进,在实践中丰富和发展了外交理论,提出了一系列指导中国外交的新外交观,这对于推进全球化时代中国外交理论的研究无疑具有极其深远的意义。

从中国新外交观思考外交理论的创新,意味着中国必须从本国的实际需要出发,思考适合自己发展需要的外交理论。西方外交学的研究往往存在缺乏适应性而存在"水土不服"的问题,一些对于西方国家适用的理论模式,对于中国就未必适用。周恩来早在1949年11月8日外交部成立大会上就指出:"我们虽然可以翻译几本兄弟国家如苏联的外交学,或者翻译一套资产阶级国家的外交学,但前者只能作为借鉴,而后者从马克思列宁主义的观点来看,是不科学的。"②因此,外交学的研究必须考虑不同国家的特殊国情,并把这些因素引入其中,才能将外交学研究引向深入。

首先,外交学的中国化,必须以外交学的普遍规律为前提,不可能违背现代外交的一般规律。相反,外交学的中国化,首先必须以主动接受和适应现代外交学的一般规律,初步建立完整的外交学基本理论框架。

现代外交学的发展,是与民族国家体系的确立和现代外交实践密切相连的,是长期外交实践经验的总结和结晶。在以主权国家作为主要行为体的国际社会中,任何一个国家只要选择进入国际体系,就必须遵守国际体系特定的游戏规则,包括国际法、外交制度和外交惯例等,其外交行为就必须接受它

---

① 参见《83%受访美国企业满意中国履行WTO承诺》,2006年12月13日《第一财经日报》。
② 《周恩来外交文选》,第1页。

们的约束,不可能置之不顾而另起炉灶。中国外交亦不例外。当今国际体系是以近代以来西方发达国家为主导建立起来的,国际社会的游戏规则也是由这些国家在彼此互动中经过数百年的实践得以确立,中国选择加入国际社会,就不可能凭借一己之力改变游戏规则,尽管这些游戏规则本身是带有片面性的,是为维护西方发达国家利益服务的。外交学的中国化,必须遵循或者承认现代外交的一般规律和游戏规则为前提,采取主动融入和积极适应的态度,确立中国外交学的基础。

任何学科都是对现实世界理论抽象的结果。就学科性质而言,外交学应被视为一门兼具理论性与实践性的新兴学科,是以外交行为及其一般规律作为研究对象的学科。现代外交学虽然产生于西方,是对西方国家尤其是近代以来欧洲国际体系中外交行为及其一般规律的研究,但外交学一旦产生就注定属于世界。随着欧洲国际体系在全球范围内的扩散而传播,现代外交学致力于研究制约世界各国外交一般规律。现代外交学的基本概念,比如何谓外交、外交制度、外交方式、外交礼仪、外交谈判、首脑外交、双边外交、多边外交等都已经成为国际外交学界以及外交界约定俗成的概念;外交学的基本原理,比如外交是内政的延伸、外交对等原则、外交豁免等都已成为各国普遍遵守的基本规范;外交学所研究的基本外交方式、外交技术都已成为各国所共同采取的外交途径。所有这一切,都构成了现代外交学的基本研究对象。外交学的中国化不可能脱离这些基本的外交文明成果,更不可能推翻现代外交文明成果,另起炉灶地建构一个全新的外交学框架。外交学的中国化,只能在现代外交学的基础上进行中国化,在指导思想上确立现代外交学如何为中国国家目标和利益服务,从而确立更好服务于中国国家利益需要的外交学理论体系。

其次,外交学的中国化,必须从中国国情出发,注重在特定的国家发展道路上确定外交学的特殊规律。每一个国家都有自己独特的历史和国情,在处理外交事务以及协调各方面关系上必然存在自己独特的特色和风格,外交学要想真正实现中国化,就必须充分把握这些因素。

任何学科的发展都必须确立自己研究的核心问题。现代外交学的核心问题是,现代国家的代表者(包括国家元首、政府首脑和职业外交官)和平处理国际关系是如何可能的?为了实现和平处理国际关系的目标,现代外交学确立了外交规范、外交制度、外交谈判、外交协议、外交礼仪、首脑外交、多边外交、公众外交、总体外交等一系列原则、准则、规范、程序、机制、方式、方法和技术等,这些众多因素构成了现代外交学的学科内容。恩格斯说过:"理论在一个国家实现的程度,总是决定于理论满足这个国家的需要的程度。"①中国外交学的发展,也必须明确其核心问题,从现代外交的一般规律出发,中国外交学的核心问题就是当代中国和平处理国际关系是如何可能的?这一问题贯穿于中国外交学研究的全过程。

关于当代中国和平处理国际关系是如何可能的问题,从逻辑上主要包括三个组成部分:一是当代中国面临的国际关系挑战。随着中国经济的腾飞和全球化的发展,中国的崛起已经成为不可阻挡的历史趋势,中国的崛起对世界产生了弥足深远的影响。此种影响既有积极的一面,也具有消极的一面。中国如何通过外交途径趋利避害,和平解决中国崛起面临的各种风险和挑战,就构成了中国外交学研究的核心问题。二是中国国内社会因素对现代外交学的影响。外交是内政的延伸,中国人口规模庞大,社会发展十分复杂,中国外交需要考虑的因素林林总总,这就增加了外交决策和行为的复杂性。如何才能统筹国内发展和对外关系,在确保中国国内和平发展的基础上,有效化解来自国外的各种挑战,也是中国外交学研究的重要问题。三是中国处理外交事务的特色和风格。中国是一个具有五千年文明历史的大国,具有相对独立和成熟的文明体系,中国学习和接受现代外交学不可能彻底丢掉老祖宗,不可能抛弃中国传统外交实践所积累起来的处理对外事务的民族之根。由此注定中国外交具有自己的特色和风格,如何在全球化时代进一步构建具有中国特色和风格的外交学,也是中国外交学研究的核心问题。

对于上述外交学中国化核心问题的解答,必须立足于中国的实际,从中国的国情出发,立足于对中国外交实践经验的总结和对其他国家外交的借鉴,着眼于在中国外交面临的问题基础上进行创新性的研究,努力寻求化解中国外交面临的各种挑战和问题的路径。这是建设中国外交学最根本的学术路径。离开了中国的国情,中国外交学的发展就丢掉了根本,就会成为无源之水,无本之木。

最后,外交学的中国化,必须形成学术界与外交界良性互动的机制,共同致力于中国外交学的创建。

外交学是一门兼具理论性与实践性的新兴学科,需要理论界和实践界的共同努力,离开任何一方,外交学的发展都不会取得进展。然而,在目前中国的制度框架内,由于外交决策信息渠道不对称,学术界无法获得准确的外交信息,所做的研究往往着眼于历史和理论,在政策拟定方面的针对性不够。

---

① 《马克思恩格斯选集》第一卷,人民出版社1995年版,第11页。

由此很容易导致学界和政界形成一种"相互瞧不起"的困局:一方面政界人士感到学界不懂内情,提出的方案有点书生论政和纸上谈兵;另一方面学界对政界的努力并不清楚,往往把许多问题归为政界缺乏理论素养而胡乱行事,学界与政界之间关于中国外交决策的许多争论都可以从中窥见一斑,这样一来,关于对错好坏的问题便容易失去一个统一的标准。

显然,为了给现代外交决策制度提供一个经验科学的知识基础,今后的主要着眼点将是围绕缔造学界和政界之间的有序互动提供制度性保障,进一步加大制度创新,比如重大决策程序和规范化建设、重大事项社会公示制度和听证制度、相对完善的决策咨询制度、委托决策制度、外交决策的论证制度和责任追究制度以及科学评估制度等等。只有从制度上解决问题,才能为外交决策过程中权力和真理、政治和知识之间的张力提供一个化解的平台,从而实现权力中心与知识中心的良性互动。总之,中国外交学科的建设既任重道远,又刻不容缓,需要外交实践者与知识界的协同努力。让我们共同努力之。

后　记

从2000年在复旦大学开始讲授外交学课程起,内心就希望能够撰写一本外交学的研究型教材。本书完成之际,已经过去了将近八年。对于没有一线外交工作经验的我们而言,八年也许是一个足够长的时段,可以允许我们充分做好撰写本书的准备工作。

在这期间,国内的同行相继出版了外交学的新教材或修订本,令我们可以从国内同行的外交学研究中获得教益。我们自己也出版了一系列国际关系和外交学领域的研究著作,如我本人关于欧盟外交和地方外事的研究著作,肖佳灵老师关于国家主权的著作,以及赵可金老师关于公共外交和美国国会的著作,为本书的写作奠定了更加扎实的学术基础。

我们和国外外交学界的学术交流也得到了可喜的发展。特别值得一提的是我们和瑞典隆德大学政治系的合作。在该系系主任,也是国际著名的外交和谈判研究专家克里斯特·约恩松(Christer Jönsson)教授的热心支持下,复旦大学和隆德大学在过去的五年中建立起密切的合作关系,在外交和谈判领域进行合作授课,举办国际研讨会,发展共同研究,等等。这些合作不仅让我们与国际外交学界有了近距离的对话,也使本书的写作能够紧紧跟上国际学界的步伐。

同时,本书的写作也极大地得益于中国外交界近年来的一个可喜现象,就是现职和退休外交官更多地介入学术领域。外交官们的回忆录和文章为我们了解中国外交的实践提供了丰富的材料,而他们在大学学术活动中的介入也为我们就相关问题进行更为深入的交流提供了机会,帮助我们跳出学校象牙塔的约束,进入外交实践的广阔领域。

当然,更重要的是,在过去的八年中,能够和数百位复旦大学的青年才俊教学相长,是本书能够得以最终完成的动力。

我们也要特别感谢北京大学出版社的耿协峰博士,他在国内外交学著作的出版中贡献良多。他的鼓励和耐心一直伴随着本书的构思和写作。北大出版社为本书的后期校对和文字润色做了大量工作。他们的认真细致令我们感佩万分。

另外,我也要感谢本院博士生吉磊为本书准备了目录和参考文献目录,并对全书的文字进行了初步校对。

本书的写作得到了我的两位同事的大力支持。肖佳灵副教授完成了外交规范、外交机构和外交人员三章,赵可金副教授完成了首脑外交和结语两个部分,并参与了公众外交一章的部分写作。本人完成了其他章节,并对全书进行了统稿。

本书是我们对当代外交学进行系统理论研究的一个初步成果。欢迎各位同行指正。

陈志敏

2008 年 6 月 26 日于上海